HEYNE

AF649843

Das Buch

Pippa hat es satt, sich das Herz brechen zu lassen. Nachdem ihr Ex auch noch ihre Musikkarriere zerstört hat, bewirbt sie sich auf die Stelle der Assistentin des Profi-Eishockeyspielers Jamie. Er ist ein mürrischer – und sehr attraktiver – Mann mit einem riesigen Ego. Und Pippas erster Schwarm aus der Highschool, der sie vollkommen vergessen zu haben scheint. Sie bemüht sich um Professionalität, aber als Jamie sie bittet, bei ihm einzuziehen und sie eine andere Seite an ihm kennenlernt, gerät ihr Vorsatz, sich nicht mehr zu verlieben, ordentlich ins Wanken. Sie muss sich von ihm – ihrem Boss – fernhalten, aber mit jedem Blick, jedem Gespräch, jeder flüchtigen Berührung entzündet sich ein weiterer Funke in Pippa. Ihr wird klar: Jamie könnte sie schwerer verletzen als jeder andere. Aber vielleicht ist gerade er das Risiko wert?

Die Autorin

Stephanie Archer schreibt spicy Liebesromane mit authentischen Dialogen, Witz und garantierten Happy Ends. Sie glaubt an die Macht sturer Frauen, eines frischen Haarschnitts, von Freundschaft und von Liebe. Mit Mann und Hund lebt sie in Vancouver.

STEPHANIE ARCHER

Behind the Net

Vancouver Storm

Band 1

Roman

Aus dem Amerikanischen von Melike Karamustafa
und Bettina Hengesbach

WILHELM HEYNE VERLAG
MÜNCHEN

Die Originalausgabe BEHIND THE NET erschien
erstmals 2023 bei Silver Springs Press, USA.

Der Verlag behält sich die Verwertung der urheberrechtlich
geschützten Inhalte dieses Werkes für Zwecke des Text- und
Data-Minings nach § 44b UrhG ausdrücklich vor.
Jegliche unbefugte Nutzung ist hiermit ausgeschlossen.

MIX
Papier | Fördert gute Waldnutzung
FSC® C014496

Penguin Random House Verlagsgruppe FSC® N001967

3. Auflage
Deutsche Erstausgabe 09/2024
Copyright © 2023 by Stephanie Archer
Published by Arrangement with 1 431 880 B.C. LTD
Dieses Werk wurde vermittelt durch die Literarische Agentur
Thomas Schlück GmbH, 30161 Hannover.
Copyright © 2024 der deutschsprachigen Ausgabe
by Wilhelm Heyne Verlag, München,
in der Penguin Random House Verlagsgruppe GmbH,
Neumarkter Straße 28, 81673 München
produktsicherheit@penguinrandomhouse.de
(Vorstehende Angaben sind zugleich Pflichtinformationen nach GPSR.)

Redaktion: Hannah Jarosch
Umschlaggestaltung: Nele Schütz Design nach dem
Originalcoverdesign von Echo Grayce, Wildheart Graphics unter
Verwendung einer Illustration von Chloe Friedlein
Satz: Satzwerk Huber, Germering
Druck und Bindung: GGP Media GmbH, Pößneck
Printed in Germany
ISBN: 978-3-453-42966-6

www.heyne.de

Einige Details aus der Welt des professionellen Eishockeys wurden zum Zweck des besseren Lesevergnügens angepasst. Diese Liebesgeschichte enthält explizite Inhalte und potenziell triggernde Themen. Für eine detailliertere Liste der Content Warnings scannt den QR-Code oder besucht:

stephaniearcherauthor.com/content-warnings

Für Bryan, Alanna, Sarah, Helen und Anthea,
die am lautesten klatschen, wenn ich gewinne

KAPITEL 1
JAMIE

Der linke Flügel skatet auf das Tor zu und feuert den Puck mit Wucht in meine Richtung. Als er mit einem satten Klatschen in meinem Fanghandschuh landet, pulsieren Wettkampfgeist, Ehrgeiz und Genugtuung gleichzeitig durch meine Adern.

»Shutout-Streicher!«, ruft mir mein neuer Teamkollege im Vorbeilaufen zu, und ich werfe den Puck mit einem kurzen Nicken zurück aufs Eis. Ein Spitzname, den mir die Fans in New York verliehen haben. Als ich letztes Jahr die Vezina Trophy, die Auszeichnung für den besten Torhüter der NHL, gewonnen habe, wurde in der Rede über meine Leistungen darauf Bezug genommen, da ich außergewöhnlich viele Spiele ohne ein einziges Gegentor absolviert hatte.

Die Coaches stehen in der Nähe der Ersatzbank, beobachten das Spiel, machen sich Notizen und tauschen sich über die Leistung der Mannschaft aus. Als der nächste Puck an mir vorbeigeht, zieht sich mein Magen zusammen. Der Blick des Cheftrainers zuckt zu mir, doch sein Gesichtsausdruck ist nicht zu deuten.

Vor zwei Wochen habe ich als Free Agent – als vereinsloser Spieler – unterschrieben, unter meinem eigentlichen Wert, damit ich für Vancouver Storm spielen kann. Nach der Panikattacke, die zu ihrem Autounfall geführt hat, hat Mom beteuert, dass es ihr gut gehe, aber die Tatsache, dass sie die Attacken vor mir geheim gehalten hat, reicht aus, um mir sicher zu sein, dass es eher schlimmer als besser wird. Weil mich das Team für kleines Geld unter Vertrag genommen hat, stelle ich für sie eine attraktive Vermögensanlage dar. Man könnte mich für eine sehr viel höhere Summe verkaufen, ohne dass ich dabei ein Mitspracherecht hätte. Ich bin wie eine Immobilie, bei der sie einen guten Deal gemacht haben, und die, sollten sie was Besseres finden, einfach verschachert werden kann.

Sorge durchströmt mich. Meine Mutter leidet seit Jahren an Depressionen und Angstzuständen, nachdem mein Dad bei einem selbst verschuldeten Autounfall unter Alkoholeinfluss ums Leben gekommen ist, als ich noch ein Baby war. Doch in meiner Abwesenheit hat es sich in etwas sehr viel Schlimmeres gewandelt.

Aus Vancouver wegzuziehen, ist keine Option, und ich werde den Sport, den ich liebe, auf keinen Fall aufgeben, deswegen muss diese Saison gut laufen. Ich muss mein Bestes geben und meinen Topspieler-Status erhalten, damit sie mich *nicht* verkaufen. Dieses Jahr muss ich mich einzig und allein darauf konzentrieren.

Während das Training weitergeht und ich meine Teamkollegen bei ihren Übungen beobachte, rufe ich mir in Erinnerung, was ich aus früheren Spielen über die Mannschaft weiß. Ich habe schon gegen Vancouver Storm gespielt und erkenne einige Gesichter wieder, aber diese Typen sind mir nicht so vertraut wie mein altes Team. Für New York habe ich sieben Jahre lang gespielt, seit ich neunzehn war. Die Trainer hier sind mir genauso fremd wie die Stadt, die sich alles andere als nach einem Zuhause anfühlt, seit ich sie verlassen habe, um in die Junior League einzusteigen. Aber Vancouver ist nun mal der Ort, an dem ich gerade sein muss.

Es fühlt sich an, als würde ein schweres Gewicht auf meine Brust drücken. Heute ist Trainingsauftakt der neuen Saison, und ich stand noch nie unter einem derartigen Leistungsdruck.

Als der Pfiff ertönt, skate ich mit den anderen Spielern zur Bank.

»Sieht schon mal gut aus, Jungs«, sagt der Trainer, nachdem wir uns um ihn versammelt haben.

Zum Abschluss der vergangenen Saison – eine der schlechtesten in der Geschichte der Storms – hat Tate Ward für Schlagzeilen gesorgt, als er als neuer Cheftrainer angekündigt wurde. Der Mann ist Ende dreißig und damit nicht viel älter als einige meiner Mannschaftskollegen; er hatte eine vielversprechende Karriere als Stürmer in der Liga, bis eine Knieverletzung dieser ein abruptes Ende setzte. Bis letztes Jahr hat er College-Teams trainiert, und nach allem, was ich gelesen habe, sind die Fans skeptisch. Head Coaches sind in der Regel älter und haben mehr Erfahrung als Trainer auf Profi-Ebene.

Als Ward zu mir sieht, spanne ich unter meiner Maske den Kiefer an.

»In den nächsten Saisons steht uns viel Arbeit bevor«, sagt er und schaut dabei von einem zum anderen. »Die letzte haben wir in der Nähe des Tabellenkellers beendet.«

Auf einmal fühlt es sich an, als wäre die Luft dicker geworden. Die Jungs wackeln nervös auf ihren Schlittschuhen. Jetzt kommt der Teil, in dem die meisten Trainer ihre Spieler auf ihre Schwächen hinweisen. Darauf, was das Team im letzten Jahr verbockt hat. Als Nächstes wird er uns eintrichtern, dass Verlieren keine Option ist.

Als wüsste ich das verdammt noch mal nicht.

»Es kann also nur aufwärts gehen«, sagt Ward jedoch stattdessen und grinst in die Runde. »Geht duschen und ruht euch aus. Wir sehen uns morgen.«

Meine Mitspieler verlassen das Eis, während ich mir mit einem Stirnrunzeln den Helm vom Kopf ziehe. Ich bin mir sicher, dass Wards entspannte Fassade bröckeln wird, sobald in ein paar Wochen die Saison beginnt und der Druck real wird.

»Streicher«, ruft Ward, als ich den Gang zur Umkleide hinunterlaufe. Er holt mich ein, wartet jedoch ab, bis die anderen Spieler den Flur runter verschwunden sind, bevor er fortfährt: »Wie hast du dich bisher eingelebt?«

»Gut.« Meine Wohnung steht voller Kartons, die ich aus Zeitmangel noch nicht ausgepackt habe. »Danke, dass Sie sich, ähm, dass Sie sich um das Apartment gekümmert haben. Und um den Umzug.«

Die Muskeln in meinen Schultern verspannen sich unwillkürlich, und ich fahre mir mit einer Hand durch die Haare. Ich hasse es, Hilfe von anderen anzunehmen.

Ward winkt ab. »Es gehört zu unserem Job, euch bei der Eingewöhnung zu unterstützen. Viele Spieler bitten sogar um eine Assistenz. Jemanden, der beim Auspacken hilft, sich ums Essen kümmert, deinen Wagen in die Werkstatt bringt, mit dem Hund Gassi geht, solche Sachen.«

»Ich habe keinen Hund.«

Er lacht auf. »Du weißt schon, was ich meine. Wir sind dafür da, um dich mit allem zu versorgen, was du benötigst, damit du dich voll und ganz aufs Eis konzentrieren kannst. Melde dich einfach, wenn du was brauchst.«

Ich brauche keine Hilfe, um mich aufs Eis zu konzentrieren. Ich habe mein Leben auf die zwei Dinge reduziert, die wichtig sind – Eishockey und meine Mom.

»Klar, mach ich«, sage ich in dem Wissen, dass ich niemals um irgendetwas bitten werde. Ich war schon immer der Typ, der sich um sich selbst kümmert. Daran wird sich nichts ändern.

Ward senkt seine Stimme. »Und falls deine Mutter irgendeine Form von Unterstützung benötigt, kümmern wir uns auch darum gerne.«

Als ich um den Transfer nach Vancouver gebeten habe, war er derjenige, der mich angerufen hat, um mich nach meinen Gründen zu fragen. Ich habe ihm alles erzählt. Er ist der Einzige, der über meine Mom Bescheid weiß.

Panik steigt in mir auf. Genau deswegen hätte ich meinen verdammten Mund halten sollen. Jetzt wollen sich die Leute einmischen, und jede Zelle in mir wehrt sich dagegen.

Mein Terminplan dieses Jahr ist zermürbend: zweiundachtzig Spiele, davon die Hälfte in Vancouver, die andere auswärts, dazu kommen Mannschaftstrainings, Einheiten mit dem Torwarttrainer und meine eigenen Work-outs; und schließlich die Sitzungen mit meinem Physio- und meinem Massagetherapeuten, dem Sportpsychologen und einem Personal Trainer. Bei dem Gedanken daran spüre ich eine Mischung aus Ehrgeiz und Vorfreude in mir aufsteigen. Ich spiele Eishockey, seit ich fünf war, und ich liebe Herausforderungen. Druck spornt mich an. Jahrelanges Training hat mich zu einem Menschen gemacht, der es liebt, an seine Grenzen zu gehen und zu gewinnen. Doch dieses Jahr steht mir mit meiner sturen Mom und meinem engen Terminkalender eine verdammt große Challenge bevor. Allerdings keine, mit der ich nicht umgehen kann, solange ich fokussiert bleibe.

»Wir kommen klar«, lehne ich sein Angebot mit knappen Worten ab. »Danke.«

Es gab immer nur meine Mom und mich. Ich habe alles im Griff. Wie immer schon.

Nachdem ich geduscht und mich umgezogen habe, verlasse ich das Stadion, um mir etwas zum Mittagessen zu holen und mich zu Hause kurz aufs Ohr zu legen, bevor ich ins Fitnessstudio gehe.

Als ich die enge Gasse durchquere, die vom Eisstadion zur Straße führt, höre ich in der Nähe der Müllcontainer ein Geräusch und bleibe stehen. Aus einem Karton lugt der flauschige braune Hintern eines Hundes heraus. Als er mich bemerkt, hebt er den Kopf und sieht mich an. Seine Schnauze ist von Makkaroni mit Käse verschmiert.

Ich starre zurück.

Der Hund beginnt mit dem Schwanz zu wedeln. Seine Augen sind tiefbraun und leuchten vor Aufregung. Die Rasse ist schwer zu bestimmen; ich schätze, dass er etwa zwanzig Kilo wiegt, vielleicht eine Labrador-Spaniel-Mischung. Ein Ohr ist kürzer als das andere.

Als er einen Schritt nach vorne macht, weiche ich einen zurück. »Wehe!«, drohe ich ihm.

Der Hund lässt sich auf den Boden plumpsen und rollt sich auf den Rücken, um mit entblößtem Bauch darauf zu warten, dass ich sie – denn dass es sich um eine Sie handelt, ist nun eindeutig zu erkennen – kraule, während ihr Schwanz über den Asphalt fegt.

Wo ist ihr Besitzer? Ich sehe die Gasse hinauf und hinunter, aber außer uns beiden ist niemand hier. Während ich sie genauer mustere, rümpfe ich die Nase. Kein Halsband, und ihre Schnauze ist auch unter all den zermatschten Nudeln schmutzig und schmierig. Ihr Fell ist zu lang und fällt ihr in die Augen, doch obwohl sie dringend einen Haarschnitt bräuchte, kann ich erkennen, wie dünn sie ist.

Ihr Anblick versetzt mir einen Stich, der mir nicht gefällt. »Friss das nicht«, sage ich und nicke stirnrunzelnd zur Mülltonne. »Davon kannst du krank werden.«

Sie lässt die rosa Zunge seitlich aus dem Maul hängen.

»Geh nach Hause.«

Trotz meines strengen Tonfalls bewegt sie sich nicht von der Stelle.

Etwas zerrt an meinem Herzen, aber ich schiebe das Gefühl weit von mir. *Nein.* Sie ist nicht mein Problem. Ich kann keine Ablenkungen gebrauchen. Ich date ja nicht mal, verdammt noch mal. Weil ich aus Erfahrung weiß, dass andere Menschen mehr von mir wollen, als ich ihnen geben kann.

Aber ich kann die Hündin auch nicht einfach hierlassen. Sie könnte angefahren oder von einem Kojoten verletzt werden. Sie könnte etwas fressen, das ihr nicht bekommt.

Im Tierheim wird man sich um sie kümmern. Ich ziehe mein Handy aus der Tasche und rufe nach einer kurzen Internetrecherche in einer Auffangstation an, die nicht weit entfernt liegt.

»Ich habe eine Hündin hinter dem Eisstadion Downtown gefunden«, erkläre ich der Frau, die sich meldet. Da es in der Innenstadt von Vancouver nur eine Eishalle gibt, wird sie wissen, welche ich meine. Im Hintergrund höre ich Hunde bellen. »Kann jemand kommen und sie abholen?«

Die Frau lacht. »Wir sind unterbesetzter als unterbesetzt. Sie müssen sie selbst zu einer Einrichtung bringen.« Sie rattert eine Liste von Tierheimen herunter, die Hunde aufnehmen. Alle, die sich in der Nähe befinden, seien voll, ein paar Fahrstunden außerhalb der Stadt gebe es welche mit Kapazitäten. Dann legt sie auf.

Mit zusammengezogenen Brauen starre ich auf mein Handy, bevor ich wieder die Hündin ansehe.

Sie springt auf und schaut mit wedelndem Schwanz zu mir hoch. Als würde sie damit rechnen, dass ich ihr ein Leckerli zuwerfe. Wieder spüre ich dieses lästige Ziehen in der Brust.

»Was?«, frage ich, worauf sie noch schneller mit dem Schwanz wedelt.

Ich schlucke den Kloß, der sich in meiner Kehle gebildet hat, herunter. Ich kann sie unmöglich hierlassen.

Irgendwo in meinem Hinterkopf meldet sich der disziplinierte Teil meines Ichs mit einem Schnauben. *Denk an deinen Terminkalender. Du hast keine Zeit für einen Hund. Du schaffst es ja nicht mal, eine Freundin zu haben, ohne es zu vermasseln.* Ganz sicher bin ich nicht in der Lage, mich um einen Hund zu kümmern. Während der Saison bin ich die Hälfte der Zeit unterwegs.

Aber ich kann sie nicht einfach zurücklassen.

Sie wedelt erneut mit dem Schwanz und sieht mit diesen großen braunen Augen zu mir auf.

Ich bringe sie ins Tierheim, aber auf keinen Fall nehme ich sie mit nach Hause.

Am selben Abend sitze ich in meinem Auto vor einer Auffangstation und mustere das kleine, aber gepflegt wirkende Gebäude. Von drinnen ist Gebell zu hören. Neben dem Haus gibt es eine eingezäunte Wiese mit Hundespielzeug und einigen Hürden aus Kunststoff wie auf einem Kinderspielplatz.

Vom Beifahrersitz aus schaut die Hündin neugierig aus dem Fenster. Ich kurble es herunter, um sie schnüffeln zu lassen.

Im Zuge einer weiteren Internetrecherche, bei der ich zuerst die Gesuche für entlaufene Hunde durchgegangen bin, bin ich auf diese Einrichtung gestoßen: eine kleine Farm, die Streuner aufnimmt und sie an neue Besitzer vermittelt, und die darüber hinaus sehr gute Bewertungen hat. Leute, die daran interessiert sind, einen Hund zu adoptieren, werden sorgfältig überprüft, und die Tiere sind hier offensichtlich gut versorgt. Es ist die beste Einrichtung, die ich finden konnte, und ich bin drei Stunden gefahren, um herzukommen.

Ich lasse den Blick über das Gelände schweifen. Bei der Vorstellung, sie hierzulassen, wird mir ganz flau im Magen.

Die Hündin dreht den Kopf in meine Richtung, die Zunge hängt ihr hechelnd aus dem Maul.

»Ich kann dich nicht behalten.«

Als sie versucht, auf meinen Schoß zu klettern, seufze ich. Das hat sie schon die ganze Fahrt über probiert, doch diesmal lasse ich es zu. Sie rollt sich auf meinen Oberschenkeln zusammen und legt den Kopf auf die Armstütze.

Fuck. Wenn ich geahnt hätte, wie schwer das werden würde, hätte ich sie gar nicht erst mitgenommen.

Was gelogen ist. Niemals hätte ich sie in einer dreckigen Gasse zurückgelassen.

Noch einmal zähle ich im Kopf die Gründe auf, aus denen ich sie nicht behalten kann. Ich habe noch nie einen Hund besessen, deswegen habe ich auch keine Ahnung, wie man sich richtig um einen kümmert. Meine Mom hat mit ernsten psychischen Problemen zu kämpfen und braucht mich, ob sie es nun zugeben will oder nicht. Ich muss mich aufs Eishockey konzentrieren. Seit meine Ex – Erin – und ich uns mit neunzehn getrennt haben, gehe ich keine Verpflichtungen mehr ein. Und diese Hündin würde eine sehr große Verpflichtung bedeuten, die ich irgendwie in meinem herausfordernden Terminplan unterbringen müsste.

Trotzdem zögere ich. Wieder lasse ich den Blick über das Grundstück wandern, suche nach Dingen, an denen etwas auszusetzen ist. Im Garten wächst hier und da Unkraut, die Fassade könnte einen neuen Anstrich vertragen. Auf der Wiese gibt es eine Reihe Löcher, die vermutlich die Hunde gegraben haben.

Ich habe keine Zeit für einen Hund, aber ich kann sie auch nicht hierlassen. Dieses Tierheim ist nicht gut genug für sie.

Ich reibe mir über den Nasenrücken, als mir klar wird, dass ich mich bereits entschieden habe. Scheiße!

»Hey.«

Ihr Kopf ruckt hoch, und sie fixiert mich mit leuchtenden Augen.

»Möchtest du bei mir wohnen?«, frage ich, woraufhin sie mich weiter mit diesem süßen Gesichtsausdruck anschaut. »Ach so, du möchtest ein Leckerli.«

Sie springt von meinem Schoß zurück auf den Beifahrersitz und wartet, während ich eine Tüte mit Goodies von der Rückbank angele, die ich für sie gekauft habe. Ich gebe ihr ein paar und beobachte, wie sie sie zerkaut.

Ich habe mich entschieden und ignoriere die leise Stimme in meinem Hinterkopf, die mir zuruft, dass das keine gute Idee ist. Stattdessen sehe ich zu, wie sich die Hündin auf dem Beifahrersitz zusammenrollt und kurz darauf einschläft. Ich verfüge dieses Jahr über das Budget, um eine Assistenz einzustellen, der Hund wird gut versorgt sein.

Ich nehme mein Handy und scrolle durch die Kontakte, bis ich die Person gefunden habe, die ich anrufen will.

»Streicher«, meldet sich Ward.

»Hi.« Ich reibe mir über den Kiefer, als ich wieder dieses ungute Gefühl im Magen spüre. »Ich hab's mir anders überlegt, ich brauche doch eine Assistenz.«

KAPITEL 2

PIPPA

Mein Herz hämmert, als ich vor Jamie Streichers Wohnhaus stehe. Das letzte Mal, als ich ihm persönlich begegnet bin, hatte ich in der Highschool-Cafeteria gerade einen blauen Slurpee über mein weißes T-Shirt verschüttet. Ich erinnere mich noch genau an den kalten, desinteressierten Blick aus seinen grünen Augen, mit dem er mich kurz gemustert hat, bevor er sich wieder dem Gespräch mit den anderen heißen, beliebten Sportlern zugewandt hat.

Und jetzt werde ich seine Assistentin.

Er war immer ein Arschloch, aber Himmel, ein wahnsinnig gut aussehendes, damals schon. Dichtes dunkles Haar, das vom Eishockeyspielen immer ein wenig zerzaust war. Scharf geschnittene Kieferpartie, markante Nase. Breite, kräftige Schultern. Und groß. So groß. Unfair lange, dunkle Wimpern. Er ist nie in diese unbeholfene Teenager-Phase gekommen, die sich bei mir durch meine gesamte Pubertät zu ziehen schien. Seine schweigsame, einschüchternde, mürrische Art hat mich ebenso verunsichert und fasziniert wie jedes andere Mädchen und die Hälfte aller Jungs an unserer Schule.

O Gott. Ich hole tief Luft, bevor ich die Nummer seines Apartments auf dem Tastenfeld eingebe, das neben der Tür angebracht ist.

Er öffnet, ohne sich über die Gegensprechanlage zu melden.

Im Aufzug auf dem Weg nach oben ins Penthouse fährt mein Magen Achterbahn. Ich bin nicht mehr das etwas schräge Band-Girl. Ich bin eine erwachsene Frau. Meine verknallte Teenager-Zeit liegt inzwischen acht Jahre zurück.

Ich brauche diesen Job. Ich bin pleite und schlafe bei meiner Schwester auf der Couch. Den schrecklichen Job bei Barry's Hot Dog Hut habe ich nach einer Woche fristlos gekündigt. Selbst wenn ich ihn zurückwollte – was ich nicht tue; ich habe den Job nur als Notlösung angenommen, um meine Rechnungen zu bezahlen und Hazel was zur Miete beizusteuern –, würden die mich nie wieder einstellen.

Außerdem wird er sich auf keinen Fall an mich erinnern. Unsere Highschool war riesig und ich eben das schräge Mädchen, das immer mit den Band-Leuten abhing, und er ein heißer Eishockeyspieler. Ich bin zwei Jahre jünger, deswegen hatten wir noch nicht mal gemeinsame Kurse oder Freundeskreise.

Er ist einer der besten Goalies der NHL und sieht aus wie ein verdammter Gott. Die Tatsache, dass er dafür bekannt ist, keine Beziehungen einzugehen, scheint die Leute noch wilder nach ihm zu machen. Letztes Jahr hat ihm irgendjemand ein Höschen aufs Eis geworfen, darüber wurde in jeder Sportsendung berichtet.

Er wird sich nicht an mich erinnern.

Ich beobachte, wie die Zahlen auf der digitalen Anzeige in der Aufzugkabine immer höher klettern, je näher ich seinem Stockwerk komme.

Er wird mit seinem Training beschäftigt sein. Ich werde ihn kaum zu Gesicht bekommen. Und ich brauche diesen Job wirklich, wirklich dringend. Ich bin fertig mit der Musikindustrie und ihren berühmten Arschlöchern. Ich habe Marketing studiert, und es ist an der Zeit, diesen Karriere-Weg einzuschlagen. Die wenigen Stellenausschreibungen in Vancouver im Bereich Marketing setzen mindestens fünf Jahre Berufserfahrung voraus, ich käme dafür also nicht einmal infrage. Laut meiner Schwester Hazel, die als Physiotherapeutin für Vancouver Storm tätig ist, wird dort aber bald eine Stelle im Marketing frei. Und sie meinte, dass sie Jobs gerne intern besetzen. Als Assistentin für Jamie Streicher zu arbeiten, ist mein Einstieg. Die Stelle ist befristet. Wenn ich mich bewähre, habe ich einen Fuß in der Tür, um anschließend ins Marketing des Teams wechseln zu können.

Die Aufzugtüren öffnen sich auf der obersten Etage.

Vor seiner Wohnung atme ich noch einmal tief und beruhigend durch, doch es hilft nicht, mein Herz pocht noch immer viel zu heftig in meinem Brustkorb.

Du brauchst diesen Job, ermahne ich mich stumm.

Ich klopfe.

Als die Tür aufschwingt, stolpert mein Herz, als wäre es besoffen.

Er ist noch so viel heißer als damals. Und das in natura? Unfair.

Seine Gestalt füllt die gesamte Türöffnung aus. Er ist mindestens dreißig Zentimeter größer als ich, und obwohl er ein langärmeliges Work-out-Shirt trägt, ist nicht zu übersehen, dass sein Körper perfekt definiert ist. Der dünne Stoff spannt über seinen Schultern. Vage registriere ich, dass irgendwo hinter ihm ein Hund bellend durch die Wohnung springt, aber mein Blick folgt stattdessen wie ferngesteuert seiner Bewegung, als er sich mit einer Hand am Türrahmen abstützt. Er hat den Ärmel hochgeschoben, und ich mustere seinen entblößten Unterarm.

Allein der Unterarm von Jamie Streicher könnte eine Frau schwängern.

Als mir klar wird, dass ich starre, reiße ich meinen Blick los und sehe ihm ins Gesicht.

Verdammt! Der Teenager-Crush, den ich vor Jahren hatte, kracht in mein Leben zurück wie ein Komet. Seine Augen sind noch immer tiefgrün. Als würden sich sämtliche Schattierungen eines Waldes darin wiederfinden. Das Herz sackt mir in die Kniekehlen.

»Hi«, hauche ich, bevor ich mich räuspere. Meine Wangen brennen. »Hi«, sage ich noch einmal, diesmal mit kräftigerer Stimme, und täusche ein strahlendes Lächeln vor. »Ich bin Pippa, deine neue Assistentin.« Ich streiche mit einer Hand über meinen Pferdeschwanz.

Einen Moment lang ist seine Miene ausdruckslos, bevor sich sein Blick schärft und sein Gesichtsausdruck verfinstert.

Meine Gedanken verstreuen sich in der Luft wie Konfetti. Worte? Sind mir abhandengekommen. Mir fällt kein einziges mehr ein. Sein Haar ist dicht, kurz geschnitten und kräuselt sich an den Spitzen leicht. Es ist feucht, als käme er gerade aus der Dusche, und ich würde sehr gerne mit den Fingern hindurchfahren. Sein Blick verweilt auf mir und wird von Sekunde zu Sekunde feindseliger, bevor er seufzt, als wäre ich ihm lästig. Genau den gleichen Eindruck hat er in der Highschool vermittelt – immer ein wenig mürrisch, gereizt, schlecht gelaunt. Nicht, dass wir jemals etwas miteinander zu tun gehabt hätten.

»Toll.« Es klingt wie ein Schimpfwort, als wäre ich der letzte Mensch, den er gerade sehen will. Dann wendet er sich ab und geht in die Wohnung zurück.

Ich wusste, dass er sich nicht an mich erinnern würde.

Ich unterdrücke ein humorloses Lachen, das aus Verlegenheit und Unbehagen in meiner Kehle kitzelt. Es ist mir schleierhaft, warum mich sein Verhalten überhaupt überrascht. Wenn ich eines von meinem Ex, Zach, und seiner Clique gelernt habe, dann, dass großartige, berühmte Leute komplette Arschlöcher sein dürfen. Die Welt lässt sie damit durchkommen.

Jamie Streicher bildet da keine Ausnahme.

Ich interpretiere die offene Tür als Zeichen, ihm zu folgen. Sofort sprintet der Hund auf mich zu und springt an mir hoch. Er trägt ein rosa Halsband, und ich schließe ihn von der ersten Sekunde an ins Herz.

»Runter«, befiehlt Jamie in strengem Ton, bei dem ich ein Prickeln im Nacken verspüre.

Die Hündin ignoriert ihn und wedelt frenetisch mit dem Schwanz.

»Hey, Süße.« Ich gehe in die Knie und muss lachen, als sie versucht, mich abzuschlecken.

Sie ist voller wilder Energie und tapst aufgeregt auf der Stelle, während ihr Schwanz so heftig hin und her schwingt, dass ich befürchte, er wird jeden Moment abfallen. Als ich die Stelle über ihrem Schwanz kraule, wackelt sie auf die absolut niedlichste Art und Weise mit dem Hintern.

Ich bin verliebt.

Jamie räuspert sich missbilligend. Erneut spüre ich Verlegenheit in mir aufsteigen, aber ich schiebe das Gefühl beiseite. Ich bin hier, um ihm mit seinem Hund zu helfen, was ist also sein Problem? Als ich mich aufrichte, fühlt sich mein Gesicht dennoch viel zu warm an.

Und was ist das bitte für eine Wohnung? Definitiv eine der schönsten, die ich je gesehen habe.

Die raumhohen Fenster erstrecken sich über zwei Stockwerke und eröffnen den Blick über das Wasser und die North Shore Mountains, sodass der offene Wohnzimmer- und Küchenbereich von natürlichem Licht geflutet wird. Selbst an einem stürmischen Tag im schlimmsten regnerischen, trostlosen Winter von Vancouver muss die Aussicht spektakulär sein.

Die Küche glänzt und ist geräumig, und obwohl der Wohnbereich mit Umzugskartons und Hundespielzeug vollgestopft ist, wirkt das riesige Sofa einladend – und wahnsinnig bequem. Es gibt eine Treppe, von der ich annehme, dass sie zu den Schlafzimmern hinaufführt.

Ich wette, diese Wohnung hat eine riesige Badewanne.

»Wie heißt sie?«, frage ich Jamie, während ich die Hündin tätschele. Sie schmiegt sich an meine Beine; es gefällt ihr offensichtlich, dass ich ihr so viel Aufmerksamkeit schenke.

An Jamies Kiefer zuckt ein Muskel, und der Blick, mit dem er mich taxiert, sorgt dafür, dass sich mein Magen zusammenzieht. Der Ausdruck in seinen grünen Augen ist durchdringend. Unwillkürlich frage ich mich, ob dieser Typ jemals in seinem Leben gelächelt hat.

»Keine Ahnung.«

Auf dem Boden neben der Couch thront ein riesiges flauschiges Hundebett, und im gesamten Wohnzimmer liegen mindestens hundert bunte Spielzeuge verstreut. In der Küche stehen ein Wasser- und ein leerer Futternapf, und auf dem Tresen entdecke ich eine riesige Tüte mit Leckerlis.

Die Hündin läuft zu einem der Spielzeuge hinüber, trägt es zu Jamie und lässt es vor seine Füße fallen. Dann schaut sie zu ihm hoch und wedelt mit dem Schwanz.

»Ich muss ins Stadion. Lass uns also zusehen, dass wir das schnell über die Bühne bringen«, sagt Jamie, als ob ich seine Zeit vergeuden würde.

Als er an mir vorbeigeht, steigt mir sein Duft in die Nase, und ich kann mich gerade so beherrschen, vor Verzückung die Augen zu verdrehen. Er riecht unglaublich. Es ist dieser unbestimmbare Geruch eines Männerdeos – scharf, würzig, kräftig, frisch und sauber, alles zur gleichen Zeit. Wahrscheinlich trägt es einen Namen wie *Avalanche* oder *Hurricane* oder irgendetwas ähnlich Kraftvolles und Unaufhaltsames. Ich möchte mein Gesicht in seinem Shirt vergraben und tief einatmen. Vermutlich würde ich ohnmächtig werden.

Während er in der Küche herumläuft und mir zeigt, in welchem Schrank ich das Futter für den Hund finde, fällt mir auf, wie kraftvoll und anmutig er sich bewegt. Ich kann sehen, wie sich seine Rückenmuskeln unter dem Stoff seines Oberteils bewegen. Seine Schultern sind wahnsinnig breit. Und er ist so, so verdammt groß.

In diesem Moment wird mir klar, dass er sich mir noch nicht einmal vorgestellt hat. Genau wie die berühmten Leute, die auf Zachs Tour hinter die Bühne gekommen sind. Als ob sie erwarten, dass man weiß, wer sie sind.

»Wir kommunizieren per E-Mail oder Textnachricht«, sagt Jamie. »Du gehst mit dem Hund spazieren, fütterst sie und sorgst dafür, dass sie nichts anstellt. Bei der Fellpflege und beim Tierarzt war ich schon mit ihr.« Er wirft einen Blick auf die Hündin.

Ich schenke ihm ein beruhigendes Lächeln. »Kein Problem, das kriege ich hin.«

»Gut.« Wieder dieser scharfe Tonfall.

Wow. Mit seinem Ego scheint er auf jeden Fall keine Probleme zu haben.

Ich schlucke schwer. Er ist so bossy. Ein Schauer überläuft mich, und erneut spüre ich dieses Prickeln auf der Haut. Ich wette, im Bett ist er es auch.

»Das ist ja auch dein Job«, fügt er hinzu.

Ein ungutes Gefühl beginnt sich in mir auszubreiten, aber ich unterdrücke es. Ich bin keine sechzehn mehr. Inzwischen habe ich eine gewisse Lebenserfahrung, und ich kenne Typen wie ihn. Seit Zach weiß ich, dass ich nicht auf solche Männer reinfallen sollte. Männer mit einem großen Ego. Männer, die glauben, sie können tun und lassen, was sie wollen, ohne jemals Konsequenzen fürchten zu müssen. Männer, die sich irgendwann mit mir langweilen und mich achtlos wegwerfen.

»An Spieltagen lege ich mich in der Regel nach dem Mittagessen hin«, erklärt er, während er mir voraus die Treppe hochgeht. »Dann brauche ich absolute Ruhe.«

Es kostet mich sämtliche Willenskraft, nicht zu salutieren und »Jawoll, Sir. Natürlich, Sir« zu brüllen. Irgendetwas sagt mir, dass er nicht darüber lachen würde. »In der Zeit mache ich dann einfach einen langen Spaziergang mit ihr.«

Er brummt etwas Unverständliches. Wahrscheinlich seine Art, Freudentränen zu weinen.

Auf der oberen Etage bleibt er vor einer geöffneten Tür stehen. Bis auf eine Handvoll großer Kartons und eine in Plastik verpackte Matratze ist der Raum leer.

»Ist das mein Zimmer?«, erkundige ich mich.

Als er irritiert die Stirn runzelt, weiche ich hastig einen Schritt zurück.

»Ich meine, ist das das Zimmer, in dem ich übernachte, wenn du unterwegs bist?«, konkretisiere ich meine Frage, bevor er noch denkt, dass ich bei ihm einziehen will. »Wenn ich auch über Nacht auf deine Hündin aufpasse.«

Er verschränkt die Arme. »Ja.«

Unter seinem Blick fühle ich mich so aufgekratzt wie der Hund bei seiner Begrüßung eben. Meine nervöse Reaktion besteht aus einem erneuten Lächeln, worauf sich sein Stirnrunzeln vertieft.

»Super.« Meine Stimme ist zu einem Piepsen verkümmert.

Er deutet mit dem Kinn den Flur hinunter. »Du kannst das Bad da hinten benutzen; ich hab mein eigenes.«

Als sein Blick auf mir verweilt, versuche ich mich unter seinem Gewicht nicht zu winden. Der Kerl kann mich nicht leiden, aber das wird sich ändern, sobald ich ihm gezeigt habe, wie viel einfacher ich ihm das Leben machen kann. Abgesehen davon wird er mich ohnehin kaum sehen müssen.

Diesen Job zu verlieren, ist keine Option.

KAPITEL 3
JAMIE

Pippa Hartley steht mitten in meinem Wohnzimmer und spielt mit dem Hund – und ich bekomme keine Luft mehr. Als ich vorhin die Tür geöffnet habe, dachte ich, ich würde halluzinieren.

Ihre Haare sind länger. Das gleiche schüchterne Lächeln, dieselben funkelnden blaugrauen Augen, die mich meinen eigenen Namen vergessen lassen. Dieselbe sanfte, melodische Stimme, der ich in der Highschool so gerne gelauscht habe, wenn sie sich mit den anderen Bandmitgliedern unterhalten und gelacht hat.

Aber als Erwachsene ist sie verdammt noch mal überwältigend schön. Absolut umwerfend. Sommersprossen auf Nase und Wangenknochen, goldene Strähnen in ihrem karamellfarbenen Haar, das weder braun noch blond ist. Ihre Zahnspange damals war niedlich, aber ihr Lächeln heute hätte beinahe mein Herz zum Stillstand gebracht.

»Ich bin Pippa«, hat sie sich vorgestellt, als wenn sie sich nicht an mich erinnern würde. Keine Ahnung, warum ich dabei so eine Enttäuschung empfunden habe.

»Soll ich dir beim Auspacken helfen?«, erkundigt sie sich, während sie mit dem Hund Tauziehen spielt. »Ich kann auch für dich einkaufen gehen oder was zu essen kochen.«

Während sie spricht, starre ich auf die hübsch geschwungene Linie ihres Mundes. Ihre Lippen sehen weich aus und haben den perfekten Roséton. Das war schon damals so.

Fuck.

»Nein«, antworte ich schärfer als beabsichtigt, weil ich verunsichert bin. In Pippa Hartleys Anwesenheit kann ich nicht denken. Konnte ich noch nie.

Plötzlich befinde ich mich wieder in der Highschool, auf dem Gang vor dem Musikraum, und höre ihr beim Singen zu. Sie hatte die schönste, bezauberndste, fesselndste Stimme, die mir je zu Ohren gekommen war. Süß, aber bei bestimmten Noten rau. Stark, und an anderen Stellen ganz weich. Immer kontrolliert. Pippa wusste genau, wie sie ihre Stimme einsetzen musste. Allerdings hat sie nie in der Öffentlichkeit gesungen; am Mikro stand immer dieser verdammte Typ, während sie im Hintergrund Gitarre spielte.

Ich frage mich, ob sie noch singt.

Ich frage mich, ob sie nach wie vor mit ihm zusammen ist, und blähe unwillkürlich die Nasenflügel. Als ich im Sommer seine bescheuerte Visage auf einem riesigen Plakat gesehen habe, wäre ich fast vom Highway abgekommen. *Der* Typ als Opening Act einer Tournee? Er konnte kaum Gitarre spielen. Seine Stimme war höchstens durchschnittlich.

Im Gegensatz zu Pippas. *Sie* ist begabt.

Acht Jahre später denke ich immer noch ständig an diesen Moment auf dem Flur. Ich weiß nicht, warum. Aber es spielt auch keine Rolle.

Die Hündin schüttelt das Spielzeug, während Pippa es fest umklammert hält und lacht.

Ich muss hier weg.

»Ich gehe. Training.« Dann schnappe ich mir meinen Schlüsselbund vom Tresen und werfe mir meine Tasche über die Schulter.

»Tschüss«, ruft sie mir hinterher, als ich schon halb aus der Tür bin.

Als ich am Nachmittag vom Training nach Hause komme und ein Geräusch aus dem Inneren meiner Wohnung höre, halte ich mit der Hand am Türknauf inne.

Gesang. In meinem Apartment läuft Musik von Fleetwood Mac. Über die Melodie hinweg erklingt ihre Stimme, klar, hell und melodisch. Sie trifft alle Töne, aber ihre Art zu singen, hat etwas Besonderes. Etwas einzigartig Pippahaftes.

Ich kann mich nicht bewegen. Sobald ich reingehe, wird sie aufhören.

Sämtliche Alarmglocken in meinem Inneren schrillen los. Genau das wollte ich vermeiden. Sie sollte weg sein, bevor ich nach Hause komme. Ich kann Pippa dieses Jahr nicht um mich haben. Sie ist erst seit ein paar Stunden hier und hat sich bereits in meine Gedanken geschlichen.

Als ich die Tür öffne, ist Pippa gerade damit beschäftigt, Gläser aus dem Umzugskarton mit den Küchenutensilien auf ein Regal zu stellen. Dabei beugt sie sich halb über die Arbeitsoberfläche, sodass ich freie Sicht auf ihren unglaublichen Hintern habe.

Ich spüre, wie Verärgerung in mir aufsteigt. Das ist das Letzte, was ich gerade gebrauchen kann.

Ich sehe mich um. Die meisten Kisten sind ausgepackt. Sie hat mein Wohnzimmer eingerichtet – selbst das Foto von Mom und mir steht bereits im Bücherregal. Die Wohnzimmermöbel hat sie anders angeordnet, als ich sie in meinem New Yorker Apartment stehen hatte. Der Eames Chair steht vor dem Fenster, mit Blick auf die Lichter von North Vancouver auf der anderen Seite des Wassers. Der Hund hat sich auf dem Sofa zu einem Fellknäuel zusammengerollt und schläft.

Ich verschränke die Arme vor der Brust. Meine Gefühle schwanken zwischen Erleichterung und Verwirrung. Die Wohnung sieht gut aus. Sie fühlt sich nach einem Zuhause an. Ich habe mich vor dem Auspacken gescheut, aber jetzt ist es beinahe geschafft. Es macht mir nicht einmal etwas aus, dass der Hund auf der Couch liegt.

Pippa verstummt und schaut über die Schulter. »Oh, hi.« Ihr Blick zuckt zu dem Handy, das auf der Küchenarbeitsplatte liegt, dann wieder zu mir. »Entschuldige, ich hab gar nicht registriert, dass es schon so spät ist.« Sie klopft sich die Hände an der Hose ab und marschiert Richtung Tür. »Wie war das Training?«, fragt sie, während sie in ihre Sneakers schlüpft.

Die süße, neugierige Art, auf die sie die Frage stellt, löst ein komisches Gefühl in meiner Brust aus. Warm und flüssig. Es gefällt mir nicht. Ich verspüre das seltsame Bedürfnis, ihr zu erzählen, wie nervös ich wegen dieser Saison bin.

»Okay«, sage ich stattdessen. Angesichts meines scharfen Tonfalls weiten sich ihre Augen.

Fuck! Und genau das ist der Grund, aus dem es nicht funktionieren wird. Ich mache mir einen viel zu großen Kopf darum, was sie denkt.

»Daisy und ich waren zwei Stunden im Stanley Park spazieren, und den Rest des Tages habe ich vor allem damit verbracht, ihr Tricks beizubringen.«

Ich ziehe die Brauen zusammen. »Daisy?«

Pippa zuckt mit den Schultern und sieht lächelnd zu meiner Hündin auf dem Sofa. »Sie braucht einen Namen.« Sie nimmt ihre Tasche. »Wir waren vor einer Stunde draußen, damit du nicht noch mal mit ihr gehen musst.«

Ich versuche so etwas wie »Danke« rauszubringen, doch das Wort versackt in meiner Kehle zu einem schwer verständlichen zustimmenden Gemurmel.

Pippa streicht sich mit einer Hand über den Pferdeschwanz, blinzelt zweimal und schenkt mir wieder dieses strahlende Lächeln von heute Vormittag, an das ich während des gesamten Trainings denken musste.

Ihre Wangen färben sich leicht rosa, sie wirkt verlegen. »Ich verschwinde dann mal.« Sie schiebt sich den Riemen ihrer Tasche über die Schulter und lächelt schüchtern. »Morgen früh komme ich erst, wenn du schon beim Training bist. Einen schönen Abend, Jamie.«

Mein Blick fällt auf ihre hübschen Lippen, und mir verschlägt es die Sprache. Wahrscheinlich denkt sie inzwischen, dass ich zu oft den Puck an den Kopf bekommen habe.

Als sie geht, stehe ich einfach nur da und starre auf die Tür.

Vielleicht muss ich gar nicht …

Ich ersticke den Gedanken im Keim, als würde ich mit einer blitzschnellen Bewegung eine Mücke auf meinem Arm erschlagen. Pippa kann nicht für mich arbeiten. Durch meine Mom und die eine Beziehung, die ich in meinem ersten Jahr in der NHL geführt habe, weiß ich, dass ich unter Garantie einen der Bälle fallen lassen werde, wenn ich zu viele gleichzeitig zu jonglieren versuche. Das tue ich immer.

Kaum dass sie weg ist, ziehe ich mein Handy aus der Hosentasche und rufe Ward an.

»Streicher«, begrüßt er mich.

»Coach.« Ich fahre mir mit der freien Hand durch die Haare. »Ich brauche eine andere Assistentin.«

KAPITEL 4
PIPPA

»Ich bin gefeuert?«, wiederhole ich am nächsten Morgen ungläubig am Telefon und blinzle verständnislos ins Leere. Ich stehe gerade vor Hazels Wohnungstür, im Begriff, mir die Schuhe anzuziehen, um zu Jamie zu fahren. Meine Gedanken überschlagen sich, verwirrt runzele ich die Stirn. »Ich verstehe das nicht.«

Die Frau, die mich aus dem Teambüro angerufen hat, seufzt. »Nehmen Sie es nicht persönlich, diese Typen können unfassbar wählerisch sein.«

Mir wird schlecht. Nach nur einem Tag gefeuert. Das wird alles andere als gut aussehen, wenn ich mich auf die Marketingstelle bewerbe.

Ich dachte wirklich, ich hätte einen guten Job gemacht. Immerhin habe ich fast alle seine Umzugskartons ausgepackt, und Daisy war fix und alle, als Jamie nach Hause gekommen ist. Es hat sogar richtig Spaß gemacht, mit ihr spazieren zu gehen und in der Wohnung Musik zu hören, während sie mir auf Schritt und Tritt gefolgt ist.

Ein Anflug von Panik wallt in mir auf. Scheiße! Ich brauche Geld. Sofort. Um endlich aus Hazels winzigem Apartment ausziehen zu können. Zurück zu Hot Dog Hut kann ich nicht – allein beim Gedanken an die gruselige Art, auf die mich der Besitzer immer angeglotzt hat, muss ich würgen. Ganz zu schweigen davon, wie ich nach den Schichten dort gerochen habe.

Gefeuert. Meine Eltern werden ausflippen. Nachdem ich zwei Jahre meines Lebens damit vergeudet habe, Zach auf Tour zu begleiten, wollen sie unbedingt, dass ich Karriere im Marketingbereich mache. Wofür ich studiert habe. Sie sind regelrecht besessen von der Idee, dass ich endlich einem stabilen, beständigen Job nachgehe. Einem mit zusätzlichen Sozialleistungen. Der absolut *nichts* mit der Musikbranche zu tun hat. Sie haben wirklich hart gearbeitet, um mir meine Ausbildung zu finanzieren. Meine Eltern sind nicht reich oder so, und sie haben viel für mich und Hazel geopfert, um uns das zu ermöglichen, was sie selbst nicht haben konnten.

Ich möchte, dass sie stolz auf mich sind.

Ich bedanke mich bei der Frau, lege auf und starre auf den Boden. Als mich die Realität mit voller Wucht einholt, sacken meine Schultern herab. Schöne Scheiße.

Als die Tür aufschwingt, will ich ausweichen, stolpere jedoch rückwärts über einen meiner Umzugskartons und lande auf dem Hintern.

»Entschuldige!« Hazel reißt die Augen auf und hilft mir hoch. »Hast du dir wehgetan?«

Ich reibe mir den Arm und zucke zusammen, da er tatsächlich ein bisschen wehtut. »Nein, alles okay. Ich hätte nicht vor der Tür rumstehen sollen.«

Ihre Wohnung ist ein winziges Studio-Apartment – Vancouver ist verdammt teuer. Deshalb brauche ich auch unbedingt diesen Job, wenn ich ausziehen will.

»Wie ist es gestern gelaufen?« Sie geht in die Küchennische und kramt Zutaten für einen Smoothie aus dem Kühlschrank.

Als ich gestern Abend nach Hause gekommen bin, hat sie gerade eine Yogastunde gegeben. Abgesehen von ihrer Arbeit als Physiotherapeutin für das Eishockeyteam ist Yoga Hazels wahre Leidenschaft. Heute hat sie bereits frühmorgens, noch vor Arbeitsbeginn, einen Kurs unterrichtet.

Ich berichte ihr von der niederschmetternden Nachricht, die ich gerade erhalten habe.

Ihr fällt die Kinnlade runter. »Und die haben noch nicht mal gesagt, warum?«

»Nö.« Ich spüre heiße Wut in mir aufsteigen. »Jamie hat sich wie ein Arschloch verhalten. Er hat kaum ein Wort mit mir gewechselt, sondern mich nur die ganze Zeit mit dieser grimmigen, gereizten Miene angestarrt.« Ich kneife die Augen zusammen und stoße ein zorniges Knurren aus.

Hazel hebt eine Augenbraue. Ihr Haar ist dunkler als meines, schokoladenbraun, im Gegensatz zu meinem Spülwasserblond. »Glaubst du, er erinnert sich an dich?«

»Nein, auf keinen Fall.« Ich ziehe meine Schuhe wieder aus und stelle sie in den Schrank am Eingang. »Er hat sich nicht mal vorgestellt.«

Im Küchenbereich verzieht Hazel das Gesicht. »Unhöflich.«

»Oder?« Ich schüttele den Kopf und lasse mich auf die Couch fallen. »Krass unhöflich. Schon klar, er ist ein heißer, reicher Prominenter, aber ich bin immer noch ein Mensch. Ich habe auch Gefühle.«

»Ja, natürlich.« Hazel nickt dermaßen nachdrücklich, dass ihr Pferdeschwanz wippt. »Du bist ein Mensch. Du verdienst Respekt.«

»Respekt?«, spucke ich aus. »Den Begriff kennt der nicht mal. Er hat mich behandelt, als wäre ich ein Floh, der auf den Müll gehört.«

Hazel fletscht die Zähne. »Ich hasse ihn. Eishockeyspieler …«, ihre Augen werden schmal, »das sind die Schlimmsten.«

Meine Schwester hat in der Highschool einen Eishockeyspieler gedatet, der sie betrogen hat. Das Ganze war ein Riesendrama. Ich spreche es nicht an.

»Die Schlimmsten«, bestätige ich und verschränke die Arme vor der Brust. Mein Fuß klopft einen Stakkato-Rhythmus auf den Boden, und in meinem Magen bildet sich ein Knoten. Ich habe mich gestern gut geschlagen, und überhaupt bin ich perfekt für den Job geeignet.

Durch Zach hat mein Selbstbewusstsein einen ganz schönen Dämpfer bekommen. Aber diese Aktion? Nachtreten, wenn jemand bereits am Boden liegt?

Ich muss an die Situation vor einem Monat denken, als ich am Flughafen auf meinen Flug nach Hause gewartet habe. Die Tourmanagerin hatte mir ein Uber organisiert, von dem ich dachte, dass es mich zum Treffpunkt für den Tourbus bringen würde, um zusammen mit den anderen zur nächsten Location weiterzufahren. Stattdessen setzte mich der Fahrer am Flughafen ab, und als ich verwirrt einen nach dem anderen abtelefonierte, um mich zu erkundigen, was los war, ging niemand dran.

Schließlich rief mich Zach zurück.

»Ach, Mist«, begann er. »Dann hat sie dich schon zum Flughafen geschickt? Ich wollte eigentlich erst noch mit dir reden.«

Er hat mich am Telefon abserviert. Mit den Sätzen abgespeist, dass wir inzwischen andere Menschen seien, keine Teenager mehr, und dass er rausfinden wolle, wer er ohne mich eigentlich ist. Wir waren acht Jahre zusammen – seit der Zehnten –, und er ließ mich von seiner Angestellten wegschicken.

Als Zach in unserem letzten Jahr an der Uni die Tour angeboten wurde, verschaffte er mir einen Job als Assistentin des Tour Coordinator, damit wir keine Fernbeziehung führen mussten. Wenn er beim Schreiben eines Songs nicht weiterkam, haben wir zusammen daran gearbeitet. Ich mit meiner Gitarre und Ideen für die Texte. Ich habe mein ganzes Leben auf Eis gelegt, um ihm hinterherzureisen, während er seinen Traum lebte.

Meine Augen beginnen noch heute zu brennen, wenn ich daran denke, wie ich in einer Kabine in der Flughafentoilette saß und geweint habe, weil ich mich so allein und verloren fühlte. So unerwünscht wie eine Tüte Müll am Straßenrand.

Typen wie Zach und Jamie denken, die Welt drehe sich nur um sie. Sie denken, sie können andere Menschen einfach entsorgen, sobald sie das Interesse an ihnen verloren haben.

Scham steigt in mir auf, gefolgt von einer neuen Welle der Wut. Ich habe es dermaßen satt, die Frau zu sein, die entsorgt wird.

Mit einem Ruck setze ich mich aufrecht hin. »Ich werde ihn damit konfrontieren.«

»Ähm …« Hazels Augen werden groß, ihre Hände verharren auf dem Mixer. »Ich glaube nicht, dass das eine gute Idee ist.«

Bei dem Gedanken, Jamie Streicher eine Standpauke zu halten, beschleunigt sich mein Puls. Ich habe die Schnauze voll davon, mich von Männern schlecht behandeln zu lassen.

»Du bist doch diejenige, die mir ständig eintrichtert, dass ich dem Universum sagen muss, was ich will«, erwidere ich entrüstet.

»Ja, genau, dem *Universum*. Nicht ihm. Er wird wahrscheinlich die Polizei rufen.«

»Wird er nicht.« Ich stelle mir vor, wie er mich über seine Schulter wirft, um mich eigenhändig aus seiner Wohnung zu schmeißen. Bei dem Gedanken spüre ich ein seltsames Ziehen zwischen den Beinen. Oh … die Idee gefällt mir.

Egal, darum geht es nicht. Er ist der König aller Arschlöcher, aber ich brauche diesen Job.

Hazel prustet los. »So schafft man es auf jeden Fall in die Schlagzeilen: *Eishockeyspieler wird von durchgedrehter Stalkerin belästigt.*«

»Ich habe nicht vor, ihn zu stalken. Ich werde nur dafür sorgen, dass ich meinen Job zurückkriege.«

Vielleicht hat sie recht, und mit wehenden Fahnen seine Wohnung zu stürmen, ist nicht die ideale Vorgehensweise.

Hazel wendet sich wieder dem Mixer zu, um ihren Smoothie zuzubereiten. Als sie einen der Hängeschränke öffnet, fällt mein Blick auf die Muffinform, die ich letzte Woche benutzt habe.

Und plötzlich habe ich eine Idee. Hazels Einwand ist berechtigt – wenn ich einfach an seine Tür klopfe und meinen Job zurückverlange, wird er mich als Stalkerin abstempeln. Wenn ich dagegen mit *Cupcakes* auftauche, unterstreiche ich damit nur, was für eine großartige Assistentin ich abgebe. Niemand ruft die Polizei, weil jemand Cupcakes vorbeibringt.

Als ich meiner Schwester den Plan auseinandersetze, muss sie schon wieder lachen. »Ich behalt mein Handy in Reichweite für den Fall, dass ich dich auf Kaution rausholen muss.«

Zwei Stunden später sind die Cupcakes abgekühlt und dekoriert. Von außen sind es perfekt glasierte, mit bunten Streuseln verzierte hübsche Törtchen. Aber *in* diesen Törtchen steckt meine Wut. Ich habe beim Kneten meinen ganzen Zorn und Frust über Zach und Jamie und meine beschissene Lebenslage regelrecht in den Teig hineingeprügelt.

Aufgrund des Zeitplans, den mir Jamie gegeben hat, weiß ich, dass er in zehn Minuten zu Hause sein wird, also packe ich die Cupcakes in einen Behälter und mache mich bereit, die Wohnung zu verlassen.

Als ich meine Schuhe anziehe, hebt Hazel beide Daumen. »Schnapp ihn dir!«

Auf dem Weg zu Jamies Wohnung beginnt es zu regnen. Ich habe vergessen, dass das Wetter in Vancouver sehr plötzlich umschlagen kann. An der nächsten roten Ampel kaue ich auf meiner Unterlippe und überlege, ob ich noch mal umkehren soll, um eine andere Jacke zu holen. Eine mit Kapuze.

Nein. Ich kann regelrecht spüren, wie der zögerliche Teil in mir seine Chance wittert, mich umzustimmen. Wenn ich jetzt zurückgehe, dann werde ich diese Sache nicht durchziehen.

Ich brauche den Job. Ich brauche das Geld. Ich kann nicht länger Platz in Hazels winziger Wohnung in Anspruch nehmen. Und ich brauche einen Fuß in der Tür des Teams, um die Marketingstelle zu bekommen und mit meinem Leben weitermachen zu können.

Jetzt oder nie. Ich werde mir meinen Job zurückholen.

KAPITEL 5

JAMIE

Ich versuche, ein Nickerchen zu machen, kann aber einfach nicht aufhören, an Pippa zu denken. Meine Assistentin.

Ex-Assistentin.

Fuck.

Ich starre aus dem Fenster meines Schlafzimmers nach draußen, wo es passend zu meiner Laune in Strömen gießt. Ich habe den ganzen Tag an sie gedacht. Warum? Wahrscheinlich hat sie längst einen neuen Job.

Ein unangenehmes Gefühl regt sich in mir. Ich hasse die Vorstellung, dass sie die Wohnung von einem anderen Mann einrichtet, ihn anlächelt, in seiner Küche singt.

Als es klopft, runzele ich die Stirn. Ich erwarte niemanden. Daisy ist bereits an der Tür, schnüffelt am schmalen Spalt darunter und wedelt mit dem Schwanz.

Ich öffne – und erstarre.

Breite Mascara-Schlieren laufen Pippas Wangen hinunter. Hat sie etwa geweint? Ich spüre einen schmerzhaften Stich. Doch ihre Augen sind nicht gerötet, sie hat klatschnasse Haare und der Pony klebt ihr in Strähnen an der Stirn. Sofort entspanne ich mich etwas.

Sie fixiert mich, strafft die Schultern, und ihre Nasenflügel blähen sich leicht. Unwillkürlich registriere ich, wie süß sie aussieht.

»Hi.« Sie schluckt. Blinzelt.

Pippa ist nervös.

In der Hand hält sie eine Tupperdose mit Cupcakes.

Ich runzele erneut die Stirn. »Wie bist du ins Haus gekommen?« Für die Tür unten benötigt man entweder einen Schlüssel, oder man muss klingeln.

Sie tut meine Frage mit einer Handbewegung ab. »Der Portier hat sich an mich erinnert; außerdem hab ich ihm Cupcakes angeboten.«

Natürlich hat man sie hochgelassen. Diese Frau könnte einen Polizisten dazu überreden, ihr seine Waffe auszuhändigen. Sie müsste nur lächeln und ihren Pferdeschwanz zurechtrücken, und er würde sagen: *Möchten Sie vielleicht auch noch Munition dazu?*

Da ist ein merkwürdiges Ziehen in meiner Brust, und zum ersten Mal seit langer Zeit verspüre ich den Drang zu lächeln.

Sie drückt mir den Behälter in die Hände. »Die sind für dich.«

Ich hebe ihn vor mein Gesicht und spähe hinein. »Das letzte Mal, dass ich Muffins gegessen habe, ist zehn Jahre her.«

Sie reißt die Augen auf. »Wie bitte? Das ist ja traurig.« Dann fällt ihr Blick auf den Spiegel hinter mir, den sie gestern aufgehängt hat. »Oh mein Gott.« Sie wischt sich mit den Fingern über die Wangen, um die Mascara-Spuren zu beseitigen. »Wie sehe ich denn aus? Scheiße.«

Sie weiß doch hoffentlich, dass ich sie gefeuert habe, oder?

Mit einem tiefen Atemzug wendet sie sich wieder mir zu. »Ich habe gestern einen guten Job gemacht.«

Ich zögere. Damit hat sie nicht unrecht.

»Nein, falsch.« Ihre Wangen glühen jetzt. »Einen *großartigen* Job. Ich werde mit allem fertig. Und du hast dich nicht mal vorgestellt.« Sie presst die Lippen zusammen. »Für wen hältst du dich? Ryan Gosling? Glaubst du im Ernst, du könntest mich einfach feuern wie ein Arsch?«

Ich kenne Ryan Gosling. Ich habe ihn letztes Jahr auf einer NHL-Party getroffen, zu der das gesamte Team gehen musste. Er ist ein netter Kerl. Viel netter als ich.

Ist er ihr Typ? Ich merke, wie sich meine Kiefermuskeln anspannen. Der Gedanke gefällt mir nicht.

»Arsch«, wiederhole ich.

»Sorry.« Sie verzieht das Gesicht. »Ich bin ein Mensch, weißt du. Ich verdiene es, mit Respekt behandelt zu werden.« Sie zieht die Augenbrauen zusammen und beginnt hektisch zu blinzeln. Sie sieht aus wie ein getretener Hund.

Verdammt!

Mein Herz krampft sich zusammen. Ich hasse dieses Gefühl. Ich hasse es, dass sie sich so fühlt. Und ganz besonders hasse ich es, dass ich dafür verantwortlich bin.

Sie hat recht. Ich habe mich gestern wie ein Arschloch aufgeführt. Was allerdings nicht meine Absicht war. Ich weiß einfach nicht, wie ich mich in ihrer Gegenwart verhalten soll. Sie ist aufgetaucht und sah aus wie eine Disney-Prinzessin, und ich hab ihr gegenüber kaum zwei zusammenhängende Worte rausgebracht.

Sie deutet auf Daisy, die zu ihren Füßen liegt und sie mit grenzenloser Liebe anschmachtet. »Ich komme sehr gut mit Daisy klar. Es tut mir leid, dass ich gestern, als du nach Hause gekommen bist, noch hier war. Ich hatte die Zeit aus den Augen verloren. Es wird nicht wieder vorkommen. Versprochen, du wirst mich nie zu Gesicht kriegen.« Ihre Stimme zittert. »Ich würde *alles* tun, um meinen Job zurückzubekommen.«

Auf einmal ist die Luft vor Spannung wie geladen, und wir starren uns an. Will sie damit etwa andeuten …? In meinem Kopf tauchen Bilder auf, von uns beiden, zusammen im Bett, mit ineinander verschlungenen Gliedmaßen. Sie liegt unter mir, den Kopf nach hinten geworfen, die Augen geschlossen, mit einem Ausdruck von Verzückung im Gesicht, während ich in sie stoße.

Daran werde ich später wieder denken, mit meinem Schwanz in der Hand, und ich hasse mich dafür.

»So habe ich das nicht gemeint«, sagt sie schnell, und ihre Wangen färben sich noch eine Nuance dunkler, »das habe ich komisch ausgedrückt. Ich wollte damit nur sagen, dass ich diesen Job wirklich brauche. Was auch immer dich also dazu veranlasst zu denken, dass ich nicht dafür geeignet bin: Bitte erkläre es mir.«

Ich kann ihr auf keinen Fall die Wahrheit sagen – dass sie das Mädchen ist, von dem ich in der Highschool zwei Jahre lang besessen war. Sie hat recht mit allem, was sie mir gerade an den Kopf geworfen hat. Mir gefällt, wie sie meine Wohnung eingerichtet hat. Sie hat Daisy gestern mehr ausgepowert, als es mir jemals gelungen wäre. Es ist offensichtlich, dass dieser Hund jede Menge mentale Stimulation und Bewegung braucht. Ganz tief in mir drin weiß ich, dass ich ihr meine Hündin anvertrauen kann.

Ich habe um eine neue Assistenz gebeten. Pippas Probleme sind nicht meine. Ich habe selbst genug um die Ohren.

Doch genau wie im Auto vor dem Tierheim ignoriere ich meine Einwände. Die Art und Weise, auf die mich Pippa mit einer Mischung aus Entschlossenheit und Sorge ansieht, trifft mich mitten ins Herz.

Ich studiere ihr Gesicht. Obwohl sie aussieht wie eine ersoffene Ratte, funkeln ihre Augen noch immer. Ihre Wangen sind gerötet, lebendig. Und auf einmal habe ich ein Gefühl in der Brust, das mich an Sodbrennen erinnert.

Ich hebe eine Braue. »Du bezeichnest mich erst als Arsch und verlangst dann deinen Job zurück?«

Pippa zuckt zurück und tritt nervös von einem Bein aufs andere. »Jepp.« Sie presst die Lippen zusammen und schielt schuldbewusst zu mir hoch. Dennoch wirkt sie entschlossen. »Tut mir leid.«

Ich mag sie. Sie lässt sich nichts gefallen. Es braucht ganz schön Mumm, einfach hier aufzutauchen und mich als Arsch zu bezeichnen. Niemand sonst redet so mit mir.

Ich kann sie nicht einfach feuern. Ich werde auch so einen Weg finden, mich dieses Jahr zu konzentrieren. Das tue ich immer. Ich hatte Jahre Zeit, mich in Disziplin zu üben. Diese Saison muss ich mich einfach nur noch mehr anstrengen.

Ich kann sie nicht feuern, aber ich kann sie auf Abstand halten.

Ich lehne mich gegen den Türrahmen und verschränke die Arme vor der Brust. Mein Nacken fühlt sich warm an. »Okay.«

Pippas Augen beginnen zu leuchten, und einen kurzen Moment lang befürchte ich, dass sie mir die Arme um den Hals werfen wird. »Wirklich?«

»Du lässt nichts von dir hier rumliegen«, füge ich schnell hinzu.

Sie klatscht in die Hände, was Daisy ausflippen lässt. Aufgeregt beginnt die Hündin, in der Wohnung hin und her zu springen. Pippa strahlt mich mit einem breiten Grinsen an, und ich habe das Gefühl, dass mir gleich schlecht wird.

»Danke!« Sie klatscht noch einmal in die Hände. »Ich verspreche, dass ich mich gut benehmen werde.«

Das ist nicht das Problem.

»Ich muss zum Training«, sage ich. Eigentlich erst in einer Stunde, aber ich werde nicht so lange in meiner Wohnung rumsitzen und sie anglotzen.

Sie ist bereits dabei, sich aus ihrer Jacke zu schälen. »Kein Problem. Ich habe hier alles unter Kontrolle. Brauchst du irgendwas vom Supermarkt?«

Ich ziehe meine Schuhe an und zögere. Tatsächlich müsste ich einkaufen.

Auf meinen Gesichtsausdruck hin nickt sie. »Kein Problem. Was isst du gerne?«

»Äh …« Der Ernährungsberater des Teams hat für jeden Spieler einen speziellen Essensplan erstellt, aber ich will mich nicht mehr als unbedingt nötig auf Pippas Hilfe verlassen. »Keine Ahnung. Irgendwas.«

Sie nickt wieder und lächelt. »Super. Das kann ich auf jeden Fall besorgen.«

Ich öffne die Tür. Ich muss dringend hier raus.

»Warte«, sagt sie und reicht mir die Dose mit den Cupcakes. »Nimm sie mit. Du kannst sie ans Team verteilen oder so.«

Ich werfe ihr einen skeptischen Blick zu. Wenn ich der Mannschaft Cupcakes mitbringe, werden sie mich bis in alle Ewigkeit damit aufziehen. Trotzdem nehme ich sie mit. Noch mal ertrage ich ihre enttäuschte Miene nicht.

Draußen auf der Straße öffne ich den Behälter und beiße von einem der Törtchen ab. Als der Zucker auf meiner Zunge zergeht, schließe ich genießerisch die Augen und stöhne vor Ekstase beinahe laut auf.

Das ist das Beste, was ich je gegessen habe.

KAPITEL 6
PIPPA

»Ich kann immer noch nicht glauben, dass dein Plan mit den Cupcakes funktioniert hat«, sagt Hazel, während wir nebeneinander den Bergpfad hinaufwandern.

Es ist schon zwei Wochen her, dass ich Jamie zur Rede gestellt habe, aber da ich die meiste Zeit dort bin, um mich um Daisy zu kümmern, und Hazel abwechselnd Yogakurse gibt und Physiotherapie-Stunden mit den Spielern hat, haben wir uns in letzter Zeit kaum gesehen. Heute ist der erste Tag, an dem wir die Gelegenheit haben, ausführlich darüber zu sprechen.

Daisy schnüffelt an einem Gebüsch, bevor sie uns voraus den Weg entlangspringt. Den Vormittag haben wir damit verbracht, ihr beizubringen, auf Kommando zu mir zurückzukommen, bis wir uns sicher genug fühlten, sie auf diesem Weg in North Vancouver von der Leine zu lassen. Je höher wir kommen, desto kühler wird es, aber die Sonne scheint, der Wald ist still und friedlich, wir haben warme Jacken an, und Daisy hat die Zeit ihres Lebens.

Ich rufe mir Jamies Gesichtsausdruck in Erinnerung, als ich einfach bei ihm aufgekreuzt bin, um meinen Job zurückzuverlangen. Er sah aus, als würde er mich hochkant wieder rauswerfen wollen oder – schlimmer noch – sich im Teambüro beschweren, um mir sämtliche Chancen auf einen zukünftigen Job dort mit einem Schlag zu verbauen.

Aber er hat nichts davon getan. Bei meinem *Ich verdiene es, mit Respekt behandelt zu werden*-Spruch hat er beinahe … reumütig gewirkt.

»Ich glaube nicht, dass es an den Cupcakes lag«, murmele ich.

Seit er an jenem Tag das Haus verlassen hat, habe ich ihn nicht mehr gesehen. Er war ständig im Training, und seit dem Saisonstart vor ein paar Tagen ist er auf Reisen.

Seine Wohnung sieht aus, als wäre sie einem Design-Magazin entsprungen, und manchmal, wenn ich aus dem Fenster auf die Berge schaue, habe ich das Gefühl, mich in einer Ferienwohnung zu befinden, völlig losgelöst von meinem realen Leben. Sein Apartment ist immer lichtdurchflutet, deswegen habe ich diese Woche ein paar Pflanzen gekauft, um es ein wenig wohnlicher zu gestalten. Die Wohnung ist wunderschön, aber nur mit Daisy und mir darin fühlt es sich ein wenig einsam an, dort zu wohnen. Ich habe noch nie allein gelebt. An der Uni hatte ich immer mindestens vier Mitbewohner oder Mitbewohnerinnen, und auch auf Tour mit Zach waren ständig Leute um mich rum. Es war immer jemand da, mit dem man sich unterhalten und lachen konnte.

Ich muss mir einen größeren Freundeskreis in Vancouver aufbauen; alle meine Bekannten arbeiten in der Musikindustrie. Auf einmal habe ich einen Kloß im Hals. Ich muss neue Freunde finden, weil ich mit der Musik abgeschlossen habe.

Seit meiner Unterhaltung mit Jamie wirbelt mir immer wieder derselbe Satz durch den Kopf. *Ich würde* alles *tun, um meinen Job zurückzubekommen.*

Bei dem Gedanken daran erschaudere ich. »Ich habe versehentlich angedeutet, dass ich sogar mit ihm schlafen würde, um meinen Job zu behalten.« Als Hazel laut auflacht, gebe ich ein gequältes Stöhnen von mir. »Ich habe es sofort klargestellt. War aber trotzdem superpeinlich.«

»Ist er schon draufgekommen, dass ihr auf dieselbe Highschool gegangen seid?« Hazel ist ein Jahr älter als ich und ein Jahr jünger als Jamie.

»Nein, auf keinen Fall. Hast du eigentlich schon mal mit ihm gearbeitet?«

»Nope.« Sie wirft mir einen Blick von der Seite zu. »Hast du vor, es irgendwann zu erwähnen?«

»Niemals. Wie peinlich wäre das denn? Dann würde er garantiert fragen, warum ich nicht gleich was gesagt habe.«

»Na ja, das wird ja wahrscheinlich bald sowieso egal sein. Emma hat ihre Elternzeit eingereicht. Deswegen sind sie gerade dabei, die interne Stellenausschreibung vorzubereiten.«

Richtig, der Marketingjob. Mein Magen macht komische Sachen.

Schnell nicke ich. Es fühlt sich ein wenig gezwungen an. »Super.«

»Ich gehe davon aus, dass sie im Dezember oder gleich Anfang des neuen Jahres mit den Vorstellungsgesprächen beginnen.«

»Das ist gut. So verbringe ich vorab genug Zeit mit der Mannschaft, um mich zu beweisen.«

»Genau.« Hazel hebt eine Augenbraue. »Und dann werden wir beide für alle Zeiten stabile und verantwortungsvolle Jobs haben.« Ihr sarkastischer Unterton ist nicht zu überhören.

Hazels Traum ist seit jeher, ein eigenes Yoga-und-Pilates-Studio zu eröffnen. Einen Ort, an dem sich Menschen jeglichen Körperbaus wohlfühlen, aber unsere Eltern würden einen Herzinfarkt bekommen, wenn sie davon wüssten. Zu riskant, würden sie sagen.

Ich richte den Blick auf meine Füße. »Ganz unrecht haben sie nicht. Immerhin macht eine Festanstellung das Leben schon sehr viel einfacher.«

Sie murmelt etwas, das nach »Fuck« klingt. »Ja, aber sie sind regelrecht *besessen* von dem Gedanken.«

»Sie wollen nur unser Bestes.«

Unsere Eltern sind als junge Menschen nicht arm gewesen, aber beide in Familien mit geringem Einkommen aufgewachsen. Unser

Dad war Mechaniker und unsere Mom Ballerina. Allerdings hat es bei ihr nie für ein festes Engagement in einer Tanzkompanie gereicht, weshalb sie schließlich ihr eigenes Ballettstudio eröffnete. Bis unsere Eltern vor ein paar Jahren in eine kleine Stadt im Landesinneren von British Columbia umgezogen sind, hat Mom dort unterrichtet. Obwohl sie eine großartige Lehrerin war, denke ich, dass es auch eine stetige Erinnerung daran war, was sie selbst nicht erreicht hat. In meiner Teenagerzeit hat sie immer zu mir gesagt, sie sei das beste Beispiel dafür, warum ich nichts mit Musik machen solle.

»Scheitern ist schwer«, pflegt sie zu sagen. »Setze alles daran, Erfolg zu haben.«

Sie wollen, dass wir ein komfortables, glückliches Leben führen. Und mein Dad versteht darunter einen Gehaltsscheck alle zwei Wochen und zusätzliche Sozialleistungen. Für meine Mom bedeutet es, etwas zu tun, was einem nicht allzu viel Enttäuschung beschert, wenn es nicht gut läuft. Wie Hazels Physio-Job. Wie diese Marketingstelle. *Nichts* in der Musikindustrie. Deshalb habe ich Marketing studiert und nur im Nebenfach Musik. Ursprünglich hatte ich es andersherum geplant, aber sie haben es mir als Hauptfach ausgeredet.

Wie sich herausgestellt hat, hatten sie recht. Die Musikbranche ist brutal. Ich erinnere mich noch sehr gut an das eine Mal, als ich einen Song für Zach geschrieben habe, über den er und sein Manager sich schlappgelacht haben. Zach bezeichnete ihn als *süß*. Bei dem Gedanken daran spüre ich heiße Scham in mir aufsteigen und einen Stich in der Herzgegend. Ich bin nicht stark genug, um das auszuhalten.

Hazel sieht mich an. »Fragt Dad dich immer noch ständig über Streicher aus?«

Abgesehen davon, dass unsere Eltern wollen, dass wir beide einem geregelten Job nachgehen, liebt unser Vater Eishockey über alles und ist schon sein Leben lang Fan von Vancouver Storm. Er ist restlos begeistert, dass wir inzwischen beide für die Mannschaft arbeiten. Und als er erfahren hat, dass ein ehemaliger Mitschüler aus unserer alten Highschool ins Team wechselt, ist er vor Aufregung beinahe durchgedreht.

Ich stöhne. »Ja.«

Wir müssen beide lachen.

Daisy sprintet voraus, um einen Labrador mit hellem Fell zu begrüßen, der uns entgegenkommt.

»Sie ist wirklich ein Schatz«, sagt Hazel und hakt sich bei mir unter.

Ich lächele sie an. »Ja, das ist sie. Diesen Teil meines Jobs liebe ich wirklich sehr.«

Wir laufen weiter, sehen den Hunden beim Spielen zu, grüßen im Vorbeigehen die Besitzer des Labradors und genießen die Zeit in der Natur. Ein Fluss schlängelt sich durch den Wald, zwischen Bäumen hindurch, und rauscht über Felsen. Entlang des Wassers gibt es immer wieder kleine Lichtungen, wo Daisy begeistert in die Strömung und wieder heraus springt, bevor sie auf den Weg zurückkehrt.

»Du hast noch kein einziges Mal deine Gitarre in die Hand genommen, seit du wieder zu Hause bist.«

Sofort schnürt sich meine Kehle zu, und ich schlucke mühsam. »Ich hatte keine Zeit.«

Das ist gelogen, und Hazel weiß es. Schon mein ganzes Leben schwirren mir Songs im Kopf herum. Wenn Zach und ich zusammen abhingen, habe ich ständig auf der Gitarre rumgeklimpert, und sobald ich eine bestimmte Reihenfolge an Akkorden spielte, tauchte ein Song in meinem Kopf auf. Es war, als würde sich eine Tür öffnen. Wie ein überraschtes *Ach, da bist du ja.*

Doch seitdem er mit mir Schluss gemacht hat: nichts. Totenstille.

Unsere Schuhe knirschen auf dem Weg, und ich stelle mir vor, wie meine Gitarre in Hazels Apartment auf mich wartet. Plötzlich fühle ich mich schuldig, so als würde ich sie vernachlässigen. Ich habe sie gekauft, als ich auf der Highschool war. Sie ist weder außergewöhnlich, noch war sie besonders teuer – ganz im Gegenteil –, aber ich liebe sie trotzdem.

Und jetzt gehe ich ihr aus dem Weg.

Jedes Mal, wenn ich überlege, darauf zu spielen, muss ich daran denken, wie mich Zach zum Flughafen hat bringen lassen. An all die Situationen, in denen ich auf ihr spielte, während Zach und ich gemeinsam an einem Liedtext gearbeitet haben. Daran, wie er über meinen Song gelacht hat.

Hazel verzieht den Mund, zwischen ihren Brauen hat sich eine steile Falte gebildet. »Hat das was mit Herpes zu tun?«

Ich verschlucke mich fast an einem Lachen. Das ist der Name, den sie Zach verpasst hat. »Wir können ihn nicht so nennen.«

Sie verengt die Augen und tippt sich nachdenklich mit einem Finger an die Lippen. »Stimmt, Zach ist ja schon lange Geschichte – Herpes dagegen verschwindet nicht wieder. Okay, dann nennen wir ihn ab sofort Chlamydien.« Ihr Gesichtsausdruck wird wieder ernst. »Also, hat es was mit ihm zu tun?«

Ich beuge mich runter, um Daisy, die neben uns herläuft, kurz hinter den Ohren zu kraulen. »Wahrscheinlich.«

Hazel schweigt, obwohl es vermutlich hundert Dinge gibt, die sie dazu zu sagen hätte. Sie konnte Zach noch nie leiden, schon damals in der Highschool nicht.

»Ich wünschte, du würdest kapieren, dass du die absolut Beste bist«, sagt sie schließlich leise. »Ich wünschte, du würdest begreifen, wie talentiert du bist. Niemand könnte dich aufhalten.«

Wenn sie diesen ruhigen, ernsten Tonfall anschlägt, formt sich jedes Mal sofort ein Kloß in meinem Hals, und ich muss die Tränen zurückdrängen. Ich weiß nicht, warum.

Wir laufen schweigend weiter, nur das Rauschen des Flusses ist zu hören.

»Na dann«, sagt sie nach einer Weile mit einem Schulterzucken, »musst du ihn dir eben aus dem Kopf meditieren.«

»Herpes«, sage ich mit lauter Stimme, als würde ich einen Werbespot für ein Wellness-Wochenende einsprechen, »meditieren Sie ihn einfach weg!«

»Chlamydien«, korrigiert sie mich, und wir prusten beide los. »Aber im Ernst, meditier dir den Typen verdammt noch mal aus der Birne!«

Ihr frecher, unverblümter Ansatz in Sachen Wellness bringt mich zum Schmunzeln.

Sie gluckst. »Und wenn es mit der Meditation nicht funktioniert, versuchst du es mit Sex.«

Augenblicklich beginnt mein Gesicht zu glühen.

»Der beste Weg, über jemanden hinwegzukommen, besteht darin, sich flachlegen zu lassen. Ganz besonders dann«, sie wirft mir einen vielsagenden Blick zu, »wenn du in deinem ganzen Leben bisher nur mit einem einzigen Mann geschlafen hast.«

Ich zucke zusammen und vergrabe die Hände in den Jackentaschen. Es stimmt. Ich habe meine Jungfräulichkeit an Zach verloren und bin seitdem mit niemand anderem im Bett gewesen.

Erneut verspüre ich Scham. Das war wahrscheinlich einer der Gründe, aus denen er sich umorientieren wollte, denn ich kann nicht ... Ich schaffe es nicht zu kommen. Ich kann keinen Orgasmus mit einem Mann haben. Hazel weiß, dass ich Zach meine Höhepunkte vorgetäuscht habe. Nach dem ersten Mal hat er so glücklich und erleichtert gewirkt. Bis zu dem Zeitpunkt hat er wahrscheinlich gedacht, es sei seine Schuld, dass ich nie komme. Und dann habe ich einfach weiter so getan als ob – und mir immer eingeredet, es sei das letzte Mal. Weil es eine Lüge ist. Allerdings hat sie niemandem wehgetan, also habe ich weitergemacht. Denn wenn ich keinen Orgasmus hatte, hat ihn das unter Stress gesetzt, was wiederum mich gestresst hat. Deswegen war es einfacher, einen zu faken.

Die Vorstellung, mit jemand anderem zu schlafen, ist entmutigend. Ich hatte noch nie ein richtiges Date, und bei einer Dating-App war ich bisher auch nicht angemeldet. Zach und ich waren seit der achten Klasse, in der wir beide den Band-Kurs belegt hatten, befreundet, und über die Jahre sind wir uns immer nähergekommen. Bis er eines Tages, gegen Ende der Zehnten, meine Hand genommen hat und ich es zuließ. Dann fing er an, mich als seine Freundin zu bezeichnen. Alle um uns herum taten so, als sei das keine Überraschung, also machte ich ebenfalls keine große Sache daraus. Im Laufe der Jahre wurde ich wohl einfach von ihm mitgerissen.

Bei dem Gedanken runzele ich unwillkürlich die Stirn, weil ich nicht richtig weiß, was ich davon halten soll. Ich kann mir nicht vorstellen, mit jemand anderem jemals so vertraut zu sein, wie ich es mit Zach war. Besonders mit meinem kleinen *Problem*. Dann müsste ich von Neuem jemandem etwas vormachen.

Hazel mustert mich wissend, als stünden mir meine Bedenken ins Gesicht geschrieben. »Was?«

»Ich kann doch nicht …« Ich gestikuliere mit der Hand in der Luft rum. »Du weißt schon.«

Sie schnaubt und ahmt überspitzt meine Handbewegung nach.

Mir entfährt ein verlegenes Lachen.

»… zum Orgasmus kommen?«, beendet sie meinen Satz.

Ein erstickter Laut kommt mir über die Lippen. »Ja. Es liegt an meinem Körper. Und davon soll ich einem neuen Typen erzählen?«

Sie lässt mit einem Seufzen den Kopf in den Nacken fallen. »Es liegt nicht an deinem Körper. Deine Muschi wusste einfach, was für ein riesiger Loser Zach ist.«

»Hör auf, über meine Muschi zu reden.«

»Aber deine Muschi will Action!«, brüllt sie in den Wald. Lachend versuche ich, ihr den Mund zuzuhalten. »Gib deiner Muschi, was sie verlangt!«

Als uns ein Paar entgegenkommt, lächeln wir sie an. Mein Gesicht steht in Flammen. Kaum dass wir an ihnen vorbei sind, brechen wir von Neuem in albernes Kichern aus.

Hazel hebt einen Stock auf und wirft ihn für Daisy, die sofort hinterherhechtet. Den restlichen Spaziergang über erzählt sie mir von ihren versnobten Kollegen im Yogastudio, und bis wir wieder ihr Auto erreichen, schmerzt meine Gesichtsmuskulatur vom vielen Lachen. Daisy ist am ganzen Körper von einer Schlammschicht überzogen, aber sie trägt ihren erschöpft-glücklichen Hundeblick zur Schau.

»Na los«, fordere ich sie auf und deute auf die mit Handtüchern ausgelegte Rückbank, »spring rein.«

Sekundenlang starrt sie mich an, dann schüttelt sie sich.

Ich reiße die Arme hoch, um mich zu schützen, aber da ist es bereits zu spät. Im nächsten Moment bin ich von oben bis unten mit dreckigem Pfützenwasser bespritzt.

Hazel, die auf der anderen Seite des Wagens steht, lacht sich kaputt. Schnell zieht sie ihr Handy raus und macht grinsend ein Foto von mir.

Ich schürze die Lippen. »Der Schlamm ist auch in meinen Haaren, oder?«

Ihr Grinsen wird noch breiter. »Jepp.«

Eine Stunde später liegt Daisy sauber und zusammengerollt auf dem Sofa im Wohnzimmer, während ich unter der Dusche stehe und mir den Dreck aus den Haaren wasche. Jamie wird erst am späten Nachmittag nach Hause kommen, weswegen ich laut einen Coldplay-Song schmettere. Ich singe ihn so, wie ich ihn aufnehmen würde, an manchen Stellen weich, an anderen rau.

Die Akustik im Bad ist toll, und das heiße Wasser, das über meine Haut rinnt, zusammen mit dem Duft der Haarspülung verleihen mir das Gefühl, in meiner eigenen kleinen Welt zu sein, in der ich ganz allein bin und wo mir niemand etwas anhaben kann.

Nach einer Weile verstumme ich und drehe das Wasser ab. Mit einem Handtuch rubbele ich mir die Haare trocken, bevor ich es mir um den Körper wickele und das Bad verlasse, um nach unten zu gehen und nach Daisy zu sehen.

Mitten im Wohnzimmer steht Jamie Streicher und starrt mich an.

KAPITEL 7

JAMIE

Mein Gehirn hat einen Aussetzer. Das ist die einzige Erklärung dafür, dass ich hier stehe und eine so gut wie nackte Pippa anstarre, die ein winziges Handtuch um ihren Körper geschlungen hat. Ihr nasses Haar fällt in Kaskaden über ihre Schultern, und oberhalb des Handtuchs, das sie an ihre Brust drückt, bleibt mein Blick an ihrem Dekolleté hängen. Sommersprossen zieren nicht nur ihr Gesicht, sondern auch ihr Schlüsselbein.

Als sie eben unter der Dusche gesungen hat, war das der süßeste Klang, den ich je gehört habe. Ich war unfähig, mich von der Stelle zu bewegen.

Etwas rauscht durch mein Blut – Erregung. Anziehung. Funken sprühen prickelnd meine Wirbelsäule entlang, als ich ihre Beine betrachte. Ihre Haut sieht so weich aus. Ob ich will oder nicht, ich fühle mich immer noch wahnsinnig zu dieser Frau hingezogen.

Sie läuft knallrot an. Ihre Zehennägel sind mintfarben lackiert. Warum ist das so verdammt süß? Mein Blick wandert zu ihrer Unterlippe. War die schon immer so unglaublich voll? Als ich spüre, wie mir das Blut in den Schwanz schießt, wende ich mich schnell ab.

»Was machst du da?«, frage ich schärfer als beabsichtigt.

»Daisy hat mich mit Schlamm vollgespritzt, und ich wusste nicht, dass du so früh nach Hause …«

»Schon okay«, unterbreche ich sie. Eigentlich sollte sie nicht hier sein, wenn ich nach Hause komme. Diese Sache kann nur funktionieren, wenn ich ihr nicht begegne.

Wem versuche ich hier etwas vorzumachen? Es. Funktioniert. Nicht. Seit zwei Wochen denke ich ununterbrochen an sie. Frage mich, was sie und Daisy gerade machen. Sie schickt mir Updates per E-Mail, und obwohl ich ihr nie darauf antworte, freue ich mich darauf. Wenn ich im Flugzeug sitze oder zwischen zwei Trainingseinheiten etwas Zeit habe, checke ich ständig meinen Posteingang.

Ich habe mir eingeredet, dass sie mich nicht ablenken wird, solange ich sie nicht zu Gesicht bekomme. Wie falsch ich doch lag.

Ich stoße einen frustrierten Laut aus und marschiere zur Tür.

»Ich bin in einer Minute weg«, ruft sie mir hinterher.

»Um vier bin ich zurück.« Das ist die Uhrzeit, zu der ich eigentlich nach Hause hätte kommen sollen, aber einer meiner Trainer musste einen Termin verschieben.

Ich ziehe meine Schuhe an und werfe keinen Blick zurück.

Im Aufzug schließe ich die Augen und atme in dem kläglichen Versuch, mich zu fokussieren, tief durch. Als mein Handy in der Gesäßtasche vibriert, ziehe ich es heraus. Auf dem Display leuchtet mir ein Foto von meiner Mom und mir entgegen.

Das ist die Erinnerung, die ich gebraucht habe. Ich kriege es kaum hin, mich aufs Eishockeyspielen zu konzentrieren und um meine Mutter zu kümmern. Ich kann es mir nicht erlauben, wegen einer Frau den Kopf zu verlieren. Das ist es nicht wert.

»Hey, Mom«, melde ich mich.

KAPITEL 8
PIPPA

Nachdem Jamie die Wohnung verlassen hat, starre ich fassungslos die Tür an. Er ist so ein Arsch. Schließlich ist er derjenige, der zu früh nach Hause gekommen ist. Ich habe mich an den Terminplan gehalten, den er mir gegeben hat.

Ich gehe hoch in das Zimmer, in dem ich wohne, wenn er auf Reisen ist, um mich umzuziehen und so schnell wie möglich von hier zu verschwinden. Ich mache mir nicht einmal die Mühe, meine Haare zu föhnen. Kurz darauf laufe ich die Treppe runter, drücke Daisy einen Abschiedskuss auf den Kopf und schließe hinter mir ab.

Da Hazel bis abends einen Online-Yogakurs von zu Hause aus gibt und ich ihr den nötigen Freiraum dafür lassen will, setze ich mich in den Coffeeshop unten, um mein Update zu schreiben. Jamie hat mich nie darum gebeten, aber ich versuche, meinen Job so gut wie möglich zu machen.

Bei einem Blick auf mein Handy stelle ich fest, dass ich eine neue Nachricht von Hazel habe. Sie muss eingegangen sein, als ich unter der Dusche stand.

Was zur Hölle ist das?, schreibt sie zu dem Link, den sie mir geschickt hat.

Ich klicke ihn an. Als das Video startet, wird mir augenblicklich kotzübel.

Hastig stecke ich mir meine In-Ear-Kopfhörer in die Ohren und wähle die passende Bluetooth-Verbindung aus.

Auf dem Display ist Zach während einer seiner aktuellen Shows zu sehen. Er lächelt eine Frau an, die neben ihm auf der Bühne steht. Sie scheint im gleichen Alter zu sein wie er und ich und hat langes, gewelltes platinblondes Haar. Ihr Outfit ist irgendwo zwischen stilvoll und unkonventionell angesiedelt, und sie strahlt und singt neben Zach, der immer wieder zu ihr rüberschaut. Sie sieht aus, als wäre sie für die Bühne gemacht. Als würde sie sich dort oben rundum wohlfühlen. Sie ist charismatisch. Und absolut makellos.

Als sich die Kopfhörer mit meinem Handy verbinden, fällt mir die Kinnlade runter. Die beiden singen einen Song, den Zach und ich zusammen geschrieben haben. Ich meine, nicht dass ich irgendwo in den Credits erwähnt worden wäre, die Melodie war bei einer unserer kleinen privaten Sessions entstanden, aber trotzdem.

Ich wurde nicht nur abserviert, ich wurde ersetzt. Durch ein neueres, glänzenderes Modell.

Meine Augen beginnen zu brennen. Hastig blinzele ich die aufsteigenden Tränen weg.

Du hast es einfach nicht in dir, hat Zach einmal zu mir gesagt, als ich mit dem Gedanken gespielt habe, Songs für ein eigenes Album zu schreiben. Das wollte ich schon immer machen. *Im Rampenlicht zu stehen, ist wirklich hart.* Als hätte er mich beschützen wollen.

Er war nicht immer so. Oder vielleicht war er es, und diese Seite an ihm kam erst in den letzten Monaten mehr und mehr zum Vorschein. Wenn es gut lief, wenn Zach seinen Charme spielen ließ und mich anstrahlte? Dann fühlte ich mich wie etwas Besonderes, und mir wurde am ganzen Körper warm. Wenn wir allein waren, haben wir unglaublich viel gelacht. Er kannte mich besser als jeder andere Mensch. Sein Lächeln gab mir das Gefühl, unendlich viel wert zu sein.

In dem Video lächelt er sie so an, wie er mich früher angelächelt hat, und es versetzt mir einen schmerzhaften Stich. Eine Träne rollt mir die Wange hinunter. Rasch wische ich sie weg.

Mich hat er nie gebeten, mit auf die Bühne zu kommen. Kein einziges Mal.

Das tut weh.

Ich sitze mit hundertdreiundzwanzig Dollar auf dem Konto in einem Coffeeshop, schlafe, wenn Jamie in der Stadt ist, auf Hazels Couch, und mein Ex macht einfach weiter.

Als ich aufschaue, trifft mein Blick durch die große Fensterscheibe vor mir auf Jamies.

Ernsthaft? Es ist, als würde das Universum immer wieder aufs Neue den schlechtesten Zeitpunkt wählen, um ihm zu begegnen.

Hastig senke ich den Blick in der Hoffnung, dass er mich durch die Spiegelung, die das grelle Licht im Inneren des Cafés auf die Scheibe wirft, nicht gesehen hat. Wenn ich so tue, als hätte ich ihn nicht bemerkt, verschwindet er vielleicht wieder.

Ganz vorsichtig hebe ich erneut den Kopf und spähe raus.

Nope, tut er natürlich nicht. Er steht jetzt vor der Tür. Zieht sie auf.

Verdammt.

Vielleicht holt er sich nur einen Kaffee zum Mitnehmen.

Nope, er kommt direkt auf mich zu.

KAPITEL 9
JAMIE

Sie sitzt an einem Tisch vor dem Fenster und reibt sich hektisch über die Augen, um ihre Tränen zu verbergen.

Sofort meldet sich mein Beschützerinstinkt. Innerhalb von Sekunden stehe ich vor ihr.

»Liegt es daran, dass ich dich in dem Handtuch gesehen habe?«

Erneut wischt sie sich über die Wangen und blinzelt. »Nein.« Sie lacht, aber es klingt hohl. »Das schafft es nicht mal unter die Top Ten meiner peinlichsten Momente.« Sie räuspert sich und ringt sich ein Lächeln ab. »Es geht mir gut.«

Es tut mir weh, sie so zu sehen. Ich hasse das. »Sag mir, warum du weinst.« Ich verschränke die Arme.

»Alles okay«, sagt sie, ohne mich anzusehen. Dann greift sie nach ihrem Handy und ihrer Tasche, als wolle sie gehen.

Ich beuge mich vor und stütze mich mit beiden Händen auf die Tischplatte. Mir ist klar, dass ich mich wie ein einschüchterndes Arschloch verhalte, aber ich muss wissen, warum sie weint, damit ich es in Ordnung bringen kann.

»Sag es mir«, wiederhole ich mit tiefer Stimme und bemerke, wie ihr der Atem stockt.

Sie schiebt ihr Handy über den Tisch und drückt auf Play. Auf dem Bildschirm ist dieser verdammte Hanson zu sehen, mit dem sie auf der Highschool zusammen war. Er steht auf der Bühne, mit einer Frau.

Ich sehe Pippa an und hebe fragend eine Braue.

Ihre Augen blitzen vor Wut. »Es ist gerade mal einen Monat her, dass er mich abserviert hat, und schon steht er mit einer Neuen auf der Bühne.« Frische Tränen laufen ihr über die Wangen. Am liebsten würde ich den Kerl dafür umbringen.

Ich starre wieder auf das Handy, auf die bescheuerte Visage dieses Arschlochs. Sie waren also bis vor Kurzem noch zusammen. In der Highschool war er ein ziemlicher Hänfling; unter der Jacke kann ich seine jetzige Statur nicht erkennen, aber er wirkt noch immer schmal. Ich wette, ich bin um einiges stärker.

»Hör auf zu weinen«, sage ich.

»Ich versuch's ja.« Sie holt zittrig Luft. »Gerade läuft es total beschissen. Er hat diese funkelnde neue Muse, und ich bin die Loserin, die bei ihrer Schwester auf dem Sofa pennt und darum bettelt, ihren Job zurückzubekommen.« Eine weitere Träne kullert über ihr Gesicht.

Ich spüre, wie meine Hand zuckt, und kann mich gerade noch rechtzeitig zurückhalten. Was war das denn? Wollte ich ihr gerade eine Träne von der Wange streichen?

Ich setze mich ihr gegenüber. Wie von selbst beginnt mein Knie unruhig zu wippen, während ich überlege, was ich jetzt machen soll.

Ich hasse diesen Kerl. Ich hasse ihn so sehr. Er hat ein weiches, schwammiges Gesicht, in das ich einfach nur reinschlagen möchte. Torhüter sind auf dem Eis nur selten in körperliche Auseinandersetzungen verwickelt, aber wenn dieser Kerl bei meinem Spiel morgen vor mir stünde, würde ich keine Sekunde zögern.

Meine Gedanken kehren zu ihrem Satz zurück, dass sie bei ihrer Schwester auf dem Sofa schläft.

»Such dir eine eigene Wohnung.«

Der Ausdruck, mit dem sie mich ansieht, wirkt verärgert. Das ist gut. Wenigstens weint sie jetzt nicht mehr. Mit einer traurigen Pippa kann ich nicht umgehen.

»Vancouver ist teuer. Ich würde gerne was bei dir in der Nähe finden, damit ich schnell da sein kann, wenn du mich brauchst.«

Mir gefällt, wie sie das sagt: *wenn du mich brauchst.* Als sich ein merkwürdiges Prickeln auf meiner Haut ausbreitet, runzele ich noch stärker die Stirn.

»Vielleicht gehst du jetzt am besten nach Hause.«

»Ich kann nicht.« Als erneut ihre Unterlippe bebt, gerate ich in Panik. Dann erläutert sie mir, dass ihre Schwester gerade einen Online-Yogakurs gibt. »Warum erzähle ich dir das alles überhaupt? Es geht mir gut. Ich muss mir das nur von der Seele weinen.«

Ich hasse alles an dieser Situation. Mein Beschützerinstinkt will auf der Stelle alles besser für sie machen.

»Zieh bei mir ein.«

Wir starren uns an. Keine Ahnung, woher dieser beschissene Satz gekommen ist. Ich sollte nicht *mehr* Zeit mit ihr verbringen, sondern weniger. Ihr aus dem Weg gehen. Mit ihr zusammenzuwohnen, bedeutet das Gegenteil davon, sie auf Distanz zu halten.

Aber sie hat aufgehört zu weinen. Das ist doch schon mal etwas. Stattdessen sieht sie mich verwirrt an.

Bei der Vorstellung, dass sie bei mir einzieht, lässt meine Anspannung ein wenig nach.

»Das wäre für Daisy auch besser.« Ich schiebe den Stuhl zurück und stehe auf.

Meine Gedanken wandern zu der Situation in meiner Wohnung zurück, als ich sie unter der Dusche habe singen hören, und mein Herz beginnt heftiger zu klopfen. Wenn sie bei mir wohnt, dann werde ich sie vielleicht häufiger singen hören.

Pippa ist sitzen geblieben und nagt mit unsicherer Miene an ihrer Unterlippe. »Ich weiß nicht …«

Mein Puls beschleunigt sich, als ich mir ausmale, wie sie in meiner Wohnung auf dem Sofa liegt, Daisy zu ihren Füßen, und ein Buch liest. Wie sie auf ihrer Gitarre spielt, so wie sie es mit ihren

Freunden auf der Highschool getan hat. Ein warmes Gefühl breitet sich in meiner Brust aus. Die Vorstellung gefällt mir.

Es ist mir egal, ob das eine schlechte Idee ist, jetzt bekomme ich sie sowieso nicht mehr aus dem Kopf. Außerdem werde ich ohnehin die ganze Zeit mit Eishockeyspielen beschäftigt sein und damit, meine Mom in North Vancouver zu besuchen. Wir werden uns kaum zu Gesicht bekommen.

Und ich muss mir keine Sorgen um sie machen. Immerhin ein Vorteil.

»Du solltest nicht in der Öffentlichkeit weinen«, sage ich, auch diesmal schärfer als gewollt. *Idiot!* »Das ist unprofessionell. Morgen ziehst du bei mir ein.«

Ich mustere sie aufmerksam auf der Suche nach Anzeichen, dass sie das nicht möchte, nach Angst oder Abneigung. Doch stattdessen atmet sie einmal tief durch, und ihre Miene entspannt sich, als wäre sie erleichtert.

Und mir geht das Herz auf.

Ihre Mundwinkel biegen sich leicht nach oben, und ihr Blick wird weich. »Okay. Danke, Jamie.«

Mir läuft ein Schauer über den Rücken. Es gefällt mir, wie sie meinen Namen ausspricht, es klingt unglaublich süß. Und mir gefällt die Art, auf die sie mich gerade ansieht. Als ob sie mich mag.

Ich nicke knapp. »Morgen«, wiederhole ich.

Sie nickt ebenfalls und wischt sich die verschmierte Wimperntusche von den Wangen. »Morgen.«

Auf dem Weg nach oben in meine Wohnung rast mein Puls, als befände ich mich mitten in einem Spiel. Ich habe soeben einen Schraubenschlüssel in die gut geölte Maschine geworfen, die mein Leben darstellt. Pippa ist überwältigend schön, in ihrer Nähe schaltet sich mein Verstand ab, dennoch verspüre ich eine aufgeregte Vorfreude, wie ich sie schon lange nicht mehr empfunden habe.

KAPITEL 10
JAMIE

An diesem Abend parke ich kurz vor Sonnenuntergang in der Einfahrt eines Vorstadthauses in North Vancouver; neben mir auf dem Beifahrersitz steht eine Tüte mit griechischem Take-out. Daisy wedelt auf dem Rücksitz neugierig und aufgeregt mit dem Schwanz.

Heute Abend findet ein informelles Essen für die ganze Mannschaft statt, eine Art Kennenlernveranstaltung für die neuen Jungs, aber ich habe die Einladung ignoriert.

Ich hole tief Luft. So richtig kann ich es immer noch nicht fassen, dass ich Pippa angeboten habe, bei mir einzuziehen. Aber wenn sie sich um Daisy kümmert, habe ich selbst mehr Zeit, mich um meine Mutter zu kümmern.

Daisy legt den Kopf auf meine Schulter und beschnuppert mich.

Ich werfe ihr einen langen Blick von der Seite zu, und ein komisches Gefühl macht sich in meiner Brust breit. Beginne ich etwa, diesen Hund zu mögen? Als ich die Stirn runzele, beginnt sie von Neuem hechelnd mit dem Schwanz zu wedeln.

Ich schnaube und lege eine Hand auf den Türgriff. »Na komm schon.«

Nachdem ich Daisy von der Rückbank gelassen habe, laufen wir auf das kleine Haus zu. Es ist bescheiden, ein typisch mittelständisches Haus. Nach meinem Wechsel in die Profiliga wollte ich meiner Mom etwas Größeres kaufen, aber sie hat das Angebot abgelehnt. Sie will das Viertel, in dem sie schon seit Jahren lebt, nicht verlassen. Sie meinte, dass sie die Nachbarn möge und keine neuen Bekanntschaften woanders schließen wolle.

Als ich mich der Tür nähere, bemerke ich aus dem Augenwinkel eine Bewegung auf dem Dach, und mir bleibt beinahe das Herz stehen.

Meine Mutter steht dort oben, mit dicken Gartenhandschuhen an den Händen. Sie winkt mir mit einem strahlenden Lächeln zu. »Hallo, mein Schatz.«

Blut rauscht in meinen Ohren. Sie darf nicht dort oben stehen. Ich stelle mir vor, wie sie mitten auf dem Dach eine Panikattacke bekommt, ausrutscht und mit dem Kopf voran aufs Pflaster schlägt.

»Was treibst du da oben?«, rufe ich.

Daisy beginnt zu bellen und mit dem Schwanz zu wedeln.

Mom grinst. »Die Dachrinnen säubern.«

»Runter. Sofort«, sage ich mit fester Stimme. »Es wird langsam dunkel.«

»Und ich kann sehr gut sehen. Außerdem war ich sowieso fast fertig.« Kichernd lässt sie eine Handvoll Blätter auf mich herabregnen. Sie landen zu meinen Füßen. Daisy springt auf und versucht, in eines hineinzubeißen. »Jamie, Schatz, wessen Hund ist das?«

Ich sehe auf Daisy hinab, die mit ihrem Schwanz die Pflastersteine fegt. Mein Mundwinkel zuckt, als sich ihre Augen weiten. Sie denkt, sie bekommt ein Leckerli.

»Meiner«, antworte ich meiner Mutter.

Mom klatscht entzückt in die Hände. »Oh, Jamie, das ist toll. Genau das, was du brauchst.«

»Kannst du jetzt bitte runterkommen?« Solange sie da oben rumturnt, kann ich mich nicht entspannen. »Ich beauftrage jemanden damit, das für dich zu erledigen.«

»Hör auf, mich wie ein Kind zu behandeln. Ich bin durchaus überlebensfähig.«

Ich spüre Verärgerung in mir aufsteigen. Verärgerung und noch etwas anderes, Wütenderes. Ich hasse es, wenn sie so tut, als ginge es ihr gut, obwohl es nicht stimmt. So war sie schon immer. Wir haben nie über ihre Depressionen oder Angstzustände gesprochen, als ich noch ein Kind war. Und wir haben nach wie vor nicht über den Autounfall letztes Jahr gesprochen.

Mein Blick zuckt in Richtung des offen stehenden Garagentors; ihr Auto ist repariert, und ich frage mich, ob sie schon wieder damit gefahren ist. Solange sie sich keine Hilfe sucht, darf sie eigentlich nicht fahren.

Sie war mit Freundinnen auf dem Weg von einer Bar nach Hause, als sie eine Panikattacke bekommen hat und auf ein anderes Auto aufgefahren ist. Da mein Vater mit Alkoholproblemen zu kämpfen hatte, ist sie in der Regel die designierte Fahrerin. Ich vermute, dass eine ihrer Freundinnen nach Alkohol gerochen hat, was in Kombination mit der Dunkelheit – der Unfall meines Vaters ist ebenfalls nachts passiert – zu ihrer Panikattacke geführt hat.

Ich erinnere mich nicht an ihn – ich war noch ein Baby, als er seinen Wagen betrunken um einen Pfosten wickelte –, aber ich nehme es ihm übel, dass er meine Mom mit all diesem Ballast zurückgelassen hat. Wäre er nicht gewesen, dann hätte sie vielleicht nie unter Depressionen gelitten. Vielleicht hätte sie in ihrem ganzen Leben keine Panikattacke gehabt.

»Du hast dich nicht mal gesichert.« Mein Brustkorb fühlt sich wie zusammengeschnürt an. »Was, wenn du ausrutschst und fällst?«

Sie verdreht die Augen und macht sich an den Abstieg. »Mir könnte auch ein Meteorit auf den Kopf knallen, und ich wäre tot.« Sobald sie die Leiter hinunterklettert, beruhigt sich mein Herzschlag langsam. »Du machst dir zu viele Sorgen.«

Manchmal wünsche ich mir, wie sie zu sein, aber wer würde dann unsere Familie zusammenhalten? Wer würde dann ihre Anrufe entgegennehmen, wenn sie eine Attacke hat?

Daisy schließt sie natürlich sofort ins Herz. Wir gehen nach drinnen, wo meine Mom in der Küche das mitgebrachte Essen auspackt, während ich Teller auf den Tisch stelle. Daisy beschnüffelt derweil jeden Quadratzentimeter des Hauses.

»Wie hast du dich in deiner neuen Wohnung eingelebt?«, erkundigt sich Mom.

Ich verspüre den seltsamen Drang, ihr von Pippa zu erzählen. Aber was genau soll ich sagen? Meine Assistentin ist ein umwerfend schöner Songbird, in den ich schon in der Highschool verknallt war. Sie kann unglaublich gut mit meinem Hund umgehen. Sie bestückt meinen Kühlschrank mit lauter Lebensmitteln, die ich gerne mag, obwohl ich ihr als Einkaufsliste »irgendwas« entgegengeblafft habe. Und ab sofort wird sie bei mir wohnen, in einem Zimmer, das nur durch eine Wand von meinem getrennt ist. Wo sie vielleicht noch ganz andere Dinge tut … Der Gedanke daran erweckt sofort meinen Schwanz zum Leben.

»Gut«, antworte ich stattdessen. »Die Wohnung ist okay.«

Sie setzt sich zu mir an den Tisch. »Ich möchte zu einem deiner Spiele kommen.«

»Ich halte das für keine gute Idee.«

Sie zuckt zusammen, als hätte ich ihr eine Ohrfeige verpasst, und sofort bereue ich meine Worte. Das hätte ich auch anders ausdrücken können. Aber es ist nun mal wirklich keine gute Idee. Der Geruch von Alkohol triggert sie, und bei einem Eishockeyspiel wird viel getrunken. Wenn etwas passiert, wird das meine ganze Aufmerksamkeit in Anspruch nehmen, dabei muss ich mich voll und ganz auf das Eis konzentrieren.

»Jamie.« Sie betrachtet mich mit einem nachsichtigen Blick, hinter dem sich jedoch leichte Verärgerung verbirgt. »Ich hatte eine einzige kleine Panikattacke.«

Eine einzige, die sie offen eingestanden hat.

Ihr Blick ist auf die Moussaka gerichtet, während sie uns jeweils ein Stück auf den Teller legt. »Du fasst mich mit Samthandschuhen an.«

Weil du sensibel und nicht gerade bekannt dafür bist, dein Leben im Griff zu haben.

In meinem Kopf bin ich plötzlich wieder zehn Jahre alt und bereite mir während einer ihrer depressiven Tiefpunkte mein eigenes Lunchpaket zu.

»Brauchst du noch Hilfe beim Einrichten?«, fragt sie und steht auf, um sich ein Glas Wasser zu holen, und ich bin erleichtert, dass sie die Idee, zu einem meiner Spiele zu kommen, vorerst fallen gelassen hat.

»Nein, danke, ich hab schon alles ausgepackt.«

Sie wirft mir einen fragenden Blick zu. Weil sie weiß, wie voll mein Terminkalender ist. »Das ging aber schnell.«

Ich räuspere mich. »Ich habe eine Assistenz eingestellt, die mir mit Daisy und anderen Dingen hilft.«

Ein Lächeln erhellt ihr Gesicht. »*Du* hast jemanden eingestellt? Jemanden, der dir *hilft*?«

»Keine große Sache.« Ich versuche, keine Miene zu verziehen, aber mein Mundwinkel zuckt ganz von selbst nach oben.

Sie muss lachen. »Wenn du meinst.« Sie kommt zurück zum Tisch und stößt mich mit dem Ellbogen an. »Das ist toll, Schatz.«

Mir wird ganz warm. Verlegen ziehe ich den Kopf ein. »Ja, schon ...« Ich tue es mit einem Schulterzucken ab. »Sie erledigt einen Haufen Zeug für mich, was mir die Zeit gibt, mich ganz aufs Eishockey zu konzentrieren.«

»Eine Sie?« Mom legt den Kopf schief, ihre Augen funkeln.

Betont gleichmütig zucke ich wieder die Achseln. »Ja.«

»Wie heißt sie?« Die Augen meiner Mutter sind wie Laser, und ihre Mundwinkel heben sich amüsiert.

Ich bemühe mich um einen neutralen Gesichtsausdruck, um mich nicht zu verraten, auch wenn sich mein Puls bei dem Gedanken an Pippa beschleunigt. »Pippa.«

Bitte frag mich jetzt nicht, wo sie herkommt, flehe ich stumm. Dann würde ich damit herausplatzen, dass wir auf derselben Highschool waren, und danach wird auch alles andere aus mir rauspurzeln.

Mom gibt einen zufrieden klingenden Laut von sich. »Hübscher Name. Wie alt ist sie?«

Sie hat Blut gerochen.

Ich bin sechsundzwanzig, Pippa müsste vierundzwanzig sein. »Keine Ahnung.«

»Und was schätzt du?«

Ein nervöses Kribbeln breitet sich in mir aus. Sie weiß es.

»Ein bisschen jünger als ich.«

»Mhm.« Sie lächelt, nickt, lässt mich nicht aus den Augen. »Interessant.«

Ich reagiere nicht darauf.

»Ist sie hübsch?«

Ich fahre mir mit einer Hand durch die Haare. »Weiß nicht.«

»Aber du hast doch Augen im Kopf, oder nicht?«, fragt sie, als würde sie tatsächlich eine Antwort darauf erwarten.

Ich atme tief durch. Frustriert über meine Mom, aber auch über mich selbst, weil ich diesen lästigen Crush überhaupt nicht haben sollte. Und erst recht hätte ich ihr niemals vorschlagen sollen, bei mir einzuziehen.

»Okay, ja, sie ist hübsch, und sie kann wunderschön singen, und Daisy liebt sie.«

Mom gibt sich sichtlich Mühe, ein Grinsen zu unterdrücken, aber das Leuchten in ihren Augen verrät sie.

»Was?«

Mom fängt an zu lachen, und mir entfährt ein entnervtes Stöhnen. Sie besitzt dieses Talent, mir Dinge zu entlocken, die ich eigentlich lieber für mich behalten würde.

Sie lächelt mich an und sagt dann sanft: »Das mit Erin ist schon lange her.« Es fühlt sich an, als würde mir sämtliche Luft aus der Lunge gepresst. »Ich habe sie neulich in einer Fernsehsendung gesehen. Sie spielt die Hauptrolle.«

Ich beiße so fest die Zähne zusammen, dass ich befürchte, mir den Kiefer zu brechen, als ich an die Zeit vor sieben Jahren als Rookie denke, während meiner ersten Saison. Erin Davis, das Supermodel auf dem Weg nach oben, die die Branche damit schockte, indem sie ihre Karriere von heute auf morgen an den Nagel hängte. In den letzten Jahren hat sie als Schauspielerin gearbeitet. Ab und zu gebe ich ihren Namen in eine Suchmaschine ein, um zu sehen, was sie macht.

Meine Mutter glaubt, dass Erin und ich uns getrennt haben, weil ich nicht damit klargekommen bin, gleichzeitig meine Eishockeylaufbahn voranzutreiben *und* eine Beziehung zu führen. Was genau genommen auch stimmt. Was sie nicht weiß, ist, dass ich in Panik geraten bin, nachdem Erin mir erzählt hatte, dass sie eine Woche überfällig war. Erin hat sich so gefreut, während mir die Angst ins Gesicht geschrieben stand. Wir waren neunzehn, verdammt noch mal. Es war meine erste Saison als Profi, und ich war ehrgeiziger denn je. Bei jeder Gelegenheit, die sich bot, flog ich nach Hause, um meine Mom zu besuchen. Mein bester Freund aus Kindheitstagen, Rory Miller, hatte mir quasi die Freundschaft gekündigt, weil wir für verschiedene Teams spielten. Alles veränderte sich, und ich mühte mich ab, mit alledem zurechtzukommen. Die Vorstellung, eine weitere Verpflichtung in meinem Leben einzugehen, jagte mir eine Heidenangst ein. Trotzdem hätte ich es getan, egal wie schwer es geworden wäre.

Einen Tag später setzte Erins Regelblutung ein, aber der Schaden war angerichtet. Wir wussten beide, dass die Beziehung vorbei war, und eine Woche später las ich die Nachricht, dass sie das Modeln aufgegeben hat. Anschließend verschwand sie fast fünf Jahre lang von der Bildfläche.

Schuldgefühle schnüren mir die Kehle zu. Das ist der Grund, aus dem ich keine Beziehungen mehr eingehe. Weil Erin so viel mehr wollte, als ich ihr geben konnte. Weil meine Gefühle für sie über Freundschaft nicht hinausgingen, weil ich ihr verdammtes Herz gebrochen und ihr Leben zerstört habe. Sie war von dieser Sache so traumatisiert, dass sie ihre Karriere aufgegeben hat.

Und dafür bin ich verantwortlich.

Vielleicht war ich nicht in sie verliebt, aber sie war ein netter Mensch, und sie verdiente so viel mehr als die halbherzige Aufmerksamkeit, die ich ihr geschenkt habe. Hätten wir ein Baby bekommen, hätte dieses Kind so viel mehr verdient als die begrenzte Zeit, die ich ihm hätte schenken können.

Nie wieder werde ich jemanden so verletzen, wie ich Erin verletzt habe.

Wenn ich mich irgendwann aus der Profiliga verabschiede, werde ich Zeit für diese Dinge haben – eine Beziehung, vielleicht sogar eine Ehe, und Kinder. Wenn ich fit und fokussiert bleibe, kann ich spielen, bis ich etwa Mitte dreißig bin. Bis dahin sind diese Dinge nicht Teil des Plans.

»Jamie?«

Ich reiße den Kopf hoch.

Mom mustert mich mit neugierigem, sanftem Gesichtsausdruck. »Es gibt mehr im Leben als Eishockey.«

Ich nicke und brumme etwas Zustimmendes, aber sie versteht es nicht. Nachdem ich Pippa weinen gesehen habe, wird das nicht passieren. Ich weiß, dass ich keine Zeit für sie hätte, und ich kann sie nicht zerstören, wie es ihr Ex getan hat und wie ich Erin zerstört habe.

»Und ich möchte immer noch zu einem Spiel kommen.« Sie sieht mich auf diese typisch liebevolle Art an, die gleichzeitig ausdrückt: Ich meine es ernst. »Wenn es sein muss, auch irgendwo ganz hinten.«

KAPITEL 11
PIPPA

Eine Woche später stelle ich ein gerahmtes Bild von mir und Hazel auf das Bücherregal in meinem Zimmer. Ich hatte mich eigentlich schon damit abgefunden, in einen Raum zu ziehen, der bis auf das Bett und eine Kommode praktisch leer ist, aber im Laufe der letzten Woche sind immer mehr Möbel hinzugekommen. Als dieses Bücherregal aufgetaucht ist, war ich selbst noch nicht einmal hier – nach meinem Morgenspaziergang mit Daisy stand es einfach da, wie aus dem Nichts.

In meinem Magen flattert es. Ich weiß, dass er es zusammengebaut hat.

Er ist fast nie hier. Manchmal höre ich, wie die Wohnungstür geöffnet wird, wenn er spätabends nach Hause kommt. Daisy schläft jede Nacht in meinem Zimmer, aber sie will ihn jedes Mal begrüßen, also öffne ich ihr die Tür und lasse sie hinauslaufen. Selber sage ich ihm nicht Hallo, weil ich ihm seine Privatsphäre lassen möchte.

In meinem Zimmer ziehe ich meinen Gitarrenkoffer unter dem Bett hervor, um Platz für eine Kiste zu schaffen. Ich will ihn gerade wieder unter das Bett schieben, als ich zögere. Meine Finger verweilen auf dem Koffer, bevor ich ihn aufschnappen lasse.

Die Gitarre scheint mich regelrecht anzustrahlen, und ich spüre einen Stich in der Herzgegend. Ich liebe dieses Instrument – und verstecke es in der hintersten Ecke, um es dem Staub zu überlassen.

Ich strecke die Hand aus und zupfe eine Saite an.

Das letzte Mal habe ich auf der Tournee vor Zach und seinem Manager gespielt. Ich wollte nicht, dass sein Manager dabei ist, aber Zach hat ihn dazugeholt, und sie haben zugehört, während ich das Gerüst eines Songs wiedergegeben habe, an dem ich gearbeitet hatte. Schon in der Highschool habe ich gerne selbst Musik geschrieben. Tief im Inneren habe ich immer von einer Karriere wie Zachs geträumt.

Als sie mich danach auf diese herablassende Art angrinsten, habe ich mitgelacht, um meine Verlegenheit zu verbergen. Das Schlimmste daran war, dass ich bis zu dem Moment wirklich geglaubt hatte, ich hätte das Zeug dazu, die Musik zu meinem Beruf zu machen. Ich kann singen, ich kann Gitarre spielen, und ich kann Songs schreiben. Ich wollte immer ein ganzes eigenes Album zusammenstellen, und sei es nur, um zu sehen, ob ich es kann.

Am Ende des Tages wird der Marketingjob sehr viel einfacher sein. Wegen eines Schreibtischjobs ist noch niemandem das Herz gebrochen.

Bei einem Geräusch an meiner Zimmertür zucke ich zusammen und hole scharf Luft.

Jamie betrachtet mich mit gerunzelter Stirn.

»Himmel!« Ich klappe den Gitarrenkoffer zu und schiebe ihn unter das Bett. »Du hast mich erschreckt. Ich habe dich gar nicht nach Hause kommen hören.«

Die Falten auf seiner Stirn vertiefen sich. »Tut mir leid.«

»Schon okay.«

Sein Blick fällt auf den Rand des Gitarrenkoffers, der unter dem Bett hervorlugt, und er erweckt den Anschein, als wolle er mich etwas fragen, doch bevor er den Mund aufmachen kann, stehe ich auf.

»Ich wollte gerade mit Daisy rausgehen. Und keine Sorge, wir werden eine Weile unterwegs sein, damit du deine Ruhe hast.« Damit schiebe ich mich an ihm vorbei.

Mein Puls rast nach wie vor.

Ich wünschte, ich würde nicht auf diese Weise auf ihn reagieren. Wahrscheinlich bin ich für ihn ungefähr so bedeutsam wie eine Mücke – winzig, nichtssagend und leicht nervig. Die Art, auf die er jedes Mal die Stirn runzelt, wenn ich in der Nähe bin, verrät mir alles, was ich wissen muss.

Ich gehe nach unten, um Daisy startklar zu machen. Während ich ihr Leine und Geschirr anlege, kommt Jamie ins Wohnzimmer, verschränkt die Arme vor der Brust und beobachtet mich. Seine Präsenz ist intensiv – er ist groß und breit, und wenn er mich aus diesen grünen Augen ansieht, beginnt meine Haut zu prickeln.

Als sich unsere Blicke treffen, lächele ich nervös und versuche, die Version von mir heraufzubeschwören, die ihren Job von ihm zurückgefordert und ihn als Arsch bezeichnet hat.

»Wir waren in letzter Zeit häufiger in diesem Hundepark, hier gleich um die Ecke«, erzähle ich. Wenn ich so tue, als wäre ich vollkommen unbeeindruckt von ihm, dann kapiert das vielleicht auch irgendwann mein Körper. »Da ist immer ein Typ, der einen Hund hat, der Daisy sehr ähnlich sieht. Sie spielen gerne zusammen. Ich glaube, er heißt Andrew«, plappere ich weiter vor mich hin, während ich in meine Schuhe schlüpfe. In Gegenwart dieses Kerls spielen meine Nerven verrückt.

»Andrew.« Es klingt, als würde das Wort einen üblen Nachgeschmack auf seiner Zunge hinterlassen.

Ich begegne seinem durchdringenden Blick und blinzle verwirrt. »Ja. Er ist jung. Ungefähr so alt wie ich. Personal Trainer.«

Jamies Blick wird kalt, dann schlendert er zur Tür. »Ich komme mit.«

Vor Überraschung schürze ich die Lippen, als er sich die Schuhe anzieht. »Das musst du nicht. Du bist doch wahrscheinlich total müde.« Normalerweise legt er sich um diese Zeit für eine Weile hin, weil er so kaputt vom Training ist.

»Ich bin nicht müde.« Er holt seine Jacke aus dem Schrank und schlüpft hinein, bevor er mir die Leine aus der Hand nimmt. »Ich hab Muskelkater und muss mich bewegen. Lass uns gehen.«

Bevor ich protestieren kann, öffnet er die Tür und bedeutet mir mit einer Geste, ihm vorauszugehen.

KAPITEL 12
PIPPA

Auf dem Weg zum Hundepark herrscht angespanntes Schweigen zwischen uns.

Dort angekommen, sieht sich Jamie suchend auf dem eingezäunten Gelände um, bevor sich seine Schultern sichtlich entspannen und seine Stirn glättet.

Ich winke ein paar Leuten, die ich vom Sehen kenne, lächelnd zu, bevor ich Daisy von der Leine lasse, damit sie die anderen Hunde begrüßen kann.

Vertraut er mir nicht mit Daisy? Nachdenklich kaue ich auf meiner Lippe herum, während ich im Kopf mögliche Gründe durchspiele, warum Jamie mitgekommen ist. Der Typ hat schließlich die ganze letzte Woche alles drangesetzt, mir aus dem Weg zu gehen.

»Dieser Park ist total sicher«, erkläre ich ihm. Er lehnt, die Arme vor der Brust verschränkt, mit finsterem Gesichtsausdruck am Zaun. »Ich würde Daisy nie irgendwo mit hinnehmen, wo es für sie gefährlich werden könnte.«

Seine düstere Miene wird weicher. »Ich weiß. Ich vertraue dir.« Sein Mundwinkel zuckt, und die kleinen Fältchen um seine Augen wirken fast so, als ob …

Ist er etwa amüsiert?

»Wenn ich dir nicht vertrauen würde, hätte ich dich niemals gebeten, bei mir einzuziehen.«

Ich mache ein zweifelndes Gesicht. »Du hast mich nicht gebeten. Du hast mich nicht mal richtig gefragt.«

Er hustet und schaut weg.

War das ein Lachen? Das ist bei ihm wahnsinnig schwer zu sagen.

»Wir sollten uns besser kennenlernen.« Er sieht mich wieder an, und es fällt mir schwer, den Blick abzuwenden. Seine Augen haben die Farbe von Douglasien. Von erdgrünem Moos im Stanley Park. Von einem tiefgrünen Felsen auf dem Grund eines Baches.

»Ähm, okay …« Ich blinzle einfältig und überrascht, weil ich mich auf einmal schüchtern fühle. »Äh, also … was ist dein Lieblingsessen?«

Er hebt eine Augenbraue. »Das ist deine erste Frage?«

»Ich hatte keine Ahnung, dass du dich heute so ausführlich mit mir unterhalten willst, sonst hätte ich eine Liste vorbereitet.« Ich grinse ihn an.

Wieder zuckt sein Mundwinkel, und der Ausdruck in seinen Augen wirkt beinahe weich. Es gefällt mir.

Er mustert mich einen langen Moment.

Die Frau, die ihren Job eingefordert hat, taucht wieder auf, und ich starre zurück.

»Das Weihnachtsessen«, sagt er und betrachtet mich dabei immer noch auf diese eindringliche Art, die meine Nerven zum Flattern bringt. »Truthahn, Kartoffelpüree, Bratensoße, Brokkoliauflauf.«

»Preiselbeersoße?«

Er nickt. »Selbst gemacht, keine aus der Dose.«

»Klar.« Ich lächele. »Bist du weihnachtsverrückt?«

»Nicht wirklich, aber meine Mutter liebt die Feiertage.« Er sieht zu Daisy hinüber, die mit einem Stock im Maul einen anderen Hund zu ködern versucht, damit der sie jagt. »Die meiste Zeit verbringen wir damit, gemeinsam zu kochen und uns Weihnachtsfilme reinzuziehen.«

Die Art und Weise, wie er das sagt, lässt in mir den Verdacht aufkommen, dass er sie einfach nur gerne glücklich sieht.

»Die Enchiladas von dir haben mir auch gut geschmeckt.«

Stolz erfüllt meine Brust. »Super, ich mache sie gerne noch mal.«

In diesem Moment sprintet Daisy, gefolgt von einem Golden Retriever, an uns vorbei. Als sich unsere Blicke treffen, zeigt Jamie die Andeutung eines Schmunzelns.

Jedes Mal, wenn ich ihn anlächele, reagieren seine Mundwinkel. Eine Erkenntnis, die dafür sorgt, dass sich ein warmes Gefühl in mir ausbreitet, und ich grinse ihn noch breiter an.

Vielleicht ist er doch nicht so ein Arsch.

»Nächste Frage.« Meine Hände werden kalt, also vergrabe ich sie in meinen Jackentaschen. »Warum Eishockey?«

Er kneift die Augen zusammen, während er über seine Antwort nachdenkt. »Da weiß ich gar nicht, wo ich anfangen soll.«

»Am Anfang.«

Er schnaubt. »Meinen ersten Schläger habe ich mit zwei Jahren bekommen.«

»Wow.« Meine Augenbrauen schießen in die Höhe. »Dann ist dein Vater ein großer Eishockeyfan?«

Sein Gesichtsausdruck verändert sich, kaum merklich, aber es entgeht mir nicht. »Das war er. Er ist gestorben.«

»Oh.« Jetzt fällt mir wieder ein, dass ich das mal irgendwo gelesen habe. Mist. Daran hätte ich mich erinnern müssen. »Das tut mir leid.«

Er schüttelt den Kopf. »Schon okay. Ich habe keine Erinnerungen an ihn. Es ist passiert, als ich noch sehr jung war. Er war betrunken und hat sein eigenes Auto gegen einen Pfosten gesetzt.«

»Scheiße«, hauche ich. Das ist tragisch. Ich mustere Jamie, aber er scheint vollkommen unberührt.

»Im Ernst.« Er starrt mich an. »Ich erinnere mich nicht an ihn. Es gab immer nur mich und meine Mom. Mehr brauche ich auch nicht.« Er wendet sich ab und reibt sich über den scharf geschnittenen Kiefer. »Eishockey ist schnelllebiger als jeder andere Sport, und das Gefühl, sich auf das Spiel zu konzentrieren und alles andere auszublenden, das ist …« Sein Blick begegnet meinem. »Auf dem Eis ist es, als würde nichts anderes existieren.«

Unwillkürlich muss ich schlucken. Genauso fühle ich mich, wenn ich einen Song schreibe. Beziehungsweise wenn ich einen geschrieben habe. Früher. Als ob alles von mir abfiele.

»Ich bin gerne Teil einer Mannschaft«, sagt er. »Aber es gefällt mir auch, der einzige Mann im Netz zu sein.« Er zuckt mit den breiten Schultern. »Ich mag den Druck.«

»Und wie ist dein neues Team?«

»Ich habe früher schon gegen sie gespielt, aber ich bin mit keinem von ihnen befreundet.«

»Was ist mit den Cupcakes?«

Er wirkt verwirrt, als wüsste er nicht, wovon ich rede.

»Die Tupperdose war leer. Ich nehme mal an, deine Teamkollegen haben sie aufgegessen, oder?«

Er erstarrt, und ein schuldbewusster Ausdruck huscht über sein attraktives Gesicht.

Mir fällt die Kinnlade runter. »O mein Gott. Du hast sie weggeworfen.«

Erneut irrt sein Blick umher. Seine schuldbewusste Miene verstärkt sich.

»Jamie.« Ich klinge offensichtlich entsetzt genug, dass er mir endlich wieder seine volle Aufmerksamkeit schenkt.

Es ist berauschend.

»Hast du die Cupcakes in den Müll geschmissen?« Ich verschränke die Arme, spüre jedoch, dass sich meine Lippen plötzlich zu einem Lächeln verziehen wollen. »Du fandest sie schrecklich, oder?«

Unsere Blicke verhaken sich ineinander, und diesmal zuckt sein Mundwinkel nicht nur, nein, er schwingt tatsächlich richtig nach oben.

Gott, sind seine Augen schön. Die Art, wie er mich ansieht, amüsiert und intensiv, verstärkt das Flattern in meinem Bauch.

Flirten wir gerade? Ich kann mich nicht rühren.

»Sie waren unglaublich lecker.« Sein Blick fällt auf meinen Mund, und meine Augen weiten sich ein wenig.

Wir flirten so was von miteinander.

Waaaas?

Ich blinzle etwa zwölfmal, um mir diesen Moment einzuprägen, damit ich ihn später mit Hazel analysieren kann. »Du hast sie also nicht entsorgt.«

Er schüttelt den Kopf und schenkt mir immer noch dieses unglaubliche halbe Lächeln. »Ich habe jeden einzelnen gegessen.«

Ich schmelze. Das ist die einzige Erklärung für das, was gerade mit meinem Inneren passiert.

»Oh.«

»Ja.« Sein Grinsen ist verschwunden, aber seine Augen funkeln nach wie vor, amüsiert, beinahe fröhlich.

»Wenn ich noch mal welche backe, schaffen sie es dann bis zum Team?«

»Wahrscheinlich nicht.«

Ich lache, und er schmunzelt.

Gott, ich möchte so gerne ein richtiges Lächeln von ihm sehen. Ich wette, es würde mich mit voller Wucht von den Füßen fegen.

»Du hast deine Gitarre mitgebracht«, wechselt er das Thema.

Mir wird flau im Magen. Ich kann ihm unmöglich die Wahrheit sagen.

»Ja, aber das hat nichts zu bedeuten.« Ich zwinge mich zu einem Lächeln und schüttele den Kopf. Dann verdrehe ich die Augen. Zu viel, sage ich mir. Zu unecht. »Das ist meine alte Gitarre, für die Hazel keinen Platz hat. Ich habe sie mir nach dem Abschluss gekauft.« Als ich das Thema Highschool anspreche, beginnen sämtliche Alarmglocken in meinem Kopf zu läuten. Ich verdrehe wieder die Augen in dem Versuch, den Eindruck zu erwecken, dass es keine große Sache ist. Was mir noch nie gelungen ist. »Ich spiele nicht einmal mehr.«

Er starrt mich schon wieder so an, dass ich das Gefühl habe, ich wäre nackt.

»Warum nicht?«

»Ähm.« Alles, woran ich denken kann, ist an Zach, der mit dieser Frau auf der Bühne stand, und daran, wie leicht ich offensichtlich zu ersetzen bin. Und zwar auch noch durch ein besseres Modell. Neu und optimiert. »Ich weiß es nicht.« Ich blicke auf meine Sneakers hinunter. »Ich habe mit zwölf angefangen zu spielen, und dann habe ich Zach kennengelernt und …« Ich räuspere mich. »Meinen Ex.«

Er stößt einen unwilligen Laut aus, der vermutlich bestätigen soll, dass er weiß, von wem ich rede.

»Wir haben immer zusammen Musik gemacht, ein bisschen rumprobiert und so. Ich habe eine Melodie gespielt, und dann haben wir zusammen gesungen. So in der Art.« Ich fummele am Saum meiner Jacke herum. »Sogar als wir auf Tournee waren, habe ich manchmal nur für mich und ihn gespielt.« Ich spüre erneut dieses Schamgefühl in mir aufsteigen und malträtiere meine Unterlippe mit den Zähnen.

Ich hasse es, die Frau zu sein, die abserviert wurde. Ich hasse es, dass Zach mir diesen hässlichen Stempel aufgedrückt hat. Die Trennung ist wie ein Gewicht, das mich nach unten zieht. Das mich davon abhält, mich aufzurichten.

Als ich Jamie ansehe, liegt da etwas in seiner Miene, während er mir zuhört. Etwas Süßes und Scharfes gleichzeitig, das in mir den Wunsch weckt, den ganzen Tag in diesem Hundepark zu bleiben und mich mit ihm zu unterhalten.

»Wie auch immer«, sage ich und kneife kurz die Augen zusammen, um die seltsamen Zach-Gefühle beiseitezuschieben. »Das liegt alles in der Vergangenheit.«

Er schweigt eine Weile, ehe er sagt: »Du hast eine schöne Stimme.«

Ich schneide eine Grimasse, weil ich bei dem Kompliment augenblicklich verlegen werde. »Du hast mich singen gehört?«

Sein Adamsapfel hüpft, als er nickt. »An dem Tag, an dem ich …«

Ach ja, richtig. Der Tag, an dem er mich fast nackt gesehen hat. Ich erschaudere. Meine Wangen werden warm.

»Unter der Dusche klingt jeder gut.«

»Stimmt nicht.«

Mein Gott, er ist so intensiv. Bei seinem ernsten Tonfall jagt mir ein kleiner Schauer über den Rücken. Ist er im Bett auch so energisch? Ich muss mich beherrschen, mir bei dem Gedanken nicht vor Erregung auf die Lippe zu beißen. Die Vorstellung, dass Jamie Streicher auf mir liegt, nackt, schwitzend und mit einem Ausdruck gequälter Ekstase, ist sehr, sehr heiß.

»Du hast eine tolle Stimme«, wiederholt er. »Und das weißt du auch.«

Als mein Musiklehrer in der zwölften Klasse das Gleiche andeutete, hat Zach es so hingestellt, als hätte er nur nett sein wollen. Als ob er Mitleid mit mir hätte.

»Es spielt keine Rolle.«

Er starrt mich an.

»Ich bin keine Performerin«, wiederhole ich Zachs Worte von damals. *Du hast es einfach nicht in dir*, hat er vor Jahren gesagt.

Oh Mann, es ist mir noch heute peinlich, dass ich es überhaupt versucht habe. Vor allem, wenn ich an seine neue elfenhafte Traumfrau denke.

»Das ist okay«, beruhige ich Jamie.

»Dein Ex ist ein beschissener Loser, weil er dich hat gehen lassen«, bemerkt er bissig.

Mein Atem stockt. Seine Augen blitzen vor Wut, und ich neige den Kopf, um ihn genauer zu studieren.

Er runzelt noch stärker die Stirn, doch als er noch etwas hinzufügen will, falle ich ihm ins Wort.

»Lass uns gehen.«

Mein Tonfall ist fröhlich. Ich will in diesem Moment keine traurige, verletzte Loserin sein. Ich will einfach nur vergessen.

Sein Blick hält meinen für einige Sekunden fest, bevor er schließlich nickt und ihn loslässt.

Auf dem Heimweg frage ich ihn nach seinen nächsten Terminen und erkundige mich, wie ich ihm sonst noch in der Wohnung helfen kann.

Doch außer dass ich mich um Daisy kümmere und Lebensmittel bestelle, erwartet er nichts von mir.

Ich mache mir im Geiste eine Notiz, Zutaten für Cupcakes einzukaufen.

Wir sind noch einen Block von seiner Wohnung entfernt, als mir etwas im Schaufenster eines Musikgeschäfts ins Auge fällt und ich abrupt stehen bleibe.

O mein Gott.

Was da im Schaufenster glänzt, ist die Gitarre meiner Träume. Die Fotos in dem Musikmagazin, das ich vor ein paar Monaten durchgeblättert habe, sind ihr nicht gerecht geworden. In natura kann ich die feine Handwerkskunst erkennen, die Details in der Maserung des Holzes, die Form, die ich praktisch auf meinem Bein *spüren* kann, während ich mir vorstelle, auf ihr zu spielen. Sie ist einfach wunderschön. Mein Blick folgt jeder Linie, jeder Saite, jedem Bundstäbchen und prägt sie sich ein.

Sie ist aus einer Mischung aus Walnuss-, Mahagoni- und Fichtenholz gefertigt. In dem Video, das ich gesehen habe, klang sie warm und voll. Die Firma hat nur eintausend Stück produziert, und eine davon steht direkt vor mir.

Ich wette, das Innere dieser Gitarre riecht unglaublich. Ich glaube, so etwas nennt man *schockverliebt.*

Ich will sie. Sooo sehr. Aber ich kann sie mir nicht leisten. Wenn ich den Marketingjob bekomme und sehr, sehr gut mit meinem Geld haushalte, dann vielleicht in ein oder zwei Jahren.

Ich rufe mich innerlich zur Ordnung. Warum sehne ich mich nach dieser Traumgitarre, wenn ich es nicht mal schaffe, meine eigene in die Hand zu nehmen? Der Gedanke versetzt mir einen Stich.

Erst jetzt bemerke ich, dass Jamie mich neugierig mustert, während ich das Instrument anstarre.

»Tut mir leid«, sage ich leichthin und wende mich vom Schaufenster ab. »Lass uns weitergehen.«

Bevor Jamie an diesem Abend zu seinem Spiel aufbricht, verabschiedet er sich tatsächlich von mir.

»Hals- und Beinbruch«, rufe ich und lasse mich auf den Boden im Wohnzimmer fallen, um mit Daisy *Aus* zu trainieren.

Seine Augenbrauen zucken alarmiert in die Höhe. »Ein *Viel Glück* reicht aus.«

Mir fällt wieder ein, wie brutal Eishockey sein kann und dass ein Beinbruch vermutlich gar nicht so unrealistisch ist. »Sorry. Viel Glück.«

Er nickt einmal, dann ist er weg.

Später liege ich im Bett und denke über unser Gespräch im Hundepark nach. Ich lasse Jamies Gesichtsausdrücke Revue passieren, das amüsierte Funkeln in seinen Augen, während er mir zugehört hat, das durchdringende Strahlen, als er über seinen Sport gesprochen hat und warum er ihn so liebt.

Ich wünschte, ich könnte ihn lächeln sehen. Wenn ich es mir vorstelle, setzt sofort dieses Flattern in meinem Magen ein.

Und da ist es, ganz plötzlich – das Trillern von Noten in meinem Kopf.

Ich setze mich im dunklen Schlafzimmer auf. Es sind nur ein paar Töne, aber es ist das gleiche Gefühl wie früher, wenn ich mit meiner Gitarre neben Zach auf der Couch saß und wir herumgealbert haben. Ein Prickeln in meiner Brust, wie sprudelnde Blasen. Ich lege eine Hand auf mein Brustbein, lächele aus dem Fenster und bin so erleichtert, dass ich weinen könnte.

Zach hat mich nicht gebrochen. Das Mädchen, das ich einmal war, ist immer noch irgendwo da drin. Ich muss nur einen Weg finden, es zu befreien.

Meine Gedanken kehren zu Jamie zurück, und ich frage mich, ob das vielleicht irgendetwas mit ihm zu tun haben könnte.

KAPITEL 13

JAMIE

»Streicher«, ruft Ward, als ich nach dem Training in die Umkleidekabine gehe. »Komm in mein Büro, wenn du fertig bist.«

Ich nicke ihm kurz zu und mache mich auf den Weg zu den Duschen. Ins Büro des Trainers gerufen zu werden, ist wie in der Highschool zum Schuldirektor zitiert zu werden. Unter der Dusche gehe ich meine letzten Spiele und Trainings durch. Wenn Ward mich auf meine Schwächen ansprechen will, muss ich vorbereitet sein.

Seine Bürotür steht offen; er schaut von seinem Computer auf, als ich auf der Schwelle stehen bleibe.

»Hey.« Er schiebt seinen Stuhl zurück. »Lass uns was essen gehen.« Dann deutet er mit dem Kopf in Richtung Straße unterhalb seines Bürofensters. »Ich weiß auch schon wo.«

Ich habe ein ungutes Gefühl. Wenn es um was Unverfängliches gehen würde, würden wir uns einfach in seinem Büro unterhalten. Gemeinsamer Lunch bedeutet ein längeres Gespräch, und um was auch immer es dabei geht, ich werde mit Sicherheit alles andere als begeistert über den Inhalt sein.

Auf dem Weg vom Stadion durch die Straßen der Innenstadt von Vancouver hält Ward Small Talk.

»Hier entlang«, sagt er schließlich und biegt in eine Gasse ein.

Ich zögere und schaue die schmale Straße hinunter, aber er läuft zielstrebig weiter, also folge ich ihm bis zu einer grün gestrichenen Tür. Darüber prangt ein verwittertes Schild mit der Aufschrift *The Filthy Flamingo*. Er zieht sie auf. Aus dem Inneren ertönt leiser Classic Rock.

»Nach dir, Streicher.«

Ich trete ein. Es ist eine Kneipe mit warmer Holzvertäfelung an den Wänden, alten gerahmten Konzertpostern und Polaroidfotos zwischen Schnapsflaschen hinter der Bar. An der Decke sind Lichterketten gespannt. Die Leute sitzen an einfachen Holztischen und essen zu Mittag.

»Du hast mich in eine Spelunke geschleppt?«, frage ich Ward, als die Tür hinter uns zufällt.

»Hey«, protestiert eine Frau, die hinter dem Tresen steht und ein Tablett mit Getränken balanciert. Sie ist Ende zwanzig und hat lange dunkle Haare, die sie zu einem hohen Pferdeschwanz gebunden hat. Sie trägt ein verwaschenes Band-T-Shirt und einen grimmigen Blick zur Schau. »Das hier ist keine Spelunke.«

»Das ist keine Spelunke, Streicher«, wiederholt Ward ihre Worte laut genug, damit sie es hören kann.

Die Barkeeperin funkelt ihn an, bevor sie die Getränke zu einem Tisch bringt.

Ward beugt sich vor. »Es *ist* eine Spelunke, aber das sprechen wir vor Jordan nicht laut aus. Dieser Pub ist ihr Baby.«

Wir nehmen an der Bar Platz, und ich sehe mich um. Auf der Tafel hinter der Theke sind drei verschiedene Gerichte aufgelistet, und ich gehe stark davon aus, dass es sich hierbei um die einzigen Lunch-Optionen handelt.

Irgendwie gefällt es mir hier. Es ist seltsam. Wenn ich in den letzten Jahren in Vancouver war, dann entweder bei meiner Mutter in North Vancouver oder in einem Hotelzimmer. Es fühlt sich an, als stelle diese leicht heruntergekommene Kneipe eine kleine Verbindung zu der Stadt her, die hoffentlich wieder für eine Weile mein Zuhause sein wird. Ich frage mich, ob Pippa das Filthy Flamingo kennt.

»Jordan hasst Eishockey«, raunt mir Ward zu. »Wir sind hier also ungestört.« Er grinst mich schief an, während er der mürrischen Barkeeperin mit interessiertem Blick folgt, bevor er seine Aufmerksamkeit wieder auf mich richtet. »Hast du dich schon gut eingelebt? Du hattest doch dieses Problem mit deiner Assistentin. Hat sich das geklärt?«

»Ja«, sage ich schnell. »Alles bestens. Sie ist eine große Hilfe.«

Ward lächelt, als wäre er angenehm überrascht. »Freut mich zu hören.« Nachdem Jordan unsere Bestellungen aufgenommen hat, mustert er mich neugierig. »Du hast es neulich nicht zu unserem Abendessen geschafft.«

Er redet von dem informellen Dinner, das ich geschwänzt habe. »Ich musste nach meiner Mom sehen.«

Er nickt verständnisvoll und betrachtet die Polaroids hinter der Theke. »Du verbringst nach den Spielen nicht besonders viel Zeit mit den Jungs«, stellt er nach einer Weile fest.

Ich rutsche unbehaglich auf meinem Barhocker hin und her. Manche Jungs in der NHL freunden sich mit ihren Mannschaftskameraden an, andere nicht. Mein New Yorker Trainer hatte kein Problem damit, dass ich mich aufs Spiel und sonst nichts konzentriert habe; auf diese Weise habe ich mich auch aus sämtlichen Schwierigkeiten herausgehalten. Das Letzte, was ein Verein braucht, sind Spieler, die mit ihrem ausufernden Partyleben Schlagzeilen machen. Ich bin letztes Jahr nicht deswegen zum besten Torhüter der Liga gekürt worden, weil ich mit meinen Mannschaftskameraden gesoffen und gefeiert habe.

Meine Gedanken schweifen ab. Ich erinnere mich daran, wie Rory Miller und ich als Teenager zusammen Eishockey gespielt haben. Sein Vater, Rick Miller, der es in die Hall of Fame der NHL geschafft hat, hat uns damals zusätzliche Zeit auf dem Eis des örtlichen Stadions organisiert. Wir verbrachten Stunden damit, Shootouts zu üben, zu lachen und einander zu jagen. Der Kerl war mein bester Freund.

Mein Kiefer spannt sich an, und ich verschränke die Arme vor der Brust. So etwas mache ich nicht mehr.

»Ich konzentriere mich auf den Sport«, sage ich und zucke mit den Schultern. »Bis jetzt war das kein Problem.«

Er lächelt mich an. »Deine Konzentrationsfähigkeit ist unübertroffen, Streicher.« Er hält einen Moment inne. »Aber ich möchte, dass du auch in deiner Freizeit was mit den Jungs unternimmst. Die Kameradschaft der Spieler untereinander ist genauso wichtig wie das Training.«

Ich ziehe die Brauen zusammen. »Dafür fehlt mir die Zeit.«

»Nimm sie dir.« Er lächelt noch immer freundlich, aber die Entschlossenheit in seinen Augen duldet keinen Widerspruch.

Frustriert wippe ich mit dem rechten Knie. Den Coach glücklich zu machen, ist ein entscheidender Faktor, um Teil des Teams zu bleiben. Ich habe schon miterlebt, wie Trainer mit großen Egos Spieler aus vollkommen unbedeutenden Gründen abgesägt haben. Ihn zu verärgern, könnte alles gefährden.

Ich begegne Wards Blick. Der Typ scheint kein übertrieben großes Ego zu besitzen, aber besser, ich gehe kein Risiko ein.

»Hab's kapiert.«

KAPITEL 14
PIPPA

Das Stadion ist bis auf die Spieler auf dem Eis leer. Die eine Hälfte trägt weiße Trikots über den Schonern, die andere blaue. Sie absolvieren verschiedene Übungen, während Jamie und der zweite Torhüter jeweils ein Netz bewachen. Die Trainer stehen mit Klemmbrettern an der Seite und rufen den Spielern Anweisungen zu.

Ich nehme auf der Tribüne hinter der Bank Platz und umklammere den Schlüsselbund, den Jamie heute Morgen auf der Kücheninsel vergessen hat.

Jamie steht im Tor und wehrt die Pucks ab, die die Spieler in seine Richtung schießen. Er ist blitzschnell. Noch bevor ich den Puck auf dem Eis ausgemacht habe, hat er ihn schon gefangen. Zwischen den Übungen geht er auf die Knie und macht diese hüftschwingenden Bewegungen, um sich zu dehnen. Ohne dass ich irgendetwas dagegen ausrichten könnte, höre ich im Kopf Siebzigerjahre-Pornomusik und verstecke mein Grinsen schnell hinter einer Hand.

Der Abpfiff ertönt, und die Jungs verlassen das Eis Richtung Umkleidekabine, dabei ziehen sie die Helme ab und unterhalten sich. Ein paar von ihnen werfen mir neugierige Blicke zu.

Ein großer blonder Typ mit einem charmanten, jungenhaften Grinsen lehnt sich an das Geländer, das uns trennt. Sein feuchtes

Haar ist kurz geschnitten, und er hat die blauesten Augen, die ich jemals gesehen habe.

»Hast du dich verlaufen?«, fragt er.

»Nein.« Meine Wangen werden warm. »Ich bin Pippa, Jamies Assistentin.«

Sein Lächeln wird breiter. »Streicher hat gar keine hübsche Assistentin erwähnt.«

Ein Lachen sprudelt aus mir heraus. Es gibt Typen, bei denen kommen solche Sprüche widerlich rüber. Doch dieser Kerl ist mir sympathisch. Trotz seiner Größe erinnert er mich an einen knuddeligen Golden Retriever, albern und süß.

»Alter«, ziehe ich ihn auf, »ist *das* etwa dein Spruch?«

Er lacht, nicht einmal ein kleines bisschen verlegen. »Wieso habe ich dich noch nie bei einem der Spiele gesehen?«

»Bin kein großer Eishockeyfan.« Ich verziehe entschuldigend den Mund und zucke mit den Schultern. »Tut mir leid.«

»Pippa.«

Beim Klang von Jamies Stimme setzt ein Kribbeln in meinem Magen ein. Er kommt mit einem Gesichtsausdruck auf uns zumarschiert, der einer Gewitterwolke Konkurrenz machen könnte. Auch sein Haar ist schweißnass, was ich eigentlich ein wenig eklig finden müsste, aber bei ihm ist es seltsamerweise heiß. Er bleibt zwischen dem blonden Typen und mir stehen, als wolle er mich von ihm abschirmen.

Mein Gesicht erhitzt sich noch mehr. Ich hoffe, er denkt nicht, dass ich hier bin, um mir mal eben einen der Spieler zu angeln oder so.

»Du hast deinen Schlüssel vergessen«, sage ich deswegen schnell und halte ihn hoch. »Ich wollte nicht, dass du vor verschlossener Tür stehst, wenn ich gerade mit Daisy Gassi gehe.«

»Danke.« Er nimmt den Schlüsselbund und wirft dem Blonden einen seltsamen Blick zu. Dabei fällt ihm eine dunkle Haarsträhne in die Augen, was er aber gar nicht zu bemerken scheint.

Das Grinsen des Blondschopfs wird noch breiter. Für einen Eishockeyspieler hat er erstaunlich schöne Zähne. »Ich bin Hayden Owens.«

»Pippa.«

»Freut mich, Pippa.« Hayden sieht Jamie an. »Wie kommt es, dass du sie bisher zu keinem Spiel eingeladen hast?«

Jamie runzelt die Stirn.

»Normalerweise kümmere ich mich abends um den Hund«, beeile ich mich zu erklären, um Jamie in keine unangenehme Situation zu bringen.

Als sich Hayden auf das Geländer stützt, spannt Jamie deutlich den Kiefer an. »Tu mir einen Gefallen, Pippa, okay?« Er deutet mit dem Kinn auf Jamie. »Sorg dafür, dass dieser Typ mal nach einem Spiel mit uns ausgeht. Die halbe Mannschaft hat Angst vor ihm, weil er nicht redet.«

Ich pruste los, worauf Jamie mich finster anfunkelt.

»Sorry, aber ich kann die Jungs verstehen«, sage ich zu ihm. »Du guckst wirklich die meiste Zeit ziemlich grimmig drein.«

Hayden gluckst.

Jamies Mundwinkel zuckt, und in meinem Magen setzt wieder dieses Kribbeln ein. Ich lächele ihn an, ich kann nichts dagegen machen. Langsam gewöhne ich mich daran, in seiner Nähe zu sein, und die Nervosität, die ich am Anfang in seiner Gegenwart verspürt habe, verblasst immer mehr.

Okay, ja, ich war in der Highschool in ihn verknallt. Das ist Jahre her. Seitdem habe ich viel gelernt – vor allem, dass ich mich mit keinem dieser Superstar-Typen einlassen darf, die alles haben, was sie wollen. Zwischen Jamie Streicher und mir wird nie etwas laufen. Und das zu wissen, stärkt mein Selbstvertrauen.

Hayden setzt sich rückwärts in Richtung Umkleidekabine in Bewegung und zeigt dabei auf mich. »War schön, dich kennenzulernen, Pippa.« Dann deutet er auf Jamie. »Denk daran, was ich gesagt habe.«

Als sich Hayden abgewandt hat, stehe ich auf und schiebe meine Hände in die Jackentaschen. »Also, ich gehe dann mal wieder.«

»Warte kurz.« Jamie reibt sich den Nacken, sein Adamsapfel hüpft auf und ab. Es ist, als ob ich plötzlich eine neue, sonst verborgene Seite an ihm entdecke – eine nervöse –, und meine Neugierde ist geweckt. »Ich habe mich gefragt«, sagt er nach ein paar Sekunden und macht wieder eine Pause, während der ich geduldig abwarte. »Meine Mom. Sie nervt mich damit, dass sie gerne zu einem Spiel kommen würde.«

»Das ist doch schön.« Ein Lächeln zupft an meinen Mundwinkeln, während ich mich frage, wie seine Mutter wohl so ist. »Soll ich über das Büro Tickets besorgen?«

»Äh, nein, das kann ich selbst machen.« Er begegnet meinem Blick. »Ich hab gedacht ... ähm ... Ich dachte, dass du sie vielleicht begleiten könntest.«

Ich mache ein skeptisches Gesicht. »Du weißt, dass ich keine Ahnung von Eishockey habe, oder?«

Seine Miene entspannt sich, und er gibt ein Geräusch von sich, das fast wie ein Lachen klingt. Fast. Wie ein amüsiertes Brummen. »Kein Problem. Das wird ihr egal sein. Es geht nur darum, dass du ihr Gesellschaft leistest.«

»Klar, kann ich machen. Ist sie genauso muffelig wie du?«, platze ich heraus, ohne groß darüber nachzudenken. Je mehr Zeit Jamie und ich zusammen verbringen, desto leichter fällt es mir, ihn auf diese Weise aufzuziehen. Das ist viel besser als die angespannte, peinliche Stille, die vorher zwischen uns geherrscht hat.

Er hebt eine Augenbraue, und ich spüre, wie ein Gefühl in mir hochblubbert. Es fühlt sich fast nach Freude an. »Nein.«

Obwohl er nicht lächelt, ist da ein Funkeln in seinen Augen, das mich ermutigt, das Spiel noch ein wenig weiterzutreiben.

Ich stoße mit übertrieben gespitzten Lippen die Luft aus, als wäre ich unendlich erleichtert. »Gut. Sonst würde das nämlich ein verdammt langer Abend werden.«

Als er mich daraufhin nur anstarrt, muss ich mir auf die Lippe beißen, um nicht laut herauszuprusten. Es macht tatsächlich den Eindruck, als wolle er lächeln, was mein Herz dazu veranlasst, wie ein Tischtennisball in meiner Brust herumzuhüpfen. Hätte ich in der Highschool jemals diese Version von Jamie zu Gesicht bekommen, wäre ich zur Stalkerin mutiert.

»Sehr witzig«, sagt er stattdessen.

Ich verdrehe die Augen. »Ich weiß, ich bin saukomisch. Okay, ich gehe jetzt nach Hause.«

»Danke, dass du mir den Schlüssel vorbeigebracht hast.«

»Kein Problem.« Ich gehe zwei Schritte, bevor ich stehen bleibe und mich noch mal zu ihm umdrehe. Er hat sich keinen Zentimeter vom Fleck gerührt und schaut mir nach. »Jamie?«

Er sieht mich aufmerksam an.

»Du solltest mit dem Team ausgehen. Macht bestimmt Spaß.«

Sein Blick wandert über mein Gesicht, dann nickt er knapp. »Ich denk drüber nach.«

KAPITEL 15

PIPPA

Ein Spieler von San Jose knallt Hayden gegen die Bande vor uns. Um uns herum brüllen die Fans los und schlagen mit den Händen gegen die Scheibe, dass sie scheppert. Ein Chor aus Buhrufen erhebt sich von unserem Teil der Tribüne.

»Foul!«, schreit ein Mann hinter uns den Schiedsrichter an.

Donna blickt mich mit leuchtenden Augen an, die genauso tiefgrün sind wie Jamies. »Wie aufregend«, sagt sie und lächelt. »Allerdings fällt es leichter, das zu sagen, wenn es nicht mein Sohn ist, der gerade gegen die Bande geschleudert wurde.« Sie fummelt an der Perlenkette an ihrem linken Handgelenk herum. Das macht sie schon, seit wir im Stadion sind.

Ich erwidere ihr Lächeln, bevor ich mich wieder auf Jamie konzentriere, der direkt vor uns im Tor steht. Jamie Streicher bei einem Spiel zu erleben, ist eine ganz andere Erfahrung, als bei einem Training dabei zu sein. Wenn er den Puck abblockt, jubelt die Menge um uns herum ihm zu, obwohl er die Rufe nicht zu registrieren scheint, geschweige denn sich darum kümmert. Genau wie im Training reagiert er schneller, als ich seinen Bewegungen folgen kann, aber jetzt sind da fünf Spieler, die versuchen, den Puck im Netz zu versenken, während fünf andere sie abwehren. Jamies Körper verbiegt und verrenkt sich, aber er lässt es aussehen, als wäre es ganz leicht. Seine Bewegungen sind temporeich, brutal und energiegeladen.

Ich liebe es. Bisher dachte ich, Eishockey sei langweilig, aber vielleicht habe ich bis jetzt einfach nie richtig hingeschaut. Mein Vater wird begeistert sein.

Mein Blick fällt auf Donnas Finger, mit denen sie die Perlen hin und her dreht. »Kann ich Ihnen etwas holen? Etwas zu trinken oder zu essen? Das mache ich gerne.«

»Nein, danke, Liebes. Ich habe alles, was ich brauche.« Sie legt den Kopf schief und mustert mich. »Sind Sie aus Vancouver?«

»North Vancouver«, sage ich, ohne nachzudenken.

»Ach, da wohne ich.« Sie strahlt, und ich erstarre. »In welchem Viertel sind Sie aufgewachsen?«

Ich kann sie nicht anlügen – sie ist zu nett –, und je länger ich versuche, mir etwas auszudenken, desto leerer wird mein Kopf, also platze ich einfach mit der Wahrheit raus. »Berkley Creek.«

»Das gibt's doch nicht! Jamie auch.«

»Was für ein Zufall.« Ich zwinge mich zu einem Lächeln, obwohl sich mein Puls deutlich beschleunigt.

Sie legt neugierig die Stirn in Falten. »Auf welcher Highschool waren Sie?« Es gibt in der Gegend mehrere, und es ist nicht ungewöhnlich, dass Schüler aufgrund spezieller Programme, die auf manchen Schulen angeboten werden, eine außerhalb ihres eigentlichen Einzugsgebiets besuchen.

»Äh …« Das war's dann wohl …

Jemand klopft uns auf die Schulter, bevor er auf die riesige vierseitige Videoanzeige über uns deutet. Die Partie wird kurz unterbrochen, und Jamies Mutter ist auf dem Bildschirm zu sehen.

»Bitte begrüßen Sie gemeinsam die Frau hinter *Shutout-Streicher*«, ruft der Ansager. »Donna Streicher!«

Die Arena jubelt, und Donna lacht und winkt in die Kamera. Dann deutet sie auf Jamie und wirft ihm eine Kusshand zu, worauf sich ein Chor aus »Awwws« im Stadion erhebt.

Ich grinse bis über beide Ohren. Jamies Mutter ist unglaublich nett und süß, und sie ist wahnsinnig stolz auf ihren Sohn.

Und außerdem danke ich Gott für die Unterbrechung genau im richtigen Moment.

»Jamie hat mir erzählt, dass Sie eine schöne Gesangsstimme haben«, sagt Donna ein paar Minuten später, während sich die Spieler zum Bully aufstellen.

Das hat er ihr erzählt?

»Sind Sie Musikerin?«

Mein Magen krampft sich zusammen. »Nicht mehr.«

Sie schürzt die Lippen. »Wie schade! Ich würde gerne mal ein Lied von Ihnen hören. Wenn *Jamie* behauptet, dass Sie gut sind, muss es stimmen.« Sie tätschelt meine Hand, die auf meinem Knie liegt.

Wir verstummen beide, weil die Mannschaft von San Jose soeben auf das Tor von Vancouver zuskatet. Der Energiepegel um uns herum steigt, als ihr Stürmer den Puck mit Wucht auf Jamie schießt. Der Puck landet im Netz, und die Menge stöhnt auf.

»Das Gegentor wird ihm gehörig die Laune verhageln.« Donna spielt nach wie vor an den Perlen an ihrem Handgelenk herum. »Er ist unglaublich streng mit sich selbst, aber auf diese Weise hat er es bis hierhergeschafft.« Sie gestikuliert Richtung Eisfläche. »Schon als Kind hat er immer unfassbar viel Verantwortung übernommen. Ich mache mir Sorgen um ihn.« Ein Lächeln zeichnet sich auf ihren Zügen ab, und sie sieht mich an. »Ich bin wirklich froh, dass er Sie hat. Dass Sie ihm helfen. Er bürdet sich selbst viel zu viel auf.«

Ich nicke bekräftigend. »Ja, das ist mir auch schon aufgefallen. Aber neulich hat er mich auf einen Spaziergang begleitet.«

Sie wölbt eine Augenbraue, und ihre Augen funkeln. »Wirklich?«

»Er meinte, dass es gegen den Muskelkater hilft, wenn er sich nach dem Training bewegt.«

Ihr Blick verweilt auf meinem Gesicht, interessiert und amüsiert, als ob sie etwas wüsste, das mir verborgen bleibt. »Oh, ja, natürlich. Das ergibt Sinn. Wie sind Sie seine Assistentin geworden?«

Ich erzähle ihr von meinem Abschluss, von Zachs Tournee – wobei ich die Einzelheiten meines Ausstiegs ausklammere – und davon, dass ich gerne im Marketingbereich des Teams arbeiten möchte.

»Das klingt toll, Pippa. Ich bin mir sicher, dass Sie alles, was Sie im Leben erreichen wollen, auch erreichen werden.«

Ich lächele schwach. Eine Stelle im Marketing ist nicht mein Traum, aber meine beste Option. Ich kann schon wieder die Stimmen meiner Eltern in meinem Kopf hören. *An einem festen Job ist nichts verkehrt, Pippa!* Schuldgefühle durchfluten mich. Sie haben mir die Uni bezahlt, während viele meiner Kommilitonen entweder einen Studienkredit aufnehmen mussten oder erst gar kein College besucht haben, weil sie es sich nicht leisten konnten. Wen kümmert es, wenn es nicht mein Traum ist? Ich habe meine Lektion über das Verfolgen eines Traums bereits gelernt.

Mein Blick wandert zu Jamie, der den Puck am anderen Ende der Eisfläche beobachtet. Manche Menschen sind dazu bestimmt, ihre Träume zu leben – ich gehöre nicht zu ihnen.

Während sich die Spieler nach der Partie umziehen und der Presse Interviews geben, begeben wir uns in die für Freunde und Familie reservierte Loge. Sie ist voller Menschen – Spieler, Trainer, Eheleute, Kinder und Bekannte. Ich erkenne ein paar der Coaches und Teamkollegen von Jamie, unter denen auch Hayden ist, der mir freundlich zuwinkt.

Während wir auf Jamie warten, zeige ich Donna Bilder von Daisy.

»Ach, du meine Güte.« Bei einem Foto von Daisy mitten im Sprint schlägt sich Donna entzückt eine Hand vor den Mund. »Ist das niedlich!«

Hinter ihr taucht eine Bedienung mit einem Tablett voller Getränke auf.

»Die Fotos, auf denen ihr die Zunge heraushängt, sind die süßesten.« Ich scrolle grinsend weiter. »Ich mache ungefähr zwölf Fotos pro Tag.«

Aus dem Augenwinkel registriere ich, wie ein Spieler versehentlich die Bedienung anstößt. Die Augen der Kellnerin werden groß, und sie versucht, das Tablett auszubalancieren, aber es ist zu spät. Die Getränke kippen um und ergießen sich über Donnas Ärmel. Die Gläser fallen klirrend zu Boden, und alle in der Loge drehen sich um, um herauszufinden, was passiert ist.

»Es tut mir so leid!«, keucht die Bedienung.

Um uns herum heben die Leute die Glasscherben auf, reichen uns Servietten und wischen die verschüttete Flüssigkeit vom Boden auf.

»Ich hole noch mehr Servietten«, sagt die Kellnerin. »Bin gleich wieder da.«

»Ups …« Ich reiche Donna ein Handtuch mit dem Logo von Vancouver Storm, das mir irgendjemand in die Hand gedrückt hat.

Donna tupft sich den Ärmel ab, ohne etwas zu sagen.

»Geht es Ihnen gut?«

Sie räuspert sich, bevor ihr Blick durch den Raum zu zucken beginnt. Sie ist kreidebleich, und es scheint, als hätte sie mich nicht gehört. Hektisch blinzelnd schaut sie in Richtung Tür, durch die man auf den Flur gelangt.

»Donna?«

»Hm?« Sie fährt zu mir herum. Ihr Brustkorb hebt und senkt sich schnell.

Irgendetwas stimmt nicht, sagt mir mein Bauchgefühl. Sie verhält sich plötzlich vollkommen anders.

»Geht es Ihnen gut?«, frage ich noch einmal leise und lege eine Hand auf ihren Arm. »Kann ich Ihnen etwas bringen?«

Sie zuckt unter meiner Berührung zusammen und sieht mich verwirrt an, als hätte sie ganz vergessen, dass ich hier bin.

»Ich brauche etwas Luft. Ich muss nach draußen.« Der Tonfall ihrer Stimme hat sich verändert. Die fröhliche, herzliche Frau von vorhin ist verschwunden, jetzt klingt sie gepresst. Als sie sich ein

Lächeln abringt, ist mir sofort klar, dass es gezwungen ist – weil es mich so sehr an mein eigenes in vielen Situationen erinnert.

»Damentoilette«, presst sie atemlos hervor. Sie hat sich bereits in Bewegung gesetzt. »Bin gleich wieder da.«

Mit einem mulmigen Gefühl beobachte ich, wie sie sich auf den Weg zum Ausgang macht. Ich habe mal gehört, dass Menschen, die glauben zu ersticken, oft ins Badezimmer rennen, um keine Szene zu machen, obwohl das der gefährlichste Ort ist, da sie dort allein sind. Donna erstickt zwar nicht, aber es geht ihr definitiv nicht gut.

Ich laufe ihr hinterher. Als ich die Tür der Damentoilette aufstoße, steht sie vor dem Waschbecken und spritzt sich Wasser auf den Ärmel. Sie keucht, ihr Atem geht flach und abgehackt. Ihre Augen sind groß wie Untertassen.

Meine Gedanken überschlagen sich. Ich weiß nicht, was ich tun soll, da ich keine Ahnung habe, was los ist. Ihre Pupillen zucken hin und her, als würden sie den Raum absuchen, während sie hektisch einatmet.

»Was fehlt Ihnen?«, frage ich und eile zu ihr hinüber.

»Alles okay.« Ihre Stimme zittert. Sie dreht das Wasser ab, keucht noch heftiger als zuvor. Sie klammert sich an den Rand des Waschbeckens, als drohten ihre Beine nachzugeben. Als sie sich mit dem Rücken gegen die Wand lehnt, schrillen in meinem Kopf sämtliche Alarmglocken los.

Sie bekommt keine Luft. Sie hat eine Panikattacke.

KAPITEL 16
PIPPA

»Donna«, sage ich mit fester Stimme, als ich vor sie trete. »Sieh mich an.«

Sie hebt erschrocken den Kopf, schnappt weiterhin nach Luft.

Ich zeige auf meine Augen. »Genau hierhin.«

Sie nickt verzweifelt.

»Wir werden jetzt zusammen atmen.« Ich versuche mir krampfhaft in Erinnerung zu rufen, was Hazel immer in ihren Yogastunden macht. »Einatmen, zwei, drei, vier«, sage ich, langsam und gleichmäßig, und halte dabei Blickkontakt. »Ausatmen, zwei, drei, vier, fünf, sechs. Sehr gut. Gut gemacht. Einatmen, zwei, drei, vier.«

Sie zittert und versucht, sich meinem langsamen Atemtempo anzupassen, während sie an der Wand immer mehr in sich zusammensackt. Aus Angst, sie könnte fallen, helfe ich ihr, sich auf den Boden zu setzen, und lasse mich dann neben ihr nieder.

»Du machst das großartig.« Ich zähle einen weiteren Atemzug.

»Das passiert mir sonst nie«, flüstert sie.

Ich nicke verständnisvoll. »Kein Problem. Wir atmen einfach weiter.«

Sie hält meinen Blick fest, in ihren Augen steht Angst. »Es liegt am Geruch von Bourbon. Der bringt mich komplett aus der Fassung.«

»Es ist okay«, beruhige ich sie und zähle sie durch einen weiteren Atemzug.

Die Tür öffnet sich, und eine Frau kommt herein. Doch als sie uns auf dem Boden sitzen sieht, verlässt sie den Raum sofort wieder.

Ich führe Donna durch weitere Atemübungen. Ich habe keine Ahnung, was ich da tue, aber es scheint zu helfen. Nach fünf Minuten geht es ihr augenscheinlich schon etwas besser. Sie zittert noch immer, aber sie kann wieder selbstständig Luft holen. Ihre Atemzüge werden tiefer und kräftiger.

»Alles okay«, sagt sie und nickt mit geschlossenen Augen. »Es tut mir so leid.«

Meine Augen werden groß. »Donna, du musst dich nicht entschuldigen. Ich bitte dich. So …« Ich zucke mit den Schultern. »So ist das Leben nun mal.«

Sie schenkt mir ein dankbares Lächeln. »Du bist unglaublich, weißt du das?«

Lachend schüttele ich den Kopf. »Dabei wusste ich nicht mal genau, was ich da tue.«

Sie lacht ebenfalls. »Ich auch nicht.«

Einen Moment lang schweigen wir. Ich kann hören, wie sich einige Leute auf dem Flur unterhalten und voneinander verabschieden. Ich muss daran denken, wie oft Jamie seine Mom besucht. Sie hat behauptet, dass so etwas sonst nie passieren würde, aber sie ist so schnell auf der Damentoilette verschwunden, dass ich eher vom Gegenteil überzeugt bin.

»Weiß Jamie, dass du unter Panikattacken leidest?«

Sie seufzt. »Ja.« Als sie mich ansieht, ist ihr Blick flehend. »Aber bitte verrate ihm hiervon nichts. Er hat schon genug Sorgen mit dem Eishockey und allem.«

Ich winde mich unbehaglich. Er ist mein Chef. Ich darf keine Geheimnisse vor ihm haben. Doch dann erinnere ich mich daran, wie Zach mich einfach zum Flughafen hat bringen lassen. Ich kenne das Gefühl, sich für etwas zu schämen, das man nicht selbst verschuldet hat.

»Okay. Aber ich finde, du solltest ihm davon erzählen.«

Sie schnaubt. »Dann wird er darauf bestehen, wieder bei mir einzuziehen.«

Auf dem Flur scheint plötzlich ein Tumult zu entstehen.

»Wo ist sie?«, dröhnt Jamies Stimme durch die geschlossene Tür.

Mein Puls schießt in die Höhe. Ich springe auf, tausche einen Blick mit Donna, bevor ich öffne.

Jamie steht draußen vor dem Eingang zur Loge, mit geballten Fäusten und in angespannter Haltung, während die Frau, die eben kurz hereingeschaut hat, den Flur entlang in unsere Richtung gestikuliert. Jamies Gesicht ist vor Aufregung gerötet, und ich spüre ein Ziehen in der Brust. Gott, er ist so verdammt gut aussehend, selbst wenn er wütend ist. Als er mich entdeckt, verflüchtigt sich die Wut. Seine Schultern senken sich.

»Hey«, rufe ich fröhlich. »Wir mussten nur kurz auf die Toilette.«

Er kommt mit großen Schritten auf mich zu und starrt Donna an, die sich hinter mir ebenfalls auf den Flur schiebt. »Jemand hat gesagt, dass eine Frau auf der Toilette eine Panikattacke hat.«

Donna atmet aus und verdreht die Augen in meine Richtung. »So viel dazu.«

»Mom.« Sein Ton ist scharf, die Sorge steht ihm deutlich ins Gesicht geschrieben.

Sie winkt ab. »Ich habe mich nur ein bisschen aufgeregt.«

»Was ist passiert?«, fragt er. Und als seine Mutter nur einen weiteren frustrierten Atemzug ausstößt, wendet er sich mir zu. »Was. Ist. Passiert?«

»Die Kellnerin hat aus Versehen einen Drink über mir verschüttet«, gibt Donna zu. »Pippa hat mir geholfen, mich zu sammeln, und jetzt will ich nur noch nach Hause und lesen. Ich rufe mir ein Uber.«

Doch Jamie schüttelt bereits den Kopf, bevor sie den Satz zu Ende gebracht hat. »Ich fahre dich.«

Donna hat ihr Handy herausgeholt und tippt darauf herum. »Nein.«

Immerhin weiß ich jetzt, woher er seine Sturheit hat.

»Doch.«

»*Nein.* Es geht mir wieder gut. Dank Pippa.« Sie bedenkt mich mit einem warmen Lächeln.

Ich weiß nicht, was ich sagen soll. Ich kann nicht fassen, dass die Atemübungen tatsächlich geholfen haben. »Ach, nicht der Rede wert.«

»Genau.« Sie zwinkert mir zu.

Nachdem Donna versprochen hat, ihm eine SMS zu schicken, sobald sie zu Hause ist, lenkt Jamie ein, und wir gehen gemeinsam nach unten, um auf ihr Uber zu warten.

Als der Wagen vorfährt, umarmt sie mich herzlich. »Wir sehen uns bald wieder«, sagt sie zu mir, und sie hat diese Art, es klingen zu lassen, als seien wir alte Freundinnen. Während sie Jamie in die Arme schließt, neigt sie den Kopf in meine Richtung. »Lass sie nicht entwischen.«

Hitze steigt mir in die Wangen. Ich weiß, dass sie damit meine Rolle als seine Assistentin meint, weil ich ihm das Leben leichter mache, aber ich kann nicht anders, als es anders zu verstehen. Auf die romantische Art.

Nein, ermahne ich mich, *darüber denken wir gar nicht erst nach.*

Das Letzte, woran Jamie Streicher einen Gedanken verschwendet, ist an ein Date mit seiner Assistentin, und ich werde ganz sicher nicht mit einem weiteren berühmten Mann ausgehen.

»Schick mir eine SMS, wenn du zu Hause bist«, erinnert er sie, während sie ins Auto steigt und uns zum Abschied noch einmal winkt.

Wir sehen zu, wie der Wagen davonbraust, bevor Jamie mich anschaut. Der Ausdruck in seinen Augen ist weicher, als ich es von ihm gewohnt bin.

»Vielen Dank. Ich weiß nicht, was passiert wäre, wenn du nicht da gewesen wärst. Letztes Mal ist sie gefahren, und …« Er senkt das Kinn. »Sie hatte einen Autounfall.«

»Oh nein.«

»Gott sei Dank wurde sie nicht schwer verletzt«, fügt er schnell hinzu und verschränkt die Arme. Sein Kiefer mahlt. Es tut mir in der Seele weh, ihn so zu sehen. So besorgt.

»Es geht ihr gut«, versichere ich ihm mit einem hoffentlich beruhigenden Lächeln.

»Ja.« Er lässt den Blick über mein Gesicht und mein Haar wandern, das mir heute Abend locker auf die Schultern fällt. Die Art, wie er mich ansieht, löst ein warmes Gefühl in meinem Inneren aus.

Er gestikuliert in Richtung Parkhaus. »Lass uns gehen.«

»Ich wollte eigentlich laufen.«

Er hebt eine Augenbraue. »Warum? Wir haben doch dasselbe Ziel. Außerdem«, fügt er hinzu und taxiert die Umgebung, »ist es nicht sicher, wenn du allein nach Hause gehst.«

Ich stoße ein amüsiertes Schnaufen aus. »Jamie, im Vergleich zu einigen der Orte, an denen ich im Laufe der Tournee war, ist Vancouver *sehr* sicher.«

Er blickt mit versteinerter Miene auf mich herab. »Nein, Pippa.« Die Art, wie er meinen Namen ausspricht, streng und fordernd, jagt mir einen Schauer die Wirbelsäule hinab. Bevor ich reagieren kann, legt er seine Hand auf meinen unteren Rücken, und mir stockt der Atem.

Bei seinem Wagen angekommen – ein schwarzer Luxus-Crossover, der wahrscheinlich mehr wert ist als das Haus meiner Eltern –, hält er mir die Tür auf, bevor er auf der Fahrerseite einsteigt. Als mir sein sauberer, maskuliner Duft in die Nase steigt, muss ich mich beherrschen, nicht aufzustöhnen. Er riecht unglaublich. Es war eindeutig ein großer Fehler, mich mit ihm auf so engen Raum zu begeben. Mein Blick gleitet zu seinen Händen auf dem Lenkrad. Er hat große Hände.

Gott, Pippa!

Ich drehe den Kopf weg und starre aus dem Fenster, während er den Wagen aus dem Parkhaus steuert.

»Deshalb bin ich zurück nach Hause gezogen«, sagt er leise. Seine Hände umfassen das Lenkrad fester, und ich habe das Gefühl, dass er sich immer noch Sorgen um seine Mutter macht. Ich denke daran, was Donna während des Spiels gesagt hat; dass sich Jamie immer für alles verantwortlich fühlt.

Nichts davon ist fair. Es ist nicht fair, dass Donna unter Panikattacken leidet, und es ist nicht fair, dass sich Jamie verpflichtet fühlt, diese Situation für sie zu lösen. Mir ist bewusst, dass es in Familien so läuft, dass man sich um seine Lieben kümmert. Trotzdem wünschte ich, Jamie hätte mehr Freiraum.

Er sieht schweigend geradeaus auf die Straße. Mir fällt auf, was für ein guter Fahrer er ist – selbstbewusst, aber vorsichtig. Als ob er nichts zu beweisen hätte.

Sein Blick zuckt kurz zu mir, bevor er ihn wieder nach vorne richtet. »Danke, dass du zum Spiel mitgekommen bist.«

»Ich hatte Spaß.« Bilder von Jamie, wie er sich auf dem Eis bewegt, tauchen in meinem Kopf auf. »Du bist unglaublich reaktionsschnell. Als wärst du zum Eishockeyspielen geboren.«

Es liegt etwas in seinem Blick, das ich nicht richtig deuten kann, und es scheint, als wolle er etwas sagen. Plötzlich fühlt sich das Innere des Wagens noch kleiner an, und mir wird ganz warm ums Herz.

»Danke, Pippa«, sagt er schließlich leise.

Zu Hause stürzt Daisy schwanzwedelnd auf uns zu. Ich begrüße sie und greife nach ihrer Leine, um sie vor dem Schlafengehen noch einmal auszuführen, doch in dem Moment spüre ich, wie Jamies Finger meine streifen und er sie mir abnimmt.

»Heute Abend gehe ich mit ihr raus.«

»Es macht mir nichts aus.«

»Nach einem Spiel brauche ich immer eine Weile, um runterzukommen. Meist bin ich noch stundenlang wach.«

Ein Bild blitzt vor meinem inneren Auge auf – wie er sich auf eine ganz bestimmte Art entspannt. Unter der Dusche, spätabends, eine Hand abgestützt an den Kacheln, während das Wasser an seiner perfekt gemeißelten Brust und seinen Bauchmuskeln herunterläuft, die andere Hand um seinen Schwanz gelegt. Ich wette, seine Lippen würden sich öffnen, und er würde einen gequälten Ausdruck auf dem Gesicht tragen, wenn er kommt.

»Okay.« Meine Wangen brennen, während ich das Bild aus meinem Kopf verdränge.

So etwas darf ich nicht denken.

»Gute Nacht.« Sein Blick fällt auf meine Lippen, und mein Puls stottert, als er die Stirn runzelt.

Ich bin wie festgefroren, während er meinen Mund anstarrt, als würde er ihn beleidigen. Daisy wartet zu unseren Füßen, aber es scheint, dass er es nicht einmal bemerkt. Seine Augen lösen ein kleines Feuer in mir aus, und mir ist mehr denn je bewusst, wie groß und breit dieser Kerl ist.

Tief in meinem Bauch rührt sich Erregung.

»Gute Nacht«, kiekse ich schließlich und mache mich eilig auf den Weg in mein Zimmer.

Später, als ich im Bett liege, muss ich wieder daran denken, dass sich Jamie um alle kümmert. Aber wer kümmert sich um ihn?

Ein schmutziger Gedanke schleicht sich in meinen Kopf. Jamie und ich, in die Laken verwickelt, er auf mir, die muskulösen Arme zu beiden Seiten meines Kopfes auf die Matratze gestemmt. Er stößt in mich hinein. Sein Mund steht leicht offen, und sein Blick vernebelt sich auf eine sehr sexy Weise. Ich spüre einen warmen Druck zwischen den Beinen, und mein Puls beschleunigt sich. So würde *ich* mich um Jamie kümmern.

Er ist eindeutig eine Nummer zu groß für mich, und ich bin schon öfter von Typen wie ihm enttäuscht worden. Ich sollte also auf keinen Fall mit Jamie vögeln wollen, aber ich würde es wirklich, wirklich gerne tun.

KAPITEL 17
JAMIE

Am Sonntagmorgen liege ich im Bett und blicke aus dem Fenster auf die Berge auf der anderen Seite des Wassers. Es ist zwar erst Oktober, aber nach dem jüngsten Kälteeinbruch liegt bereits Schnee auf den Gipfeln, ein Hauch von Weiß auf den Bäumen.

Ich denke an Pippa und den verlockenden Schwung ihrer Lippen. Das geht schon die ganze Woche so. Ich bekomme einen bestimmten Gedanken nicht aus meinem Kopf.

Ich will mit ihr schlafen.

Mir entweicht ein frustriertes Stöhnen, und ich schließe die Augen. Ich weiß es besser. Alles an Pippa ist gefährlich – ihre vollen Lippen, ihr Lächeln, ihre süße Art. Damals in der Highschool war sie einfach nur das Mädchen, das mich fasziniert hat, aber je besser ich sie nun kennenlerne, desto mehr entwickelt sich daraus. Ich kann es fühlen.

Aber ich werde nichts unternehmen. Sich mit der Frau, die als meine Assistentin arbeitet, einzulassen, wäre ein fantastischer Weg, sowohl mein eigenes als auch ihr Leben komplett vor die Wand zu fahren. Nachdem Pippa meiner Mutter durch ihre Panikattacke geholfen hat, vertraue ich ihr. Daisy ist mir ans Herz gewachsen, und ich freue mich, wenn ich nach Hause komme und sie mich schwanzwedelnd begrüßt. Ohne Pippa müsste ich mir entweder eine neue Assistentin suchen oder für Daisy ein neues Zuhause finden.

Ich will weder das eine noch das andere.

Und nach der Sache mit Erin weiß ich es eindeutig besser. Mich auf jemanden einzulassen, gehört nicht zu meinem Plan. Ich muss an Erin und ihren niedergeschmetterten Gesichtsausdruck denken, als ihr klar wurde, dass ich nicht bereit für mehr war. Ich habe sie dermaßen verletzt, dass sie deswegen ihre Karriere aufgegeben hat. Sie hat so viel mehr verdient als das, was ich ihr geben konnte.

Genau wie Pippa.

Sie und meine Mutter haben vor, nächstes Wochenende mit Daisy eine Wanderung in North Vancouver zu unternehmen. Es gefällt mir, dass sie hier wohnt. Wenn ich höre, wie sie sich morgens in der Küche hin und her bewegt, um sich einen Kaffee zu machen, kann ich mir keine bessere Art vorstellen aufzuwachen.

Ich male mir aus, wie Pippas Mund meinen Schwanz umschließt, wie ihre graublauen Augen zu mir aufblicken, um meine Reaktion abzuchecken.

Das Blut strömt in meinen Schwanz, ich bin hart.

Okay, das andere ist *fast* die beste Art aufzuwachen.

Ich stelle mir wieder ihre weichen Lippen vor, ihr seidiges Haar, das ich am liebsten um meine Faust wickeln würde, während ich meinen Schwanz in ihre Enge stoße. Die Erregung ballt sich in meiner Leiste zusammen, und mein Schwanz schmerzt. Ich befreie ihn aus den Boxershorts und beginne, ihn zu massieren. An der Spitze bildet sich ein Lusttropfen. Ich hole tief Luft und stoße sie stöhnend wieder aus.

Ich sollte das nicht tun.

Ich denke nur an sie, sagt ein anderer Teil von mir. Das ist besser, als meine Fantasien mit ihr auszuleben.

Während ich mich streichle, schießen mir Bilder von Pippa durch den Kopf. Ihr Haar auf meinem Kissen, ihr sich wölbender Rücken, wenn ich sie lecke. Wie sich ihre Bauchmuskeln anspannen, wenn sie kommt, wie ihre Wimpern flattern. Ich wette, sie würde sich auf die Lippe beißen, während ich sie mit meinen Fingern reize.

Meine Eier ziehen sich zusammen. Scheiße. Ich bewege meine Hand schneller, die andere kralle ich ins Laken. Ich stelle mir vor, wie warm und weich ihr Mund sein würde, wie unglaublich sie mit meinem Schwanz zwischen ihren Lippen aussähe. Das aufreizende Funkeln in ihren Augen, wenn sie langsamer würde, um meinen Höhepunkt hinauszuzögern.

Der Druck und die Hitze, die sich an der Basis meiner Wirbelsäule stauen, kochen über, und ich ergieße mich mit einem leisen Stöhnen über meinen Bauch und meine Brust.

Fuck.

Ich atme schwer, starre an die Decke und wünsche, Pippa wäre bei mir.

Nach dem Duschen gehe ich nach unten – wo ich in den Genuss eines Logenplatzes mit Aussicht auf Pippas Hintern in einer Yogaleggings komme. Mein Schwanz zuckt, als ich ihre Rundungen bewundere, während sie vorgebeugt Kaffeesatz vom Boden aufwischt.

Sie dreht sich um und richtet sich mit einem Lächeln auf. »Guten Morgen.« Ihr Blick verweilt auf meinem feuchten Haar, bevor sie auf einen Becher auf dem Tresen deutet. »Ein Kaffee für dich.«

Ich ziehe die Augenbrauen zusammen. Pippa macht solche Sachen – sie kocht mir Kaffee –, und ich weiß nicht, was ich davon halten soll. Ich bin es nicht gewohnt, dass jemand diese Dinge für mich tut.

Ein komisches Gefühl regt sich in mir, und ich nicke knapp. »Danke.«

Als ich an ihr vorbeigehe, werde ich von ihrem Duft eingehüllt. Vanille. Und vielleicht Kokosnuss? Etwas Leichtes und Süßes, wie sie.

Erneut spannen sich meine Eier an.

Wie kann es sein, dass ich schon wieder geil bin? Ich habe mir gerade erst einen runtergeholt.

Pippa mustert mich mit schief gelegtem Kopf. »Wow. Du hast den Kaffee anscheinend wirklich nötig.«

Mir wird klar, dass ich sie anstarre. Ich räuspere mich und gehe mit großen Schritten zur Tür, während ich an meinem Kaffee nippe.

Scheiße, ist der gut.

»Daisy!«, rufe ich. »Lass uns spazieren gehen.«

Meine Hündin liegt zusammengerollt auf der Couch im Wohnzimmer. Nur kurz öffnet sie ihre Augen auf halbmast, bevor sie weiterdöst.

»Ich war schon mit ihr draußen«, sagt Pippa und trinkt ihren Kaffee aus.

Ich runzle die Stirn. »Heute ist dein freier Tag.«

Sie zuckt mit den Schultern und lächelt Daisy an. »Ich gehe wahnsinnig gerne morgens mit ihr Gassi. Da sind die Straßen noch so leer und friedlich, und im Park ist um die Zeit auch nichts los. Es ist schön, und es macht mir nichts aus.« Sie stellt ihre Tasse in den Geschirrspüler und geht zur Tür. »Okay, ich muss los. Bin gegen Mittag zurück.«

Mein Blick folgt der Kurve ihrer Oberschenkel, und ich stelle mir vor, wie sich ihre Beine anfühlen würden, wenn sie um meinen Körper geschlungen wären. »Wo gehst du hin?«

»Hazel unterrichtet heute Hot Yoga.« Sie schlüpft in ihre Sneakers. »Die anderen Kursleiter in ihrem Studio sind ziemlich fies und tratschen ständig hinter ihrem Rücken. Auch deswegen gehe ich hin: um sie zu unterstützen.«

Erstaunt registriere ich, dass ich mich nicht von ihr verabschieden möchte. Ohne nachzudenken, stelle ich meine Kaffeetasse auf die Kücheninsel und nicke ihr zu. »Okay, dann los.«

Sie sieht mich verwirrt an.

Ich ziehe meine Sneakers an und ignoriere die Alarmglocken, die am Rande meines Bewusstseins losschrillen. Es ist nur Yoga, rede ich mir ein. Ich habe sowieso schon Trainingssachen an, weil ich heute Morgen mit Daisy eine leichte Joggingrunde drehen wollte. Stattdessen mache ich jetzt eben Yoga.

»Ich habe Muskelkater. Yoga hilft mir dabei, die Muskeln zu lockern.«

Sie beißt sich auf die Lippe, was meine Aufmerksamkeit auf ihren geschwungenen Mund lenkt. »Bist du sicher?«

»Ja.« Ich öffne die Tür. »Nach dir.«

Als sie mir im Aufzug ein schüchternes Lächeln schenkt, verstummen die Alarmglocken. Vielleicht möchte sie auch mehr Zeit mit mir verbringen.

KAPITEL 18
PIPPA

»Und wir atmen«, erinnert Hazel die Klasse, während sie langsam zwischen uns herumläuft, um unsere Haltungen zu korrigieren. Als sie ihre Handfläche auf meinen unteren Rücken legt, vertiefe ich meine Dehnung beim Herabschauenden Hund.

Schweiß tropft von meiner Nase auf die Matte. Ich weiß, dass dieser Kurs *Hot* Yoga heißt, aber ich hatte vergessen, wie *heiß* es einem tatsächlich dabei wird. Innerhalb der vergangenen vierzig Minuten habe ich zwei Flaschen Wasser ausgetrunken. Der Schweiß sammelt sich in meinem Sport-BH, und als ich die rechte Hand vom Boden löse, um sie Richtung Decke zu strecken, rinnt er mir über den Rücken. Meine Unterwäsche ist feucht, und das nicht auf die angenehme Art.

Ich linse zu Jamie hinüber, und unsere Blicke treffen sich. Seine Wangen sind von der Hitze gerötet. Nur ein paar Minuten nach Beginn des Kurses hat er sein Oberteil ausgezogen, und seitdem kann ich mich weder auf die Posen noch auf Hazels Stimme konzentrieren. Außer uns sind nur noch drei andere Leute anwesend, aber ich nehme sie kaum wahr.

Jamie Streichers Körper ist perfekt. Schweißperlen glitzern auf seinem Waschbrettbauch. Ein Hauch von dunklem, ordentlich getrimmtem Brusthaar bedeckt seinen breiten Oberkörper. Lange, muskulöse Arme halten ihn in den verschiedenen Positionen aufrecht. Seine Brustmuskeln und Waden? Aus Stein gemeißelt. Unterhalb seines Nabels führt eine Spur aus Haaren unter den Bund seiner Shorts – mein Blick bleibt immer wieder daran hängen. Jedes Mal, wenn er sich bewegt, sehe ich seine Muskeln arbeiten. In Kombination mit seinen leuchtenden Augen und seiner einschüchternden Stärke ist er das perfekte Abziehbild für Vitalität und Kraft.

Erregung kribbelt tief unten in meinem Bauch, und ich stelle mir vor, wie er mich hochhebt und über seine Schulter wirft.

Vielleicht habe ich zu früh über meine Unterwäsche gesprochen.

Außerdem ist er wahnsinnig gelenkig. So präzise, wie er die verschiedenen Posen ausführt, und mit welch sicherem Gleichgewicht, hat er garantiert schon mal Yoga gemacht.

»*Stellung. Des. Kindes*«, sagt Hazel und betont dabei jedes Wort, als würde sie die Anweisung zum wiederholten Mal geben. Ihre weit aufgerissenen Augen signalisieren deutlich die Frage: *Was um Himmels willen tust du da?*

Hastig nehme ich die richtige Haltung ein.

Ich verfluche mich stumm dafür, Jamie nicht davon abgehalten zu haben, mitzukommen, weil ich nun nicht aufhören kann, ihn anzugaffen. Er ist ein makelloser Olympionike – mein Vater hat mir erzählt, dass er bei den letzten Olympischen Winterspielen für Kanada gespielt hat –, ich hingegen erinnere im Moment eher an eine Kanalratte.

Wir verharren eine Weile in der Stellung des Kindes, und Hazel füllt unsere Wasserflaschen. Als ich zu Jamie hinüberschiele, sehen seine Rückenmuskeln nicht mehr so angespannt aus wie gerade eben noch.

Er hat eine Menge Muskeln am Rücken. Ich schließe die Augen und bette die Stirn auf die Matte, um die Asana zu vertiefen. Jamie anzustarren, führt nirgendwo hin.

Mir fällt das leise Stöhnen ein, das ich heute Morgen aus seinem Zimmer gehört habe. Immer wieder versuche ich mir einzureden, dass er sich nach dem Aufwachen lediglich gestreckt hat. Er meinte, dass er Muskelkater hat. Wahrscheinlich hat er den Laut von sich gegeben, als er sich im Bett gestretcht hat. Eine Erklärung, die mich nicht davon abhält, mir vorzustellen, woher das Stöhnen außerdem noch gerührt haben könnte.

Hazel bohrt ihren großen Zeh in meine Rippen. Die anderen Kursteilnehmer haben die Stuhlhaltung eingenommen, während ich nach wie vor auf dem Boden liege. »Konzentrier dich«, murmelt sie im Vorbeigehen.

Okay, ich konzentriere mich. Ich konzentriere mich voll und ganz auf den Eishockeyspieler ohne Shirt, der definitiv in einer anderen Liga spielt als ich.

Nachdem ich nach dem Unterricht schnell in der Umkleidekabine geduscht habe, gehe ich zurück in den Eingangsbereich des Studios – wo die anderen Kursteilnehmerinnen gerade Fotos mit Jamie machen. Die beiden Yogalehrerinnen, die uns beim Einchecken an der Rezeption begrüßt haben, lassen ihn nicht aus den Augen, bis sie selbst an der Reihe sind. Kaum dass die anderen Mädels ihre Handys wegstecken, sind sie blitzschnell an seiner Seite und legen die Arme um seine Taille. Der Anblick versetzt mir einen Stich.

Er lächelt nicht, schaut aber auch nicht besonders unglücklich drein. Als sich eine der Frauen enger an ihn schmiegt, sieht er zu mir herüber.

Warum bin ich so angepisst? Ich habe keinen Grund dazu. Schließlich habe ich keinerlei Anspruch auf ihn. Er ist mein Chef und mein Mitbewohner, nicht mehr. Trotzdem gefällt es mir nicht, wie sie ihn berühren und mit leuchtenden Augen anschmachten.

»Geht's noch?«, zischt Hazel mir zu, die auf einmal neben mir aufgetaucht ist. »Warum hast du ihn mitgenommen?«

Wir hatten keine Gelegenheit, uns vor dem Kurs allein zu unterhalten.

»Er hat mir keine Wahl gelassen.«

Wir beobachten, wie Jamie auch mit anderen Yogalehrerinnen für Selfies posiert. »Er ist krass gelenkig.« Sie wirft mir einen vielsagenden Seitenblick zu.

»Hör auf damit!« Ich unterdrücke ein Kichern.

Hazel macht ein unschuldiges Gesicht, als könnte sie kein Wässerchen trüben.

Jamie ist endlich mit dem Fotografieren fertig und schlendert zu uns herüber.

»Toller Kurs, vielen Dank«, sagt er zu Hazel und streckt ihr die Hand hin. »Ich bin übrigens Jamie.«

Hazel ergreift sie zögerlich. »Hazel.«

»Du arbeitest mit dem Team.«

Ein Anflug von Überraschung zuckt über ihre Züge. »Ja.« Sie erwähnt die ältere Physiotherapeutin, mit der sie zusammenarbeitet, und Jamie nickt.

»Die anderen Spieler könnten von so was auch richtig profitieren.«

Hazel zuckt mit den Schultern, als sei es keine große Sache, aber ich merke, dass sie sich Mühe gibt, ein stolzes Lächeln zu unterdrücken. Sie kann vorsichtig und zurückhaltend sein, vor allem Männern gegenüber, aber tief im Inneren geht es ihr darum, dass die Leute ihre Kurse mit einem guten Gefühl verlassen, auch wenn es sich dabei um Profi-Eishockeyspieler handelt.

»Komm doch mit uns zum Mittagessen«, schlägt Jamie ihr vor.

Yoga *und* Mittagessen. In meinem Magen erhebt sich ein ganzer Schwarm Schmetterlinge, doch ich versuche, dem nicht allzu viel Bedeutung beizumessen. Wahrscheinlich hat er einfach nur großen Hunger und keine Ahnung, wie er mich loswerden soll. Oder er möchte nicht unhöflich sein.

Ich sehe zu Hazel, die zurückstarrt. Ein paar Sekunden lang führen wir ein stummes Zwiegespräch.

»Sie würde sich freuen«, sage ich schließlich und lächele Jamie an.

Wir folgen Jamie zu einem etwas heruntergekommenen Pub in einer Gasse in Gastown.

»The Filthy Flamingo«, lese ich laut das Schild über der Tür vor.

»Nehmt da drin bloß nicht das Wort Spelunke in den Mund«, warnt er uns vor, während er uns die Tür aufhält.

Hazel und ich bleiben am Eingang stehen, damit sich unsere Augen an das schummrige Licht gewöhnen können. Gerade läuft *Tangerine*, mein Lieblingssong von Led Zeppelin. Das Innere der Kneipe ist gemütlich und einladend. Die alten Konzertplakate, die Fotos hinter der Bar, die glitzernden Lichter, die an der Decke gespannt sind – die *Spelunke* gefällt mir auf Anhieb. Hinter dem Tresen steht eine Frau und mixt Drinks. Sie ist unglaublich hübsch; ihren Stil würde ich als Neunziger-Jahre-Grunge-Look beschreiben, den ich absolut umwerfend finde.

Sie hebt den Kopf. »Du schon wieder.«

Ich höre ein schwaches Glucksen aus Jamies Kehle, das wie ein unterdrücktes Lachen klingt.

Die Barkeeperin nickt mir und Hazel zur Begrüßung zu. »Setzt euch, wohin ihr wollt.«

Mein Blick fällt auf ein Plakat des *Quadrophenia*-Albums von The Who. »Hazel!« Ich zeige darauf. »Schau mal.«

Hazel schmunzelt. »Cool.«

»Magst du das Album?«, fragt mich die Barkeeperin.

Wir schieben uns auf drei Hocker am Tresen.

»Das ist das Lieblingsalbum unseres Vaters«, erkläre ich. »Wir sind mit der Platte aufgewachsen.«

Sie schenkt uns ein kleines zufriedenes Grinsen. »Guter Geschmack.« Eine kurze Pause. »Ich bin Jordan.«

»Pippa.« Ich mag sie sofort. »Das ist Hazel. Und Jamie.«

Sie nickt Hazel zu. Als sie sich an Jamie wendet, werden ihre Augen schmal. »Hier drin wird nicht über Eishockey gesprochen.«

Er gibt einen weiteren Laut von sich, der ein Lachen sein könnte. Wir geben unsere Bestellung auf, und während des Essens unterhält sich Jamie mit Hazel über Yoga.

»Ich würde gerne einen Kurs für verletzte Sportler anbieten«, sagt meine Schwester. »In angepasstem Tempo.«

»Hazel möchte eines Tages ihr eigenes Studio eröffnen«, erkläre ich Jamie. »Einen Ort, an dem sich Leute jeden Körperbaus wohlfühlen.«

Seine Augenbrauen heben sich, und er mustert Hazel mit einem Ausdruck, der sehr nach Respekt aussieht. »Eine tolle Idee. Die Welt braucht mehr Menschen wie dich.«

Sie starrt ihn an. »Ich dachte, du wärst ein Arsch.«

Jamie sieht mich an, und etwas glitzert in seinen Augen. »Kommt das etwa von dir?«

»Ähm.« Ich blinzle. »Nein?«

Sehr überzeugend, Pippa.

Ich schneide eine Grimasse, bekomme dann aber doch ein Grinsen zustande. »Immerhin hast du mich gefeuert.«

Als wir uns ansehen, wird mir am ganzen Körper warm. Da ist dieses faszinierende Zucken seines Mundwinkels. Ich habe das Bedürfnis, mit dem Finger darüber zu streichen.

Hazel sieht mit irritiertem Gesichtsausdruck zwischen uns hin und her. Als ich ihrem Blick begegne, wackelt sie vielsagend mit den Augenbrauen.

Sie gibt sich wirklich die größte Mühe, ihn nicht zu mögen, aber zwischen seinen aufmerksamen Fragen, dem Interesse, das er an ihrem Beruf zeigt, und seinem gar nicht mal so großen Ego, hat sie keine Chance.

Und mir geht es ähnlich wie ihr. Wer ist diese Version von ihm? Er benimmt sich ganz anders als der Arsch, für den ich ihn gehalten habe.

Jamie isst sein Sandwich auf und lehnt sich auf seinem Barhocker zurück. »Gibst du auch Privatunterricht?«

Hazels Kopf ruckt überrascht hoch. »Ja?«

Er nickt einmal. »Mein Coach wird sich bei dir melden.«

Später, als Jamie kurz auf die Toilette verschwindet, zwinkere ich Hazel zu. »Du hast recht. Eishockeyspieler sind tatsächlich die Schlimmsten.«

Sie verdreht die Augen, schmunzelt aber. »Wie auch immer.« Dann mustert sie mich aus schmalen Augen. »Er mag dich.«

Ich erröte, weil ihre Worte ein glückliches Kribbeln in mir auslösen. »Stimmt nicht. Er kann mich nicht ausstehen.«

Sie verschluckt sich an ihrem Getränk. »Machst du Witze?«

»Hazel, der Typ hat mich gefeuert – und nur deshalb wieder eingestellt, weil ich ihm leidgetan hab. Und dann hat er mich weinen gesehen, und das hat es noch zehnmal schlimmer gemacht.« Ich senke die Stimme. »Er hat Mitleid mit mir. Ich bin nur seine Hundesitterin, das ist alles. Im Grunde kann er mich nicht leiden.«

Sie hält meinen Blick fest. »Er mag dich.«

Ich hasse die Schmetterlinge in meinem Bauch, die bei ihren Worten schon wieder ganz aufgeregt losflattern.

Hazels Handy, das auf dem Tresen liegt, beginnt zu summen. »Ich habe einen Haufen Benachrichtigungen«, murmelt sie und schaut stirnrunzelnd auf das Display. »Krass.« Sie scrollt durch die Kommentare auf ihrem Social-Media-Account.

Sie wurde auf einem der Fotos mit Jamie verlinkt, das eine der anderen Kursteilnehmerinnen gepostet hat – und es verbreitet sich scheinbar wie ein Lauffeuer über die sozialen Netzwerke, weil Jamie fast nie für Fotos posiert.

Eine Benachrichtigung über eine neue E-Mail ploppt auf. Hazel überfliegt sie. »Mein Kurs nächste Woche ist voll«, sagt sie und klingt dabei ganz benommen.

Mir fällt die Kinnlade herunter. »Das ist unglaublich.«

Sie schüttelt den Kopf und liest weiter. »Die Hot-Yoga-Kurse samstags sind für den ganzen Monat ausgebucht. Das Studio will einen zweiten Kurs für den Nachmittag einplanen.«

Ich strahle.

Ein freudig-überraschtes Lächeln breitet sich auf ihrem Gesicht aus, und ich spüre Dankbarkeit für Jamie in mir aufsteigen. Ich liebe es, Hazel so glücklich und stolz zu sehen.

Als er zurückkommt, besteht Jamie darauf, uns einzuladen, um sich bei Hazel für den Kurs zu bedanken, und nachdem wir uns von ihr verabschiedet haben, fahren wir zurück in Jamies Wohnung.

Mir kommt etwas in den Sinn, und ich wende mich mit zusammengekniffenen Augen an ihn. »Dir war klar, dass Hazel davon profitieren würde, wenn du ihren Kurs besuchst.«

Er zuckt mit den Schultern, aber sein Mundwinkel hebt sich deutlich.

Mein Herz schwillt an.

»Oooooh.« Ich nicke und lächele. »Okay. Jetzt verstehe ich.«

»Was?« Er wirkt irritiert.

»Du bist *nett.*«

Er schaut mich an, als sei mir ein zweiter Kopf gewachsen.

»Doch, bist du. Du kümmerst dich um deine Mutter, du hast einen streunenden Hund aufgenommen, der ein Zuhause brauchte, du hast mich dazu überredet, bei dir einzuziehen, und«, ich deute mit dem Daumen über die Schulter in die Richtung, aus der wir gekommen sind, »du hast uns zum Mittagessen eingeladen. Jamie: Du. Bist. Nett. Ob es dir gefällt oder nicht.«

Er hält seinen Schlüsselanhänger an den Sensor am Eingang des Apartmenthauses und öffnet mir die Tür, ohne auf meinen Kommentar einzugehen. »Keine große Sache.«

»Mir ist eben wieder eingefallen, dass ich dir davon erzählt habe, dass Hazels Kollegen ganz schön fies sein können – deswegen bist du mitgekommen, um ihr zu helfen.«

Etwas Warmes liegt in seinem Blick, der auf mir ruht, während wir auf den Aufzug warten. »Vielleicht wollte ich einfach nur mit dir abhängen.«

Ich kichere. »Mhm, klar. Du hast wahrscheinlich einen Haufen Supermodels per Kurzwahltaste gespeichert, also ist es nur logisch, dass du deinen freien Tag mit mir verbringst.«

Wir betreten den Fahrstuhl. Als ich zu ihm aufsehe, wirkt er amüsiert. »Kurzwahl?«

»Mehr habe ich dazu nicht zu sagen.« Mein Brustkorb bebt vor Lachen. Etwas an der Art und Weise, wie er mich mit seinem Blick fixiert, und daran, dass ich es vielleicht tatsächlich geschafft habe, ihn zu belustigen, lässt mich innerlich eine Reihe aufgeregter Luftsprünge vollführen. Keiner von uns sieht weg, und plötzlich habe ich ein merkwürdiges Gefühl im Bauch, das ich dem mit Tempo aufsteigenden Fahrstuhl zuschreibe. Seine Augen glitzern, und ich kann seinen frischen, herben Duft riechen.

Oh, wow.

Er lächelt nicht, aber der Ausdruck in seinen Augen ist warm. Etwas kribbelt in meiner Brust, und ich kämpfe gegen den Drang an, darüber zu reiben. Diese Empfindung ist neu.

»Für heute bin ich dir auf jeden Fall was schuldig.« Meine Stimme ist kaum mehr als ein Flüstern, und auf einmal bin ich mir nur allzu bewusst, wie klein dieser Aufzug ist und wie viel Platz Jamie darin einnimmt.

Sein Kehlkopf bewegt sich auf und ab, als er schluckt. »Heißt das, ich habe einen Gefallen bei dir gut?«

Meine Lippen öffnen sich, und ein Schauer läuft mir über den Rücken. Seine Augen glühen regelrecht, und ich blinzle ihn fassungslos an.

Seine Worte klingen suggestiv. Hitze schießt in meinen Unterleib. Oh nein, es kann doch nicht ernsthaft sein, dass ich in einem Aufzug erregt werde. Das bin nicht ich.

Seine Mundwinkel biegen sich nach oben, und mein Herz schlägt schneller.

Okay, offensichtlich bin ich das doch. Es ist zu spät. Es ist bereits passiert. Wir sind an dem Punkt angelangt. Ich bin scharf.

Auf meinen Eishockeyspieler-Boss. Während ich mit ihm im Fahrstuhl stehe. Ich darf das nicht tun. Jamie ist tabu. Er ist zu attraktiv, zu nett, und er riecht viel zu gut. Wenn ich zulasse, dass sich meine Schwärmerei zu mehr auswächst, wird er mir nur das Herz brechen.

»Ja …«, sage ich und halte seinem elektrisierenden Blick stand.

»Spiel mir einen Song vor.«

Ich zucke zurück, und all meine Gedanken kommen zum Stillstand. Eine bleierne Schwere breitet sich in meinem Inneren aus und verdrängt sämtliche Erregung.

»Irgendeinen«, sagt er mit so tiefer Stimme, dass meine Haut prickelt. Die Fahrstuhltür öffnet sich. »Einen deiner Lieblingssongs, ganz egal, welchen.«

Ich öffne den Mund, um zu protestieren, ihm mitzuteilen, dass ich das nicht kann, aber in diesem Moment stützt er eine Hand in die geöffnete Tür, damit sie sich nicht wieder schließt, und beugt sich dann zu mir herunter, bis wir uns auf Augenhöhe befinden.

»Du kannst das«, sagt er bestimmt, als hätte er meine Gedanken gelesen. Seine Lippen kräuseln sich, und unwillkürlich frage ich mich, ob ich ihn dazu bringen könnte, mir ein richtiges Lächeln zu schenken, wenn ich ihm ein Lied auf meiner Gitarre vorspiele.

Eine verlockende Vorstellung.

Ich stehe wie erstarrt da, doch er legt mir seine Hand auf den Rücken und dirigiert mich sanft aus dem Aufzug. Seine Körperwärme durchdringt meine Kleiderschichten, und ich verspüre den Drang, mich in seine Berührung zu schmiegen.

Kaum dass wir die Wohnungstür geöffnet haben, springt Daisy von der Couch, um uns zu begrüßen. Jamie schnappt sich ihre Leine vom Beistelltisch. Ich habe immer noch kein Wort gesagt.

»Also abgemacht.« Er legt Daisy das Geschirr an, bevor er sich wieder aufrichtet. »Danke für den schönen Vormittag, Pippa«, murmelt er.

Abgemacht?

Beim Anblick meines Gesichtsausdrucks umspielt wieder dieses sexy Grinsen seine Lippen.

»Bis später«, sagt er, und eine Sekunde später fällt die Tür hinter ihm ins Schloss.

Ich stehe noch einen Moment lang einfach nur da und denke an sein träges Grinsen, an den Druck seiner Hand auf meinem Rücken.

Er möchte, dass ich ihm etwas vorspiele, aber jedes Mal, wenn ich nur daran denke, meine Gitarre in die Hand zu nehmen, dreht sich mir vor Angst der Magen um.

Du kannst das, hat er gesagt und dabei so verdammt sicher geklungen. Vielleicht hat er recht. Vielleicht kann ich es wirklich.

Ich lehne mich gegen die Tür und atme schwer aus.

KAPITEL 19
JAMIE

Ein paar Tage nach dem Yogakurs stehe ich in Boxershorts in meiner Küche und starre aus dem Fenster. Es ist Mitternacht, und die Küche wird nur von den Lichtern der Stadt erhellt.

Ich kann nicht schlafen. Die ganze Woche über habe ich sie kaum gesehen. Wenn ich nach Hause komme, zieht sie sich in ihr Zimmer zurück oder besucht Hazel.

Ich gieße mir ein Glas Wasser ein, trinke es zur Hälfte aus und denke an die elektrische Spannung, die am Sonntagnachmittag zwischen uns geherrscht hat. Ich wollte sie so verdammt gerne küssen.

Das will ich immer noch.

»Scheiße«, murmle ich, bevor ich das Glas leere.

Die Angst in ihren Augen, als ich sie gebeten habe, mir einen Song vorzuspielen, macht mich krank. Ihr Ex hat ihr einen Haufen Scheiße eingeredet, was dazu geführt hat, dass sie nicht mehr tun kann, was sie offensichtlich so sehr liebt. Ich wünsche mir mehr für sie. Ich will nicht, dass sie mit dieser Angst leben muss. Ich möchte, dass sie sie besiegt und stolz darauf ist. Pippa ist stark – das ist mir endgültig klar geworden, als sie meiner Mutter durch ihre Panikattacke geholfen hat.

Ich reibe mir über den Nasenrücken. Wie lächerlich! *Ich* wünsche mir mehr für sie? Ich bin ein Niemand für sie. Sie arbeitet für mich. Sie erinnert sich nicht mal an mich.

Auf einmal fühle ich mich schuldig. Vielleicht habe ich mit der Aufforderung, mir was vorzuspielen, eine Grenze überschritten.

In diesem Moment ertönt hinter mir ein Geräusch, und ich wirbele herum.

Pippa steht in der schummrigen Küche und wirkt genauso überrascht wie ich. Sie trägt einen Pyjama, ein seidiges mintgrünes Set aus Shirt und kurzen Shorts. Ihre Beine sind lang und samtig. Ihr Haar ist zerzaust, als hätte sie sich im Bett hin und her gewälzt. Warum gefällt mir die Vorstellung so gut? Als mein Blick an ihrem Oberteil hängen bleibt, pulsiert Verlangen durch meine Adern.

Ihre Brustwarzen sind hart. Verdammt!

Ich beiße die Zähne zusammen. Es kostet mich all meine Willenskraft, meinen Blick wieder auf ihr Gesicht zu richten.

»Ich konnte nicht schlafen«, sagt sie mit einem nervösen Lächeln.

»Ich auch nicht.«

Sie geht an mir vorbei, setzt den Wasserkocher auf und holt ihren Lieblingstee aus dem Schrank. Entkoffeinierter Vanille-Chai. Ständig sehe ich Verpackungen davon im Müll; sie muss das Zeug literweise trinken.

»Du bist mir diese Woche aus dem Weg gegangen«, sage ich und bemerke, dass ihre Hände zittern, als sie das kleine Tütchen aufreißt.

»Nein …« Sie blinzelt die Arbeitsoberfläche an. »Nein, bin ich nicht.«

Ich bleibe stumm, bis ihr Blick schließlich doch zu mir wandert.

Ein Lächeln huscht über ihr Gesicht, dann lacht sie leise. »Okay, ja, ich bin dir aus dem Weg gegangen.«

»Mhm.« Ich lehne mich gegen die Kücheninsel, und ihr Blick verweilt auf meinen Bauchmuskeln.

Ist es angemessen, dass ich in Unterwäsche vor ihr stehe? Wahrscheinlich nicht.

Ist mir das egal? Ich beobachte, wie sie ihre Unterlippe zwischen die Zähne zieht.

Ja. Ja, das ist es. Mit einer gewissen Befriedigung stelle ich fest, dass sie mich eingehend von oben bis unten betrachtet.

»Ehrlich gesagt, hab ich dich nicht für den Typ Mensch gehalten, der seine Schulden nicht bezahlt.«

Ein weiteres leises Lachen perlt über ihre Lippen. »Ich würde es nicht als *Schulden* bezeichnen.«

»Du hast gesagt, dass du mir was schuldig bist.«

»Jamie.« Sie verdreht grinsend die Augen. Ich liebe es, wenn sie meinen Namen auf diese herausfordernde Art ausspricht.

Als ich die Arme vor der Brust verschränke, zuckt ihr Blick zu meinem Bizeps. »Worauf wartest du noch?«

Sie wendet sich dem Wasserkocher zu, um ihren Tee aufzugießen. »Du hattest Spiele und Trainings und so. Du warst beschäftigt.«

Nicht mehr als sonst auch.

Meine Gedanken schweifen zu einem Abend vor ein paar Tagen zurück, als ich spät von einem Spiel nach Hause gekommen bin. Ich habe den Fernseher eingeschaltet, und es lief bereits der Sportkanal. Ob sie sich mein Spiel angesehen hat?

Die Vorstellung erfüllt mich mit Stolz.

»Du hältst mich hin.«

Sie fixiert ihren Tee. Der Geruch, der mit dem heißen Dampf aus der Tasse aufsteigt, erinnert mich an den ihres Shampoos – süß, würzig und warm. Beruhigend und gleichzeitig sexy. Faszinierend. Ein Duft, der in mir das Bedürfnis hervorruft, mein Gesicht an ihrem Hals zu vergraben und tief einzuatmen.

Sie sieht zu mir auf, und der Ausdruck in ihren Augen ist voller Verletzlichkeit. »Als ich das letzte Mal für jemanden gespielt habe, wurde ich ausgelacht«, sagt sie leise.

Wut durchströmt mich. Ich werde die Person umbringen.

»Wer?«, frage ich in tiefem, tödlichem Tonfall. »Sag mir, wer das war. Sofort.«

Sie verdreht die Augen. »Jamie.«

»Sag es mir.«

»Es war Zach.« Ihr Gesicht läuft rot an, ein rosa Fleck auf jeder Wange, worauf sich meine Hände wie von selbst zu Fäusten ballen. »Und sein Manager.« Sie schließt die Augen, als würde sie die Situation noch einmal durchleben, bevor sie hastig blinzelt und wieder hier in der Küche, bei mir, ist.

Eigentlich war ich davon ausgegangen, dass der Charakter dieses Typs nicht viel mieser sein könnte, aber Pippa hat mich gerade eines Besseren belehrt.

»Spiel mir den Song vor, den du ihnen damals vorgespielt hast.«

Ich bin so ein verdammtes Arschloch.

Ihre Augen weiten sich. »Was? Nein.«

»Doch. Bitte.« Meine Stimme ist fest – und fordernd.

Sie versucht, ihre Nervosität hinter einem aufgesetzten Kichern zu verstecken, doch mir entgeht nicht, wie sie ihre Finger knetet. Sie ist regelrecht verängstigt, und es tut mir in der Seele weh, sie so zu sehen.

»Hey.« Ich beuge mich hinunter, sodass meine Augen auf gleicher Höhe mit ihren sind, und lege sacht die Hände an ihre Oberarme. Augenblicklich steigt mir wieder dieser unglaubliche Chai-Geruch in die Nase. »Als ich neun war, wurde ich von einem Puck getroffen.«

Sie zieht scharf die Luft ein. »Wirklich?«

Ich zeige auf mein Handgelenk. »Genau hier. Der Puck ist vom Pfosten abgeprallt, und weil ich meine eigenen Handschuhe vergessen hatte, hab ich welche getragen, die mir zu groß waren; deswegen sind sie verrutscht. Das hat scheiße wehgetan.«

Ihre Miene ist voller Mitgefühl. »Glaube ich dir.«

Meine Hand kehrt zu ihrem Arm zurück. Ich kann ihre Wärme durch den seidigen Stoff spüren. Sanft streiche ich mit den Daumen darüber, woraufhin sich ihre Lippen ganz leicht öffnen. »Ich wollte nicht zurück aufs Eis. Ich hatte Angst, wieder getroffen zu werden.«

Die Art, auf die sie mich ansieht, löst in mir den Wunsch aus, sie zu umarmen und nie wieder loszulassen. Um sie vor Arschlöchern wie ihrem Ex und überhaupt der ganzen Welt zu beschützen.

»Ich will nicht zurück aufs Eis«, flüstert sie und zieht die Nase kraus. Trotz des schwachen Lichts sind ihre süßen Sommersprossen darauf zu erkennen. »Ich habe Angst, noch einmal getroffen zu werden.«

Dieser Moment, hier in meiner Küche, fühlt sich an, als wären wir die einzigen Menschen auf dem Planeten. In meinem Hinterkopf schrillt eine Sirene, aber ich ignoriere sie. Darum kümmere ich mich später. Im Moment braucht Pippa mich.

Ich verstärke behutsam meinen Griff um ihre Oberarme. »Du schaffst das. Ich bin aufs Eis zurückgekehrt, und es war okay. Erinnerst du dich an die Panikattacke meiner Mom? Du warst toll, Songbird. Du hast alles richtig gemacht. Tief in dir drinnen bist du knallhart, das weiß ich.«

Sie hebt die Brauen. »Songbird?«

Ich habe sie nicht absichtlich so genannt, es ist mir einfach so rausgerutscht. Aber der Spitzname passt perfekt zu ihr. »Mhm.«

Sie beißt sich auf die Unterlippe. Sie will es tun. Ich weiß, dass sie es will.

»Ich sag dir was.« Während ich das Blau ihrer Augen studiere, drücke ich noch einmal sanft ihre Oberarme. »Einen halben Song. Mehr verlange ich nicht.«

Ich beobachte, wie sich ihre Kehle bewegt, als sie schwer schluckt, während sie sich an meinem Blick festklammert, als wäre sie eine Ertrinkende und ich eine Rettungsinsel. Und genau das möchte ich für sie sein.

Ich lasse sie los und richte mich auf. »Na los«, fordere ich sie auf, »hol deine Gitarre.«

Erneut schnellen ihre Augenbrauen in die Höhe. »Wie, jetzt sofort?«

»Ja.« Ich schlendere zur Couch hinüber, lasse mich darauf fallen und lege einen Arm auf die Rückenlehne. »Jetzt sofort.«

Ihr Blick wandert von meinem Arm zu meiner nackten Brust, von dort hinunter zu meinem Sixpack und – für eine Millisekunde – zu meinem Schritt. Was meinen Schwanz dazu veranlasst, interessiert zu zucken. Tief in meinem Unterleib sammelt sich Hitze.

Wegen mir darf sie gerne so viel schauen, wie sie will.

»Hör auf, Zeit zu schinden.«

»Hey, nicht so bossy«, sagt sie und geht kopfschüttelnd zur Treppe. Sie klingt resigniert, aber gleichzeitig schwingt noch etwas anderes in ihrer Stimme mit. Etwas, das verrät, wie sehr sie meine *bossy* Art amüsiert.

Ich lehne mich zurück und verschränke die Hände hinter dem Kopf, und als sie mit der Gitarre in der Hand zurückkommt, hält sie bei meinem Anblick kurz inne.

»Was ist?«

»Könntest du dir was anziehen?«

Ihr Blick bleibt erneut an meinen Bauchmuskeln hängen, und mir ist wieder nach Lächeln zumute. »Warum?«

Ich weiß warum, aber es macht Spaß, Pippa in Verlegenheit zu bringen.

Sie schneidet eine Grimasse und gestikuliert in Richtung meines Oberkörpers. »Darum.«

Ein seltsamer Druck baut sich in meiner Brust auf, warm und knisternd, wie ein Lachen. Stattdessen erlaube ich mir ein Grinsen. »Nein.«

»Stur ist er auch noch«, murmelt sie, und mein Grinsen wird breiter.

Sie erstarrt und mustert mich auf eine seltsame Weise. Als hätte sie gerade eine wahnsinnig erstaunliche Entdeckung gemacht.

»Was?«

»Du lächelst.« Ihre hübschen Lippen biegen sich ebenfalls nach oben.

Unter ihrem aufmerksamen Blick beginnt meine Haut zu kribbeln. Plötzlich wünsche ich mir, ihr ganz nahe zu sein. Dass sie sich auf mich setzt. Ihre Hände in meinem Haar und meine in ihrem.

Ihre Wangen färben sich rosa. »Also gut, Jamie Streicher, dein Lächeln bringt mich dazu, spielen zu wollen.«

Sie holt tief Luft und schlägt eine Saite an. Die ersten Töne erklingen.

Und als sie zu singen beginnt, rastet etwas in meiner Brust an genau der richtigen Stelle ein.

KAPITEL 20
PIPPA

Jamie Streichers Lächeln nimmt mich gefangen. Selbst als sein Mund wieder zu dem üblichen ernsten Strich zusammengepresst ist, bleibt ein warmes Leuchten in seinen Augen zurück.

Ich zupfe die Akkorde und singe den Song, den ich vor Monaten über das Älterwerden und die Veränderungen geschrieben habe, die damit einhergehen. Den Song, über den Zach gelacht hat.

Meine Stimme ist heiser vor Müdigkeit und weil ich sie nicht aufgewärmt habe, aber mir gefällt ihr Klang. Ich kann noch immer ihr Lachen hören, sehe den Ausdruck auf Zachs Gesicht vor mir, gleichzeitig verblüfft und peinlich berührt und amüsiert, aber ich schiebe die Erinnerung daran beiseite.

Tief in dir drinnen bist du knallhart, das weiß ich. Jamies Worte. Außerdem hat er mich Songbird genannt.

Sein warmer Blick ruht die ganze Zeit auf mir und holt mich in die Gegenwart zurück. Zu diesem Moment in seinem Wohnzimmer, mitten in der Nacht, in dem ich zum ersten Mal seit Monaten wieder Gitarre spiele. Es fällt mir weniger schwer, als ich befürchtet habe, im Gegenteil, es fühlt sich ganz natürlich an, als wäre kaum Zeit verstrichen, seit ich sie das letzte Mal in den Händen gehalten habe. Hinter den großen Fensterscheiben funkeln die Lichter der Stadt auf der anderen Seite des Wassers, der Mond steht hell am Nachthimmel.

Meine Schultern entspannen sich, als ich zum zweiten Mal den Refrain anstimme, und etwas in mir entfaltet sich. Der Song macht Spaß. Ein bisschen Fleetwood Mac mit einem Hauch Taylor Swift und einem weiteren Element, das ganz *ich* ist. Er ist temporeich und weist eine eingängige Melodie auf. Einer der Gründe, aus dem sie mir nicht mehr aus dem Kopf gegangen ist, nachdem sie einmal darin aufgetaucht war. Ich musste etwas damit machen, daraus ein Lied weben.

Nach der zweiten Strophe lege ich eine kurze Pause ein und betrachte Jamie aus schmalen Augen, während ich mich an die nächsten Zeilen zu erinnern versuche.

Neugierig hebt er eine Augenbraue.

Als mir der Text wieder einfällt, stürze ich mich kopfüber hinein, worauf an Jamies Mundwinkeln ein träges Grinsen zupft.

Himmel, er ist umwerfend. Mein Blick wandert wie von selbst zu seinem Oberkörper, dessen fein gearbeitete Muskeln mich ständig abzulenken drohen. Und dann erst die Art und Weise, wie er in seinen schwarzen Boxershorts dasitzt, die Beine zu einem angedeuteten V geöffnet …

Ich reiße mich los und konzentriere mich schnell wieder auf sein Gesicht. Seine Augen blitzen auf.

Oh nein, er hat mitbekommen, dass ich auf seinen Schritt gestarrt habe!

In dem Lied geht es darum, ein neuer Mensch zu werden, und ich denke an Zach, als ich das letzte Drittel singe und mich ganz der Musik hingebe. Ich war davon überzeugt, dass Zach und ich für immer zusammenbleiben würden. Damals, am Flughafen, ist eine ganze Welt für mich zusammengebrochen. Der Mensch, dem ich am meisten vertraut hatte, wollte mich loswerden. Nicht mehr sehen. Und ich war mir sicher, nie wieder die gleiche Art von Nähe zu jemandem zu empfinden.

Inzwischen frage ich mich, ob diese Nähe jemals real war oder ob sie lediglich in meinem Kopf existiert hat.

Jamie hört noch immer zu und sieht mich dabei unverwandt an, und auf einmal ist da ein Kribbeln in meiner Brust, nur ein ganz zaghaftes, aber es verschwindet nicht wieder. Zach war nicht der Richtige für mich, aber das Gefühl, welches mir Jamie in diesem Moment vermittelt, als wäre ich etwas Besonderes, als wäre ich bei ihm sicher und geborgen, als würde er mich in allem unterstützen … Vielleicht kommt der Richtige doch irgendwann vorbei.

Natürlich ist das nicht Jamie. Selbst wenn er sich auf Frauen einlassen würde, dann nur auf solche, die in seiner Liga spielen. Und das tue ich nicht. Das habe ich schon damals, auf der Highschool, nicht getan. Ich bin nicht so naiv, etwas anderes zu glauben.

Aber das bedeutet nicht, dass ich nicht jemanden finden kann, der diese Gefühle in mir auslöst. Vielleicht. Irgendwann.

Ich beende den Song und versuche, ein stolzes Grinsen zu unterdrücken. Wie peinlich, auf etwas so Nichtiges dermaßen stolz zu sein. Doch da sind noch andere Gefühle, die mich auf einmal durchströmen, Freude darüber, dass ich etwas gespielt habe, das ich liebe, Leidenschaft, Ehrgeiz, alles zusammen. Ein Gemisch, das mich berauscht. Vielleicht liegt das aber auch daran, dass ich einem halb nackten Jamie gegenübersitze.

Jamie beugt sich vor. »Das hast du selbst geschrieben?«

Ich nicke, während mein Herz zu trommeln beginnt.

Er mustert mich einige Sekunden lang, bevor er ungläubig den Kopf schüttelt. »Dieser Typ war nie gut genug für dich. Weder in der Highschool noch später. Ich hoffe, das ist dir inzwischen klar.«

Seine Worte sind wie Balsam auf die Wunden, die Zach in meinem Herzen hinterlassen hat. Wie kühlende Aloe vera auf verbrannter Haut. Sie bedeuten mir etwas.

»Moment mal …« Ich ziehe irritiert die Brauen zusammen und lege den Kopf schief, während ich mir in Erinnerung rufe, was er gerade gesagt hat. »Ich habe dir gar nicht erzählt, dass Zach und ich auf der gleichen Schule waren.«

Jamies Augen weiten sich kaum merklich, und meine Lippen teilen sich vor Überraschung. Besteht die Möglichkeit, dass er sich doch an mich erinnert?

Nein, auf keinen Fall.

Ein schuldbewusster Ausdruck huscht über seine Züge.

Mir klappt die Kinnlade herunter. »Jamie!« Mein Tonfall ist sowohl vorwurfsvoll als auch neugierig.

»Fuck«, murmelt er wie zu sich selbst und reibt sich den Nacken. Seine betretene Miene ist absolut anbetungswürdig. »Wahrscheinlich kannst du dich nicht daran erinnern, aber wir sind auf dieselbe Highschool gegangen.«

Ein lautes Lachen platzt aus mir heraus. *Ich* erinnere mich nicht an *ihn*? Wie könnte sich irgendjemand *nicht* an ihn erinnern?

»Ich bin ein paar Jahre älter als du und hab wegen des Eishockeys viel Unterricht verpasst«, fährt er fort, und sein verlegener Tonfall lässt mein Lachen verstummen.

Er meint es ernst. Jamie denkt tatsächlich, dass ich nicht wusste, wer er ist.

»Es tut mir leid, dass ich erst jetzt damit rausrücke«, murmelt er und wippt dabei nervös mit dem rechten Knie auf und ab. »Als du vor meiner Tür standest, war ich so überrascht, dass …« Er lässt den Satz in der Luft hängen. »Ich wollte nicht, dass es irgendwie komisch zwischen uns ist.«

Ich könnte weiterhin so tun als ob, aber warum sollte ich das? Es ist anstrengend. Und die Tatsache, dass er sich an mich erinnert, sorgt dafür, dass mein Herz schneller schlägt.

»Ich erinnere mich auch an dich«, gestehe ich. »Natürlich tue ich das.«

Er erstarrt. »Im Ernst?«

»Komm schon, Jamie, du warst auf dem besten Wege, es in die NHL zu schaffen. Du hast zu den beliebtesten Kids auf der Schule gehört. Wahrscheinlich gab es kein Mädchen, das *nicht* in dich verknallt war. Du warst absolut umwerfend, damals schon …«

Seine linke Augenbraue wandert in die Höhe, und da ist wieder dieser Blick. Amüsiert, konzentriert und entschlossen. »Du findest mich umwerfend?«

Ich schlucke. Und werde rot. Alles, was aus mir herauspurzelt, ist ein ziemlich geistloses »Äh …«.

Sein Mundwinkel zuckt. »Du hast *damals schon* gesagt. Das bedeutet, du fandest mich damals toll und findest mich heute auch noch umwerfend.«

Mein Puls rauscht in meinen Ohren, aber es gelingt mir nicht wegzuschauen. Sein Blick hält mich fest wie eine Nadel einen Schmetterling unter dem Mikroskop. Mein Mund klappt auf und zu, während ich nach Worten suche.

Ertappt. Ich bin so was von am Arsch. Jetzt wo er weiß, dass ich schon ewig in ihn verknallt bin, kann es nur komisch zwischen uns werden.

Er beugt sich mit einem selbstsicheren Grinsen vor, das mein Herz noch heftiger pochen lässt.

»Ich fand dich auch umwerfend«, murmelt er in einem Tonfall, der mir schier den Atem raubt. »Damals schon …«

Das kann unmöglich stimmen. Ich versuche, in seinen Augen zu lesen, suche nach der Lüge darin – aber ich finde keine. Bis auf meine Mom hat mich noch niemand als umwerfend bezeichnet, und bei ihr ist das etwas anderes.

Etwas Komisches passiert in meinem Kopf; auf einmal stelle ich alles infrage, was ich bisher für wahr gehalten habe.

»Oh«, ist das Einzige, was ich herausbringe, und sein Mundwinkel zuckt nach oben. »Okay.« Ich klinge wie betäubt.

Unsere Blicke sind ineinander verwoben, und plötzlich ist da diese Spannung zwischen uns. In diesem Moment wünsche ich mir, Jamie wäre der Mann, der dafür sorgt, dass ich vergesse, dass Zach jemals existiert hat.

Sein Blick fällt auf meine Lippen, und ein hungriger Ausdruck tritt auf seine Züge. Meine Brustwarzen richten sich auf. Noch nie hat mich jemand auf diese Weise angesehen, erst recht kein Mann mit Jamies Aussehen. Er wirkt wie ein Raubtier, und aus irgendeinem Grund führt das dazu, dass sich meine Mitte erwartungsvoll zusammenzieht.

Es fühlt sich an, als würden wir uns gleich küssen.

Ein kleiner Teil von mir flippt innerlich aus, fuchtelt mit den Armen herum und schnippt mit den Fingern, um meine Aufmerksamkeit zu erregen. Diese ganze Situation ist absolut surreal. Die Energie, die zwischen uns herrscht, ist aufgeheizt, zum Zerreißen gespannt, gefährlich, und ich will nichts damit zu tun haben. Ich will mir nicht einmal *vorstellen*, dass Jamie mich mag. Er würde mich zerstören. Nach Zach habe ich mich nur notdürftig wieder zusammengeflickt. Ich darf keine Gefühle für Jamie haben, denn wenn es so endet wie mit Zach – und das wird es –, werde ich endgültig daran zerbrechen.

Ich springe auf die Füße und halte meine Gitarre vor den Körper wie einen Schild. »Wir sollten ins Bett gehen.«

Er mustert mich noch einmal mit diesem Ausdruck, bei dem sich alles in mir zusammenzieht. »Schlaf schön, Pippa.«

Ich lasse ihn, ausgestreckt auf der Couch, im Wohnzimmer zurück und laufe die Treppe hinauf in mein Zimmer, wo ich meine Gitarre in den Koffer lege und zurück ins Bett klettere.

Mein Herz rast, während ich aus dem Fenster in den dunklen Himmel starre und daran denke, wie Jamie mich angesehen hat, als ich meinen Song gespielt habe.

KAPITEL 21
JAMIE

»Ihre Verteidigung ist wegen des verletzten Hammond geschwächt«, erläutert Ward unserer Defensive ein paar Abende, nachdem mir Pippa ihren Song vorgespielt hat, in der Umkleide.

Hayden Owens und Alexei Volkov, einer der älteren Spieler im Team, nicken.

Ward fährt mit unserer Spielstrategie fort. Die Energie, die im Raum herrscht, ist beinahe greifbar, die Luft knistert vor Intensität. Sogar hier unten können wir die Fans auf der Tribüne hören. Die Calgary Cougars sind unser größter Rivale, und heute Abend steht das erste Spiel gegen sie in dieser Saison an.

Ward geht noch einmal die Spielzüge durch, die wir diese Woche trainiert haben, aber ich bin mit meinen Gedanken ganz woanders. Bei Pippa, wie sie in ihrem knappen Schlafanzug, die glatten Beine zum Schneidersitz gekreuzt, mitten in der Nacht in meinem Wohnzimmer Gitarre spielt und dabei aussieht wie ein Engel, der vom Himmel herabgesandt wurde.

Vielleicht wurde sie aber auch vom Teufel geschickt, denn Pippa ist verdammt verführerisch.

Umwerfend, damals schon.

Glücksgefühle füllen meine Brust. Sie erinnert sich an mich, und sie findet mich heiß.

Seit ich am Morgen danach aufgewacht bin, denke ich an nichts anderes als an sie.

Während der Trainings hatte ich ihren Gesang im Ohr. Unter der Dusche habe ich mir vorgestellt, dass sie bei mir ist, nackt und nass, und mich mit funkelnden Augen anlächelt. Als ich mein Lunch-Take-out vom Filthy Flamingo abholte, musste ich daran denken, wie ihre Augen blitzten, als sie dort die Lichterketten an der Decke betrachtete.

Nachdem sie für mich Gitarre gespielt hatte, wollte ich sie unbedingt küssen. Die Erinnerung an ihre Brustwarzen, die sich unter ihrem Top abzeichneten, hat mich tagelang gequält. Ich kann mich nicht erinnern, wann ich mich das letzte Mal so zu einer Frau hingezogen gefühlt habe.

Ich bin so was von am Arsch.

Nein, bin ich nicht. Es ist Zeit, dass ich mich am Riemen reiße. Ich habe mit den besten Sportpsychologen der Welt trainiert und weiß, wie ich Ablenkungen ausblenden kann. Pippa ist keine Option. Sie gehört nicht zum Plan, und es gibt keinen Spielraum für einen Ausrutscher, denn wenn Pippa und ich etwas miteinander anfangen, dann – zumindest fürchte ich das – werden wir nicht mehr aufhören können.

Eine der Sportpsychologinnen in New York hat gerne an meine Wettbewerbsnatur appelliert. *Fordere dich selbst heraus*, hat sie mir empfohlen. Mich von Pippa fernzuhalten – meinem Highschool-Schwarm, der Frau, zu der ich scheinbar nicht Nein sagen kann –, ist eine Herausforderung. Aber keine, mit der ich nicht zurechtkäme.

Ich erinnere mich an das Lächeln, das mit jeder weiteren Liedzeile strahlender wurde – als wäre sie gleichzeitig stolz auf sich und überrascht. Mein Herz zieht sich zusammen, und ich reibe an der Stelle, wo es sitzt, über meine Eishockeyschoner. Verdammt, sie war so schön, und zu wissen, dass sie Angst davor hatte, den Song zu spielen, machte mich umso stolzer, weil sie sich dennoch dazu überwand. Ich hoffe, sie weiß, dass sie nicht gebrochen ist. Ich hoffe, sie erkennt, wozu sie fähig ist.

Sie ist heute Abend wieder hier, mit meiner Mutter. Der Gedanke, dass Pippa die Partie verfolgt, sich vielleicht in spannenden Situationen auf ihre üppige Unterlippe beißt, löst ein wahres Feuerwerk in meiner Brust aus.

»Streicher.«

Ich reiße den Kopf hoch. Sowohl Ward als auch sämtliche meiner Teamkollegen starren mich an.

»Alles klar?« Ward deutet mit dem Kinn auf die Stelle meiner Brust, über die ich noch immer reibe.

Ich lasse meine Hand sinken. »Ja.« Ich nicke nachdrücklich. »Alles bestens.«

Auf dem Weg zur Eisfläche nimmt er mich beiseite. »Werden wir heute Abend Probleme bekommen?«, fragt er mich leise, während meine Mannschaftskameraden an uns vorbeigehen. Aus dem Stadion ist laute Musik zu hören, die ersten Spieler wärmen sich auf dem Eis auf.

Verdammt! Dass ich abgelenkt bin, steht mir vermutlich deutlich ins Gesicht geschrieben.

Reiß dich zusammen, Streicher!

Ich schüttele den Kopf, um wieder klar denken zu können. »Nein.«

Der Trainer mustert mich aufmerksam. »Lass dich von Miller nicht aus dem Konzept bringen.« Er sieht sich um, wartet, bis auch der Zeugwart den Gang verlassen hat. »Ich weiß, dass ihr eine gemeinsame Vergangenheit habt.«

Meine Gedanken kommen quietschend zu einem abrupten Halt. Rory Miller hat vor Kurzem zu Calgary gewechselt. Was ich wusste, aber komplett vergessen hatte.

So schlimm steht es wegen der Sache mit Pippa bereits um mich. Ich vergesse sogar, dass der Kerl, mit dem ich aufgewachsen bin und der mein bester Freund war, bis er sich in ein absolutes Arschloch verwandelt hat, heute Abend mit mir auf dem Eis stehen wird.

Ich runzele die Stirn. »Woher wissen Sie das?«

»Es ist mein Job, so was zu wissen.«

Sieben Jahre nach Beginn seiner Karriere hat Miller den Ruf, viel zu feiern, eine Frau nach der nächsten abzuschleppen und sich auf dem Eis wie ein verdammter Vollarsch aufzuführen. Parallel zu seiner Entwicklung zu einem überragenden rechten Flügelstürmer wuchs auch sein Ego. Die Trainer halten an ihm fest, weil er Tore schießt, aber er ist alles andere als ein Fanliebling.

Ich hasse es, gegen ihn zu spielen. Calgary ist eine der Mannschaften, die Vancouver geografisch am nächsten liegt, deshalb spielen wir in dieser Saison ganze sechs Mal gegen sie. Miller hat eine der besten Trefferquoten der Liga und wird mir den ganzen Abend lang die Pucks um die Ohren hauen. Das ist es, worüber ich mir diese Woche Gedanken hätte machen sollen – mich mental auf die Partie vorbereiten und Aufzeichnungen von zurückliegenden Spielen ansehen.

»Du hast mit ihm gespielt«, sagt Ward. »Kennst du seine Schwächen?«

Miller ist ein Star. Das war er immer, schon als wir noch Kinder waren. Er ist der ehrgeizigste Mensch, der mir je begegnet ist. Wäre ich kein Goalie, wären wir niemals befreundet gewesen.

Ich rufe mir unsere früheren Spiele in Erinnerung. Er hält sich nicht an die Ansagen des Trainers. Wenn der Rest der Mannschaft davon ausgeht, dass sie einen bestimmten Spielzug durchziehen, nutzt Miller die Situation garantiert zu seinem eigenen Vorteil, um zu punkten. Und weil er so oft Erfolg hat, kommt er damit durch. Ich weiß, dass ich ihn im Auge behalten muss, selbst wenn sich seine Teamkollegen für eine andere Formation aufstellen. Ich weiß, dass ich ihm nicht trauen darf.

Ich nicke. »Ja, ich kenne ihn.«

»Gut.« Ward klopft mir auf die Schulter. »Dann lass uns jetzt da rausgehen und ein großartiges Spiel abliefern.«

Kaum dass ich die Eisfläche unter meinen Kufen spüre, beginnt mein Nacken zu prickeln. Unsere Gegner wärmen sich in der gegenüberliegenden Hälfte auf, skaten aufs Tor zu und schießen. Das Stadion ist bereits gerappelt voll, ein erwartungsvolles Summen liegt in der Luft.

Rory Miller sieht mit einem selbstgefälligen, arroganten Lachen zu mir rüber, das in mir den Drang auslöst, ihm eine zu verpassen. Er legt kurz den Kopf schief, dann wendet er sich ab, um aufs Tor zuzusprinten und den Puck zu versenken. Als er sich das nächste Mal zu mir umdreht, reicht sein Grinsen von einem Ohr zum anderen.

Wut kocht in mir hoch.

Er versucht, mich aus der Reserve zu locken. Und es gelingt ihm.

Ich skate zu meinem Tor, um mich auf meine Aufgabe zu konzentrieren. Während ich mich aufwärme, fällt mein Blick auf Pippa. Sie sitzt mit meiner Mom und einer Freundin meiner Mutter hinter dem Tor. Pippa trägt eine Vancouver-Storm-Cap – was ein neues Feuerwerk in meiner Brust auslöst.

Sie strahlt und hebt ihre Hand zu einem schnellen, schüchternen Winken, das meine Mundwinkel nach oben wandern lässt. Ich erwidere die Geste, und die Frustration, die ich kurz zuvor noch verspürt habe, schmilzt dahin. Sie deutet auf ihre Baseballcap, die ich mit einem Nicken zur Kenntnis nehme, bevor ich mir sogar erlaube, sie anzulächeln. Es gefällt mir, sie etwas von meiner Mannschaft tragen zu sehen.

In diesem Moment sagt meine Mom etwas zu Pippa, die nickt und lacht. Meine Mutter mag Pippa; bei jedem Telefonat erkundigt sie sich nach ihr, und auch das gefällt mir.

Ebenso wie der Gedanke, dass Pippa und Daisy nach dem Spiel bei mir zu Hause sein werden.

Der Anpfiff ertönt, und das dritte Drittel beginnt. Adrenalin pumpt durch meine Adern, als Calgary sich den Puck schnappt.

Pippas Blick ruht wie eine Decke auf meinen Schultern, beruhigt mich und sorgt dafür, dass ich konzentriert bleibe. Bisher habe ich jeden Schuss abgeblockt, und die Fans skandieren immer wieder »Shutout-Streicher«.

Ihr linker Flügel passt zu Miller, der Owens umkurvt. Er bricht mit dem Puck durch die Defensive, erhöht das Tempo, den Blick fest auf mich gerichtet. Dieses verdammte selbstgefällige Grinsen auf seinem Gesicht. Sein Team bringt sich in Position, aber ich ignoriere sie.

Miller ist frustriert. Ich erkenne, dass sein Grinsen mittlerweile gezwungen wirkt. Langsam bringe ich ihn aus der Fassung. Er ist heute Abend hergekommen, um gegen mich zu punkten, um mir etwas zu beweisen. Vielleicht, dass er mich nicht braucht oder dass ich nur ein weiterer bedeutungsloser Gegner für ihn bin.

Als sein Blick auf etwas hinter mir fällt, weiten sich seine Augen überrascht.

Pippa.

Eine Sekunde lang bleibt mir das Herz stehen. Er weiß, dass ich in der Highschool in sie verknallt war. Ich habe es ihm nie verraten, er wusste es dennoch, da bin ich mir sicher.

Bis ich begreife, was er getan hat, stöhnen die Fans bereits kollektiv enttäuscht auf. Der Puck ist im Netz.

Miller läuft mit einem fiesen Grinsen an mir vorbei. Die Fans buhen ihn aus, und als er zu ihnen hochfeixt, stachelt sie das noch mehr auf.

Wut durchflutet mich, und ich knirsche unwillkürlich mit den Zähnen, schiebe jedoch alle Gedanken weit von mir, als das Spiel weitergeht.

Ich habe mich auf seine Schwächen konzentriert, während meine direkt hinter mir sitzt.

Wir verlassen das Eis als Sieger, und nachdem der Trainer in der Umkleidekabine das Spiel mit uns analysiert hat, dusche ich und gehe nach oben in die Loge – wo mein Herz einen Schlag aussetzt, als ich sehe, wie der verdammte Rory Miller auf Pippa herabgrinst und sie mit seinem Raubtier-Blick fixiert. Er sagt etwas, sie lacht, worauf sein Grinsen noch breiter wird und er einen Schritt näher an sie herantritt.

Eine Art Ur-Beschützerinstinkt erwacht in mir. Es ist nicht ungewöhnlich, dass Spieler des gegnerischen Teams die Gastgeber-Loge besuchen, vor allem, wenn sie Freunde oder Familie in der anderen Mannschaft haben. Dennoch gefällt es mir ganz und gar nicht, dass er hier ist und sich mit ihr unterhält.

Ich knirsche mit den Zähnen, und noch bevor ich eine bewusste Entscheidung getroffen habe, stehe ich zwischen den beiden und starre ihn in Grund und Boden.

Sein dunkelblondes Haar ist noch feucht, und er trägt einen Anzug. Versucht er sie zu beeindrucken, oder was?

Er mustert mich, bevor er in süffisantem Ton sagt: »Da haben wir ihn ja.«

»Was machst du hier, verdammt noch mal?«, zische ich.

Er grinst noch breiter, was mir zuvor kaum möglich erschienen ist, und ich möchte ihn umbringen. »Mich erkundigen, wie es unserer charmanten Pippa in den letzten Jahren ergangen ist«, antwortet er, bevor er über die Schulter deutet, wo sich meine Mom und ihre Freundin mit Ward unterhalten. »Und ich wollte Donna Hallo sagen.«

»Ich habe Rory gerade erzählt, dass ich inzwischen als deine Assistentin arbeite.« Pippa wirft ihm ein schüchternes Lächeln zu, und ich kann förmlich spüren, wie sich meine Miene noch weiter verfinstert.

Ich mag es nicht, wenn sie ihn anlächelt.

»Und ihr wohnt zusammen«, fügt Rory hinzu, wobei er mit leicht zusammengekniffenen Augen zwischen uns hin und her sieht.

Meine Nackenhaare stellen sich auf. Es ist, als würde er in meinen Kopf gucken.

»Verschwinde«, fahre ich ihn an, sodass sich einige Leute zu uns umdrehen.

Rory besitzt tatsächlich die Unverschämtheit zu lachen. »Kumpel …«

Unwillkürlich balle ich die Hände an meinen Seiten zu Fäusten. Blut rauscht in meinen Ohren. Auf dem Eis wurde fair gespielt. Aber hier oben? Mit meiner … Mit meiner *Assistentin*, rufe ich mir in Erinnerung und hole einmal tief Luft.

»Ich sollte wirklich langsam los«, sagt er an Pippa gewandt und strahlt sie dabei an, als hätte er einen Schatz geborgen. »Hab morgen einen frühen Flug. Hat mich gefreut, dich wiederzusehen, Pippa. Vielleicht kannst du mir nächstes Mal ein bisschen was von Vancouver zeigen.«

Sie lacht. »Du bist hier aufgewachsen.«

Ein Funkeln tritt in seine Augen. »Ich bin mir sicher, dass sich in der Stadt in den letzten zehn Jahren einiges verändert hat. Und es würde mich total freuen, wenn wir uns noch ein bisschen intensiver unterhalten könnten«, bemerkt er und schielt dann zu mir hinüber. Sein vielsagender Unterton bringt mein Blut zum Kochen.

Nur über meine Leiche.

Er zwinkert mir süffisant zu. »Vielleicht klappt's ja beim nächsten Mal wieder mit einem Streicher-Shutout …« Und damit kehrt er uns den Rücken zu, ohne mir eine Gelegenheit zu geben, zu reagieren. Auf dem Weg zum Ausgang winkt er ein paar Leuten, ehe er im Flur verschwindet.

Bevor ich etwas sagen kann, steht plötzlich Owens vor uns und haut mir seine Pranke auf die Schulter. Ich gebe mir größte Mühe, nicht zusammenzuzucken.

»Großartiges Spiel, Mann!«

»Danke«, erwidere ich knapp.

Ich will einfach nur raus hier, nach Hause. Vielleicht spielt mir Pippa heute Abend noch einen Song vor.

Pippa bedenkt Owens mit einem mitfühlenden Lächeln. »Wie geht's deinem Knöchel, Hayden?« Der hat im zweiten Drittel Bekanntschaft mit dem Puck gemacht.

Aus irgendeinem Grund finde ich es nicht halb so schlimm, wenn sie ihn anlächelt. Vielleicht weil mir mein Bauchgefühl sagt, dass Hayden in Ordnung und einfach zu jedem nett ist.

Er hebt sein Hosenbein an und präsentiert ihr den wachsenden Bluterguss. »Ziemlich unangenehm, aber ich werd's überleben.« Er bläst die Backen auf und lässt dann mit einem übertriebenen Seufzen die Luft daraus entweichen. »Ich bin hart im Nehmen, Pippa.«

Sie lacht. »Okay, verstehe.«

Einer der Spieler, die in einer Gruppe nahe der Tür stehen, winkt Owens zu, der ihnen mit einer Geste signalisiert, dass er gleich bei ihnen ist.

»Wir gehen noch aus«, sagt er – im Gegensatz zu Miller an uns beide gewandt und nicht nur an Pippa. Er deutet auf mich. »Der Coach meinte, du sollst ab sofort mit uns abhängen.«

Ich verdrehe mit einem Schnauben die Augen, kann aber kaum etwas dagegen einwenden. Ward betont bei jedem Training, wie wichtig Teambuilding ist, und hat mich jedes Mal explizit beim Namen genannt. Doch obwohl mich mein Adrenalinspiegel nach dem Spiel noch stundenlang wach halten wird, habe ich keine Lust auszugehen. Was ich will, ist mit Pippa abhängen; vielleicht können wir uns zu Hause zusammen einen Film ansehen.

Pippa lächelt mich hoffnungsvoll an, ihre Augen leuchten. »Was meinst du? Willst du ein bisschen Dampf ablassen?«

Ich hebe die Brauen. »Du möchtest mitgehen?« Ich neige das Kinn in Richtung meiner Teamkollegen am Ausgang. »Mit denen?«

Sie zuckt mit den Schultern. Ihr schüchternes Lächeln ist unglaublich süß. »Ja, will ich.«

Owens ist zwar kein Arsch wie Miller, aber trotzdem möchte ich vermeiden, dass zahlreiche ledige Eishockeyspieler wie Haie um Pippa herumkreisen.

»Komm schon!« Owens boxt mich spielerisch in den Bauch, worauf ich ihn mit einem Schnauben wegschubse. Dieser Typ ist wie eine menschliche Daisy – aufgedreht und voller Energie.

Innerhalb von Sekunden ändere ich meine Meinung. Auf einmal möchte ich nichts lieber, als Pippa außerhalb meiner Wohnung zu erleben. Ich möchte zusehen, wie sie lacht und Spaß hat.

Also nicke ich. »Okay.«

Pippa beginnt über das ganze Gesicht zu strahlen, und ich kann meinen Blick nicht von ihr lösen. »Super!«

KAPITEL 22
PIPPA

Draußen vor dem Stadion verspricht Donna ihrem Sohn, ihm zu schreiben, sobald sie gut zu Hause angekommen ist, bevor sie mit ihrer Freundin in ein Uber steigt. Anschließend folgen wir dem Team zum Filthy Flamingo.

Als wir den Pub betreten, entgleisen Jordan sämtliche Gesichtszüge. »Euer scheiß Ernst?«, ruft sie Hayden entgegen.

»Hallo, Sonnenschein!«, begrüßt er sie mit einem Lachen und zieht sie in eine Bärenumarmung. »Wir haben heute gewonnen.«

Sie revanchiert sich mit einem Ellbogenstoß zwischen seine Rippen, und Hayden verzieht übertrieben das Gesicht, als hätte sie ihm ernsthaft wehgetan. »Mir egal.« Als sie mich erkennt, hellt sich ihre Miene auf. »Hey.«

»Hi. Ist das okay?« Ich gestikuliere in Richtung der Spieler, die die Hälfte der schmalen Kneipe einnehmen.

Sie schnaubt. »Das geht schon klar. Hab mich an die kleinen Arschlöcher gewöhnt.«

Stühle und Tische scharren über den Boden, als die Jungs sie umstellen, damit wir alle zusammensitzen können.

Im hinteren Teil des Pubs steht ein Mann vor einem Mikrofon und stimmt seine Gitarre. Er blickt auf und zwinkert Jordan zu.

»Es gibt Livemusik?«, frage ich sie begeistert.

Sie verdreht die Augen. »Nein, das ist nur Chris.«

Chris winkt uns zu. »Ich bin ihr Freund.«

»Er ist *nicht* mein Freund«, erwidert sie laut genug, dass sowohl Chris als auch der Rest der Gäste es hören kann. »Wir gehen nur miteinander ins Bett.«

Mir entschlüpft ein amüsiertes Glucksen. »Auch gut.«

Vielleicht gelange ich irgendwann auch an den Punkt, unverbindlichen Sex mit einem Typen haben zu können, der mir ansonsten nichts bedeutet.

Im nächsten Moment spüre ich Jamies Hand auf meinem Rücken, und er führt mich zu einem Platz in einer der Sitznischen; ich rutsche auf die Bank, und er setzt sich neben mich. Sein Arm ruht hinter mir auf der Rückenlehne, sein Schenkel drückt gegen meinen, und sein Duft hüllt mich ein.

Ich denke an neulich Nacht, als er mir gestanden hat, dass er sich aus der Highschool an mich erinnert. Als er gesagt hat, ich sei umwerfend. Ich kann nicht aufhören, an den intensiven Blick zu denken, mit dem er das gesagt hat.

Ein winzig kleiner Teil in mir fragt sich, ob Jamie sich zu mir hingezogen fühlt. Ich bin schon so lange das stille, unsichtbare Mädchen im Hintergrund, dass es mir unbegreiflich erscheint.

Hayden rutscht auf der anderen Seite der Sitzecke auf die Bank, zusammen mit Alexei, einem schroff wirkenden, ziemlich wortkargen Verteidiger Mitte dreißig. Seine Nase ist leicht schief, als wäre sie schon einmal gebrochen gewesen, aber wie alle diese Typen sieht er gut aus, nur auf eine rauere Art.

»Miller hat uns heute Abend ganz schön zu schaffen gemacht, was?«, meint Hayden, und Alexei grunzt zustimmend.

Zu meiner Überraschung hat sich auch Rory Miller aus der Highschool an mich erinnert. Er bat mich, ihm Bilder von Daisy zu zeigen, und ich habe eins von der Wanderung mit Hazel in North Van rausgesucht. Er war aufrichtig interessiert; erst als Jamie aufgetaucht ist, hat er angefangen, sich wie ein Arschloch aufzuführen.

Jordan kommt mit unseren Drinks und stellt sie auf dem Tisch ab.

Mein Blick zuckt zu Jamie, der mich im Gegenzug über den Rand seines Bierglases fixiert.

Ich weiß, dass Rory nicht auf *diese* Weise an mir interessiert ist. Ich habe nur rein platonische Schwingungen bei unserem Gespräch wahrgenommen, aber er hat es eindeutig darauf angelegt, Jamie ans Bein zu pinkeln. Das Bild von Jamie, wie er mit angespanntem Kiefer und einem eifersüchtigen Ausdruck in den Augen in der Loge stand, taucht vor meinem inneren Auge auf, und ich muss unwillkürlich grinsen. Ich möchte herausfinden, wie die Sache zwischen Rory und Jamie weitergeht. Ich frage mich, ob die beiden jemals wieder Freunde werden.

»Ist was witzig an mir, Songbird?«, murmelt er so leise und tief, dass mir ein Schauer den Rücken hinabläuft.

Mein Grinsen wird breiter. »Nö.«

Ein Funkeln tritt in seine Augen, und obwohl sein Mund einen geraden Strich bildet, wirkt er amüsiert. »Gut. Das will ich auch gehofft haben.«

Ich muss kichern. Im selben Moment spüre ich mein Handy in der Tasche vibrieren. Ich ziehe es hervor und lese die Nachricht von meiner Freundin Alissa, mit der ich auf der Tournee zusammengearbeitet habe.

Wir sind nächste Woche in Vancouver! Letzte Station der Tour vor der Pause.

Mein Magen zieht sich zusammen. Beim Gedanken an die anderen Leute aus der Tour-Mannschaft spüre ich Scham in mir aufsteigen. Innerhalb einer Gruppe, die jeden Tag von morgens bis abends Seite an Seite zusammenarbeitet, gibt es keine Geheimnisse. Niemand hat sich bei mir gemeldet, nachdem ich auf einmal verschwunden war, dabei bin ich mir hundertprozentig sicher, dass alle genau wissen, was vorgefallen ist.

Mit gerunzelter Stirn starre ich auf das Display. Ich hasse es, an mein altes Leben erinnert zu werden.

Erneut vibriert mein Handy.

Am Dienstagabend gibt es eine Abschlussparty. Du stehst auf der Gästeliste. Jenna meinte, dass du noch nicht geantwortet hast, ob du kommst.

Ungläubig umklammere ich das Handy. Auf gar keinen Fall werde ich mit all diesen Leuten auf eine Party gehen. Wie peinlich wäre das bitte? Das kann ich nicht.

Ich überfliege die Sätze noch einmal. Ich habe keine Einladung bekommen.

Rasch öffne ich meine Mail-App und scrolle durch die ungelesenen Nachrichten.

Da ist sie.

Oh nein! Die E-Mail ging an alle, die bei der Tour dabei sind, und da Jenna jedes Mal vergisst, die Namen in die Blindcopy-Zeile einzutragen, kann jeder meine E-Mail-Adresse sehen. Alle wissen, dass ich eingeladen bin.

Jamie berührt mich am Arm. »Was ist los?«

»Nichts.« Ich blinzele hektisch und schiebe mein Handy zurück in die Tasche.

Er sieht mich auf eine Weise an, bei der mein Magen zu flattern beginnt. »Erzähl es mir.«

»Bossy.«

»Jepp.« Er hebt einen Mundwinkel zu einem schiefen Grinsen, und ich spüre, wie auch meine Lippen sich zu einem halben Lächeln verziehen.

Auf der kleinen Bühne im hinteren Teil des Pubs beginnt Chris Gitarre zu spielen und zu singen. Die Spieler ignorieren ihn größtenteils, aber ihn scheint das nicht zu stören.

Ich nehme einen großen Schluck von meinem Drink und gebe einen anerkennenden Laut von mir – Jordan macht gute Whiskey Sours. Als ich den Schaum von meiner Oberlippe lecke, fällt Jamies Blick auf meinen Mund, und seine Augenbrauen ziehen sich zu einem konzentrierten Stirnrunzeln zusammen.

»Willst du mir wirklich nicht erzählen, warum du wirkst, als hättest du einen Geist gesehen?«, fragt er leise. Um uns herum unterhalten sich die anderen, lachen und flachsen, aber Jamie scheint davon keine Notiz zu nehmen.

Ich kaue auf meiner Lippe herum, während ich sein attraktives Gesicht studiere und er mich mit einer Mischung aus Geduld und Neugierde betrachtet. Etwas in seinen tiefgrünen Augen verleitet mich dazu, mich ihm anzuvertrauen.

»Nächste Woche findet eine Party statt. Zum vorläufigen Ende der Tournee.«

Sein Kiefer spannt sich an. »Ist das die Tour, von der du gefeuert wurdest?«

Ich schnaube. »Wenn du es so ausdrücken willst.«

»Tut mir leid.«

»Schon gut.« Ich seufze und trinke noch einen Schluck. Wieder wandert sein Blick zu meinem Mund. Hitze sammelt sich in meinem Bauch. Das Gefühl ist nicht unangenehm, aber schwer zu ignorieren. Im nächsten Moment streift seine Hand ein weiteres Mal meinen Arm und beschert mir eine Gänsehaut.

Ich wünschte, ich würde nicht so auf ihn reagieren. Es wird immer schwerer, es zu verbergen.

»Jeder weiß, dass ich eingeladen bin«, erzähle ich weiter und stoße einen langen Atemzug aus. »Wenn ich da nicht auftauche, dann ist das, als würde ich …«

»Eine Niederlage eingestehen.«

Ich begegne seinem Blick. »Genau. Als würde ich mich vor ihnen verstecken.« Meine Kehle fühlt sich auf einmal wie zugeschnürt an. »Und ein Teil von mir würde sich wirklich gerne verstecken und diese ganzen Leute vergessen. Aber da ist noch dieser andere Teil, der …« Ich schlucke. Mein Puls beschleunigt sich. »Der einfach nur denkt: Scheiß auf ihn! Verstehst du? Scheiß auf ihn, weil er mich aussortiert und ersetzt hat.« Ich verdrehe die Augen über meine eigenen Worte. »Sorry.«

»Mach das nicht.« Sein Ton ist scharf. »Entschuldige dich nicht.« Er nimmt einen Schluck von seinem Bier. »Du solltest hingehen.«

Ich schnaube erneut. »Das würde sicherlich ganz großartig laufen. Wenn ich mir Mühe gebe, heiß auszusehen, denken alle, dass ich ihn zurückwill; und wenn nicht, kommt es rüber, als würde es mir total schlecht wegen ihm gehen. Außerdem macht er wahrscheinlich den ganzen Abend mit seiner neuen Muse rum.«

Ich kippe den Rest meines Drinks herunter. Ich will nicht mehr darüber nachdenken.

Auf der Bühne beendet Chris gerade sein drittes Stück und stellt die Gitarre beiseite. »Kurze Pause, Leute.«

Jamie stupst mich mit dem Daumen an und deutet mit dem Kinn Richtung Bühne. »Du bist dran.«

»Schon klar. Sehr witzig.«

»Ich mein's ernst.« Er durchbohrt mich mit seinem entschlossenen Blick. »Was habe ich dir darüber gesagt, wieder zurück aufs Eis zu gehen?«

Ich spüre, wie meine Wangen heiß werden, und mein Mund ist auf einmal ganz trocken. »Das ist was anderes, Jamie. Ich hab seit der Highschool auf keiner Bühne mehr gestanden.«

»Ich erinnere mich.«

Unruhig rutsche ich auf meinem Platz hin und her. Ich wünschte, ich könnte in seinen Kopf sehen.

»Ich weiß, dass du das kannst.«

Wie er mich ansieht, sein überzeugter Tonfall – das alles sorgt dafür, dass mir am ganzen Körper warm wird.

Hayden, der sich zuvor mit jemandem in der Sitzecke hinter ihm unterhalten hat, dreht sich zu uns um. »Kannst du etwa singen, Pippa?«

Ich winke ab. »Nicht wirklich.«

»Doch, kann sie«, mischt sich Jamie ein. »Sie singt und spielt Gitarre, und sie ist richtig gut.«

Hayden stützt sein Kinn auf die Hand und sieht mich mit einer Miene an, als wäre Heiligabend und ich der Weihnachtsmann persönlich. »Pippa.«

»Nein.« Ich boxe Jamie leicht in die Seite. »Vielen Dank auch.«

»Pippa singt für uns!«, ruft Hayden in die Runde und beginnt, in die Hände zu klatschen.

Sie reagieren alle gleichzeitig, klatschen und feuern mich an und rücken Stühle zur Seite, um mir einen Weg zur Bühne zu bahnen, aber ich bleibe sitzen. Stattdessen funkele ich Hayden an, obwohl ich nicht wirklich wütend auf ihn sein kann. Mein Herz rast, aber ich lache.

»Ich sag dir was, Songbird.« Jamies Mund berührt mein Ohr, und da ist wieder dieses leise Ziehen in meiner Magengegend. »Wenn du da oben auf der Bühne ein Lied singst, begleite ich dich zu dieser Party. Wir werden deinem Arschloch-Ex zeigen, wer am Ende die Nase vorn hat.«

Ich erwidere seinen Blick, und es fühlt sich an, als würden elektrische Funken zwischen uns tanzen. Ich stelle mir vor, wie ich mit Jamies Arm um die Schultern auf der Party aufkreuze, vielleicht streifen seine Lippen mein Ohr, so wie sie es vor einer Sekunde getan haben. Ich stelle mir Zachs Gesichtsausdruck vor – ungläubig, schockiert und eifersüchtig.

Die Vorstellung gefällt mir.

»Abgemacht.«

KAPITEL 23

PIPPA

Alle Augen sind auf mich gerichtet. Die Gitarre ist nicht gestimmt, aber dafür ist jetzt keine Zeit.

Ich habe Angst. Mein Herz klopft, als wollte es mir aus der Brust springen. In meinem Kopf herrscht ein einziges Gedankenchaos. Ich rücke den Gurt über meiner Schulter zurecht und zupfe einen sanften Akkord. Eine mühelose Bewegung.

Augenblicklich senkt sich Stille über das Filthy Flamingo, und ich höre nur noch den Puls in meinen Ohren rauschen. Jordan hat sich mit beiden Unterarmen auf den Tresen gestützt und sieht gebannt zu mir hinüber.

Was soll ich spielen? Hastig krame ich in meinem Gedächtnis nach einem passenden Stück.

Wenn sie lachen, wird mir das wahnsinnig peinlich sein. Ich könnte mich nie wieder bei einem ihrer Spiele blicken lassen.

Als ich Jamies Blick begegne, drückt mein Gehirn die Pause-Taste. Sein Gesichtsausdruck erinnert mich an den von neulich Nacht, als ich für ihn gespielt habe. Dieser wachsame, geduldige Ausdruck, mit dem er mich an Ort und Stelle fesselt.

Ich könnte denselben Song spielen.

Das Lachen von Zach und seinem Manager hallt in meinem Kopf wider, und meine Kehle schnürt sich zu. Für Jamie allein zu

Hause zu singen, ist etwas anderes als auf einer Bühne in einer gut besuchten Kneipe.

In diesem Moment zuckt Jamies Mundwinkel nach oben, und er zwinkert mir zu.

Stimmt, zurück aufs Eis. Aber ich bin noch nicht bereit, meine eigene Musik zu spielen.

Alle warten.

Ich halte Jamies Blick fest und höre ein Stück in meinem Kopf. Einen Song von Roxy Music, den unser Dad häufig aufgelegt hat, als Hazel und ich noch klein waren.

Ich zupfe die ersten Töne und beginne zu singen. Und da mein Herz nicht aufhören will, wie verrückt zu trommeln, schaue ich wieder Jamie an; irgendetwas an ihm verleiht mir die Sicherheit, dass alles gut werden wird.

Nach der zweiten Strophe ist meine Nervosität verflogen. Während ich spiele und singe, erinnere ich mich daran, wie mein Vater den Song in unserem Wohnzimmer zum Besten gegeben hat und Hazel und ich dazu getanzt haben. Unsere albernen Bewegungen haben ihn jedes Mal zum Lachen gebracht.

Beim Refrain erlaube ich meiner Stimme, einen Halbton höher zu klettern, um die Reaktion zu testen. Ich beginne mit der nächsten Strophe, und die Bühne fühlt sich unter meinen Füßen stabiler an. Die Gäste im Filthy Flamingo hören mir gebannt zu.

Hayden schenkt mir sein jungenhaftes Grinsen, das ich erwidere. Dann wandert mein Blick zurück zu Jamie. Da liegt so viel Wärme in seinen Augen, dass mir bei einer Note der Atem stockt.

Ich beende das Stück, und der Pub explodiert in Jubel und Applaus. Mein Gesicht steht in Flammen, während ich die Gitarre wieder auf den Ständer stelle.

Ich kann nicht glauben, dass ich das gerade getan habe.

»Möchtest du noch was spielen?«, ruft Jordan mir zu.

Ich schüttele den Kopf, auch wenn ich das Gefühl habe, dass ich es könnte. »Heute Abend nicht mehr, vielen Dank.«

Alle sehen mich an, doch sie lächeln. Niemand lacht. Das ist gut.

Auf der Suche nach einem Anker, an dem ich mich festhalten kann, lasse ich den Blick durch die Kneipe schweifen, doch die vielen Leute, die auf mich zukommen, um mir zu gratulieren, überwältigen mich.

»Nur eine Sekunde«, bringe ich heraus, bevor ich in den Flur flüchte, der zu den Toiletten führt.

Ich muss wieder zu Atem kommen, dafür sorgen, dass sich mein Herzschlag beruhigt.

Die Wand in meinem Rücken ist kühl und fest, als ich mich dagegen sinken lasse, die Augen schließe und tief ein- und ausatme, wie Hazel nicht müde wird, uns in ihren Yogakursen vorzubeten.

Als ich Schritte höre, öffne ich die Augen wieder.

Jamie kommt auf mich zumarschiert. Er wirkt aufgebracht.

»Was ist …«, beginne ich, doch er unterbricht mich.

»Das war unglaublich!« In seinen Augen scheint ein Feuer zu lodern.

Dann legt er eine Hand in meinen Nacken und beugt sich zu mir herunter, um seinen Mund auf meinen zu pressen.

KAPITEL 24
PIPPA

Jamies Lippen kollidieren mit meinen, so hart, als ob er das hier schon seit Jahren tun wollte. Er greift in mein Haar und neigt meinen Kopf nach hinten, fährt mit seiner Zunge an meiner entlang, und meine Knie werden weich. Seine Bewegungen sind drängend, hungrig, beharrlich und fordernd. Sein berauschender männlicher Duft steigt mir in die Nase, und ich bekomme kaum noch Luft. Ich *will* nicht einmal welche bekommen, wenn die andere Option bedeutet, unseren Kuss zu unterbrechen.

Meine Hände wandern über seine breite Brust, und er stöhnt an meinen Lippen.

O Gott. Seine Zunge erobert meinen Mund, als ob er mich vögeln will. Ich bin noch nie so geküsst worden.

»Fuck«, murmelt er zwischen zwei Küssen, und mein ganzer Körper pulsiert vor Hitze.

Ich bin feucht. Er hat mit seinem Kuss dafür gesorgt, dass ich feucht werde!

Ich bin mir nicht sicher, ob meine Augen offen oder geschlossen sind, spüre nichts außer dem sanften Pulsieren zwischen meinen Beinen, Jamies verlangendem Mund und dem leichten angenehmen Ziehen an meiner Kopfhaut, als er die Faust um meine Haare schließt. Er hält mich, als würde ich ihm gehören. Seine andere

Hand liegt schwer und groß am Ansatz meines Halses. Er übt keinen Druck aus, aber allein der Kontakt seiner Finger, die mich in einer so verletzlichen Position halten, sorgt dafür, dass ich mich nie mehr von der Stelle rühren will. Es gefällt mir viel zu gut.

Seine Bartstoppeln streifen meine Lippen, und ich stöhne in ihn hinein. Der Laut scheint ihn zu erregen, denn er presst seinen ganzen Körper gegen mich und drückt mich an die Wand. Als seine Hüften gegen meinen Unterleib stoßen, keuche ich unwillkürlich lustvoll auf.

Er ist hart. Seine dicke stählerne Länge drückt sich in meinen Bauch.

Ich stöhne. Jamie küsst mich, seine Erektion ist riesig, und ich habe definitiv den Verstand verloren.

»Verdammt noch mal, Pippa«, knurrt er, zieht sich zurück und sieht mich mit dunklen Augen an. Sein Atem geht stoßweise, er ragt über mir auf, starrt auf mich hinunter. Als er die Finger von meinem Hals löst, wimmere ich beinahe vor Protest.

Er stützt sich mit dem Unterarm an der Wand über meinem Kopf ab. Sein glasiger Blick setzt meinen Slip in Flammen.

Jamie Streicher ist so verdammt heiß.

»Was war das gerade?«, hauche ich.

Er blinzelt, runzelt die Stirn. »Shit.« Als er sich aufrichtet, möchte ich laut *Bleib da* rufen. »Es tut mir leid.« Er fährt sich mit einer Hand über das Gesicht. »Ich habe die Kontrolle verloren. Nicht nachgedacht.«

Mir fallen unmittelbar hundert Erwiderungen ein. Zum Beispiel *Es hat mir gefallen* oder *Tu es noch mal.*

Er macht einen Schritt zurück. Ohne seine Körperwärme ist mir kalt. Der Hunger und die Dringlichkeit sind aus seiner Miene verschwunden, übrig geblieben ist nur seine typisch mürrische Haltung. Aber im Gegensatz zu sonst habe ich keine Lust, ihn damit aufzuziehen.

Ich fühle mich einfach nur verletzt. Eine hässliche Erkenntnis trifft mich: Genauso habe ich mich damals am Flughafen gefühlt.

Was mache ich hier eigentlich? Er ist heiß, süß und nett, obwohl er das niemandem zeigt, und hat einen überwältigenden Beschützerinstinkt. Ihn zu küssen, war anders als alles, was ich je erlebt habe. Er sorgt sich sogar um seine Mutter, um Himmels willen. Er ist das Gesamtpaket. Wenn ich es zulasse, wird er mich vernichten. Was Zach mir zugefügt hat, ist nur ein kleiner Kratzer im Vergleich zu dem, was Jamie mir antun könnte.

Es fühlt sich an, als würde ein Eimer Eiswasser über meinem Kopf ausgeschüttet, und meine Gedanken klären sich.

Jamie presst die Lippen aufeinander, während er sich mit der Hand durch die Haare fährt. »Ich bin für nichts Festes zu haben, und da wir zusammen arbeiten …«

»Ich weiß.« Ich spiele mit meinen Haarspitzen und schaue weg in dem Versuch, meine Atmung unter Kontrolle zu bringen. »Das ist keine gute Idee.«

Als ich erneut seinem Blick begegne, wirkt er zerrissen. »Du bist meine Assistentin.«

Mir wird ganz flau, und ich bin wütend auf mich selbst, denn er hat recht. Wir wissen es beide. Nichts an dieser Geschichte ist eine gute Idee.

Ich zwinge mich zu einem Lächeln, als wäre das, was gerade passiert ist, nicht der Rede wert.

»Bin gleich wieder da«, sage ich dann und stoße die Tür zur Damentoilette auf, bevor er antworten kann.

Ich nehme mir einen langen Moment Zeit, um mir die Hände zu waschen, feuchte ein Papiertuch mit kaltem Wasser an und drücke es mir in den Nacken.

Meine Haut ist immer noch erhitzt, nachdem Jamie meinen Mund praktisch mit seiner Zunge gevögelt hat. Und plötzlich stelle ich mir vor, wie statt Jamies Zunge seine harte Erektion in meinen Mund stößt, die sich eben noch gegen meinen Bauch gepresst hat. Meine Lider schließen sich, und ich stöhne auf.

Das ist keine gute Idee, habe ich behauptet.

Warum kann ich dann nicht aufhören, mir das alles so lebhaft vorzustellen?

KAPITEL 25
JAMIE

Meine Kiefer mahlen, als ich mich zurück in den Pub zu unserer Gruppe schleiche. Irgendetwas an meiner Haltung sorgt dafür, dass mir die Jungs aus dem Weg gehen.

Fuck. Pippa zu küssen, war unglaublich. Es ist, als wäre sie für mich gemacht.

Ich hätte das nicht tun sollen, aber etwas an Pippa lässt mich die Kontrolle verlieren. Ich kann ihr nicht mehr bieten als Gelegenheitssex, und ich weiß, das ist nicht genug für sie. Auch mir reicht das in ihrem Fall nicht, und das ist es, was mir Angst einjagt.

In der Sitzecke kippe ich den Rest meines Bieres hinunter, wobei ich den Eingang zum Flur im Auge behalte und daran denke, wie sich ihr weicher Mund unter meinem angefühlt hat, wie sich ihre Kurven gegen mich gepresst haben, wie sie gekeucht und sich an meinem Schwanz gerieben hat. Ich glaube, sie hat nicht einmal gemerkt, dass sie es getan hat. Der verschleierte, lustvernebelte Ausdruck in ihren Augen hat mein Blut zum Kochen gebracht. Jede Zelle in meinem Körper wollte sie über meine Schulter werfen und nach Hause tragen, um in meinem Bett mit dem weiterzumachen, was wir in diesem Gang begonnen haben.

Wenn Pippa und ich zusammen wären, würde ich es keine Sekunde aushalten, sie nicht zu berühren. Ein Gedanke, der dafür sorgt, dass sich meine Eier vor Erregung beinahe schmerzhaft zusammenziehen.

Ich stiere in mein leeres Bierglas. Mein Puls rast nach wie vor. Jeder Nerv in meinem Körper ist zum Zerreißen gespannt und in Alarmbereitschaft. Dermaßen unter Strom stand ich noch nicht einmal während meines Spiels heute Abend.

Ich kann nicht glauben, dass ich das getan habe. Meine Augen schließen sich wie von selbst. Die Worte, die aus meinem Mund gekommen sind, lauteten: *Du bist meine Assistentin*, doch was ich damit meinte, war: *Du bist etwas Besonderes, und ich möchte dich nicht verletzen.* Sie hat so unglaublich viel durchgemacht. Wenn ich ihr wehtue, wie ich Erin wehgetan habe, könnte ich mir das niemals verzeihen.

»Alles okay, Alter?«, erkundigt sich Owens.

Ich nicke und hole tief Luft, um mich zu sammeln. »Alles bestens.«

Hinter ihm taucht Pippa auf. Zwischen meinen anderen Teamkollegen hindurch bahnt sie sich einen Weg zu ihrem Platz. Die Jungs überschütten sie mit Komplimenten für ihre Performance, die sie mit einem scheuen Lächeln quittiert.

Owens dreht sich um und sieht zwischen Pippa und mir hin und her. »Oh …«

Ich bedenke ihn mit einem finsteren Blick, der deutlich macht, dass er zu dem Thema jetzt besser nichts sagt, und er begnügt sich mit einem Grinsen.

»Ich gehe nach Hause«, verkündet Pippa, als sie unseren Tisch erreicht. Für den Bruchteil einer Sekunde schaut sie mir in die Augen, bevor sie sich halb abwendet.

Ich stehe auf und ziehe ein paar Scheine aus meinem Portemonnaie, die ich auf den Tisch werfe.

»Du musst nicht mitkommen«, sagt sie zu mir. »Ich gehe zu Fuß.«

»Es ist dunkel«, erwidere ich, bevor ich es verhindern kann. Die Vorstellung, wie sie allein durch irgendwelche finsteren Gassen läuft, sorgt dafür, dass sich mein Körper automatisch anspannt. »Außerdem bin ich müde.«

Als sie erneut meinem Blick begegnet, bereue ich es zutiefst, den Gang vor ein paar Minuten verlassen zu haben.

»Okay.« Pippa bemüht sich um ein aufrichtiges Lächeln für Owens. »Vielen Dank für die Einladung, Hayden.«

Er steht auf und schließt sie in eine Umarmung. Als ihre Füße für einen kurzen Moment den Kontakt zum Boden verlieren, entfährt ihr an seiner breiten Schulter ein Kichern. »Jederzeit. Wir sorgen dafür, dass du wieder singst.«

Beim Anblick der beiden verspüre ich einen Stich, und ich beiße die Zähne zusammen. Mir ist bewusst, dass er allen Menschen gegenüber so nett ist, dennoch gefällt es mir nicht. Ich möchte an seiner Stelle sein, um sie auf diese Weise berühren zu können.

Als er sie wieder auf die Füße stellt, sind ihre Wangen gerötet. »Vielleicht.«

Auch die anderen verabschieden sich mit Umarmungen von Pippa, und bis wir den Pub verlassen, scheint sie zu ihrer üblichen Heiterkeit zurückgefunden zu haben.

»Es war beängstigend«, sagt sie. »Aber ich bin froh, dass ich es getan habe.«

»Dich vor der versammelten Mannschaft auf die Bühne zu stellen?«

Sie nickt. »Danke, dass du mich dazu ermutigt hast.«

Wir setzen uns in Bewegung.

Meine Kehle fühlt sich wie zugeschnürt an. Bei ihrem Auftritt heute Abend sah sie aus wie ein Star. Sie hat gelächelt und gesungen und Gitarre gespielt, als hätte es dieses Arschloch Zach niemals gegeben. Als wäre sie nie verletzt worden. Als wären ihre Wunden inzwischen verheilt.

Genau das wünsche ich mir für sie. So sehr.

Und exakt das ist der Grund, aus dem sich das, was eben zwischen uns passiert ist, nicht wiederholen darf. Sie verdient etwas so viel Besseres als mich.

Als wir an einer Ampel stehen bleiben, reibt sie sich die Arme, als wäre ihr kalt.

»Frierst du?«, frage ich sie.

Es ist Anfang November. Zwar regnet es nicht, aber die Temperaturen sind in den letzten Tagen deutlich gefallen. Und Pippa trägt lediglich eine dünne Regenjacke.

Sie nickt. »Aber wir sind ja gleich zu Hause.«

Ich schlüpfe aus meiner Jacke, woraufhin sie die Augen verdreht.

»Mir geht's gut, Jamie.«

»Zieh sie über.« Mir entgeht nicht, wie ihr beim Klang meines tiefen Tonfalls der Atem stockt.

»Bossy«, wispert sie, tut jedoch, wozu ich sie aufgefordert habe.

Die Jacke ist ihr viel zu groß, ihre Hände verschwinden in den Ärmeln. Sie sieht absolut umwerfend aus.

Den Rest des Weges schweigen wir und lauschen den Geräuschen der Stadt – dem Hupen der Autos, den Gesprächen der Leute, an denen wir vorbeikommen, dem Lärm, der aus Restaurants und Bars auf den Gehweg schallt.

In der Wohnung schenkt mir Pippa ein kurzes angespanntes Lächeln, bevor sie die Treppe hinauf verschwindet und ich mit Daisy einen langen Spaziergang mache, bei dem ich an nichts anderes als an Pippa denken kann. Und nachdem ich ins Bett gegangen bin – überzeugt davon, dass sie bereits schläft –, befreie ich meinen schmerzenden Schwanz aus den Boxershorts und streichle mich, während ich mich daran erinnere, wie sie in meinen Mund gestöhnt hat.

Ich habe Erins Herz gebrochen, weil ich nicht vorsichtig war, und ich weiß es besser, als irgendein Risiko einzugehen.

Näher als heute Abend werde ich Pippa nicht mehr kommen.

KAPITEL 26
PIPPA

Als ich am Abend der Party die Treppe hinunterkomme, klappt Jamie der Kiefer herunter, und ich muss mir ein erfreutes Grinsen verkneifen.

Mir ist bewusst, dass ich gut aussehe. Meine Haare fallen mir in langen Wellen über die Schultern, und das aquamarinfarbene Samtkleid schmiegt sich an meine Kurven. Jamies Blick bleibt an den schmalen Trägern hängen und wandert von dort zum tiefen Ausschnitt über die bestickte Vorderseite bis zu meinen Oberschenkeln.

»Das trägst du heute Abend?«

Die Worte klingen beinahe scharf, als würde ihm mein Outfit nicht gefallen, aber das Feuer in seinen Augen erzählt eine ganz andere Geschichte.

Meine Wangen werden warm.

Das ist keine gute Idee, habe ich nach unserem Kuss zu ihm gesagt. *Du bist meine Assistentin*, hat er erwidert.

In der vergangenen Woche haben wir beide so getan, als hätte dieser Kuss niemals stattgefunden. Er hat mich auf einigen Spaziergängen durch den Stanley Park und in North Vancouver begleitet; auch Donna schloss sich uns einmal an, als wir auf den Seymour Mountain gewandert sind. Offenbar fand sie nicht, dass wir uns merkwürdig verhielten. Mein Gefühl sagt mir, dass sie in dem Fall eine Bemerkung gemacht oder uns aufgezogen hätte.

»Du siehst toll aus«, sage ich zu Jamie, während ich ihn in seinem anthrazitfarbenen Anzug in Augenschein nehme. »Die weiblichen Partygäste werden in Scharen über dich herfallen.«

Verdammt, er sieht geradezu verboten gut aus. Ich nehme an, dass der Anzug maßgeschneidert ist, so perfekt wie er sich an seinen Körper schmiegt. Er trägt keine Krawatte, die beiden obersten Knöpfe seines weißen Hemdes stehen offen.

Er hält meinen Blick fest, und ein Muskel zuckt in seinem Kiefer. Ich beiße mir auf die Unterlippe und gebe mir die größte Mühe, nicht an den Laut zu denken, der am Abend unseres Kusses aus seinem Schlafzimmer gedrungen ist.

Nicht dass ich damit großen Erfolg hätte.

An jenem Abend habe ich im Bett gelegen und mich in dem Versuch, endlich einzuschlafen, unruhig hin und her gewälzt, während alles, woran ich denken konnte, Jamies Lippen auf meinen waren und seine Zunge, die meinen Mund eroberte. Nachdem Jamie ebenfalls in seinem Schlafzimmer verschwunden war, habe ich es durch die Wand gehört – ein tiefes Stöhnen. Das gleiche Stöhnen wie vor ein paar Wochen. Damals habe ich mir eingeredet, dass er sich bloß streckt oder dehnt.

Er hat sich definitiv *nicht* gedehnt.

In der Sekunde, als ich den Laut wahrgenommen habe, habe ich schockiert die Augen aufgerissen und gleichzeitig ein warmes Ziehen zwischen meinen Schenkeln gespürt. Zum ersten Mal seit … Ich weiß nicht, wie lange es her ist. Zum ersten Mal seit sehr langer Zeit habe ich meine Hand in meinen Slip wandern lassen und mich mit schnellen, leichten Bewegungen berührt. Ich bin in weniger als einer Minute gekommen. Ein neuer Rekord. Ich konnte es kaum glauben.

Doch in diesem Moment, in dem Jamie in seinem anthrazitfarbenen Anzug vor mir steht, fällt es mir leicht, es zu glauben.

Mein Blick fällt auf seinen Mund, der einen geraden, ernsten Strich bildet, und ich erinnere mich daran, wie verzehrend sein Kuss war. Wie absolut überwältigend. Ein Schauer läuft mir den Rücken hinab.

»Du wirst frieren«, murmelt er.

»Ich nehme eine Jacke mit, Bossy«, erwidere ich und verdrehe belustigt die Augen, als der Muskel an seinem Kiefer erneut deutlich hervortritt. Dann marschiere ich an ihm vorbei zur Wohnungstür. Doch als ich mich runterbeuge, um in meine High Heels zu schlüpfen, verfange ich mich in Daisys Leine.

Jamie seufzt und kommt zu mir rüber.

»Alles okay«, sage ich, doch er geht trotzdem in die Knie und nimmt mir den Schuh ab.

»Leg deine Hände auf meine Schultern.«

»Ich komme klar.«

»Pippa.«

Diesmal bin ich diejenige, die ergeben seufzt, bevor ich meine Hände auf seine Schultern stütze, damit er mir den Schuh anziehen und die schmale Schnalle schließen kann.

»Du bist erstaunlich geschickt.« Ich grinse schief auf ihn hinunter, und als er den Kopf hebt, durchdringt etwas Heißes und Selbstgefälliges seine seltsame Stimmung an diesem Abend.

»Ich bin sehr gut mit den Fingern.«

Mir stockt der Atem. Er kniet vor mir, seine große Hand umschließt meinen Knöchel, er erzählt mir, dass er gut mit seinen Fingern umgehen kann, und das ganze Szenario schlägt in meinem Kopf eine sehr unanständige Richtung ein. Funken explodieren zwischen meinen Schenkeln, während sich unsere Blicke aneinander festsaugen.

Wäre ich mutiger, würde ich etwas Gewagtes sagen wie *Dann zeig es mir* oder *Beweis es*, doch stattdessen sehe ich stumm auf ihn hinunter, während sich die Hitze von meiner Mitte aus in meinen ganzen Körper ausbreitet.

Er unterbricht als Erster den Blickkontakt, indem er sich meinem zweiten Schuh widmet. Danach steht er auf, nimmt meinen Mantel aus dem Schrank im Eingang und hält ihn mir hin, damit ich hineinschlüpfen kann. Ich fühle mich seltsam scheu, nachdem er meine Knöchel berührt hat, aber ich schüttele das Gefühl ab und schenke ihm ein knappes Lächeln.

»Bereit?«, frage ich dann.

Er nickt. »Bis später, Daisy!«, ruft er der Hündin zu, die nur kurz ein Auge öffnet, bevor sie wieder eindöst.

Auf der Fahrt mit dem Aufzug in die Tiefgarage schweigen wir. Unten öffnet er mir die Beifahrertür, wofür ich mich höflich bedanke, was er jedoch lediglich mit einem undefinierbaren Laut quittiert. Ich beobachte, wie er um das Auto herum zur Fahrerseite geht. Sein Kiefer ist wieder angespannt, und seine Stirn ziert das übliche ungehaltene Runzeln.

Und auf einmal wird mir klar, warum. Er bereut seine Entscheidung, mich zu begleiten. Diesen Deal haben wir gemacht, bevor wir uns geküsst haben.

Mir wird übel. Was, wenn er denkt, dass *ich* denke, das hier sei ein Date?

»Das hier ist kein Date«, platze ich heraus, als er sich hinters Steuer setzt.

Seine Miene zeigt keine Regung. »Ich weiß.« Er klingt genervt, beinahe schon verärgert.

Er fährt aus der Tiefgarage auf die Straße. Es regnet – was zu Jamies Laune passt, die mich stark befürchten lässt, dass der heutige Abend ein einziger großer Fehler ist.

»Wir haben noch nicht über Übernachtungsgäste gesprochen«, sagt Jamie völlig aus dem Nichts.

Ich reiße den Kopf zu ihm herum. »Was?« Dann würge ich ein Lachen hervor. »Wovon redest du?«

Ich habe nicht mal im Traum daran gedacht, einen Typen mit nach Hause zu nehmen. Wo sollte ich den überhaupt aufgabeln?

Und nach der Geschichte mit Zach dreht sich mir bei der Vorstellung, mich vor einem Mann auszuziehen, mich von ihm berühren zu lassen, ohnehin der Magen um.

Mein Blick zuckt abermals zu Jamie, schweift wie von selbst über seine breiten Schultern, das dichte Haar, die scharf geschnittene Linie seines Kiefers. Und meine Gedanken wandern zurück zu ebenjenem Moment in seiner Wohnung, als seine Finger über meinen Knöchel strichen. Zu dem tiefen, leidenschaftlichen Stöhnen, das ich am Abend zuvor durch die Wand gehört habe.

Ich hätte nichts dagegen einzuwenden, wenn *er* mich berührt.

Seine Nasenflügel blähen sich ganz leicht, als er nach einem kurzen Schulterblick die Spur wechselt. Seine Augen sind fest auf die Straße gerichtet, die Luft im Wagen ist zum Zerreißen gespannt.

»Daisy würde es nicht gefallen.«

Ich bin sprachlos. Ich weiß nicht, ob ich lachen oder ihm lieber eine reinhauen möchte. »Daisy *liebt* Besuch.«

Wenn Blicke töten könnten …

Ich weiß nicht mal mehr, was ich noch dazu sagen soll.

Den Rest der Fahrt verbringen wir in seltsam angespanntem Schweigen, und ich bedauere die ganze Aktion von Sekunde zu Sekunde mehr. Dieser Abend wird absolut schrecklich.

Wir finden in der Straße, in der das Restaurant liegt, in dem die Party stattfindet, einen Parkplatz.

»Warte«, brummt er, bevor er aussteigt und den Kofferraum öffnet.

Langsam werde ich sauer. Er hat sich aus freien Stücken dazu bereit erklärt mitzukommen, und jetzt führt er sich wie ein Idiot auf. Am liebsten würde ich einfach wieder nach Hause fahren.

Als er meine Tür aufreißt, will ich ihm genau das an den Kopf werfen, doch in diesem Moment lässt er einen Regenschirm aufspringen und gibt mir mit einer Geste zu verstehen, dass ich aussteigen soll. Er hält den Schirm hoch über meinen Kopf.

»Du willst sicher nicht, dass deine Haare nass werden.«

Dieses Bild … Wie er dort steht und auf mich wartet. Ich bin eine erwachsene Frau, die auf sich selbst aufpassen kann, aber wie er mir mit meinen Schuhen und in den Mantel hilft und jetzt alles dafür tut, dass ich nicht nass werde, lässt mich innerlich regelrecht dahinschmelzen.

Ich vergleiche ihn nur ungern mit Zach, dennoch kann ich nicht anders. Zach hat stets erwartet, dass sich jeder um *ihn* kümmert, eine Haltung, die mit der Zeit immer schlimmer geworden ist. Meine Kehle schnürt sich zu, als ich mich daran erinnere, wie Zach mich an einem Morgen gefragt hat, wo sein Kaffee bleibe, als wäre ich seine Angestellte. Was ich in gewisser Hinsicht tatsächlich war, allerdings umfasste mein Aufgabenbereich keine Barista-Tätigkeiten.

»Was ist los?«, frage ich, während der Regen auf den Schirm über unseren Köpfen trommelt.

Er schluckt, als er stehen bleibt und zu mir hinunterschaut. Wir sind uns so unglaublich nahe, und er riecht umwerfend.

»Es tut mir leid.« Sein Blick wandert über mein Haar, mein Gesicht, mein Schlüsselbein. »Du siehst wunderschön aus.«

Etwas in mir entspannt sich, und ich lächele zu Jamie hoch, der einfach wahnsinnig attraktiv ist. *Seine* Angestellte bin ich tatsächlich, aber dennoch ist *er* derjenige, der sich aufmerksam und mit Bedacht um *mich* kümmert.

So behandelt er alle Leute, erinnert mich meine innere Stimme trocken. Jamie Streicher kümmert sich um jeden Menschen in seinem Leben, ich bin nichts Besonderes.

»Lass uns reingehen«, sagt er, legt eine Hand auf meinen unteren Rücken und dirigiert mich sanft zur Eingangstür des Restaurants.

Und mit einem Mal trifft mich die Realität wie ein Schlag. Zach ist da drin, und ich muss so tun, als würde mich das, was er mir angetan hat, überhaupt nicht stören.

Mir wird schlecht.

»Hey.« Jamie streichelt mir kurz über den Rücken. »Lass dir vor denen nicht anmerken, dass du Angst hast, Songbird.«

Ich habe einen Kloß im Hals. Seine seltsame Stimmung hat sich in Luft aufgelöst, und der Blick, den er mir zuwirft, ist derselbe, mit dem er mich im Pub ermutigt hat, auf die Bühne zu gehen. Als würde er an mich glauben.

Ich nicke entschlossen. »Ja. Okay.«

»Ich bin heute Abend dein Torhüter«, sagt er. »Ich werde alle Schüsse auf dich abblocken.«

Ein Glucksen entweicht mir, und ich lächele ihn an.

Sein Mundwinkel zuckt, seine Augen füllen sich mit Zuneigung, und für den Bruchteil einer Sekunde wünsche ich mir, er würde mich wieder küssen.

KAPITEL 27
PIPPA

Es ist, als würden wir gegen eine Wand aus Geräuschen laufen – dröhnende Musik, Gelächter, Gespräche. Der Türsteher hakt unsere Namen auf einer Liste ab, bevor eine Frau meinen Mantel entgegennimmt.

Die Neugier, die sich wie eine Welle in dem schummrigen Raum ausbreitet, ist beinahe mit Händen greifbar, und meine Haut kribbelt unter dem Gewicht der interessierten Blicke. Mein Puls pocht in meinen Ohren, während ich mich umschaue und ein paar Leuten, die ich wiedererkenne, grüßend zunicke. Auf der zweiten Ebene haben sich noch mehr Gäste versammelt, die am oberen Ende der Treppe von einem Restaurantangestellten rein- und rausgelassen werden. Das muss der VIP-Bereich sein.

Aus dem Augenwinkel sehe ich auf der Empore hellblondes Haar schimmern, und schlagartig wird mir noch schlechter. Im gedämpften Licht kann ich gerade so erkennen, wie sie lacht und sich die Haare über die Schulter wirft. Zach wird also nicht weit sein.

Jamies warme Hand landet wieder auf meinem unteren Rücken. »Wie wäre es mit was zu trinken?«, murmelt er in mein Ohr, und ich nicke.

Er führt mich zur Bar und bestellt einen Whiskey Sour für mich und ein Bier für sich.

»Für mich gibt es heute nur den einen Drink. Damit ich noch fahren kann.«

»Ich weiß«, erwidere ich mit einem kleinen Schmunzeln. »Du bist Mr Verantwortungsbewusst.«

Sein Blick fällt auf meinen Mund, und ich fühle mich wie elektrisiert. »Nicht immer«, murmelt er und nimmt sein Bier von der Barkeeperin entgegen, ehe er sich bei ihr bedankt.

»Pippa!«, kreischt Alissa und schließt mich in der Sekunde, in der ich mich zu ihr umdrehe, bereits in die Arme. »Du bist gekommen!«

Ich zwinge mich zu einem Lächeln. »Natürlich.«

Sie wendet sich Jamie zu und starrt ihn an, als wäre er ein Stück Käsekuchen, das sie gleich verschlingen will. »Hi.«

»Das ist Jamie«, stelle ich ihn vor.

Als er ihr die Hand schüttelt, beginnt sie beinahe zu sabbern. Einen Moment lang bin ich amüsiert, doch als sie wimpernklimpernd zu ihm aufsieht, verspüre ich einen Anflug von Ärger.

»Woher kennt ihr beiden euch?«, fragt sie, ohne den Blick von ihm zu lösen.

Seine Hand kehrt zu meinem unteren Rücken zurück. »Ich bin ihr Freund.«

Meine Gedanken stürzen von einer Klippe. Seine Hand gleitet meinen Rücken hinauf, über die nackte Haut meiner Schulterblätter, bevor sie seitlich an meinem Hals ruhen bleibt. Es ist eine besitzergreifende Geste, die mein Herz schneller schlagen lässt, und sämtliche Gehirnzellen in meinem Kopf geraten ins Stottern.

»Genau«, bestätige ich wenig eloquent und starre ihn an.

Er zwinkert mir zu. Er. Zwinkert. Mir. Zu. Sein Mundwinkel hebt sich. Und beides schlägt mich in seinen Bann.

»Wow.« Alissa dreht ihren Kopf in meine Richtung und blinzelt. »Das ging schnell.« Sie schielt zum VIP-Bereich hinauf. Keinem von uns fällt es schwer zu erraten, was sie damit andeuten will.

Ich spüre Wut in mir aufsteigen, lasse mir aber nichts anmerken. Jede Wette, dass niemand Zachs neue Beziehung mit einem *Wow, das ging schnell* kommentiert hat.

Jamie streicht mir eine Haarsträhne hinters Ohr, und auf einmal fällt es mir schwer, Luft in meine Lunge zu bekommen. Ich starre ihn nur weiterhin ungläubig und ehrfürchtig an. Er ist so unglaublich gut darin, so zu tun als ob.

»Wenn man den richtigen Menschen trifft«, sagt er und hält meinen Blick fest, »dann weiß man es einfach.«

Dafür könnte ich ihn hier und jetzt küssen. Mit einem einzigen Satz hat er den Eindruck, den ich heute Abend vermitteln möchte, gefestigt und gleichzeitig angedeutet, dass Zach nicht der Richtige für mich war. Der Kerl verdient einen Oscar.

Weitere Leute aus meinem ehemaligen Team kommen zu uns, und Alissa stellt Jamie allen als meinen Freund vor. Einer der Bühnentechniker ist ein Eishockeyfan, was eine weitere Runde von Fragen und neugierigen, aber beeindruckten Blicken auf mich loslöst.

»Darf ich dich auf einen Drink einladen?«, fragt der Eishockeyfan Jamie.

Seine Hand gleitet nach unten und greift nach meiner. »Danke, aber ich fahre uns nach Hause.«

Seine Hand ist groß, warm und rau, und ich lehne mich gegen die Bar, weil bei der Berührung meine Knie weich werden. Den Leuten vorzuspielen, dass wir zusammen sind, verlangt mir einiges ab, aber ich kann nicht leugnen, dass es mir gefällt.

»Wir wohnen in Gastown.« Er sieht mich an, und in seinen Augen blitzt ein Hauch von Schalk auf, der nur für mich bestimmt ist.

»Ihr wohnt zusammen.« Eine der Visagistinnen wirft einer der Haarstylistinnen einen vielsagenden Blick zu.

Jede Frau kennt diesen Blick. Hazel und ich tauschen ihn auch ab und zu, immer dann, wenn wir einander ohne Worte versichern: *Darüber tratschen wir später.*

Ich unterdrücke ein Grinsen.

Ein paar Minuten später taucht ein Restaurantmitarbeiter neben mir auf.

»Sie wurden auf die Empore eingeladen«, erklärt er gebieterisch, als würde mir eine Audienz bei irgendeinem Royal gewährt.

In der nächsten Sekunde spüre ich erneut Jamies Mund dicht an meinem Ohr. »Wir müssen nichts tun, was du nicht willst«, murmelt er, und sein Atem kitzelt mich am Hals.

Es fällt mir schwer, einen klaren Gedanken zu fassen, wenn er das tut. Als mir der Duft seines Aftershaves in die Nase steigt, will ich nichts lieber, als ihn in einen dunklen Gang zu ziehen und unseren Kuss zu wiederholen.

Er richtet sich auf, und in seinen Augen blitzt ein schelmisches Funkeln. Diese Version seines sonst so mürrischen Goalie-Selbst fasziniert mich unglaublich. »Oder wir … amüsieren uns«, raunt er.

Ich bin mir sicher, noch nie so scharf auf jemanden gewesen zu sein. Jamie Streicher wird mich heute Abend noch umbringen.

Ich räuspere mich und nicke dem Angestellten zu. »Okay.«

Alleine wäre dieses Event einfach nur schrecklich, aber mit Jamie zusammen fühlt es sich an, als wären wir Komplizen. Als befänden wir uns auf einer Kostümparty, wo unsere Verkleidung so gut ist, dass uns niemand erkennt. Ein Paar zu spielen, fühlt sich wie ein Schutzschild an, ein privater Scherz nur zwischen uns beiden. Mit ihm an meiner Seite fühle ich mich wohl. So, als hätte ich alles im Griff.

Als wir dem Mitarbeiter die Treppe zum VIP-Bereich hinauf folgen, spüre ich deutlich die vielen Blicke, die auf uns gerichtet sind. Jamies Hand umfasst meinen Arm und stützt mich kaum merklich, damit ich auf den hohen Absätzen nicht stolpere. Auf halber Strecke werde ich langsamer. Panik steigt in mir auf, ich kann nicht mehr richtig atmen. Auf einmal stehe ich wieder weinend am Flughafen, nachdem man mich wie einen Müllsack einfach entsorgt hat.

»Hey.« Jamie blickt auf mich herab, Besorgnis zeichnet sich auf seinen Zügen ab. »Denk daran, was ich dir versprochen habe.«

Stimmt. Draußen. *Ich bin heute Abend dein Torhüter. Ich werde alle Schüsse auf dich abblocken.*

Ich bedeute ihm mit einem Nicken, dass ich mich erinnere. Ihn an meiner Seite zu wissen, beruhigt mein rasendes Herz. »Du wirst ihn nicht zwischen meine Beine lassen?«, necke ich ihn flüsternd. Das ist ein Satz, den ich von einem Kommentator bei einem von Jamies Auswärtspartien aufgeschnappt habe. Er meinte damit natürlich einen Treffer landen, aber es klang verdammt zweideutig. Mein Versuch, Jamie zum Lächeln zu bringen.

Er verzieht die Lippen, als ob er angewidert wäre, und ich pruste los. »Auf keinen Fall.« Die drei Worte klingen scharf, eifersüchtig, aber vielleicht ist das auch nur Wunschdenken meinerseits.

Als wir den oberen Treppenabsatz erreichen, stütze ich mich mit meinem ganzen Gewicht auf seinem Arm ab, da ich auf einem der hohen Absätze meiner Heels umknicke.

»Warum trägst du diese absurden Schuhe?«

Ich zucke mit den Schultern. »Weil sie heiß sind.«

Sein Blick verweilt auf meinen Beinen. »Stimmt«, ist alles, was er sagt.

Der Angestellte löst das Samtband, und ich versuche, nicht die Augen zu verdrehen. Hat mich dieses Getue jemals beeindruckt? Ich hasse es, dass die Gäste auf solchen Veranstaltungen in Gruppen unterteilt werden. Ohne die Leute dort unten, die sich jeden Abend den Arsch aufreißen, um in letzter Minute Tonprobleme zu beheben oder Ersatzgeräte zu besorgen, könnte Zach seine Performance vergessen. Von der Hälfte dieser Jobs hat er absolut keinen Schimmer.

»Pippa.«

Zach ist so plötzlich vor mir aufgetaucht, als wäre er aus dem Boden gewachsen, und umarmt mich. Als sich unsere Ohren kurz streifen und mir sein Duft in die Nase steigt, beginnt meine Haut auf unangenehme Art zu prickeln, und mir läuft ein angewiderter Schauer den Rücken hinunter. Das Gefühl könnte nicht weiter von dem entfernt sein, das mich überkommt, wenn ich Jamie berühre. Diese Umarmung hier ist kalt und steif, und in der Sekunde, in der Zach mich loslässt, weiche ich zurück – und kollidiere mit Jamie.

Sein Arm schlingt sich um meine Taille und drückt mich an seine Seite, und ich atme erleichtert auf. Das ist so viel besser.

Zach ist verblüfft und blinzelt mich dann mit einem leichten Stirnrunzeln an, als müsse er sich vergewissern, dass wirklich ich es bin, die vor ihm steht. »Sieh dich an.«

»Hi.« Ich bekomme immer noch nicht richtig Luft, aber Jamie drückt ganz sanft meine Taille und streichelt mit den Fingern über den Samtstoff.

Ich frage mich, ob er das mag, denn ich tue es auf jeden Fall.

Pippa! Konzentriere dich.

Ich zwinge mich dazu, Zach anzulächeln.

Er trägt einen leuchtend gelben Kapuzenpulli mit Reflektorstreifen, wie ihn die Leute auf Baustellen als Sicherheitsausrüstung anhaben, und aus irgendeinem Grund hasse ich ihn dafür. Vor ein paar Monaten hat er mal zu mir gesagt, er müsse jetzt, da er berühmt sei, anfangen, mit seinen Outfits Trends zu setzen. Doch sein Versuch, sich angesagt zu kleiden, wirkt aufgesetzt. Als würde er sich zu sehr anstrengen.

Er schluckt und starrt mich immer noch auf diese komische Weise an, bevor er mit einer anerkennenden Geste mein Kleid in Augenschein nimmt. »Du siehst umwerfend aus.«

Es wäre gelogen, wenn ich behaupten würde, das Kompliment würde mich nicht freuen. Dieser Ausdruck auf Zachs Gesicht ist verdammt befriedigend.

Genau wie die Gäste unten reagiert Zach überrascht, als er sich Jamie zuwendet.

»Jamie Streicher.« Jamie streckt seine Hand aus. Er ist viel größer als Zach, und ich muss dem Drang widerstehen, loszukichern. »Pippas Freund.«

Zachs Hand erstarrt in der Luft, bevor er sich wieder fängt und Jamies schüttelt. »Stimmt, wir waren auf derselben Highschool«, erwidert er tonlos.

»Genau.« Ich nicke.

Als Zach sich wieder mir zuwendet, lodert ein wütendes Feuer in seinen Augen. Er schnippt mit dem Finger, und im nächsten Augenblick erscheint seine platinblonde Freundin neben ihm, als ob er sie heraufbeschworen hätte. »Kennst du Layla schon?«

Jamies Arm schließt sich noch ein wenig fester um meine Taille.

Nein, ich habe sie bisher noch nicht kennengelernt, und das weiß Zach sehr genau.

Ich hasse es, so zu tun, als ob etwas für mich in Ordnung wäre. Ich hasse es, wie alle ihre kleinen Rollen spielen, auch ich und Jamie. Und ich hasse es, dass ich jemals das Bedürfnis hatte, diese Leute zu beeindrucken.

Zach ist nicht wichtig, und diese Menschen sind nicht meine Freundinnen und Freunde. Das ist mir inzwischen klar. Um genau zu sein, war ich mir dieser Tatsache schon vorher bewusst, aber heute Abend trifft sie mich wie ein Schlag ins Gesicht.

»Hi.« Ich lächele sie an und schüttele ihre Hand, die so winzig ist wie die eines Kindes. »Pippa.«

»Layla.«

Ihr freundliches, ein wenig schüchternes Lächeln lässt mich innehalten. Ich habe mit einer Art Cruella gerechnet, die siegessicher gackert, weil sie mir den Mann weggeschnappt hat, doch Layla wirkt jung, klein und zurückhaltend.

Zach tritt einen Schritt vor, worauf sie automatisch einen zurückweicht.

Oh. Mitleid, vielleicht aber auch Empathie steigen in mir auf angesichts der Art, wie er sie aus seinen Gnaden entlässt. Ich weiß, wie sich das anfühlt.

Zach winkt uns zu einer anderen Gruppe hinüber. Ich erkenne ein paar Leute aus Fernsehsendungen und Filmen wieder und einige Jungs aus einer Band, die ich mag.

Jamie nimmt an ihrem Tisch Platz, doch bevor ich mich neben ihn setzen kann, zieht er mich auf seinen Schoß.

Sein Körper ist so warm und fest, und seine Hände schließen sich erneut um meine Mitte, als ob sie dort hingehören. Ich weiß, dass das nur Show ist, aber mein Gesicht erhitzt sich dennoch. Ich denke daran zurück, wie ich zum ersten Mal vor Jamies Haus stand und mich innerlich darauf vorbereitet habe, ihm gegenüberzutreten. Wie einschüchternd er anfangs war. Wie gut aussehend ich ihn fand – und immer noch finde. Niemals hätte ich damit gerechnet, irgendwann auf seinem Schoß zu sitzen.

Aber ich beschwere mich nicht.

Ich fühle Zachs Blick auf mir, aber ich wende mich ab, als wäre es mir egal.

»Wenn du dich auf einen Deal einlässt«, raune ich Jamie leise zu, »dann offenbar richtig.«

Sein Blick fällt auf meinen Mund, und ich frage mich, wie weit er es heute Abend treiben wird. Mir ist am ganzen Körper warm, obwohl meine Beine, Schultern und Arme nackt sind.

Der Kellner bringt mir einen frischen Drink und ein Wasser für Jamie, der kurz darauf vom Gitarristen der Band in ein Gespräch über Eishockey verwickelt wird. Ich tue so, als würde ich den beiden zuhören, aber in Wirklichkeit konzentriert sich meine Aufmerksamkeit auf Zach und Layla.

Sie lauscht seinen Unterhaltungen mit den verschiedenen Leuten am Tisch. Er bezieht sie kein einziges Mal mit ein, während sie mit einem gezwungenen Lächeln neben ihm sitzt. Niemand spricht mit ihr.

Sie tut mir leid. Und unwillkürlich frage ich mich, ob ich mich genauso verhalten habe. Ich denke zurück an diese Art Partys und daran, wie glücklich ich mich gefühlt habe, überhaupt dabei sein zu dürfen. Glücklich damit, zu Zach zu gehören.

Layla schaut zu mir herüber und lächelt, und ich verspüre den Drang, sie zu umarmen. Es wäre seltsam, wenn ich das täte, das ist mir klar, aber es wirkt, als könnte sie das gut gebrauchen. Ich bin heute Abend mit dem festen Vorhaben hier aufgekreuzt, sie zu hassen, aber jetzt möchte ich sie am liebsten mitnehmen, wenn wir gehen.

Der Typ, mit dem Jamie gesprochen hat, steht auf, um jemanden zu begrüßen, und Jamies Hand gleitet von meiner Taille zu meiner Hüfte. Dabei ist sein Blick auf Zach gerichtet.

»Das ist also die Art Kerl, auf die du stehst«, murmelt er tonlos.

Ich beobachte, wie mein Ex die Gruppe mit einer seiner Geschichten beglückt. Wenn er im Mittelpunkt der Aufmerksamkeit steht, blüht er regelrecht auf, und als alle auf eine Bemerkung von ihm hin zu lachen beginnen, ertappe ich ihn dabei, wie er sich umschaut, um die Reaktionen abzuschätzen.

Er möchte unter allen Umständen gefallen.

»Nicht mehr«, antworte ich Jamie.

Unsere Blicke treffen sich, und etwas von der Kälte in seinen Augen schwindet. Denkt er an mein Kompliment, dass er umwerfend sei, oder an unseren Kuss auf dem Gang?

»Dann ist all das hier«, seine Finger berühren meine Hüfte, und sein Blick wandert über mein Gesicht, mein Haar, mein Kleid, »nicht für ihn?«

Ich lache ungläubig auf. »Was? Natürlich nicht.«

Seine Nasenlöcher blähen sich leicht, und mich überkommt das Bedürfnis, mit dem Finger über seine markante Nase zu streichen.

»Was zum Teufel soll ich denn denken, Pippa?« Seine grünen Augen blitzen, und sein Griff um meinen Körper wird fester.

Oh! Das gefällt mir.

»Du hast für diesen Kerl alle Register gezogen.« Er fährt sich mit der freien Hand durch die Haare und bringt sie damit ganz durcheinander. »Das ist die ultimative Rache, oder? Ihn dazu zu bringen, dich zu wollen?« Er beißt die Zähne zusammen. »Dass er darum bettelt, dass du ihn zurücknimmst?«

Ich bin sprachlos. »Jamie, was …« Weiter komme ich nicht, denn plötzlich spüre ich den harten Druck seiner Erektion an meinem Hintern.

Meine Augen werden groß.

Ich weiß, dass wir den anderen nur vorgaukeln, ein Paar zu sein, und dies wahrscheinlich nicht mehr als die natürliche Reaktion seines Körpers darauf ist, dass ich auf seinem Schoß sitze. Doch das ändert nichts daran, dass mich diese mürrische, wütende Seite von Jamie anmacht. Ich bin mir seiner Härte, seiner Hände an meiner Hüfte, der Art, wie seine Finger über den weichen Stoff meines Kleides streichen, wie sie sich anspannen, wenn er meinen Mund ansieht, überdeutlich bewusst.

Es fühlt sich gut an, jemand anderes zu sein als das Mädchen, auf dem herumgetrampelt wird.

»Das ist nicht die ultimative Rache«, sage ich leise.

Seine dunklen Augen finden meine, fixieren mich. Sein Kiefermuskel zuckt.

Mein Mund verzieht sich zu einem Lächeln, und ich erkenne mich in diesem Moment selbst nicht wieder. »Die ultimative Rache wäre, mit dir zu schlafen.«

KAPITEL 28
JAMIE

Ich bin so nah dran wie noch nie, mir Pippa über die Schulter zu werfen, sie nach Hause zu tragen und alle Regeln zu vergessen, die ich mir selbst auferlegt habe.

Ihre Lippen kräuseln sich, und ihre Augen glitzern herausfordernd, während ich im Kopf den Satz wiederhole, den sie gerade gesagt hat. *Die ultimative Rache wäre, mit dir zu schlafen.*

Ich wünschte, wir würden es tun.

Noch im Auto würde ich ihr das Kleid hochschieben, ihr den Slip herunterzerren und mein Gesicht zwischen ihren Beinen vergraben. Ich würde es direkt auf dem Vordersitz tun. Es wäre mir egal, ob uns jemand erwischt.

Oder nein, ich würde es hier tun, vor Zachs Augen. Ich würde sie dazu bringen, vor all diesen Leuten meinen Namen zu schreien. Drinks würden verschüttet, die Leute würden uns angaffen, während wir miteinander verschmelzen.

Meine Erektion drückt sich gegen ihren Hintern, während ich meine Fantasie zu zügeln versuche. Seit der Sekunde, in der sie in diesem Kleid die Treppe runtergekommen ist, schwanke ich zwischen dem Wunsch, es ihr vom Leib zu reißen, und der Verärgerung darüber, dass sie sich so schön gemacht hat, um diesen Arsch zu beeindrucken, der unfassbar verzweifelt nach Aufmerksamkeit giert.

Pippa studiert mich eindringlich, als wollte sie meine Reaktion abschätzen, und ich beiße die Zähne zusammen. Ich muss mich zusammenreißen.

Um runterzukommen, versuche ich mich auf eine meiner mentalen Zentrierungsübungen aus dem Eishockey zu konzentrieren – tief durchzuatmen, mich auf das Gefühl zu fokussieren, wie sich meine Lunge ausdehnt, und nicht darauf, wie meine Eier schmerzen, auf die Musik im Raum zu lauschen, die Gespräche der anderen Gäste, anstatt den süßen Duft ihres Haares einzuatmen. Meine Daumen streichen wie von selbst über den weichen Samt ihres Kleides, und ich lasse zu, dass die Empfindung meine gesamte Aufmerksamkeit einnimmt.

Nach einer Weile öffne ich die Augen. Ich bin immer noch steinhart. Ich möchte sie immer noch vögeln.

»Pippa«, beginne ich, aber ich weiß nicht, was ich sagen soll. Ich kann in ihrer Gegenwart nicht denken.

Sie schüttelt den Kopf und sieht verlegen aus. »Keine Ahnung, warum ich das gesagt habe.« Ihre Kehle bewegt sich, als sie schluckt und auf ihre Hände schaut. »Übrigens möchte ich mich bei dir bedanken.«

»Für was?« Mein Tonfall ist vor Anspannung gepresst.

Sie gestikuliert in die Runde und dann zwischen ihr und mir hin und her. »Für heute Abend. Dafür, dass ich auf deinem Schoß sitzen darf. Dafür, dass du diese ganze Scharade mitmachst.«

Dass sie auf meinem Schoß sitzen *darf*? Beinahe hätte ich laut aufgelacht. Pippas Hintern auf meinen Oberschenkeln zu spüren, ist das Erotischste, was ich seit Jahren erlebt habe, und ich werde mir darauf noch wochenlang einen runterholen. Allein der vernichtende Blick, mit dem mich Zach bedacht hat, als Pippa kurz abgelenkt war, war diesen Abend wert. Ob es ihr bereits klar geworden ist oder nicht – Pippa braucht ihn nicht mehr.

Zach ist das auf jeden Fall bewusst. Ich spüre einen Anflug von selbstgefälliger männlicher Befriedigung, als ich ihm auf der anderen Seite des Tisches in die Augen sehe. Er hält mitten im Gespräch inne, bevor er weiterredet – Bestätigung genug, dass ich recht habe.

Verdammtes Arschloch. Der Drang, Pippa zu beschützen, verstärkt sich um das Zehnfache.

Als sie mein Knie drückt, schießen Funken mein Bein hinauf bis zu meinem Schwanz. Was für eine süße Folter, sie auf meinem Schoß sitzen zu haben. Der einzige Grund, aus dem ich sie nicht bitte aufzustehen, um meinem Schwanz eine Pause zu gönnen, ist, dass ich diese Chance nie wieder bekommen werde.

Ich räuspere mich. »Versprich mir, dass du nie wieder mit Zach schläfst.«

Sie verschluckt sich an ihrem Drink. »Was?«

»Bitte. Versprich es mir, Pippa.«

Sie schüttelt den Kopf und lacht. »Okay, schon gut, ich verspreche es. Aber mal im Ernst, du glaubst doch nicht wirklich, dass ich das machen würde. Nach allem, was passiert ist? So naiv bin ich auch wieder nicht.«

»Ich halte dich für alles andere als naiv.«

»Na ja.« Sie zuckt mit den Schultern und grinst schief und ein wenig selbstironisch. »Ich war viel zu lange mit dem Kerl zusammen«, sagt sie dann leise und beugt sich zu mir herunter, bis mich ihr Atem am Ohr kitzelt. »Außerdem war er schrecklich im Bett.«

»Wirklich?« Es versetzt mir einen Stich, mir die beiden zusammen vorzustellen. Ihn auf ihr. Nein, er würde sie wahrscheinlich jedes Mal dazu bringen, oben zu bleiben, weil er ein fauler Sack ist.

Ich *hasse* die Szene, die sich in diesem Moment vor meinem inneren Auge abspielt.

»Aua!« Pippa verändert ihre Position auf meinem Schoß. Erst jetzt fällt mir auf, dass ich meine Finger in ihre Hüften gegraben habe.

Sofort löse ich meinen Griff. »Tut mir leid.«

»Nicht schlimm.« Sie schenkt mir ein kleines Lächeln.

»Inwiefern war er schlecht im Bett?« Die Frage verlässt meinen Mund, bevor ich sie aufhalten kann. Ich kann nichts dagegen tun, ich muss es wissen.

Sie zögert. »Ich erzähle dir keine Details.«

»Hey, ich habe heute Abend sogar extra einen Anzug angezogen.«

»Du trägst mehrmals die Woche einen Anzug, nach deinen Spielen«, erwidert sie prompt, und ich spüre, wie ein amüsiertes Glucksen in meiner Kehle aufsteigt. Ich liebe es, dass sie mit ihrer Meinung nicht hinter dem Berg hält, dass sie gerne verbal zurückschlägt.

Mein Mundwinkel biegt sich nach oben. »Okay. Wie wäre es damit: Ich müsste eigentlich schon längst im Bett liegen.«

Sie gluckst. »Na gut.« Sie späht zu Zach hinüber, bevor sie wieder mich ansieht. »Er hat immer so mit der Hand gemacht«, wispert sie, und ich lehne mich vor, obwohl ich sie auch so gut hören kann. Sie streckt die Finger einer Hand aus und bewegt sie ruckartig vor und zurück, als wäre sie eine DJane, dabei fletscht sie die Zähne.

Mir entfährt ein heiseres Lachen. »Was soll das denn sein?«

Sie kichert, und als ihre funkelnden Augen meinen begegnen, gerät mein Puls ins Stolpern. »Das ist Zach, der meine Klitoris reibt.«

Da ist schon wieder dieses Stechen in meiner Brust ... Es gefällt mir nicht, dass sie seinen Namen im selben Atemzug wie ihre Klitoris erwähnt.

»Es hat sich immer überstürzt angefühlt, irgendwie hastig, weswegen ich dachte, dass ich zu lange brauche, und dann ...« Sie zuckt mit den Schultern. »Dann konnte ich erst recht nicht kommen.«

Wir beide zusammen würden nie etwas überstürzen, nichts wäre hastig. Ich würde mir Zeit nehmen. Die ganze verdammte Nacht. Und bei Sonnenaufgang würde sie immer noch kommen, erschöpft von unzähligen Orgasmen in allen erdenklichen Stellungen.

»Irgendwann hat sich das Ganze nur noch wie eine lästige Pflicht angefühlt.« Sie schneidet eine kleine Grimasse. »Sorry, das waren jetzt wahrscheinlich ein wenig zu viele Informationen ...«

Ein Gefühl durchflutet mich, elektrisierend und entschlossen. Ich habe mein ganzes Leben lang an sportlichen Wettkämpfen teilgenommen. Ich blühe im Wettbewerb auf. Mein Ehrgeiz ist inzwischen mit meiner DNA verwoben, nichts motiviert mich mehr.

Zu hören, dass Zach Pippa nicht zum Höhepunkt bringen konnte, versetzt mein Blut in Wallung. Ich würde alles dafür tun, dass sie kommt.

Mein Puls klopft heftig in meinen Ohren. In diesem Moment gibt es nur noch uns beide. Ich halte ihren Blick fest und schlucke schwer, als ich mir vorstelle, wie ich hier in dem dunklen Restaurant meine Hände unter ihr Kleid schiebe und mit den Fingerspitzen über ihr feuchtes Höschen streichle. Vielleicht würde sie sich in meine Knie krallen, vielleicht würde sie ihr Gesicht an meiner Schulter vergraben, während sie auf meinem Schoß zittert und sich schließlich auflöst.

Ich muss sie zum Kommen bringen.

»Nein, nicht zu viele Informationen«, bringe ich, wenn auch heiser, heraus. »War das nur mit ihm so?«, schiebe ich dann aus irgendeinem Grund hinterher. »Dass du keinen Orgasmus hattest, meine ich?«

Vermutlich frage ich sie das, weil mir der Schmerz gefällt. Die Folter, die es mir beschert, von ihren Schwierigkeiten, zum Höhepunkt zu kommen, zu hören, obwohl ich nichts dagegen unternehmen kann.

Sie beißt sich auf die Unterlippe, und ich kann nichts anderes denken als: *Ich* möchte derjenige sein, der ihr in die Lippe beißt.

Unsere Blicke treffen sich wieder. »Er ist der einzige Mann, mit dem ich je zusammen war.«

Ich atme tief ein, während in meinen Adern der Ehrgeiz tobt. *Ich*, schreit mein Unterbewusstsein, *ich bin derjenige, der ihr zeigen könnte, wie es sein kann.*

Erneut verändert sie ihre Position, und ich spanne den Kiefer an, als sie dabei wieder gegen meinen Schwanz stößt. »Manchmal bin ich, ähm … allein, äh … erfolgreich.«

Sogar im stimmungsvollen, schummrigen Licht des Restaurants kann ich die Röte auf ihren Wangen erkennen. Und ich frage mich unwillkürlich, ob sie auf die gleiche Art errötet, wenn sie ihre Hand zwischen ihre Schenkel schiebt.

»Warum wirst du rot, Songbird?«, frage ich leise.

»Werde ich nicht«, protestiert sie ein wenig atemlos. Sie wendet den Kopf ab, aber mir entgeht trotzdem nicht, wie der Puls an ihrer Halsschlagader wummert. Sie denkt an etwas Unanständiges, und ich muss erfahren, an was.

Ich lasse die eine Hand an ihrer Taille und hebe die freie an, um die Rückseite meiner Finger an ihre Wange zu legen.

Ihre Lider flattern.

»Du glühst ja. Ich hoffe, du hast kein Fieber.« Ich hebe vielsagend eine Augenbraue.

»Ich glaube nicht«, flüstert sie, und ihr Blick huscht zu mir.

»Woran denkst du?«

»An nichts.« Ihre Augen sind auf einmal ganz groß.

Jetzt muss ich es wissen. Ich drehe sie auf meinem Schoß, damit sie meinem Blick nicht ausweichen kann. »Sag es mir.«

Sie schnaubt, halb amüsiert und halb verärgert. »Mr Bossy … Aber was soll's. Also, letzte Woche …« Sie bricht ab.

»Erzähl weiter.«

»Das ist peinlich … Okay. Egal. Normalerweise habe ich sogar Schwierigkeiten zu kommen, wenn ich mich selbst befriedige, aber letzte Woche hat es geklappt. Ganz mühelos.« Sie macht eine verlegene Miene. »O mein Gott, warum erzähle ich dir das?«

»Weil ich dich darum gebeten habe«, sage ich, aber meine Stimme klingt weit weg, denn alles, woran ich denken kann, ist Pippa auf der anderen Seite der Wand, die unsere Zimmer trennt. Sie streichelt sich. Keucht. Ihre Zehen graben sich in die Matratze, als sie kommt.

Fuck, ich werde noch härter.

»Jesus«, murmelt sie, als mein Schwanz gegen ihren Po zuckt.

»Hör auf, dich zu bewegen«, stoße ich gepresst hervor.

»Hör *du* auf, mich mit diesem Wolkenkratzer zu piken.«

Ich verschlucke mich an einem Prusten. Nur Pippa kann mich in einem Moment wie diesem zum Lachen bringen. Vielleicht liegt das daran, dass mir schwindelig ist, weil sämtliches Blut in meinem Körper gerade in meinen Schwanz gewandert ist.

»Was ist mit dir?« Pippa neigt den Kopf. »Alle sagen, du datest nicht.«

»Tue ich auch nicht.«

»Nie?«

Erins Gesicht taucht vor meinem inneren Auge auf – fröhlich, lächelnd –, und die Schuldgefühle kehren zurück, als ich daran denken muss, wie ich damals von ihrem Rückzug aus dem Modebusiness erfahren habe.

»Mit neunzehn hatte ich eine Freundin. Erin.« Es fühlt sich komisch an, ihren Namen laut auszusprechen. »Sie war toll, aber …« Ich zögere, weil ich nicht weiß, wie ich es erklären soll. »In meinem Terminkalender gibt es kaum Lücken, selbst außerhalb der Saison, und meine Mutter braucht mich.«

Pippa nickt, und in ihren Augen schimmern Wärme und Mitgefühl. Sie ist der einzige Mensch, der über das Ausmaß meiner Situation Bescheid weiß, dämmert es mir plötzlich.

»Mein gesamter Fokus liegt auf diesen beiden Dingen.«

Sie nickt erneut. »Klar.«

Ich schaue ihr in die Augen, und in meiner Brust regt sich etwas. So zu tun, als ob, fühlt sich zu einfach an. Es ist anders als mit Erin, für die ich von Anfang an eher freundschaftliche Gefühle hatte. Die Erkenntnis versetzt mir einen Stich. Während ich mit den Händen an Pippas Seiten auf und ab streiche, senken sich ihre Lider, als würde sie die Berührung entspannen oder erregen, vielleicht aber auch beides.

Meine Aufmerksamkeit wird auf meinen Schwanz gelenkt.

Hart. Schon wieder.

Ich lasse zu, dass ich mich bei Pippa so verhalte, wie ich empfinde, und ich weiß nicht, ob ich damit aufhören kann, wenn wir diese Party verlassen haben. Sie zu berühren, ist verdammt magisch.

Mein Blick fällt auf Zach, der inzwischen ein Stück entfernt hinter Pippa steht und sie anstarrt, während er sich mit jemandem unterhält.

Als mein Schwanz erneut pocht, kommt mir eine Idee. Mir ist bewusst, dass ich mich wie ein Arschloch benehme, indem ich die Situation ausnutze, obwohl ich Pippa eigentlich helfen sollte. Es gibt eine Million Gründe, die dagegensprechen, das zu tun, was ich vorhabe, aber das ist mir egal. In der Sekunde, in der wir dieses Restaurant verlassen, wird zwischen uns alles wieder so sein wie zuvor. Wir wissen beide, dass das, was am heutigen Abend passiert, nicht real ist.

»Willst du ihm den finalen Pflock in die Brust rammen?«, murmle ich mit den Lippen so dicht an ihrem Ohr, dass ich es ganz leicht streife.

Ein Schauer geht durch ihren Körper.

Ich warte, bis sie meinen Blick erwidert.

Mein Gott, sind ihre Augen schön.

Und dann sage ich: »Küss mich.«

KAPITEL 29
JAMIE

Pippa blinzelt.

»Er beobachtet uns.« Ich hebe eine Braue, bevor ich den Blick auf ihren Mund fallen lasse. Ich weiß, wie weich ihre Lippen sind; unser Kuss ist in meinem Kopf so präsent, als wäre keine Zeit verstrichen. »Nur wenn du das willst.«

»Ja«, haucht sie und senkt das Kinn zu einem kaum merklichen Nicken, und als ich ihr in die Augen sehe, stelle ich fest, dass nun sie diejenige ist, die auf meinen Mund schaut. »Wenn er zu uns rübersieht, sollten wir das tun.«

»Mhm …«

»Okay, dann küsse ich dich jetzt.«

Ich lege eine Hand an ihren Hinterkopf und ziehe sie sanft zu mir heran.

Diesmal ist unser Kuss anders. Weniger drängend, weniger verzweifelt, auch wenn ich all diese Empfindungen an meine Brust klopfen höre. Auch wenn ich den Drang verspüre, ihren Mund zu erobern. Aber nein. Diesen Kuss möchte ich auskosten, jede Sekunde deutlich spüren, denn ebenso, wie sie nach heute nie wieder auf meinem Schoß sitzen wird, wird dies unser letzter Kuss sein. Nach heute Abend wird sie diesen Loser nicht wiedersehen, und meine Chancen, sie zu berühren, werden damit gegen null gehen.

Ich küsse Pippa mit einer Notwendigkeit, als stünde ich kurz vor dem Ersticken und sie wäre der Sauerstoff, den ich so dringend brauche. Sie krallt die Finger um meinen Kragen und zieht mich enger an sich. Ich knabbere an ihrer Unterlippe, bevor ich meine Zunge erneut in ihren Mund gleiten lasse.

Ich küsse sie, als würde uns die Ewigkeit gehören. Dabei ist mir nur allzu bewusst, dass das Gegenteil der Fall ist. Mit ein wenig Glück bleiben uns dreißig weitere Sekunden.

Sie seufzt an meinen Lippen, als ob sie genauso wie ich schon die ganze Woche darüber nachgegrübelt hätte. Unsere Umgebung löst sich auf – die anderen Gäste, die Musik, da ist nichts mehr außer dem Gefühl ihres Mundes an meinem, ihrem Körper, der sich an meinen presst, meinen Händen in ihrem Haar. Sie ist so verdammt süß. Als sie unseren Kuss noch weiter vertieft, spüre ich, wie ein Tropfen Sperma aus meiner Schwanzspitze tritt. Ich sauge an ihrer Zunge, und sie wimmert. Ich könnte sie so verdammt schnell kommen lassen. Ich würde es immer und immer wieder tun, bis sie um eine Pause bettelt.

»Pippa«, flüstere ich zwischen zwei Küssen.

Sie nickt, und ihr Mund sucht erneut meinen. Begierde durchströmt jede Faser meines Körpers und ertränkt alles andere. Alles Schlechte, das ich je gesehen habe oder das mir widerfahren ist, verflüchtigt sich, während ich sie küsse. Als würde sie mein Inneres mit Licht erfüllen. Die Haare fallen ihr wie ein seidiger Vorhang über die Schultern, und ich öffne ihre Lippen mit meiner Zunge noch weiter, um tiefer in sie einzudringen. Ich muss sie ganz für mich haben.

Mir ist bewusst, dass das hier nicht real ist, aber es ist dennoch verdammt unglaublich.

In der nächsten Sekunde spüre ich plötzlich eine neue Präsenz in unserer Nähe, und als ich die Augen öffne, steht ein leuchtender Kapuzenpulli neben uns. Ich lege zärtlich eine Hand an Pippas Wange, doch als Zach die Finger ausstreckt, um an einer ihrer

Haarsträhnen zu zupfen, weiche ich zurück und starre ihn finster an.

»Warum versteckt ihr euch hier in der Ecke?«, fragt er. Sein Grinsen ist schief, gezwungen und unangenehm. »Ihr seid auf einer Party. Kommt zu uns rüber.« Er deutet zu einem Tisch, an dem einige Leute sitzen. Es klingt weniger nach einem höflichen Angebot als nach einem Befehl.

Pippas Rückenmuskeln verspannen sich. Selbst ohne sie zu berühren, würde ich ihr Zögern spüren.

»Wir müssen gehen.« Ich sehe ihm, ohne zu blinzeln, in die Augen. »Wir müssen morgen früh raus, und wir haben heute Abend noch einiges vor.« Als ich beim letzten Satz vielsagend eine Braue in Richtung Pippa hebe, erkenne ich in ihren Augen sowohl Überraschung als auch Erregung. »Stimmt's, Baby?« Ich schlinge meine Arme um ihre Taille.

Ihre Lippen sind geschwollen, und sie sieht leicht benommen aus, als sie nickt.

Angesichts Zachs Miene, halb unbeeindruckt, halb verärgert, durchströmt mich ein Anflug von Selbstgefälligkeit.

Pippa rutscht von meinem Schoß.

Ich erhebe mich ebenfalls und trete nahe genug an Zach heran, dass der Größenunterschied zwischen uns beiden überdeutlich wird. Ich setze meine Größe nicht oft zu meinem Vorteil ein, aber heute Abend ist mir jedes Mittel recht, um es diesem Kerl zu zeigen.

»Danke für die Einladung.«

»Gern«, sagt er und lächelt verkrampft. Er sieht aus, als würde ihm gleich schlecht werden. »War wirklich schön, dich zu sehen, Pippa.«

Sie zwingt sich ebenfalls zu einem Lächeln. »Fand ich auch.«

Ich strecke meine Hand aus, und sie lässt ihre hineingleiten. Ihre Finger schmiegen sich perfekt in meine. Auf dem Weg die Treppe hinunter stütze ich sie wieder, damit sie nicht stolpert.

Sie winkt ein paar Leuten zum Abschied. Sobald wir draußen sind, stößt sie so schwer den Atem aus, als hätte sie ihn die ganze Zeit über angehalten.

Ich lasse sie los, denn jetzt, nachdem wir die Party verlassen haben, ist es nicht mehr nötig, dass wir weiter schauspielern.

Mein Magen zieht sich zusammen. Das alles fühlt sich viel zu einfach an, und ich weiß, wie gefährlich das ist.

»O mein Gott«, haucht sie und schließt die Augen. »Das war krass.«

»Pippa.« Ich verschränke die Arme vor der Brust, damit ich nicht wieder etwas Dummes tue, wie ihre Haare oder ihre Taille zu berühren. Unsere kleine Scharade ist vorbei. »Du hast das großartig gemacht.«

Sie schnaubt und verdreht die Augen.

»Doch, das hast du.«

Sie lächelt zu mir hoch. »Danke.«

Mein Herzschlag beschleunigt. »Jederzeit.«

Ihr die Wahrheit zu sagen, kommt nicht infrage – nämlich dass der heutige Abend ein Gefallen war, den ich einzig und allein mir selbst getan habe.

KAPITEL 30
JAMIE

Ich kann nicht aufhören, an sie zu denken.

»Noch eine Runde«, ruft Owens der Kellnerin zu und schließt mit einer Geste unsere große Gruppe ein. Nachdem wir heute gegen Houston verloren haben, ist das ganze Team noch zusammen in eine Bar weitergezogen.

Ich nehme einen Schluck von meinem Bier in der Hoffnung, dass es meine Unruhe ertränkt. Jedes Mal, wenn während des heutigen Spiels ein Pfiff ertönt ist, habe ich den Drang verspürt, einen Blick über die Schulter zu werfen. Das Bild von ihr, wie sie lächelnd hinter mir sitzt und mir zusieht, wollte einfach nicht aus meinem Kopf verschwinden. Ich bin seit sechs Tagen unterwegs, und es ist an der Zeit, der Wahrheit ins Gesicht zu schauen.

Ich vermisse Pippa.

Die Kellnerin stellt ein frisches Bier vor mir ab, und ich stürze den Rest meines Drinks runter, um ihr mit einem »Danke« das leere Glas zu reichen.

»Du hast heute Abend ja einen ganz schönen Zug drauf«, bemerkt Owens gut gelaunt.

Ich starre ihn grimmig an.

»Wie geht's deinem Mädchen?«

Meinem Mädchen. Die Worte lösen ein warmes Gefühl in meiner Brust aus.

»Sie ist meine Assistentin«, korrigiere ich ihn, aber selbst in meinen eigenen Ohren klingt das wenig überzeugend.

»Schon klar.« Er grinst wieder. »Genau das wollte ich sagen.«

Ich leere das Bier zur Hälfte. »Sie geht dich nichts an.«

Er wirft lachend den Kopf in den Nacken. »Entspann dich, Streicher. Ich bin nicht hinter ihr her.«

Meine Schultern entspannen sich ein wenig, und ich trinke noch einen Schluck.

Ich rufe mir das Gespräch in Erinnerung, das Pippa und ich im Auto geführt haben – als ich ihr gesagt habe, dass ich nicht will, dass sie Männer mit nach Hause bringt. Wie verdammt bescheuert kann man eigentlich sein? Offensichtlicher hätte ich mich kaum verhalten können. Vermutlich hält sie mich für ein toxisches Arschloch.

Und dann die Tourparty. Auf der ich sie geküsst und berührt, sie auf meinem Schoß enger an mich gezogen habe. Ich habe die ganze Woche an diesen Abend gedacht.

»Wenn ich das jetzt gleich sage, reißt du mir vermutlich den Kopf ab«, beginnt Owens.

»Dann lass es.«

Er grinst. »Ich sag's trotzdem. Du spielst besser, wenn Pippa im Stadion ist.«

Ich verschränke die Arme. Auf einmal lastet ein merkwürdiger Druck auf meiner Brust.

»Das liegt daran, dass dann auch meine Mom dabei ist«, erwidere ich scharf.

Er schüttelt den Kopf. Seine Augen funkeln. »Ich glaube nicht, dass es darum geht.«

»Du bist besoffen.«

Er lacht erneut. »Stimmt, bin ich, was aber nicht heißt, dass ich mit meiner Vermutung danebenliege.«

Ich verdrehe die Augen. Diese verdammten Rookies glauben wirklich, von allem eine Ahnung zu haben.

Als Alexei Volkov vom anderen Ende des Tisches etwas zu Owens herüberruft, steht dieser auf und gesellt sich zu ihm. Kaum dass er weg ist, sehe ich Pippa vor mir, wie sie hinter meinem Tor sitzt, und sofort fühle ich mich ruhiger.

Fuck.

Ich reibe mir den Nasenrücken. Ich bin nicht bereit, mich diesen Dingen zu stellen. Das ist ziemlich feige von mir und widerspricht so ziemlich allem, was ich in meinem Sport über Entschlossenheit und mentale Stärke gelernt habe, aber …

Ich darf die Sache mit Pippa nicht real werden lassen. Auf keinen Fall darf ich das zwischen uns versauen, um dann in der gleichen Kategorie wie Zach zu landen, dem Verlierer mit dem Arschgesicht. Nachdem ich sie Gitarre spielen und singen gehört habe, ist mir klar, dass sie das Zeug hat, als Musikerin Karriere zu machen.

Sie weiß es nur noch nicht.

Mein Handy summt in meiner Gesäßtasche. Auf dem Display leuchtet ein Bild von Pippa und Daisy von einem Spaziergang heute Nachmittag auf. Die Sonne lugt durch die Bäume, und Pippas Augen leuchten unglaublich hell. Auf ihren Wangen blühen zwei blassrosa Flecken von der Kälte. Bei ihrem Anblick zieht sich mein Herz zusammen. Ich studiere ihre Züge, zeichne die Linien ihres Gesichts und ihres karamellfarbenen Haares mit meinem Blick nach. Als ich registriere, dass sie lediglich eine dünne Jacke trägt, runzle ich die Stirn.

Du solltest dich wärmer anziehen, texte ich zurück. In den Bergen kann es sehr viel kälter werden als in der Stadt.

Ohne zu blinzeln, starre ich auf die drei Punkte, die signalisieren, dass sie tippt, und ich spüre Aufregung in mir aufsteigen. Es ist das gleiche Gefühl wie der Augenblick, wenn ein gegnerischer Spieler auf mein Tor schießt.

Bossy, lautet ihre Antwort.

Ich schnaufe, stütze mein Kinn auf die Handfläche und scrolle zurück zu dem Foto von ihr. Das Bier ist mir eindeutig in den Kopf gestiegen, denn im gleichen Moment frage ich mich, ob sie das wohl auch im Bett sagen würde.

Vor meinem geistigen Auge tauchen Bilder von uns beiden auf – nackt, schwer atmend. Vielleicht habe ich auf ihr Bitten hin ihre Handgelenke gefesselt, während ich in sie stoße und beobachte, wie sich ihre Lider vor Lust senken.

Mein Schwanz wird hart. Ich schließe die Augen und reibe mir über das Gesicht.

Scheiße, Streicher. Reiß dich gefälligst zusammen!

Pippas Schwierigkeiten, zum Orgasmus zu kommen, beschäftigen mich schon die ganze Woche über.

Ich starre auf unseren Chat und möchte so viele Dinge schreiben. *Wie geht es dir* und *Hast du auch an mich gedacht* und *Ich kenne hundert Möglichkeiten, dich zum Höhepunkt zu bringen.*

Wie läuft's zu Hause, tippe ich stattdessen, weil es weniger persönlich ist.

Ruhig, antwortet sie. *Daisy vermisst dich.*

Mein Puls beschleunigt sich. Ich beuge mich vor, die Ellbogen auf die Knie gestützt.

Bevor sie es merkt, bin ich schon wieder daheim, texte ich zurück.

Pippas Antwort folgt nur wenige Sekunden später. *Sie freut sich schon drauf.*

Meine Lippen verziehen sich zu einem angedeuteten Lächeln.

»Heilige Scheiße!«, brüllt Owens vom anderen Ende des Tisches und deutet auf mich. »Er lächelt!«

Ich schüttele den Kopf, spüre jedoch, dass meine Mundwinkel noch immer nach oben zeigen.

»Fick dich, Owens«, rufe ich zurück, allerdings ohne Schärfe in der Stimme.

Er feixt.

Erzähl mir von euren Spazierrunden diese Woche, schreibe ich Pippa.

Soll ich dir einen detaillierten Ablauf schicken?

Ja, bitte. Minutengenau.

Du bist so fordernd.

Ich grinse auf mein Handy hinunter, während ich mit einem Knie wippe, weil ich mich auf einmal wie elektrisiert fühle.

Eine halbe Stunde später texten wir immer noch. Ich habe aufgehört zu zählen, wie viele Bier ich getrunken habe. Ich befinde mich in diesem beschwingt-angeheiterten Zustand, in dem alles mehr Spaß zu machen scheint. Normalerweise trinke ich nicht viel, weil meine Mutter befürchtet, ich könnte die Neigung zum Alkoholismus von meinem Vater geerbt haben. Aber ich rede mir ein, dass das Trinken mit der Mannschaft Teil des Teambuildings ist, auf das Ward so viel Wert legt.

Danke noch mal, dass du mit mir zu dieser Party gegangen bist, schreibt Pippa.

Ich bin gleich am Morgen danach zu einer Reihe von Auswärtsspielen abgereist, weswegen wir bisher keine Gelegenheit hatten, persönlich über den Abend zu sprechen.

Kein Problem. Habe ich gerne gemacht.

Ich wollte mich noch für das Thema entschuldigen, über das wir geredet haben.

Meine Schultern verspannen sich. *Was meinst du?*

Diesmal lässt ihre Antwort auf sich warten, und ich kann förmlich vor mir sehen, wie sie auf der anderen Seite des Kontinents nachdenklich auf ihrer Lippe kaut.

Was ich von Zach und mir erzählt habe … Das war unprofessionell.

Bei der Vorstellung, wie sie in diesem Moment besorgt die Stirn runzelt, reibe ich mir unwillkürlich über die Brust. Bereut sie es, mit mir darüber gesprochen zu haben?

Ich habe dich quasi gezwungen, darüber zu reden.

Trotzdem. Das Ganze ist nicht dein Problem, und es ist mir peinlich.

Ich kann das Gefühl, das sich in meiner Brust festgesetzt hat, nicht benennen. Es ist eine Mischung aus dem Wunsch, sie stundenlang zu umarmen, und dem dringenden Bedürfnis, ihr zu beweisen, dass ihr vermeintliches »Problem« keines ist.

Das muss dir nicht peinlich sein, Songbird. Ich drücke auf Senden, bevor ich weiter darüber nachdenken kann, ob es richtig ist, sie so zu nennen. Wenn wir schon über Professionalität reden, dann sollte ich das dringend unterlassen. Aber ich kann einfach nicht damit aufhören.

Okay, also dann ..., antwortet sie. *Danke fürs Zuhören.*

Du kannst jederzeit mit mir darüber reden, schreibe ich, als ob ich ihr verdammter Freund wäre. Und wieder spüre ich bei diesem Gedanken ein Stechen in der Herzgegend.

Ein unangenehmes Bild erscheint vor meinem inneren Auge. Ich stelle mir vor, wie Pippa und ich in meiner Wohnung auf der Couch sitzen und sie über ihre Sexprobleme mit einem Typen plaudert, mit dem sie sich trifft. Augenblicklich werde ich wütend. Allein die Vorstellung macht mich wahnsinnig.

Ich gehe jetzt schlafen, schreibt sie. *Gute Nacht, Jamie.*

Gute Nacht, Pippa.

Noch lange nach ihrer letzten Nachricht stiere ich auf mein Handy und scrolle durch unseren Chat. Zach konnte sie nicht befriedigen, und ich will es unbedingt. Nicht nur aufgrund meines Ehrgeizes, sondern weil Pippa unglaublich toll ist und nur das Beste verdient. Ich konnte den Kummer in ihrer Stimme hören, als sie mir davon erzählt hat. Und er hat mich traurig gemacht.

Ich muss das für sie in Ordnung bringen. Ich muss mich um sie kümmern.

Seufzend vergrabe ich den Kopf in meinen Händen. Es gibt eine Million guter Gründe, zu vergessen, dass sie mir jemals davon erzählt hat. Sie arbeitet für mich, und ich vertraue ihr, ganz egal ob es um meine Wohnung, meinen Hund oder meine Mutter geht. Ich mag sie, und ich will es nicht vermasseln, wie ich es bei Erin getan habe. Und nach letztem Jahr bin ich mir nur allzu bewusst, dass mich meine Mutter braucht, auch wenn sie es nicht zugeben will.

»Hey, Streicher, als ich gesagt habe, dass du mehr Zeit mit dem Team verbringen sollst«, bemerkt Ward mit einem schiefen Grinsen und deutet auf mein Handy, »habe ich das anders gemeint.«

Ich schaue mich um. Alle am Tisch unterhalten sich, reden, trinken und lachen, während ich in Gedanken erneut in Vancouver bei der Frau bin, von der ich eigentlich Abstand halten sollte.

Ich stecke mein Handy zurück in die Tasche, und Owens bestellt mir ein weiteres Bier.

Es ist schon spät, als ich in mein Hotelzimmer zurückkehre. Unbeholfen fummele ich mit der Schlüsselkarte herum, um die Tür zu öffnen. Nachdem ich mein Handy weggelegt habe, hat Owens uns alle mit lustigen Geschichten von seinem Europa-Trip im Sommer unterhalten. Er hat mich dabei an Miller erinnert, wie er früher war, bevor er zu einem Arsch mutiert ist. Und Ward hat uns sogar ein bisschen was über seine Zeit vor der Verletzung erzählt, als er für Toronto gespielt hat. Und dennoch musste ich die ganze Zeit über an Pippas Problem denken.

Ich ziehe Shirt und Hose aus und lasse mich mit dem Handy in der Hand aufs Bett fallen, um noch einmal die letzten Nachrichten in meinem Chat mit Pippa durchzuscrollen.

Es ist nur eine Frage der Zeit, bis sie es einem anderen Typen gesteht, der ihr ebenfalls helfen wollen wird.

Mein Kopf fällt zurück aufs Kissen, und ich stöhne leise auf. Bei dem Gedanken, sie mit jemandem zu teilen, knirsche ich unwillkürlich mit den Zähnen. Ich mag Pippa, und das nicht nur, weil ich sie heiß finde. Ich unterhalte mich gerne mit ihr. Ich hänge gerne mit ihr ab. Und es gefällt mir, mit ihr zusammenzuwohnen. Sie backt Cupcakes für mich. Sie ist lustig, süß und wunderschön.

Wie es aussieht, sind wir Freunde. Und ich will nicht, dass sie für einen anderen Kerl Muffins backt oder unter der Dusche singt, während er lauschend vor der Tür steht.

In meinem Kopf dreht sich alles, ich bin eindeutig betrunken. Das war ich seit Jahren nicht mehr.

Ich erlaube meinen Gedanken, zurück zu Pippa zu wandern, und eine Idee bahnt sich einen Weg durch mein träges Hirn in mein Bewusstsein. Hastig nehme ich wieder mein Smartphone in die Hand und gebe in die Suchzeile den Namen eines Sexspielzeugs ein, von dem ich mal gehört habe. Mein Puls rauscht in meinen Ohren, und ich bin steinhart, als ich den Artikel in den Einkaufswagen lege, in die Lieferinformation Pippas Namen sowie die Adresse meiner Wohnung eintrage und anschließend bezahle.

KAPITEL 31
JAMIE

Drei Tage später, als ich mit meinem Team im Privatjet sitze und darauf warte, dass die Maschine abhebt, texte ich Pippa, dass ich auf dem Weg nach Hause bin.

Daisy freut sich sehr auf dich!, antwortet sie, und ich lächele das Display an.

Meine gesamte Reise über haben wir uns geschrieben und Fotos von unserem jeweiligen Tag geschickt. Ich ertappe mich dabei, wie ich die Bilder von ihr betrachte, sie mir ganz genau einpräge und mich schon jetzt auf das nächste freue.

In diesem Moment ploppt eine E-Mail-Benachrichtigung auf meinem Smartphone auf. *Lieferstatus Ihrer Bestellung.*

Irritiert kneife ich die Augen zusammen. Ich kann mich nicht erinnern, irgendetwas bestellt zu haben. Normalerweise kümmert sich Pippa um diese Dinge und bezahlt mit der Kreditkarte, die ich ihr dafür gegeben habe.

Gute Neuigkeiten! Ihre Bestellung befindet sich auf dem Weg zu Ihnen. Die Zustellung erfolgt voraussichtlich heute Nachmittag.

(I) Satisfyer – Ihr persönliches Spielzeug mit Klitoris-Saugfunktion für Ihr lustvolles Vergnügen!

Mein Herz bleibt stehen.

Das habe ich total vergessen.

Fuck! Mein Puls beschleunigt sich, während nach und nach die Erinnerungen an jenen Abend zurückkommen – wie ich mit einem riesigen Ständer in Boxershorts auf dem Bett lag und online ein Sextoy für Pippa bestellt habe.

Scheiße, scheiße, scheiße! Das darf nicht wahr sein. Ich kann einfach nicht glauben, dass ich das getan habe. Wie konnte ich nur? Sie arbeitet für mich. Sie hat mich nicht darum gebeten. Sie versucht, eine professionelle Ebene zu wahren. *Ich* versuche, eine professionelle Ebene zu wahren.

Mir wird schlecht.

»Alles okay, Streicher?«, erkundigt sich Volkov, der neben mir sitzt, und ich nicke knapp.

»Alles bestens«, murmele ich, obwohl ich ernsthaft befürchte, mich gleich übergeben zu müssen.

Und noch mal: Fuck!

Ein Klick auf den aktuellen Lieferstatus verrät mir, dass das Paket eine halbe Stunde nach mir zu Hause eintreffen wird. Mir ist am ganzen Körper heiß, ich schwitze. Wenn ich mich beeile, schaffe ich es vielleicht gerade so, die Lieferung abzufangen.

Ich stelle mir vor, wie Pippa den Karton öffnet und angewidert das Gesicht verzieht. Sämtliche Nachrichten, die wir diese Woche ausgetauscht haben, jedes Lächeln, das sie mir geschenkt hat, jeder Spaziergang, den wir zusammen unternommen haben – ich habe das alles kaputtgemacht.

Was auch immer Pippa für mich bedeutet, ich habe es zerstört.

»Kabinenbesatzung«, meldet sich der Pilot über den Lautsprecher, »machen Sie sich zum Start bereit.«

Die Flugbegleiter und Flugbegleiterinnen machen einen letzten Check und nehmen anschließend ihre Plätze ein.

Mein Puls rast noch immer. Die nächsten fünf Stunden bin ich in diesem verdammten Flugzeug gefangen und kann nur beten, dass ich das Paket in die Finger bekomme, bevor Pippa es tut.

Kaum dass wir gelandet sind, springe ich von meinem Sitz auf und zerre meine Tasche aus der Gepäckablage.

Meine Teamkollegen mustern mich alarmiert, während ich durch den Gang nach vorne laufe, um als Erster an der Tür zu sein. Das Flugzeug rollt noch immer über die Landebahn, und einer der Flugbegleiter verdreht angesichts meines Verhaltens genervt die Augen.

Aber es ist mir scheißegal, ob ich mich danebenbenehme. Ich muss so schnell wie möglich hier raus. Wenn ich nicht rechtzeitig zu Hause ankomme, dann bin ich am Arsch, und damit meine ich nicht nur, dass ich mich um eine neue Assistenz werde kümmern müssen. Wenn Pippa begreift, dass ich ihr ein Sexspielzeug geschickt habe, werde ich die einzige Person verlieren, die ich in dieser Stadt mag.

Eine neue Welle der Übelkeit überrollt mich.

Als eine der Flugbegleiterinnen die Tür öffnet, trete ich ihr vor Ungeduld beinahe in die Hacken. Wenn es sich nicht um einen Privatjet handeln würde und ich kein bekannter Eishockeyspieler in dieser Stadt wäre, würde man mich wahrscheinlich verhaften lassen. Stattdessen wirkt die Flugbegleiterin vollkommen unbeeindruckt, als sie mir mit einer Geste zu verstehen gibt, dass ich den Flieger verlassen darf.

»Sorry«, murmele ich, als ich an ihr vorbeistürme. »Ein Notfall.«

Kurz darauf sprinte ich durch den Flughafen. Dank meiner Größe und Statur werde ich, zumindest in Vancouver, leicht erkannt. Leute gaffen mich an, zücken Handys, um Fotos oder Videos zu machen. So wie ich durch die Ankunftshalle walze, muss ich aussehen wie der verdammte Terminator. Selbst als ich jemanden mit meiner Tasche anrempele und die Person ins Straucheln gerät, bleibe ich nicht stehen, sondern rufe stattdessen eine Entschuldigung über die Schulter.

Gott sei Dank gibt es einen speziellen Ausgang für Privatflüge. Nur eine Person wartet vor mir. Ich atme schwer, Schweißperlen stehen mir auf der Stirn.

Es gibt kein Liefer-Update. Das bedeutet, das Paket wurde noch nicht zugestellt.

Ich schlucke, um den Kloß in meinem Hals loszuwerden. Meine Nerven liegen blank, ich habe mich noch nie so angespannt gefühlt. Weder vor einem großen Spiel, noch als ich erfahren habe, dass meine Mutter Panikattacken hat. Ich habe keine Ahnung, was das bedeutet, allerdings habe ich auch nicht vor, mich ausgerechnet jetzt damit auseinanderzusetzen.

Der Sicherheitsbeamte am Ausgang wirft mir einen langen Blick zu, bevor er meinen Reisepass studiert. Ich kann den Moment erkennen, in dem er begreift, wer ich bin, und meine Gewissensbisse verdoppeln sich noch einmal – wäre ich kein professioneller Eishockeyspieler, der einen Anzug trägt, der mehr kostet, als die meisten Leute in einem Monat verdienen, würde man mich wegen meines derangierten Zustands garantiert aus der Schlange ziehen.

»Schönen Tag noch, Mr Streicher«, sagt er stattdessen nur und winkt mich durch. »Lassen Sie uns noch mehr Streicher-Shutouts sehen!«

»Geht klar«, rufe ich, während ich aus der Tür eile.

Das Uber wartet bereits auf mich, und ich steige ein. Mein eigenes Auto habe ich in der Tiefgarage stehen lassen, falls Pippa es brauchen sollte.

»Fünfhundert Dollar, wenn Sie mich so schnell wie möglich nach Hause bringen«, sage ich dem Fahrer und ziehe eine Handvoll Scheine aus meinem Portemonnaie.

Die nächsten zwanzig Minuten ziehen sich unerträglich in die Länge. Der Fahrer tritt auf Gas und Bremse, überschreitet das Tempolimit so weit, dass ich gar nicht hinsehen will, und wird ein Dutzend Mal angehupt. Währenddessen wippe ich nervös mit den Knien und starre mit zusammengebissenen Zähnen abwechselnd aus dem Fenster und auf mein Handy, auf dem ich die Tracking-Seite wieder und wieder aktualisiere.

Vor meinem Apartmentgebäude drücke ich dem Fahrer die Scheine in die Hand und springe aus dem Wagen. Der Aufzug braucht ein Jahrhundert, um in die Lobby zu kommen, und ein weiteres, um die oberste Etage zu erreichen. Eine winzige alte Dame steigt im zehnten Stock aus, und ich muss mich zurückhalten, sie nicht aus der Fahrstuhlkabine zu schubsen, damit es schneller geht. Vor Ungeduld fahre ich beinahe aus der Haut.

Endlich öffnen sich die Türen auf der obersten Etage, und in der nächsten Sekunde stehe ich vor meiner Wohnungstür.

Kein Paket auf dem Boden. Doch das muss nichts heißen – es könnte drinnen liegen oder unten beim Portier.

In der Wohnung ist es still. Daisy trottet schwanzwedelnd herbei, und ich nehme sie geistesabwesend auf den Arm, streichle sie, während ich mich hektisch umsehe und schließlich den Einbauschrank unter der Spüle aufreiße, um das Altpapier zu überprüfen.

Kein Paket. Kein aufgerissener leerer Karton. Und keine Pippa. Ein kurzer Anruf in der Lobby bestätigt mir, dass auch beim Portier nichts für mich abgegeben wurde.

Erleichterung durchflutet mich, und der Knoten in meinem Magen löst sich langsam auf. Es wurde noch nicht zugestellt. Mit einem Seufzen lehne ich mich mit dem Rücken gegen die Wohnungstür, um wieder zu Atem zu kommen. In den letzten Stunden bin ich um mindestens ein Jahrzehnt gealtert.

Ich kraule Daisy noch einmal hinter den Ohren, bevor ich sie absetze. Sie tappt zurück zur Couch und schläft weiter.

Nachdem sich mein Puls wieder einigermaßen beruhigt hat, fahre ich mir mit einer Hand über das Gesicht.

Das war verdammt knapp. Zu knapp.

Als ich in den ersten Stock hinaufgehe, um mich umzuziehen, lässt mich auf dem Weg über den Flur in mein Zimmer ein Geräusch innehalten. Ein Keuchen.

Ich starre auf Pippas Tür. Ein schneller, rhythmischer Laut, wie ein Surren, gefolgt von einem gehauchten Stöhnen.

Sämtliches Blut in meinem Körper strömt in meinen Schwanz. Ich war zu langsam. Das Sexspielzeug ist vor mir angekommen. Und Pippa benutzt es gerade in ihrem Schlafzimmer.

KAPITEL 32
PIPPA

Eine Welle intensiver Lust nach der anderen rollt von der Stelle aus, an der ich den Satisfyer gegen meine Klitoris drücke, durch meinen Körper. Ich zittere, mein Rücken wölbt sich vom Bett, meine Muskeln sind angespannt, mein Mund steht offen, und meine Augen sind geschlossen, während ich den heftigsten Orgasmus meines Lebens durchlebe. Erst als ich es nicht mehr aushalte, schalte ich das Gerät aus und lasse mich in die Kissen zurückfallen, um zu Atem zu kommen.

Das war … unglaublich. Ich hebe den Kopf an und betrachte das Sextoy, das Hazel mir geschickt hat. Mein Verstand ist wie weggeblasen. Ein schwebendes, entspanntes Gefühl durchströmt meinen Körper, und ich stoße ein Lachen aus.

Das Ding hat geliefert, und zwar *schnell.* Vielleicht bin ich ja doch nicht kaputt. Ich beiße mir auf die Lippen und grinse vor mich hin. An Jamie zu denken, während ich es benutze, machte alles noch intensiver. Dann bin ich eben ein bisschen in ihn verknallt. Das war ich schon immer. Ich werde nichts dagegen unternehmen.

Nachdem ich noch ein paarmal tief durchgeatmet habe, stehe ich auf, ziehe mich an und gehe nach unten.

Jamie ist in der Küche und räumt den Geschirrspüler aus. Er sieht verdammt gut aus in seiner Sporthose und dem grauen langärmeligen Hemd. Die Art und Weise, wie sich der dünne Stoff an seine Brust und Schultern schmiegt, weckt in mir den Wunsch, wieder nach oben zu rennen und den Satisfyer für eine weitere Runde anzuwerfen.

»Du bist zu Hause«, begrüße ich Jamie mit einem breiten Grinsen.

Diese Woche habe ich ihm zwar geschrieben, dass Daisy ihn vermisst, aber in Wahrheit bin *ich* diejenige, die ihn vermisst hat.

Mit undefinierbarer Miene verfolgt er, wie ich auf ihn zukomme und ihn umarme. Erst als ich mein Gesicht an seine Brust presse und die Augen schließe, wird mir klar, dass die meisten Leute so wohl kaum ihren Chef begrüßen. Aber ich finde nicht die Kraft, mich dagegen zu wehren. Mein neues Spielzeug hat mir sämtliche Energie entzogen.

»Wie war dein Flug?«

Als ich mich von ihm löse, meidet Jamie meinen Blick. Seine Wangen sind gerötet. Er weicht einen Schritt zurück und verschränkt die Arme vor der Brust. »Okay.«

»Gut.« Ich muss schon wieder grinsen. So entspannt habe ich mich seit Ewigkeiten nicht mehr gefühlt. Hazel wird gar nicht aufhören, sich für ihr Geschenk auf die Schulter zu klopfen, und mir soll es recht sein. Ich werde ihr als Dankeschön Blumen kaufen. Nein, einen ganzen Blumenladen.

Ich beobachte, wie Jamies Adamsapfel wippt, als er schluckt. Sein Blick begegnet für einen kurzen Moment meinem, bevor er die Augen schließt und angestrengt die Stirn runzelt.

»Geht es dir gut?«

»Ja«, antwortet er, bevor er sich abrupt abwendet und die Treppe hinaufstürmt.

Ich hebe eine Augenbraue und sehe seiner großen Gestalt nach. »Schlechte Laune?«, rufe ich ihm hinterher.

Kurz darauf knallt seine Tür zu, und als ich ein paar Minuten später in mein eigenes Zimmer zurückkehre, um etwas zu holen, höre ich das Rauschen seiner Dusche. Vermutlich ist er von der Reise total kaputt.

Noch immer mit diesem zufriedenen Grinsen im Gesicht öffne ich meine Nachttischschublade, in der ich den Satisfyer verstaut habe. Heute Abend werde ich ihn wieder benutzen.

KAPITEL 33
PIPPA

Als ich am nächsten Morgen von meiner Runde mit Daisy nach Hause zurückkehre, kommt uns Jamie auf dem Flur zum Aufzug entgegen.

»Du musst los?«

Er kann mir kaum in die Augen sehen, als er mit einem knappen »Jepp« antwortet und den Riemen der Sporttasche auf seiner Schulter hochschiebt.

»Viel Spaß beim Training.«

»Danke.« Er sieht mich an, und ich rechne damit, dass er zum Fahrstuhl geht, aber er bewegt sich nicht von der Stelle. Dann räuspert er sich. »Was hast du heute vor?«

Die Antwort, die mir als Erstes durch den Kopf schießt, kann ich unmöglich laut aussprechen.

Mein neues Spielzeug reiten, während ich mir vorstelle, wie ich auf deinem Schoß sitze und mich an deiner riesigen Erektion reibe.

Nein, das kann ich definitiv nicht sagen. Bei dem Gedanken erhitzen sich meine Wangen, und mein Körper spannt sich erwartungsvoll an.

Ich habe den Satisfyer nonstop in Betrieb gehabt. Es ist mein erstes Sexspielzeug, bisher hatte ich keinen blassen Schimmer, wie unglaublich toll so ein Gerät sein kann. Auf Tournee hatte ich keinerlei Privatsphäre, da wäre es sowieso nicht möglich gewesen, etwas in der Art zu benutzen. Und selbst wenn ich eins gehabt hätte, wäre es mir garantiert zum ungünstigsten Zeitpunkt vor allen anderen aus der Tasche gefallen.

»Wir gehen mit Hazel wandern.« Ich zögere kurz, bevor ich hinzufüge: »Und vielleicht spiele ich später noch ein bisschen Gitarre.«

Seine Miene wird weich, und ich spüre ein Kribbeln im Magen. Mir gefällt dieser Ausdruck auf seinem attraktiven scharf geschnittenen Gesicht. Mir gefällt, wenn er mich auf diese Weise ansieht.

»Das ist großartig, Songbird«, erwidert er, und sein Mundwinkel zuckt nach oben.

Mein Herz macht einen Satz. Ich würde alles dafür tun, ihn zum Lächeln zu bringen. Je länger er meinen Blick festhält, desto intensiver wird das Flattern in meinem Bauch.

»Schickst du mir ein Foto?«

Ich nicke lächelnd. Er will wissen, wie es Daisy geht, das ist alles, ermahne ich mich stumm.

Nachdem wir uns verabschiedet haben, gehe ich in mein Zimmer und hole meine Gitarre hervor. Ich spiele eine Stunde lang darauf, schlage verschiedene Akkorde an, zupfe ein paar Melodien mit einem Stift und einem Notizbuch neben mir. Bereit, einen Text zu schreiben, aber es kommt nichts dabei heraus. So habe ich früher Musikstücke geschrieben, ich hatte ein paar Teile des Songs, vielleicht eine Strophe, den Refrain, eventuell sogar nur eine erste Zeile, und dann habe ich nach und nach die Lücken gefüllt. Aber heute erscheint mir nichts gut genug. Nichts klingt danach, als würde es sich lohnen, einen ganzen Song daraus zu machen. Ich kann einfach nicht aufhören, an Zach und seinen Manager zu denken.

Nach einer Weile stoße ich einen schweren, frustrierten Seufzer aus. Ich gebe wirklich eine tolle Musikerin ab. Nicht mal zum Spaß, als Hobby, kann ich etwas schreiben, ohne von Selbstzweifeln zerfressen zu werden.

»Nächste Woche wird die Marketingstelle für interne Bewerbungen ausgeschrieben«, erzählt mir Hazel auf unserer Wanderung am Nachmittag.

»Super.«

Ich stelle mir vor, wie ich in Meetings über Markenpartnerschaften, Kampagnenstrategien oder die Neugestaltung eines Logos diskutiere. Im Vergleich zu den irrsinnigen Arbeitszeiten auf einer Tournee würde mir ein Bürojob ein geregeltes Leben ermöglichen. Vielleicht schließe ich sogar neue Freundschaften. Und wenn sich jemand über mich lustig macht oder über meine Ideen lacht? Kein Problem, denn in eine Marketingidee fließt kein Teil meines Herzens ein, so wie in einen Song.

Etwas lässt mich innehalten. Wenn ich für die Marketingabteilung arbeite, werde ich Jamie und Daisy nicht mehr sehen.

Meine gute Laune zerplatzt wie ein Luftballon.

Andererseits wäre es sowieso das Beste. Ich muss daran denken, wie ich heute Morgen versucht habe, ein Musikstück zu schreiben, und wie gelähmt ich von der Vorstellung negativer Kritik war. Ich bin nicht wie Zach, dem es immer gelingt, die schlechten Dinge zu ignorieren.

»Du musst dich nicht bewerben«, sagt Hazel leise. »Nur weil Mom und Dad das wollen, heißt das ni…«

»Ich *möchte* mich aber bewerben«, falle ich ihr ins Wort. »Dafür hab ich schließlich studiert.«

Der Blick, mit dem sie mich bedenkt, ist skeptisch. Sie kauft mir meine Begeisterung nicht ab. Hazel hat mich schon immer durchschaut.

Ich kann förmlich schon hören, wie froh meine Eltern sein werden, dass ich mich überhaupt bewerbe. Sie fragen pausenlos danach. Außerdem fange ich gerade erst wieder mit der Musik an. Ich möchte mich nicht dem Druck aussetzen und sie zu meinem einzigen Lebensinhalt machen. Vorerst reicht es mir, es einfach wieder lieben zu lernen, zu singen und zu spielen.

»Ach, ich wollte mich ja noch bei dir für das Geschenk bedanken«, wechsle ich rasch das Thema und schenke ihr ein freches Lächeln. »Hast du damit eine Grenze überschritten? Auf jeden Fall. Ist es mir egal? Absolut.«

Sie legt den Kopf schief. »Wovon redest du?«

»Von dem Spielzeug.«

»Welches Spielzeug?«

Ich verenge die Augen. »Das du mir geschickt hast.«

Sie runzelt die Stirn. »Ich habe dir gar nichts geschickt.«

Ich blinzle. »Doch, das hast du. Den Satisfyer.«

Sie verschluckt sich beinahe an einem Lachen. »Der kommt nicht von mir. Aber der ist eine gute Wahl. Alle wollen immer einen Vibrator, aber das Ding … bzzzzzz!« Sie macht ein Geräusch wie eine Kreissäge. »Manchmal ist es fast zu viel des Guten.«

Ich bleibe stehen. »Du hast ihn mir geschickt.«

»Nein«, sagt sie langsam. »Habe ich nicht.«

Wer hat dann …

O Gott. Ich atme scharf ein. Er ist der einzige andere Mensch, der meine Adresse kennt. Sogar bei der Teamleitung ist nach wie vor Hazels Adresse für mich hinterlegt, obwohl alle wissen, dass ich bei Jamie wohne.

»Was bedeutet dieser Blick?« Hazel mustert mich neugierig.

Ich starre ins Leere. Mein Gesicht hat die Temperatur der Sonne, und ich werde garantiert vor Verlegenheit oder Geilheit oder Schock sterben.

Jamie Streicher hat mir ein Sexspielzeug geschenkt, und ich habe es pausenlos benutzt, während ich dabei an ihn gedacht habe.

In meinem Kopf taucht das Bild von ihm auf, wie er in der Küche stand, mit diesem unbehaglichen Gesichtsausdruck, als ich in meinem Post-Orgasmus-Dunst die Treppe runtergekommen bin. Ich presse meine Hände gegen die Wangen. Ja, ich werde definitiv sterben. Jeden Moment wird sich mein gesamtes Wesen vor Verlegenheit in Luft auflösen.

»O Gott«, flüstere ich.

»Was?«

»Ich glaube, der Satisfyer kommt von Jamie.«

Hazel prustet los. »Großartig.«

»Nein«, protestiere ich. »Alles andere als großartig.«

Ihre Augen leuchten vor Aufregung. »Er maaaag dich.«

»Nein, tut er nicht.« Meine Stimme klingt seltsam. »Tut er nicht.«

Ihr Schnauben behauptet das Gegenteil.

Das kann unmöglich sein. *Du bist meine Assistentin*, hat er gesagt.

Ich begegne Hazels Blick, während sich meine Gedanken überschlagen. »Er hat auf einer Party, auf der Zach war, so getan, als wäre er mein Freund. Und als ich auf seinem Schoß saß, hat er einen Ständer bekommen«, platzt es aus mir heraus.

Hazel fällt die Kinnlade runter, ihre Augen funkeln. »Erzähl mir alles.«

Als ich meinen Bericht von der Tour-Abschlussparty beendet habe, schüttelt sie den Kopf. »Er will dich vögeln.«

Meine Haut kribbelt, und aus irgendeinem Grund bekomme ich nur noch schwer Luft. »Ich weiß nicht, was ich tun soll.«

»Willst du ihn vögeln?«

Die ultimative Rache wäre, mit dir zu schlafen. Ich kann nicht fassen, dass ich das gesagt habe.

»Ja«, quietsche ich und werde rot. »Aber wir dürfen das nicht tun.«

Sie seufzt. »Du weißt, was ich von Eishockeyspielern halte, aber wenn du willst und er auch will …« Sie zwinkert mir ermutigend zu. »Warum nicht?«

Weil ich bereits mehr als nur freundschaftliche Gefühle für ihn empfinde. Was, wenn ich mich richtig in ihn verliebe, nur um in ein paar Monaten auszuziehen und nie wieder mit ihm zu reden? Was, wenn ich anfange, ihn *zu* sehr zu mögen, und er einen auf Zach macht?

Ich war in diesem Jahr schon einmal am Boden zerstört. So was kann ich nicht noch mal durchmachen. Jamie ist wahnsinnig heiß und definitiv eine Nummer zu groß für mich – es ist absolut unmöglich, dass er mir *nicht* das Herz bricht.

»Haltet es einfach unkompliziert«, sagt Hazel. »Typen sind immer nur so treu wie ihre Möglichkeiten, vor allem Typen wie er.« Sie zuckt mit den Schultern. »Vergiss nicht, wer er ist. Und lass deine Gefühle aus dem Spiel.«

Sie hat leicht reden. Hazel führt nur zeitlich begrenzte und unkomplizierte Beziehungen, aber ich weiß nicht, wie das funktionieren soll.

Ich lebe mit Jamie zusammen. Ich arbeite für Jamie. Wir schreiben uns Nachrichten und reden über unseren Tag. Seine Hündin ist sozusagen meine beste Freundin. Ich treffe mich mit seiner Mutter.

Nichts an dieser Sache ist unkompliziert. Gefühlsmäßig stecke ich bereits Hals über Kopf drin, und wenn ich zulasse, dass es sich noch weiter in diese Richtung entwickelt, wird es höllisch wehtun.

An diesem Nachmittag komme ich früher als erwartet nach Hause. Jamies Schuhe stehen im Flurschrank, aber in der Wohnung ist es ruhig. Daisy ist von unserer Wanderung müde und hüpft auf die Couch, um ein Nickerchen zu machen, und ich gehe hoch in mein Zimmer, um mein Handy aufzuladen.

Als ich an Jamies Tür vorbeikomme, höre ich ganz leise meinen Namen, kaum lauter als ein Murmeln.

Mein Herzschlag gerät ins Stolpern. Redet er am Telefon über mich? Ich beuge mich ganz langsam vor, um zu lauschen. Das ist auf ganz verschiedenen Ebenen absolut falsch, aber falls er wirklich über mich spricht, muss ich wissen, was er sagt.

Mit angehaltenem Atem presse ich mein Ohr gegen die Tür.

»Fuck«, murmelt er im selben Tonfall wie bei unserem Kuss. Ein tiefer, beinahe verzweifelter Laut.

Meine Augen werden groß. Meine Haut kribbelt, als ich ihn mir mit seinem Schwanz in der Hand auf der anderen Seite der Tür vorstelle, wie er sich vor Lust windet.

»Pippa.« Erneut dringt sein leises Stöhnen durch die Tür, und ich spüre, wie ich feucht werde.

Mein heißer Eishockeyspieler-Boss holt sich einen runter und stöhnt dabei meinen Namen.

Das Kribbeln verstärkt sich, als ich uns zusammen vor mir sehe, seinen stählernen Körper, während er mich berührt, mich antreibt.

Jamie wäre ganz anders im Bett als Zach. *Ich weiß, dass du das kannst*, hat er mich ermutigt, als ich mir unsicher war, ob ich in dem Pub wirklich auf die Bühne gehen soll.

Ich wette, das würde er auch im Bett sagen.

KAPITEL 34
JAMIE

Als Pippa am nächsten Abend mit Daisy nach Hause kommt, bleibt sie verwirrt in der Küche stehen.

»Was ist das?«, fragt sie und deutet auf das Chaos, das ich angerichtet habe.

Ich reibe mir den Nacken und komme mir dumm vor. Ich kann nicht glauben, dass ich das für eine gute Idee gehalten habe.

»Abendessen«, bringe ich heraus und begegne ihrem Blick, bevor ich schnell wieder wegschaue. »Ich habe für uns gekocht.«

Ich bin ein verdammtes Wrack. Ich kann nicht aufhören, daran zu denken, wie sie sich in ihrem Zimmer mit ihrem neuen Spielzeug selbst befriedigt, und ich kann nicht aufhören, mir Sorgen zu machen, dass sie herausfindet, dass es von mir ist. Offenbar tappt sie bisher im Dunkeln, denn das ist die einzige Erklärung dafür, warum sie bisher nicht gekündigt oder die Personalabteilung eingeschaltet hat. Allein beim Gedanken daran, sie könnte ausziehen, wird mir schlecht. Bei der Vorstellung, wie sie reagiert, wenn sie erfährt, dass ich ihr dieses vollkommen unangebrachte Geschenk gemacht habe, möchte ich mir die Haare ausreißen.

Ich habe versucht, Pippa in eine separate Schublade in meinem Kopf zu stecken und die Erinnerung an ihren üppigen Mund, ihre perfekten Brüste und ihren runden, knackigen Po für die Momente aufzusparen, wenn ich abends ins Bett gehe. Es hat nicht funktioniert. Sie ist dauerpräsent in meinen Gedanken, und dieses verdammte Toy hängt wie ein Damoklesschwert über allem, was wir sind.

Ich bin am Ende, also habe ich beschlossen, für uns zu kochen. Keine Ahnung, warum. Sämtliches logisches Denkvermögen scheint mir abhandengekommen zu sein. Zumindest in Bezug auf Pippa.

Sie blinzelt verblüfft. »Ich wusste gar nicht, dass du kochen kannst.«

Ich zucke mit den Schultern, als wäre es keine große Sache. »Du musst nicht mitessen, wenn du nicht möchtest.«

»Doch, ich möchte«, sagt sie schnell. »Ich bin nur überrascht.« Sie schenkt mir ein Lächeln, und meine Nerven beruhigen sich ein wenig. »Angenehm überrascht.«

Errötet sie etwa?

Sie schlendert zum Ofen und späht hinein. »Enchiladas?«

Ich nicke. »Schwarze Bohnen, Süßkartoffeln und Spinat. Ist in zwanzig Minuten fertig.«

Kurz darauf verschwindet sie nach oben, um ihre Sachen abzulegen, und ich lasse den Kopf in den Nacken sinken, um einmal tief durchzuatmen.

Fünf Minuten später bin ich gerade dabei, die Spülmaschine einzuräumen, als sie in die Küche zurückkommt. Beim Anreichen einer Schüssel streifen sich unsere Finger. Es fühlt sich an, als hätte ich einen elektrischen Schlag bekommen, und ich zucke zurück.

»Was ist los mit dir?« Sie betrachtet mich halb amüsiert, halb neugierig. »Du bist so schreckhaft.«

Meine Schultern verspannen sich. »Es ist alles okay.«

Sie schnaubt. »Jamie, deine Schultern klemmen praktisch unter deinen Ohren. Brauchst du eine Massage oder so?«

Als ich mir vorstelle, wie sie mit ihren weichen Fingern meinen Nacken knetet, werde ich steif. Verdammte Scheiße.

»Ich brauche keine Massage«, platze ich heraus.

Sie hebt die Hände, als würde sie sich ergeben. »Ich habe auch nicht gesagt, dass ich dir eine geben werde. Entspann dich.«

Ich vermassle es.

Pippa geht zur Spüle, um ein Messer abzuwaschen. Ohne darüber nachzudenken, lege ich meine Hände auf ihre Schultern und schiebe sie weg.

»Lass, ich mach das schon. Schließlich hab ich die Sauerei nicht veranstaltet, damit du hinter mir herputzen musst.«

»Ich weiß.« Sie zuckt unter meiner Berührung zusammen. »Aber ich helfe gerne. Immerhin wohne ich auch hier.«

»Pippa … Bitte setz dich.«

Sie legt das saubere Messer auf die Trockenunterlage und wendet sich mit einem besorgten Blick zu mir um. »Habe ich etwas falsch gemacht?«

»Nein.« Ich hasse mich selbst. »Es tut mir leid. Ich bin heute einfach ziemlich gestresst.«

»Kann ich irgendetwas tun, um zu helfen?«

Schon wieder stelle ich mir vor, wie sie auf die Knie sinkt und mich zwischen ihre hübschen Lippen nimmt. Mir liegt bereits ein Nein auf der Zunge, da taucht ein anderes Bild in meinem Kopf auf. Wie wir mitten in der Nacht im Wohnzimmer sitzen und sie Gitarre spielt.

»Musik.« Ich verschränke die Arme vor der Brust und lehne mich gegen den Tresen. »Das würde helfen.«

Jetzt ziert ein Lächeln ihre Lippen. Sie greift nach ihrem Handy. »Ich kann DJane spielen, kein Problem.«

»Nein, nicht so.«

Sie sieht fragend zu mir auf.

»Spiel du.«

Ihr Blick flackert. »Das war eine einmalige Sache.« Sie grinst schief, als würde sie scherzen, aber der verletzliche Ausdruck in ihren Augen ist nicht zu übersehen und versetzt mir einen schmerzhaften Stich.

Ich hebe herausfordernd die Augenbrauen. »Ich habe gekocht.« Genau wie sie scherze ich – und meine es gleichzeitig todernst.

Je länger wir uns anstarren, desto deutlicher spüre ich ihre Entschlossenheit schwinden.

»Komm schon, Songbird«, murmle ich. »Willst du mich etwa betteln lassen?«

Sie schnaubt und verdreht die Augen. »Na gut. Aber nur weil du offensichtlich einen schlechten Tag hast.« Ein feines Lächeln umspielt ihren hübschen Mund, und der zögerliche Ausdruck von eben verschwindet aus ihren Augen, ehe sie Richtung Treppe geht.

Kurz darauf kehrt sie mit ihrer Gitarre zurück und setzt sich auf die Couch. Ich stehe in der unordentlichen Küche und schaue zu, wie sie die Gitarre auf ihrem Schoß platziert und sich den Gurt über die Schulter hängt.

Es fühlt sich fast zu gut an, um wahr zu sein.

»Ich habe ein bisschen rumprobiert«, gibt sie mit einem kleinen, ein wenig verlegenen Lächeln zu, das den Wunsch in mir weckt, sie wieder zu küssen. »Es ist nicht besonders gut.«

Ich seufze. »Das würde ich gerne selbst beurteilen.«

»Okay.«

Nach einer kleinen Pause beginnt sie zu spielen.

Ihre Musik erfüllt die Wohnung, und ein warmer, fester Druck nistet sich in meiner Brust ein. Das Lied, das sie singt, ist hoffnungsvoll, süß und fröhlich. Der Text handelt davon, wie man es schafft, nach einem Sturz wieder aufzustehen. Pippas Stimme ist sanft und gleichzeitig kräftig, und sie trifft jede Note wie ein Vollprofi, lässt es leicht und mühelos erscheinen.

Während sie darüber singt, wie es ist, harte Zeiten hinter sich zu lassen, frage ich mich, ob ich vielleicht irgendetwas damit zu tun habe. Ob mein kleiner Vortrag, den ich ihr vor der Party darüber gehalten habe, sich zurück aufs Eis zu wagen, etwas bewirkt hat?

Ich hoffe wirklich sehr, dass es so war.

Als sie davon singt, jemand Besseren gefunden zu haben, steigt ein unangenehmer Gedanke in mir auf. Was, wenn sie darüber nachdenkt, die harten Zeiten mit jemand anderem hinter sich zu lassen? Plötzlich habe ich ein Bild vor Augen, wie sie auf einer Dating-App nach rechts und links wischt, und mir wird schlecht. Ich stelle mir vor, wie Typen an ihre Tür klopfen, um sie zu einem Date abzuholen, und mein Kiefer schmerzt, so fest beiße ich die Zähne zusammen.

Nachdem die Melodie verklungen ist, schenkt mir Pippa ein verlegenes Lächeln.

»Weit bist du mit dem Aufräumen aber noch nicht gekommen«, stichelt sie.

Ich blinzele, als würde ich aus einem Traum aufwachen. »Und das hast du geschrieben?«

Sie nickt. »Ich weiß, es muss überarbeitet werden.«

»Warum tust du das?«, frage ich, ohne nachzudenken. »Dein eigenes Talent dermaßen unter den Scheffel stellen?«

Unbehagen blitzt in ihrer Miene auf, und sie schlägt ihre Beine unter. »Ähm …« Ihre Wimpern flattern. »Ich schätze, um allen anderen zuvorzukommen.« Sie schielt zu mir rüber, und ich möchte sie unbedingt wieder küssen, und sei es nur, um sie von den Idioten abzulenken, die ihr das Gefühl vermittelt haben, nicht gut genug zu sein.

»So was würde ich niemals tun, Songbird.«

Sie hält meinem Blick stand, bevor sie das Kinn zu einem angedeuteten Nicken auf die Brust senkt. »Ich weiß.«

Ich bin so verdammt hin und weg von dieser Frau.

»Wie kann jemals jemand Ja zu dir sagen, wenn du schon vorher Nein zu dir selbst sagst?«, frage ich. Sie nagt an ihrer Unterlippe und schweigt. Statt das Thema weiter zu vertiefen, recke ich einen Finger und beschreibe damit einen Kreis in der Luft. »Den nächsten bitte.«

Sie lacht, und die Spannung löst sich auf. »Schon wieder so fordernd …«

Während ich aufräume, spielt Pippa weiter. Daisy döst auf der Couch, und als der Timer klingelt, richte ich das Essen an und gebe Pippa ein Zeichen, dass sie sich an den Tisch setzen soll, den ich bereits gedeckt habe.

Die Luft zwischen uns ist wie elektrisch aufgeladen. Die Situation fühlt sich verdammt nach einem Date an. Nein. Nicht nach einem Date. Sondern nach … mehr. Etwas Natürlichem, Einfachem und Notwendigem. Als ob wir ein Paar oder so wären.

Daisy frisst ihr Abendessen aus dem neuen Napf, den ich ihr gekauft habe, und Pippa sieht amüsiert zu, wie sie beglückt mit dem Schwanz wedelt.

Das hier fühlt sich an wie Familie.

In der nächsten Sekunde krampft sich mein Magen zusammen. Wir sind keine Familie, und das ist mir nur allzu bewusst. Ich versuche nur, die Wogen zu glätten, um nicht jemanden zu verlieren, den ich dieses Jahr wirklich dringend brauche.

Pippa nimmt einen ersten Bissen und brummt anerkennend. »Das schmeckt unglaublich, Jamie.«

Lächelnd senke ich den Blick auf meinen Teller. »Danke. Das habe ich als Kind immer für meine Mutter gekocht.«

Sie grinst, halb verwirrt, halb amüsiert. »Du hast als Kind gekocht?«

Ich nicke und greife nach meinem Wasserglas, um einen Schluck zu trinken, als mich die Erinnerungen überrollen. Das schummrige Schlafzimmer meiner Mom, obwohl es mitten am Tag ist, die Vorhänge zugezogen, sie unter der Decke, fest schlafend. Sie hat damals wochenlang nur geschlafen, bis sie aus dem Tief wieder rauskam. So hat sie diese Zustände selbst genannt – *Tiefs*.

»Okay«, sagt Pippa und signalisiert mir damit, dass wir nicht weiter darüber sprechen müssen.

Doch es ist genau diese Reaktion, die mich dazu bringt, weiterzuerzählen. Die Art und Weise, wie sie mir den nötigen Freiraum lässt, schenkt mir das Vertrauen, dass sie es für sich behalten wird.

Niemals würde sie etwas von diesen Informationen an die Medien oder in ihrem Freundeskreis weitergeben.

»Als ich noch ein Kind war, hatte meine Mutter Depressionen. Deswegen musste ich manchmal selbst kochen.«

Ihr besorgter Blick sucht den meinen, aber ich lese kein Mitleid darin. »Oh … Das tut mir leid.«

»Schon okay. Ich bin durchgekommen.«

Ihre Miene spiegelt Verständnis, und ein kleines Lächeln zupft an ihren Mundwinkeln. »Deshalb kümmerst du dich immer um alle.«

Ich tue ihre Feststellung mit einem Schulterzucken ab. »Mir bleibt keine andere Wahl.«

Sie greift über den Tisch, legt ihre Hand auf meine und drückt sie ganz fest.

Ihre Haut ist so unglaublich weich. Unwillkürlich spanne ich die Finger unter ihren an, um sie nicht wie bei der Abschlussparty von Zachs Tour auf meinen Schoß zu heben.

»Tut mir leid«, flüstert sie und zieht ihre Hand angesichts meines grimmigen Gesichtsausdrucks hastig zurück.

Das alles läuft verdammt schief.

Wir essen in merkwürdig angespanntem Schweigen. Als wir fertig sind, steht sie auf, um die Teller abzuräumen, aber ich halte sie auf.

»Das mache ich«, sage ich schärfer als beabsichtigt.

Sie setzt sich zurück auf die Couch und nimmt wieder ihre Gitarre in die Hand, um einen weiteren Song zu spielen, während ich die Küche gründlicher als je zuvor sauber mache. Wenn ich aufhöre, wird sie auch aufhören zu spielen, und ich will unbedingt ihre Stimme hören. Ihr Gesang verleiht dieser Wohnung ein Gefühl von Zuhause.

Nach einer Weile schaut sie mit einem kleinen Schmunzeln zu mir herüber. »Ich glaube, der Fleck ist jetzt weg.«

Ich blicke auf die Stelle, an der ich für wer weiß wie viele Minuten die gleiche makellose Fläche auf der Arbeitsplatte mit einem Wischlappen bearbeitet habe.

Sie beißt sich auf die Lippe, die Nervosität steht ihr ins Gesicht geschrieben. »Setzt du dich zu mir?«

Meine Füße setzen sich automatisch in Bewegung. Offensichtlich kann ich ihr nichts abschlagen.

Ich lasse mich auf den Sessel ihr gegenüber fallen.

Sie hält inne und zögert. »Ist zwischen uns alles in Ordnung?«

Ich nicke abgehackt. »Alles okay.«

Sie mustert mich, kaut auf ihrer Unterlippe, und ich kann nicht aufhören, daran zu denken, wie sich diese Unterlippe zwischen meinen Zähnen angefühlt hat, als ich sie bei der Abschlussparty geküsst habe.

Verdammt, was würde ich nicht alles tun, um das noch einmal zu erleben.

Als sich die Stille zwischen uns ins Unendliche auszudehnen scheint, springe ich auf. Ich stehe kurz davor, die Kontrolle zu verlieren. Wenn ich noch länger mit ihr hier sitze, werde ich etwas Unüberlegtes tun.

Ich schaffe es bis kurz vor meine Zimmertür, als mich ihre Stimme innehalten lässt.

»Geht es um das Sexspielzeug, das du mir gekauft hast?« Sie steigt die letzte Stufe hinauf und verschränkt die Arme vor der Brust.

Mir wird ganz flau im Magen. Natürlich hat sie es herausgefunden.

»Pippa.« Ich hole tief Luft. »Es tut mir so leid.«

Sie starrt mich an, aber es ist ein Ding der Unmöglichkeit, ihren Gesichtsausdruck zu deuten. »Warum?«

Ich schüttele den Kopf, inzwischen ist mir kotzübel. »Ich habe damit eine Grenze überschritten. Du hast mir das im Vertrauen erzählt und …« Frustriert lasse ich den Satz in der Luft hängen. »Ich möchte nicht, dass du dich in meiner Gegenwart unwohl fühlst. Ich hatte zu viel Bier getrunken und den ganzen Tag an dich gedacht.« Mist, das wollte ich eigentlich gar nicht sagen. »Weil wir uns geschrieben haben. Mir ist nicht mehr aus dem Kopf gegangen, was du auf dieser Party gesagt hast.« Als sich in diesem Moment unsere Blicke treffen, beginnt mein Blut zu kochen. »Es gefällt mir, dass du hier bist. Es gefällt mir, dass du Musik in der Wohnung machst. Und es gefällt mir, dass du zu meinen Spielen kommst.«

Ihre Lippen kräuseln sich. »Und mir gefällt es, mit dir spazieren zu gehen. Und dass du für uns kochst.«

Etwas zerrt schmerzhaft an meinem Herzen. Ich kann nur nicken, unfähig zu glauben, dass ich diese Sache fast kaputtgemacht hätte, nur weil ich erregt war.

Sie vergräbt die Hände in den Ärmeln ihres Pullovers. »Außerdem mag ich es, zu deinen Spielen zu gehen, und ich verbringe gerne Zeit mit deiner Mutter.«

Wir zählen lauter Gründe auf, warum ich nicht hätte tun sollen, was ich getan habe.

Pippa fährt sich mit der Zungenspitze über die Lippen, um sie zu befeuchten. »Ich habe es benutzt.«

Bei der Erinnerung daran, wie sie mithilfe des Spielzeugs gekommen ist, muss ich ein Stöhnen unterdrücken. Es bleibt meiner Fantasie überlassen, mir vorzustellen, wie sie dabei aussah. Und ich kann nicht damit aufhören.

Unmöglich, sie anzulügen. »Ich weiß.«

»Wirklich?« Ihre Augen werden groß.

»Ist nicht so, als hätte die Wohnung schalldichte Wände.« Ich reibe mir den Nasenrücken.

Jetzt, wo sie es weiß, wird sie vielleicht leiser sein – wenigstens muss ich dann nicht den ganzen Tag mit einer Erektion rumlaufen.

Sie tritt unruhig von einem Fuß auf den anderen und presst ihre Schenkel zusammen. »Neulich habe ich meinen Namen aus deinem Zimmer gehört«, flüstert sie dann und wird rot.

Ich schlucke. Gestern, als ich mir beim Gedanken an sie einen runtergeholt habe, ist mir auch ihr Name rausgerutscht. Allein die Erinnerung daran lässt das Blut in meinen Schwanz wandern.

»Ich habe gar nicht mitbekommen, dass du nach Hause gekommen bist.«

Wir starren uns unendlich lange an, und die Luft zwischen uns knistert vor angestauter Spannung. Wieder beißt sie sich auf die Unterlippe, und ich beobachte fasziniert die Bewegung, während ich mich frage, ob sie das auch tun würde, wenn ich meine Finger in ihr vergraben hätte.

Ich schließe die Augen. Verdammt. Wie sehr ich mich auch anstrenge, diese Gedanken lassen sich nicht aus meinem Kopf vertreiben. Ich spüre, wie ich hart werde.

»Jamie«, haucht sie, und ich sehe sie an.

Der Ausdruck in ihren Augen verrät mir, dass etwas Gefährliches passieren wird. Sie wird gleich etwas sagen, woran ich danach unaufhörlich werde denken müssen. Ich weiß es ganz genau.

»Was?«, raune ich mit tiefer Stimme.

»Warum hast du dieses Spielzeug für mich gekauft?« Sie senkt den Kopf. »Und ich will die Wahrheit.«

Ich gehe einen Schritt auf sie zu. Der Faden, der meine Willenskraft zusammenhält, ist kurz davor zu reißen. »Weil ich dir etwas geben wollte, wozu er nicht in der Lage war.«

Als ihr Blick auf meine Erektion fällt, strömt noch mehr Blut in meinen Schwanz.

»Weil ich wollte«, fahre ich fort, da ich vor dieser Frau nichts geheim halten kann, »dass du heftiger als jemals zuvor kommst, und das war der einzige Weg. Ich will nicht, dass dir jemand anderes dabei hilft.«

Sie schluckt schwer und wird erneut rot, sieht mir jedoch fest in die Augen. Die Spannung zwischen uns intensiviert sich noch, als ich einen weiteren Schritt auf sie zumache.

»Hat es funktioniert?«, frage ich, weil ich einfach nicht widerstehen kann.

Ihr Atem geht stoßweise, als sie nickt, und meine Eier schmerzen. Ich sollte schleunigst in mein Zimmer verschwinden. Wenn sie mich auf diese Weise ansieht, kann ich für nichts garantieren.

Meine Selbstkontrolle bröckelt. Ich trete so dicht vor sie, bis sich ihr Rücken an die Wand presst. Meine Brust streift ihre, und ich spüre ihren Atem an meinem Hals, als sie den Kopf hebt, um mir erneut in die Augen zu schauen.

»Du musst aufhören, mich so anzusehen, Songbird«, sage ich und stütze mich mit dem Unterarm über ihrem Kopf an der Wand ab.

»Oder was?«, haucht sie.

»Oder ich verliere den Verstand.« Als wäre das nicht längst geschehen. »Ich kann nicht aufhören, daran zu denken, wie du dieses Spielzeug benutzt.«

Ein winziges Lächeln erscheint auf ihren Lippen. Kokett, herausfordernd und wissend, als ahne sie genau, was sie mir damit antut.

Bleib auf Distanz, wiederholt die Stimme in meinem Kopf wie ein Mantra. Aber sie wird stetig leiser, entfernt sich weiter.

»Willst du es mir zeigen?« Die Worte kommen mir tief und rau über die Lippen, bevor ich sie aufhalten kann.

Es entsteht ein kurzer Moment zwischen uns, in dem sich die schwindende Stimme in meinem Kopf noch einmal um Aufmerksamkeit buhlend aufbäumt, doch ich schlage ihr eine mentale Tür vor der Nase zu. Wir führen keine Beziehung. Pippa hat keine Erfahrung im Bett, ich schon. Wer könnte ihr besser zeigen, was sie wert ist, als ich, ein Mann, der sie mehr schätzt als alles andere?

Im schummrigen Licht des Flurs weiten sich ihre Pupillen. »Okay.«

Dies ist die Sekunde, in der der Faden reißt. Das war es mit der Selbstkontrolle. Ich lege meine Hand in ihren Nacken und ziehe sie zu mir.

KAPITEL 35
PIPPA

Jamie küsst, als ob er wütend auf mich wäre. Sein Mund bewegt sich mit einer Dringlichkeit, fordernd und rau und verzweifelt, als ob er jedes bisschen Frustration in mir ertränken will.

Ich liebe das. Voller Erleichterung seufze ich an seinen Lippen, denn seinen Mund auf meinem zu spüren, ist wie Wasser trinken nach einem Marathon. Absolut notwendig, so verdammt gut.

Er greift in mein Haar, neigt meinen Kopf nach hinten und gleitet mit der Zunge in meinen Mund. Funken der Lust prickeln auf meiner Haut, sein Kuss berauscht mich. Als ich sanft an seiner Zunge sauge, stöhnt er auf.

»Du bringst mich verdammt noch mal um«, raunt er heiser zwischen zwei Küssen. Er ist wie besessen, und tief in meinem Unterleib sammeln sich Lust und Verlangen und wärmen mich von innen. Seine Bartstoppeln kratzen über meine Haut, seine Lippen pressen sich beinahe schmerzhaft auf meine, aber das ist mir egal. Ich brauche einfach mehr.

Er stöhnt wieder, als ob er Schmerzen hätte, dann lehnt er seine Stirn gegen meine.

Meine Hände wandern wie von selbst unter sein Shirt und gleiten über die harte Fläche seiner Brust. Gott, ich will ihn wieder mit nacktem Oberkörper betrachten, wie in jener Nacht in der Küche.

»Fuck«, stößt er mit glasigen Augen hervor. »Ich muss es sehen. Ich muss sehen, wie du unter dem Spielzeug kommst, das ich dir gekauft habe.«

Seine Lippen suchen meine, und ein heftiges Ziehen setzt zwischen meinen Beinen ein, als er in meine Unterlippe beißt. Begleitet von einem Keuchen entweicht mir der Atem zischend aus der Lunge, als er mich mit den Hüften an die Wand presst und ich seinen dicken Schaft an meinem Bauch spüre. Jamie zu küssen, ist heißer als alles, was ich je mit Zach erlebt habe.

Seine Lippen wandern meinen Hals hinunter, und mein Herz rast, als wäre das hier ein Traum. Ich bin unglaublich feucht, dabei haben wir noch nicht einmal richtig angefangen. Als er sich im nächsten Augenblick zurückzieht, bin ich mir seiner Abwesenheit sofort schmerzhaft bewusst.

Er öffnet meine Schlafzimmertür. »Da rein.«

Ich erschaudere. Wenn Jamie mich herumkommandiert, fühle ich mich wie losgelöst von mir selbst, ganz anders als sonst, und es stört mich kein bisschen.

Mit klopfendem Herzen gehe ich an ihm vorbei in mein Zimmer. An meinem Bett bleibe ich stehen und drehe mich um.

Er folgt mir ins Zimmer und verschränkt die Arme vor der Brust. »Und?«

O Gott! Mein Magen verkrampft sich, und die Erregung, die ich gerade eben noch gespürt habe, beginnt sich zu verflüchtigen.

Er hat wahrscheinlich mit Hunderten von Frauen geschlafen, und ich habe keinen blassen Schimmer, was ich tun soll. Er wird mich auslachen. So wie Zach und sein Manager.

Auf einmal verändert sich sein Gesichtsausdruck.

»Songbird … Willst du aufhören?«

»Nein, ich …« Ich werfe einen Blick auf meinen Nachttisch. »Ich weiß nicht, wie ich das machen soll.«

Seine Züge werden weich. Er tritt nah an mich heran und fährt mir mit den Fingern durch die Haare.

Gott, fühlt sich das gut an. Ich schließe die Augen, als er seine Lippen auf meine legt. Im nächsten Moment beginnt sich meine Nervosität in nichts aufzulösen.

»Zieh dich aus und leg dich aufs Bett.« Damit weicht er einen Schritt zurück, ohne mich dabei aus den Augen zu lassen, und etwas an der Tatsache, dass er mir sagt, was ich tun soll, lässt wieder Hitze in mir auflodern. »Hast du das verstanden?«

Ich nicke leicht benommen.

»Gut.« Er kreuzt erneut die Arme.

Mein Puls beschleunigt sich abermals, als ich meinen Pullover ausziehe. Ich greife nach dem Saum meines Shirts, doch als ich es mir über den Kopf streifen will, hebt Jamie eine Augenbraue.

»Langsamer.«

Ein weiterer Hitzeschub zwischen meinen Beinen. Ich mag diese Seite an ihm. Die wilde, herrische, fordernde, mich begehrende. Ich ziehe mein T-Shirt sträflich langsam aus und beobachte dabei den zuckenden Muskel an seinem Kiefer, den glühenden Ausdruck in seinen Augen, wie er die Hände unter den verschränkten Armen zu Fäusten ballt.

Sein Blick fällt auf meinen BH aus blassrosa Spitze, verweilt dort, bis sich meine Brustwarzen aufrichten. Ich stelle mir vor, wie er mit der Zunge, mit deren Spitze er in diesem Moment seine Oberlippe berührt, die Haut oberhalb meines BHs nachfährt, und zwischen meinen Beinen sammelt sich heiße Feuchtigkeit.

Die Art, auf die er mich anschaut, fühlt sich unglaublich gut an.

»Zieh alles aus«, sagt er und deutet mit dem Kinn auf meine Hose.

Ein weiterer Schauer läuft mir über den Rücken. Nachdem ich mich meiner Jeans entledigt habe, starrt er auf meinen Spitzentanga, als ob der ihn beleidigen würde, aber ich ahne, was er tatsächlich denkt. Sein Adamsapfel hüpft, als er schwer den Atem ausstößt, die Aufmerksamkeit auf eine ganz bestimmte Stelle zwischen meinen Beinen gerichtet.

»Ist dein Slip feucht?«

Ich nicke.

»Gut.« Er schließt für einen kurzen Moment die Augen, während er einen weiteren Atemzug nimmt. »Mach weiter.«

Mein Blut rauscht in meinen Ohren, als ich nach hinten greife, um meinen BH zu öffnen. Ich kann nicht glauben, dass ich das tue. Mir ist vor Aufregung und Nervosität zum Lachen zumute, wie bei einer Achterbahnfahrt.

Als ich den BH abstreife, heftet Jamie den Blick auf meine Brüste. Seine Nasenflügel blähen sich, und ein Schauer der Erregung durchfährt mich.

»Verdammte Scheiße«, murmelt er und wendet sich kurz ab, ehe er sich wieder auf meine Brust konzentriert. »Den Slip auch, Pippa.«

Ich ziehe ihn herunter. Als er den Blick nach unten zwischen meine Beine wandern lässt, breitet sich ein Kribbeln auf meiner Haut aus. Er stöhnt auf und fährt sich mit einer Hand durch die Haare, bevor er hinter mich deutet.

»Leg dich aufs Bett.«

Er ist immer noch vollständig bekleidet, und ich bin splitternackt. Das ist entweder das Einschüchterndste, was ich je erlebt habe, oder das Schärfste. Oder beides gleichzeitig. Ich kann meinen Puls in den Ohren trommeln hören, während ich mich auf die Laken sinken lasse und in die Kissen zurücklehne. Unwillkürlich presse ich die Schenkel zusammen, zwischen denen ich ein dumpfes, angenehmes Ziehen spüre. Meine Brustwarzen schmerzen, und ich bekomme eine Gänsehaut, doch dann durchblitzt mich ein Gedanke.

Was, wenn ich nicht kommen kann?

Sorge nistet sich in meinem Kopf ein. Das wäre unglaublich peinlich.

Angespannt beiße ich mir auf die Lippe und blinzele zu Jamie hoch, der nach wie vor über mir aufragt.

Dann öffnet er meine Nachttischschublade. Als er den Satisfyer entdeckt, hält er kurz inne, bevor er das Gerät in die Hand nimmt. Seine Augen sind dunkel, nur von der Lampe auf meinem Nachttisch erhellt, und ein weiterer Schauer durchzuckt mich und fährt geradewegs bis in meine Mitte.

Er reicht mir das Spielzeug, bevor er sich wieder aufrichtet und abwartend auf mich hinunterschaut. Er ist so groß, so verdammt muskulös …

»So?«, frage ich, während mein Herz heftiger zu klopfen beginnt. Will er einfach über mir stehen bleiben?

Er nickt. »Genau so, Songbird.«

Ich bin nervös, aber ich will nicht aufhören. Dass er mich auf diese Weise ansieht, mich dabei nicht berührt, obwohl ich weiß, dass er es will – darüber werde ich noch lange nachdenken.

Ohne ihn aus den Augen zu lassen, schalte ich den Satisfyer an. Sein surrendes Geräusch erfüllt das stille Schlafzimmer, und Jamies Augen werden noch dunkler.

»Worauf wartest du?«

»Bossy«, flüstere ich, und sein Mundwinkel zuckt.

Ich drücke das Spielzeug an meine Mitte, und meine Lider senken sich wie von selbst.

O mein Gott!

Meine Oberschenkelmuskeln spannen sich an. Das Saugen an meiner Klitoris ist perfekt, besser als alles, was ich je gefühlt habe. Obwohl der Kuss mit Jamie eben verdammt nahe herangereicht hat. Wenn Jamie mich zwischen den Beinen küsst und es dieser Empfindung auch nur im Geringsten ähnelt, könnte *das* das Beste sein, was ich je gefühlt habe.

Ich seufze, lasse den Kopf in den Nacken sinken und spüre seinen Blick auf mir. O. Mein. Gott. Es ist unfassbar erregend, wie er über mir steht und mich wahrscheinlich mit dieser finsteren Miene anstarrt. Ich hätte nie gedacht, dass mir das mal gefallen würde.

Ich öffne meine Lider einen Spaltbreit. Jepp. Finster. Absolut finster. Hitze sammelt sich am Ansatz meiner Wirbelsäule. Ich stöhne auf und schließe die Augen wieder.

»Lass sie offen«, fordert er.

Ich tue, was er sagt. Seine Züge sind noch immer düster, beinahe wütend, aber als mein Blick auf seine Hose fällt, sehe ich, wie seine Erektion den Stoff spannt.

Meine Klitoris schmerzt, ein dumpfes Pochen aus Hitze und Lust, und ich wimmere.

»Bist du kurz davor?«, fragt er, und ich nicke ruckartig. Er hebt eine Augenbraue und sieht auf mich herab, als ob er mich hassen würde, doch in seinen Augen liegt auch Zärtlichkeit. »Wirst du meinen Namen rufen, wenn du kommst?«

Ein weiterer Hitzeimpuls zwischen meinen Beinen. Ich bin klatschnass. »Ich weiß es nicht. Vielleicht.«

»Falsch.« Er spannt den Kiefer an. »Du wirst meinen Namen rufen. Ohne jeden Zweifel.«

Seine Zuversicht entlockt mir ein leises Lachen, während ich gleichzeitig vor Lust, die in Wellen von meiner Klitoris ausgeht, die Zehen ins Laken kralle. Das Gerät stimuliert mich weiter, und ich stelle mir an seiner Stelle Jamies Mund vor.

Oh. Das ist gut.

Er fährt sich mit der Hand durch die Haare und bringt sie damit ganz durcheinander. Es ist so unglaublich heiß.

»Fuck«, murmelt er wieder und beißt merklich die Zähne zusammen. »Du bist so verdammt heiß, Pippa. Ich kann es kaum erwarten, dich für mich kommen zu sehen.«

Ich nicke verzweifelt und umklammere mit meiner freien Hand das Laken. Die Hitze und der Druck nehmen zu, Lust fließt durch meinen ganzen Körper.

Und dann taucht Zach in meinem Kopf auf. Ich zucke zusammen und versuche, das Bild von ihm zu verdrängen, aber es gelingt mir nicht. Ich stelle mir vor, wie wir im Bett liegen und er ungeduldig mit mir wird. Augenblicklich lässt das Ziehen zwischen meinen Beinen nach.

Nein. Nein, nein, nein. Nicht ausgerechnet jetzt.

Ich kneife die Augen zusammen, jage dem Gefühl von vor einer Sekunde hinterher.

»Was ist los?«, erklingt leise Jamies Stimme.

»Ich … Keine Ahnung.«

Verlegenheit, Scham, Bedauern vermischen sich in mir zu einem vernichtenden Gefühlsstrudel. Das war ein verdammter Fehler. Ich kann nicht glauben, dass ich dachte, ich könnte von einer sexuell kaputten Frau mal eben dazu übergehen, meinen Orgasmus zur Schau zu stellen.

Für wen zum Teufel halte ich mich eigentlich?

Ich spüre, wie ich rot werde, und plötzlich bin ich viel zu nackt, zu entblößt. Hastig lege ich das Sexspielzeug beiseite, es bringt sowieso nichts. Dann überkreuze ich die Beine.

»Das funktioniert nicht.« Meine Stimme klingt belegt. Ich schließe die Augen und ziehe die Beine an, will mich einfach nur verstecken. O Gott, wie soll ich ihm jemals wieder gegenübertreten? »Es tut mir leid. Es hat zu lange gedauert, und mir ist kalt und …« Ich schüttele den Kopf. »Tut mir leid.«

Ich fühle mich gedemütigt. Das wird die Situation zwischen uns noch unerträglicher machen.

Jamie lässt sich neben mir aufs Bett sinken und studiert mich aufmerksam. Sein Kiefer ist immer noch angespannt, aber der Ausdruck in seinen Augen ist wachsam und vielleicht ein wenig besorgt.

»Es tut mir leid«, sage ich noch einmal.

»Hör auf, dich zu entschuldigen.« Er streicht mir eine Haarsträhne hinters Ohr. Bei der intimen Geste zieht sich mein Herz zusammen.

Ich wollte das wirklich. Es war sexy und ein bisschen gefährlich und hat mir Spaß gemacht.

»Du bist zu sehr in deinem Kopf.«

»Ich weiß einfach nicht, wie ich da rauskommen soll«, gebe ich zu.

Sein Blick fällt auf meinen Mund, und seine Augen verfinstern sich wieder. Er holt tief Luft und lässt sie langsam ausströmen. »Ich habe da eine Idee.«

KAPITEL 36
PIPPA

Jamie zieht sich das T-Shirt über den Kopf, und ich bin überwältigt von dem fantastischen Anblick seines durchtrainierten Oberkörpers. Muskeln über Muskeln. Runde, starke Schultern. Definierte Brustmuskeln. Waschbrettbauch. Alle Muskeln tanzen und hüpfen, als er sich seiner Hose entledigt und das ziehende Gefühl zwischen meinen Beinen zurückkehrt.

»Was machst du …«, setze ich an.

»Wir probieren was Neues aus. Stell dich hin.«

Ich rutsche vom Bett, woraufhin er die Decke zurückzieht und meinen Platz einnimmt. Er lässt die Knie auseinanderfallen und bedeutet mir, mich zwischen seine Beine zu setzen. Diese engen schwarzen Boxershorts sind irgendwie heiß. Vielleicht liegt es daran, dass sich sein Schwanz darunter abzeichnet. Mein Blick verweilt auf ihm.

»Komm her, Pippa.«

Ich erzittere bei diesem Tonfall, der von Anspannung und Hitze durchzogen ist, aber ich gehorche und lasse mich zwischen seinen Beinen nieder. Seine Erektion drückt sich gegen meinen Rücken, was ein Prickeln zwischen meinen Beinen hervorruft.

Als ich mich mit dem Rücken an ihn lehne, entfährt mir ein wohliges Seufzen. Jamie ist so *warm*.

Er zieht die Decke über uns und bedeckt mich. »Besser?«, murmelt er an meinem Ohr, und ich nicke.

»Viel besser.«

»Gut.« Er atmet an meinem Hals ein und stößt ebenfalls ein Seufzen aus. »Ich bin dran, okay?«

Ich nicke und lasse meinen Kopf nach hinten sinken.

Er küsst meine Wange, meinen Kiefer, meinen Hals, was jegliche Anspannung aus meinem Körper verschwinden lässt. Seine Hände wandern an meinen Oberschenkeln hinauf, seine Finger graben sich mit massierenden Bewegungen in meine Muskeln. Als sie sich meiner Mitte nähern, hält er inne.

»Leg deine Hände auf meine Oberschenkel, Songbird.«

Ich platziere meine Hände auf seiner warmen Haut, was ihn zusammenzucken lässt.

»Du bist kalt.« Er lacht leise.

»Sorry«, quietsche ich.

»Schon okay.« Er haucht mir einen weiteren Kuss auf die Wange, und das ist die Seite von Jamie, die am gefährlichsten ist. Die nette Seite. »Stell deine Füße auf meine.«

Als ich gehorche, ächzt er, als würde es ihm Schmerzen bereiten.

»Eiskalt«, sagt er, und ich kichere.

Ein kleiner Luftzug an meinem Nacken verrät mir, dass er auch lacht.

Ich entspanne mich mit jeder Sekunde mehr.

Wieder streicht er mit den Händen an meinen Oberschenkeln hoch und runter, nähert sich mit jedem Mal weiter meinem Zentrum, und ich schmiege mich an ihn, sodass mir immer wärmer wird.

»Wie fühlt sich das an?« Sein Mund bewegt sich an meiner Schulter.

»Gut«, flüstere ich.

Er lässt die Hände bis zu meinen Brüsten wandern, und als er meine Nippel zwickt, seufze ich erneut. Er drückt und dreht die

Spitzen zwischen seinen Fingern, zu Beginn noch sanft, dann jedoch mit wachsender Leidenschaft, was mich wieder dazu bringt, ein Stöhnen auszustoßen und mich unter ihm zu winden. Sein Schwanz pulsiert an meinem Rücken, als ich mich seinen Händen entgegenwölbe. Hitze sammelt sich in meinem Unterleib, und ich spüre, wie feucht ich bin.

»Ich werde es noch mal mit dem Spielzeug versuchen«, flüstert er mir ins Ohr. »Meinst du, das kannst du ertragen?«

Ich nicke, spreize meine Beine und drücke sie an seine Oberschenkel. »Mhm.«

Er bewegt sich unter mir, greift danach und zieht es unter die Decke, um es zu positionieren, bevor er es einschaltet.

Die intensive Saugkraft an meiner Klitoris lässt mich jeden Muskel meines Körpers anspannen. »O mein Gott.«

»Hast du mit den unterschiedlichen Einstellungen herumexperimentiert?«

Ich winde mich auf ihm. »Nein.«

O Gott. Es fühlt sich so gut an. Genau das brauchte ich. Er ist so warm und fest unter mir, hüllt mich ein. Ich grabe meine Nägel in seine dicken, muskulösen Oberschenkel, was seinen Schwanz unter mir pulsieren lässt.

Er verringert die Intensität des Spielzeugs, und mein brennendes Verlangen ebbt ab – nicht gänzlich, aber ich bin nicht mehr kurz davor zu kommen.

»Hey«, protestiere ich, auch wenn es sich eher wie ein verzweifeltes Flehen anhört.

Seine Zähne streifen meine Schulter. »Du triffst hier nicht die Entscheidungen.« Er führt eine Hand an meinen Bauch und lässt sie bis unter meine Brust hinaufwandern. Ich will, dass er wieder meinen Nippel zwickt und zwirbelt, aber das tut er nicht, sondern er umkreist ihn nur, ohne ihn zu berühren.

»Erzähl mir, was du gerade fühlst«, murmelt er mir ins Ohr und stellt eine weitere Stufe runter.

Das sanfte Saugen ist angenehm und stimulierend. Ich kann zwar so nicht kommen, aber ich will auch nicht, dass es aufhört.

»Songbird. Konzentrier dich.«

Ich ziehe die Luft ein. Richtig. Konzentration. »Okay. Ähm. Ich kann das Spielzeug zwischen meinen Beinen spüren.«

»Gut.«

Erregung bemächtigt sich meines gesamten Körpers.

»Was noch?«

Ich schließe die Augen. »Ich kann dich an meinem Rücken spüren. Du bist so warm.«

»Mhm.«

»Deine Beine unter meinen Händen.«

»Sehr gut.« Sein Tonfall klingt, als sei er zufrieden mit mir, was meine Klitoris pulsieren lässt.

Meine Haut fühlt sich heiß an. Ich brauche mehr, will unbedingt, dass er die Stufe wieder erhöht. Ich drücke den Rücken durch. »Jamie, ich brauche mehr.«

»Noch nicht.« Endlich streicht er mit dem Daumen über meine Brustwarze, und ich lasse den Kopf zurückfallen.

»Oh.«

»Sag mir, was du sonst noch fühlst.«

»Äh …« Ich kann unter seinen Liebkosungen nicht mehr klar denken. Das Gerät summt zwischen meinen Beinen, und mein Brustkorb hebt und senkt sich unter meiner schneller werdenden Atmung. »Deine Hand an meinem Nippel.«

»Mhm.« Er senkt den Mund wieder auf meine Schulter, sodass ich seine Bartstoppeln fühlen kann. »Deine Brüste sind so perfekt, Pippa. Dich in diesem hübschen rosa BH zu sehen, wird mich jahrelang kommen lassen.«

Zwischen meinen Beinen zieht es, und ich werde immer feuchter. »Wow.«

»Was noch?«

Meine Gedanken schweben in die Luft, doch ich versuche, sie wieder einzufangen. »Ähm. Die Decke auf meiner Haut.«

»Mhm.«

»Deinen Ständer an meinem Hintern.«

Ihm entfährt ein Lachen. »Sorry.«

»Nein«, hauche ich. »Das gefällt mir. Es ist heiß.«

Er ächzt. »Was noch, Baby?«

Das Ziehen nimmt zu. Ich mag es, wenn er mich so nennt.

»Ich fühle deine Oberschenkel an meinen«, sage ich mit flacher Stimme.

Er stellt eine Stufe höher, und als ich aufstöhne, zwickt er meinen Nippel fester. Nun schiebt er die Knie in meine Kniekehlen, um meine Beine mit seinen Oberschenkeln noch weiter zu spreizen. So wie er mich festhält, bin ich ihm ausgeliefert, und der Druck zwischen meinen Beinen wird immer größer.

»O mein Gott«, stoße ich aus.

»Wie ist das?«

»Gut. So verdammt gut.« Wieder drücke ich den Rücken durch und presse die Lippen zusammen, um ein Stöhnen zu unterdrücken. »Mehr.«

»Mehr?«, fragt er neckisch.

»Bitte.«

Ein Knurren dringt aus seiner Kehle; offenbar gefällt es ihm, wenn ich ihn anbettele. Er regelt noch eine Stufe höher.

»Du siehst so verdammt schön aus«, flüstert er mir ins Ohr, während ich mich auf seinem Schoß winde. »So verdammt schön, wie du auf mir sitzt, während ich das Spielzeug auf deine Pussy drücke.«

Bei der nächsten Stufe verdrehen sich meine Augen. Ich stelle mir vor, wie er mich über das Bett beugt und mit seinem großen Schwanz in mich eindringt. Meine Pussy vibriert. O Gott. Es geht los.

Es funktioniert. Ich kann nicht glauben, dass es tatsächlich funktioniert.

»Das fühlt sich so gut an«, stoße ich hervor. Wieder baut sich der Druck zwischen meinen Schenkeln auf. Jamie ist so warm unter mir, an meinen Beinen, meinem Rücken. Seine große Hand umfasst meine Brust und knetet sie. »Ja«, hauche ich. »Hör nicht auf.«

Seine Zähne fahren über meinen Nacken. »Was, wenn ich es doch tue?« Er stellt eine Stufe runter, was den Druck zwischen meinen Beinen verschwinden lässt.

»Nein«, rufe ich und grabe meine Nägel in seine Oberschenkel. »Mehr.«

»Bettele mich an«, fordert er mit so tiefer Stimme, dass mich ein Schauer durchfährt. »Bettele mich an, dich kommen zu lassen, Songbird.«

»Bitte.« Ich atme schwer. »Bitte lass mich kommen.«

»Gut.« Er dreht wieder höher, und ich ächze.

»Rede weiter. Woran denkst du?«

»An deinen Schwanz.« Meine Stimme bricht, als er den Regler erneut betätigt. »An deinen Schwanz in mir.«

»Ist es das, was du willst?«

Ich nicke hektisch. »Ja.«

»Glaubst du, dass du mich aufnehmen könntest?« Er stellt noch eine Stufe höher, und ich winde mich.

Mein Körper gehört nicht mehr mir, sondern ihm. Er hat ihn in Besitz genommen und macht mit ihm, was er will. Und mir gefällt es.

»Ich weiß nicht«, gebe ich zu.

Er schlingt seinen kräftigen Arm um meinen Oberkörper, um mich enger an sich heranzuziehen, und ich klammere mich daran fest.

»Ich glaube schon.« Seine Stimme klingt rau in meinem Ohr. »Ich glaube, du könntest meinen Schwanz aufnehmen. Es wäre zwar eng, aber wir würden dafür sorgen, dass es klappt.«

Ich nicke nur mit zugekniffenen Augen, denn mittlerweile fühle ich mich, als müsste ich vor Lust explodieren. Das erste Flattern setzt ein.

»Ich muss kommen«, sage ich zu ihm und drücke seinen Arm.

»Dann komm, Baby. Komm mit dem Spielzeug, das ich dir gekauft habe. Zeig mir, wie gut es ist.«

Seine Zähne streifen mein Ohrläppchen, und ich verliere die Kontrolle.

KAPITEL 37
PIPPA

Wellen der Lust pulsieren zwischen meinen Beinen, und ich kann nicht denken, nicht sprechen, nicht einmal atmen – meine inneren Muskeln ziehen sich wieder und wieder zusammen, ich bebe in seinem Schoß, während er mich an sich drückt.

»Wow.« Jamie knurrt. »Es ist so heiß, wenn du für mich kommst.«

Ein Laut, den ich noch nie zuvor gehört habe, entkommt meiner Kehle – halb Stöhnen, halb Schreien –, während er das Spielzeug immer noch fest auf meine Klitoris drückt.

»O mein Gott«, rufe ich. »Jamie.«

Er ächzt und stellt eine Stufe niedriger. »Ich wusste, dass du es kannst, Pippa. Mach weiter. Lass dich gehen, Baby.«

Er regelt das Gerät noch weiter runter, aber mein Orgasmus ist noch nicht vorbei. Ich lasse mich treiben, bin vollkommen gelähmt vor Euphorie. So lange bin ich noch nie gekommen, und noch nie so intensiv. Alles um mich herum scheint sich zu drehen. Mein ganzer Körper scheint zu glühen, und ich kann *alles* spüren – seine harte Brust an meinem Rücken, seinen starken Arm, der mich umschlingt, seine Oberschenkel an meinen, seine Lippen an meinem Hals.

Schließlich kann ich keine Sekunde länger ertragen und bedecke seine Hand mit meiner.

Er nimmt das Spielzeug weg, und ich sinke in mich zusammen.

Heilige Scheiße.

Die Nachbeben meines Orgasmus lassen mich immer noch zittern, und ich schiebe meinen Hintern seiner Erektion entgegen.

»Hör auf«, sagt er.

Ich kichere benommen. »Und wenn nicht?« Ich drücke mich wieder an ihn, doch diesmal drängt auch er mir seine Hüften entgegen.

Etwas regt sich in mir, weil ich weiß, wie sehr er mich will.

Ich löse mich aus seiner Umarmung, drehe mich um, um mich zwischen seine Beine zu knien. Unsere Blicke treffen sich, während er am Kopfende lehnt und mich beobachtet.

Seine dunkelgrünen Augen sind umwölkt vor Lust, was die Stelle, an die er soeben noch das Spielzeug gepresst hat, prickeln lässt. Erneut breitet sich Hitze in mir aus, als ich sehe, wie sich sein Schwanz unter dem schwarzen Stoff seiner Boxershorts abzeichnet.

Als ich meinen Blick wieder zu Jamie hebe, wirkt seine Miene gequält.

»Sieh mich nicht so an«, fleht er und bläht seine Nasenflügel. »Heute sollte es doch nur um dich gehen.«

Wieder schaue ich runter auf seinen Schwanz, der unter meiner Aufmerksamkeit zuckt, und schenke ihm ein wissendes Grinsen.

Ich bewundere seinen Oberkörper, all die Wölbungen und Vertiefungen, seine glatte Brust und die markanten Linien seiner Bauchmuskeln, wobei mich mit einem Mal der Drang überkommt, mich um ihn zu kümmern, ihm etwas zu geben, das ihm sonst niemand geben kann. Er ist so kontrolliert, so vorsichtig, so konsequent bei allem, aber im Moment will ich, dass er das gleiche überwältigende Vergnügen empfindet wie ich soeben.

Ich strecke die Hand aus und streiche über den Boxershorts an seiner Länge hinauf.

»Fuck«, murmelt er und lässt den Kopf zurück gegen das Kopfende des Bettes fallen. Seine Augen sind halb geschlossen.

Von seiner Reaktion angeheizt, lasse ich meine Hand ein zweites Mal hinaufgleiten.

Er ist so hart, so dick, dass ich meine Oberschenkel bei dem Gedanken zusammenpresse, wie er sich in mir anfühlen würde.

Ich weiß jetzt schon, dass es unfassbar gut wäre, auch wenn es vielleicht sogar ein bisschen wehtäte, was mich merkwürdigerweise antörnt.

Als ich noch einmal mit der Hand seine Länge nachfahre, verharre ich an der Spitze und streiche mit dem Daumen darüber. Der Stoff ist feucht von seinen Lusttropfen.

Er stößt ein leises Ächzen aus und beißt die Zähne zusammen. »Verdammt, Pippa.«

Ich spüre, welche Macht ich in diesem Moment über ihn habe. Obwohl ich ihn kaum berühre, bringe ich ihn dazu, all diese Laute auszustoßen, an die ich mich erinnern werde, wenn ich das Sextoy beim nächsten Mal benutze.

Mit einem Mal mutig, ziehe ich ihm die Boxershorts so weit runter, dass sein Schwanz entblößt ist.

Und er ist atemberaubend – dick und lang und hart. Der schönste Schwanz, den ich je gesehen habe. Kein Wunder, dass er ihm in seinem Zimmer so viel Aufmerksamkeit schenkt. Wieder sammelt sich ein Lusttropfen an der Spitze, und als ich erneut mit dem Daumen darüberstreiche, zieht er scharf die Luft ein.

»Ist das okay?«, frage ich leise.

Er nickt knapp.

Ich nehme meinen Daumen in den Mund und sauge daran, um den salzigen Geschmack zu kosten.

Sein Adamsapfel hüpft. »Verdammt.« Seine Stimme klingt gepresst, und seine Augen fixieren mich so intensiv, dass ich erzittere. »Mochtest du das?«

Ich nicke lächelnd, ehe ich ihn weiter liebkose. »Macht Spaß, mit dir zu spielen.«

Er stöhnt. »Es macht also Spaß, mit mir zu spielen«, wiederholt er und beobachtet, wie ich an seinem Schwanz hinauf- und hinabgleite. Er ist so dick. Wieder sammelt sich Flüssigkeit an der Spitze, und als ich mit der anderen Hand seine Hoden umfasse, spannt er seine muskulösen Oberschenkel an.

»Scheiße«, keucht er. »Wenn du nicht aufhörst, komme ich.«

Hitze schießt zwischen meine Beine, und meine Lippen teilen sich vor Überraschung. Das will ich. Ich will es *so sehr*. Fasziniert von seinen Reaktionen, mache ich mit meinen Bewegungen weiter und drücke sanft seine Hoden. Als er mit geöffneten Lippen die Stirn runzelt, spüre ich, dass ich ihn vollkommen unter Kontrolle habe.

Und ich liebe es.

»Zieh deine Boxershorts aus«, flüstere ich.

Nachdem er gehorcht hat, streichele ich ihn schneller, was ihn erneut zum Fluchen bringt.

»Pippa«, stößt er warnend aus. Er ballt die Hände an seinen Seiten zu Fäusten und schließt die Augen, als sei er kurz davor, ohnmächtig zu werden. Seine Bauchmuskeln spannen sich an.

Ich kann nicht glauben, dass ich dabei bin, Jamie Streicher einen runterzuholen.

Plötzlich verkrampfen sich seine Schultern, und er greift sich mit den Händen in die Haare. Seine Miene wirkt gequält, seine Atmung ist abgehackt, und er kann den Blick nicht von mir abwenden. Ich muss mir den Moment nicht aktiv einprägen, denn ich weiß, dass ich ihn niemals vergessen werde.

Sein Schwanz pulsiert in meiner Hand, und er stößt ein lautes Stöhnen aus. »Ich komme, Baby. Ich komme gleich auf deine hübschen Brüste.«

Meine Augen werden groß. »Tu es.«

Er krümmt sich ächzend, und Sperma schießt aus seinem Schwanz auf meine Brust, während ich ihn weiter massiere. Ich rechne damit, dass er fertig ist, doch ich habe mich getäuscht. Sein Orgasmus ist noch nicht vorbei, und er beobachtet mich mit dieser gequälten Miene, die ich so liebe, während er sich auf meine Haut ergießt. Am Ende sind meine Hände und meine Brüste bedeckt, und die Flüssigkeit rinnt an meinem Bauch hinab.

»Verdammt, Pippa«, murmelt er atemlos und sieht mich ehrfürchtig an. »Du hast mich so hart kommen lassen.« Als er auf meine Brust hinabschaut, hebt sich sein Mundwinkel zu einem zufriedenen Schmunzeln. Er fährt mit seinem langen Finger über meine Haut und betrachtet dann meine Lippen.

»Mach den Mund auf.«

Ich gehorche. Mein Gesicht wird heiß, aber auch die Stelle zwischen meinen Beinen. Ich liebe es, wenn er mir sagt, was ich tun soll.

Er schiebt mir seinen Finger in den Mund, und ich stöhne, als ich ihn schmecke, beginne, an seinem Finger zu saugen und ihn mit der Zunge zu umkreisen.

Als er seine Hand wegzieht, ächzt er erneut. »Verdammt.«

Ich grinse zufrieden.

Er verdreht die Augen, schmunzelt aber. Dann beugt er sich vor, um mir einen sanften Kuss auf die Lippen zu drücken.

»Ich wusste, dass du es kannst«, flüstert er. Er legt mir eine Hand in den Nacken.

Es ist so warm hier bei ihm, so gemütlich. Ich will dieses Bett nie wieder verlassen.

Er küsst mich wieder, auch diesmal sanft und zärtlich, als würde er mich wertschätzen.

Meine Gedanken driften ab, meine Haut prickelt, und ich schmiege mich seufzend an ihn.

Mein Gott. Fühlt sich Sex immer so für andere Leute an? Was habe ich nur all die Jahre mit Zach gemacht?

»Alles okay?«, flüstert er und weicht ein Stück zurück, um mir forschend in die Augen zu schauen.

»Ja.« Ich nicke, noch immer außer Atem.

Mehr als okay. Mir geht es tausendmal besser als zu dem Zeitpunkt, zu dem ich dieses Zimmer betreten habe.

Er küsst mich noch einmal und steht dann auf. »Bleib hier.«

Einen Moment später kehrt er mit einem Waschlappen zurück, damit ich mich säubern kann.

Seine zwei Seiten verwirren mich – mal ist er fordernd und herrisch, mal zärtlich und fürsorglich. Ich beobachte seinen knackigen Hintern und seine starken Oberschenkel, während er sich erneut entfernt. Als er wiederkommt, trägt er frische Boxershorts und hält ein Glas Wasser in der Hand. Seine Miene wirkt immer noch befriedigt, als er seinen Blick schmunzelnd über mich wandern lässt.

Auch ich kann mir ein Grinsen nicht verkneifen. »Wie spät ist es? Ich muss noch mal mit Daisy raus.«

»Das übernehme ich.« Er durchsucht seine Hosentasche nach dem Handy. »Du kannst hierbleiben.« Als er sein Telefon gefunden hat, verändert sich seine Miene. »Scheiße«, murmelt er und runzelt die Stirn.

»Was ist los?«

Er hat das Handy bereits am Ohr. »Ich hab sechs verpasste Anrufe von meiner Mom.«

KAPITEL 38
PIPPA

Vor Sorge ernüchtert, setze ich mich auf. Er hält das Telefon mit seiner Schulter ans Ohr gepresst, während er sich die Hose anzieht.

»Was gibt's?«, fragt er, als Donna sich meldet. Seine Miene, eben noch so entspannt, wirkt nun betroffen.

Er greift nach seinen Socken, doch hält mitten in der Bewegung inne, um zuzuhören. Seine Augen werden groß.

Ich bin bereits aufgesprungen und dabei, mich anzuziehen.

»Okay«, sagt er und hört dann wieder zu. »Ich fahre zu ihr und sehe nach, ob alles in Ordnung ist.« Er schaut zu mir. »Kannst du die Atemübungen machen, die Pippa dir gezeigt hat?« Wieder lauscht er, den Blick auf mich gerichtet, die Augenbrauen zusammengezogen.

Ich spüre, wie sich eine Gänsehaut auf meinen Armen ausbreitet.

Nachdem er versprochen hat, sie zurückzurufen, legt er auf und scrollt dann durch seine Kontakte.

»Was ist los?«

»Ihre Freundin Claire war zum Abendessen bei ihr, und sie hat sie gebeten, ihr zu schreiben, wenn sie zu Hause ist. Aber das hat Claire nicht getan, und meine Mom kann sie nicht erreichen.« Er fährt sich mit der freien Hand durchs Haar. »Und daraus ist eine Panikattacke entstanden. Sie macht sich immer Sorgen, dass Menschen einem betrunkenen Autofahrer zum Opfer fallen könnten.«

Claire hat uns vor Kurzem zu einem Eishockeyspiel begleitet. Sie wohnt im südlichen Teil der Stadt. Es wird eine Stunde dauern, bis er dort und dann in North Vancouver ist.

Eilig knöpfe ich meine Hose zu. »Ich fahre zu deiner Mom.«

Er schüttelt den Kopf. »Nein, ich kann anschließend bei ihr vorbeischauen.«

»Jamie, ich nehme ein Uber zum Haus deiner Mutter, und du kannst uns anschließend dort abholen, oder ich kann einfach wieder mit einem Uber nach Hause fahren, falls es ihr gut geht.«

Er starrt mich einen Moment an, dann blitzt kurz etwas in seinen Augen auf. »Okay. Danke, Pippa. Das weiß ich echt zu schätzen.«

»Kein Problem.« Ich greife nach meinem Handy und bestelle ein Uber, in dem Hunde erlaubt sind, ehe ich meine Kopfhörer aus der Tasche krame und Donna anrufe.

»Pippa?« Ihre Stimme klingt schrill.

»Hey.« Ich lächele Jamie an und spreche mit warmer, beruhigender Stimme weiter. »Ich werde dich besuchen, während Jamie zu Claire fährt. Und ich bringe Daisy mit. Vielleicht können wir mit ihr eine Runde um den Block gehen.«

»Okay«, sagt sie zögerlich; ihre Atmung ist flach. »Das könnten wir tun.«

»Ich lege nicht auf, bis ich bei dir bin.« Ich schlüpfe in meinen Hoodie.

Ich habe mir im Internet etwas über Panikattacken angelesen. Manchen Menschen hilft es, abgelenkt zu werden, um sich zu beruhigen.

»Das wäre schön.« Sie klingt erleichtert. »Es tut mir so leid, Schätzchen. Ich habe mich einfach in die Sache hineingesteigert, und dann …« Sie bricht ab. »Ich weiß auch nicht, was passiert ist.«

»Schon in Ordnung. Erzähl mir von deinem Tag.«

Während Donna spricht, steht Jamie einfach nur da, als wüsste er nicht, was er von meiner Idee halten soll, aber ich gebe ihm mit einer Geste zu verstehen, dass er fahren soll. Er nickt, eilt aus dem Zimmer, und kurz darauf höre ich, wie die Wohnungstür hinter ihm zufällt.

»Ist das der Orion?«, frage ich Donna und zeige zu den Sternen hoch, während Daisy an einem Rosenbusch schnüffelt.

Donna reckt den Hals. »Ich dachte, das sei der Große Wagen.«

Wir haben auf meiner Fahrt hierher die ganze Zeit telefoniert, und bis ich angekommen bin, war sie fast wieder die Alte. Jamie rief an, um zu erklären, dass Claires Akku leer war und sie ihr Ladekabel nicht finden konnte.

Als ich nun mit Donna durch die Siedlung spaziere, bemerkt man kaum noch, dass sie innerhalb der letzten Stunde eine Panikattacke hatte.

»Hm.« Ich deute in Richtung Osten. »Ich dachte, *das* sei der Große Wagen.«

Donna lacht. »Ich habe keinen blassen Schimmer von Astronomie, also frag mich nicht.«

»Ich auch nicht.«

Wir lachen, und sie drückt sanft meine Schulter. »Vielen Dank, dass du so spontan hergekommen bist, Liebes.« Sie verdreht die Augen über sich selbst und guckt ein wenig beschämt. »Es tut mir so leid, dass ich dir deinen Feierabend ruiniert habe.«

»Alles gut«, wiegele ich ab. »Ganz ehrlich. Ich will nicht, dass du hier oben ganz allein festsitzt.«

»Sag das bloß nicht zu Jamie, sonst versucht er, wieder bei mir einzuziehen.«

Ich lache. »Er kann ganz schön starrsinnig sein.«

Ein Bild von ihm kommt mir in den Sinn – mit vor der Brust verschränkten Armen, das T-Shirt über seinen Schultern gespannt, wie er zu mir hinabschaut, als ich das Sexspielzeug benutzt habe.

Meine Haut fühlt sich heiß an, und ich wende mich schnell ab, damit Donna mein Gesicht nicht sehen kann.

»Ich habe mir ausgemalt, dass sie genau wie Paul einen Unfall hatte«, gesteht Donna leise. »Jamies Vater. Und dann konnte ich nicht mehr *aufhören*, es mir vorzustellen. Es war, als hätte mich die Angst so fest im Griff, dass ich keinen logischen Gedanken mehr fassen konnte. Normalerweise wird es von dem Geruch nach Alkohol ausgelöst.« Sie studiert aufmerksam mein Gesicht, scheint darin etwas zu suchen. Verurteilung vielleicht? »Manchmal auch durch Autofahren. Aber niemals losgelöst von alldem, so wie heute.«

Ich gebe einen zustimmenden Laut von mir. »Viele Menschen leiden unter Panikattacken. Es gibt Ärztinnen und Ärzte, die darauf spezialisiert sind.«

Sie schüttelt den Kopf. »Nein. Auf keinen Fall. Keine Ärzte, keine Medikamente.« Sie stößt ein verbittertes Schnauben aus. »Das hab ich hinter mir, und ich werde es bestimmt nicht noch mal ausprobieren.«

Ich denke darüber nach, was Jamie heute beim Abendessen berichtet hat – die Depressionen seiner Mom, als er noch jünger war, und dass er deshalb kochen kann. Mein Herz wird schwer, weil ich Mitgefühl für beide habe. Ich kann nachvollziehen, warum Donna sich nicht mehr mit der Vergangenheit auseinandersetzen und eine Therapie machen will, obwohl ich nicht mal die ganze Geschichte kenne.

»Das sieht aus wie der Skorpion.« Donna zeigt auf eine Ansammlung von Sternen am Himmel.

Ich folge mit verengten Augen ihrer Bewegung. »Ja. Ich glaube, du hast recht.«

Wieder lachen wir, denn wir haben beide absolut keinen Plan.

Wir schlendern weiter und unterhalten uns ungezwungen, aber ich denke immer wieder an Jamie und was wir in meinem Bett getan haben. Ich kann nicht glauben, wie einfach es plötzlich für mich war, als ich mich an ihn gelehnt habe. Es war das erste Mal, dass ich mit einem Mann gekommen bin. Vielleicht lag es daran, dass ich ihn hinter mir gespürt habe, oder daran, dass er genau wusste, was er tat, oder vielleicht daran, dass er mich gefragt hat, was ich alles spüre. Oder vielleicht war es eine Kombination aus allem.

Jamie ist nicht nur der heiße Eishockeyspieler, in den ich in der Highschool verknallt war. Er ist so viel mehr. Hinter seiner mürrischen, harten Fassade ist er sanftmütig und fürsorglich und beschützend. Ihm sind die Menschen in seinem Leben wichtiger als er selbst. Er unterstützt mich bei meiner Musik mehr als jemals eine andere Person zuvor. Ich bin dabei, mich mit seiner Mom anzufreunden, und ich liebe es, mich um seine Hündin zu kümmern.

Doch dann stutze ich plötzlich. Zach hat am Anfang auch immer behauptet, ich sei etwas Besonderes, doch irgendwann wurde es zur Gewohnheit. Ich kann den Gedanken, dass Jamie eines Tages auch das Interesse an mir verlieren könnte, nicht ertragen. Allein die Vorstellung löst Übelkeit in mir aus. Das will ich nicht noch einmal durchmachen.

Bei Donnas Haus erwartet uns bereits Jamie. Ich habe ihm vorhin geschrieben, dass wir spazieren gegangen sind.

»Hallo, Schatz«, begrüßt Donna ihren Sohn, der sofort auf sie zugeht und sie in Augenschein nimmt.

Angesichts seines besorgten Blickes schmerzt mein Herz. Es muss schwer für ihn sein, dass seine Mutter leidet.

Als er sie in eine feste Umarmung schließt, seufzt sie frustriert. »Mir geht es wirklich gut«, verkündet sie. »Frag Pippa.«

Jamie begegnet meinem Blick über ihre Schulter hinweg, und ich erkenne Dankbarkeit in seinen Augen.

Ich lächele nur und nicke.

In der nächsten halben Stunde weicht Jamie seiner Mutter nicht von der Seite. Sie bereitet derweil Tee zu, ich sitze am Küchentisch und unterhalte mich mit ihr. Schließlich ist Jamie überzeugt, dass es seiner Mom so gut geht, dass wir sie allein lassen können, und sie scheucht uns zur Tür hinaus.

Auf der Heimfahrt herrscht eine merkwürdig verkrampfte Stimmung, sodass ich ihm immer wieder verstohlene Blicke zuwerfe. Er hat die Zähne fest zusammengebissen.

Irgendwann durchbricht er die Stille. »Danke für heute Abend, Pippa.« Seine Stimme klingt leise und ernst.

»Nicht der Rede wert.«

Er zögert. »Ich, äh ... ich wäre ohne dich total aufgeschmissen.«

»Ich weiß.«

Er schnaubt amüsiert. »Äußerst bescheiden.«

Ich schaue ihn grinsend an. »Nicht der Rede wert. Ehrlich.«

Er nickt und wendet seinen Blick wieder nach vorn, aber er wirkt weiterhin angespannt. Als wir zu Hause ankommen, trottet Daisy erschöpft nach oben in Jamies Zimmer, wo sie schläft, wenn er nicht verreist ist.

Nun, da wir wieder allein sind, denke ich daran, was wir vorhin getan haben, wie heiß es war, und dass ich es gern wiederholen würde.

Doch das geht nicht. Das weiß ich. Ich kann meine Gefühle nicht aus der Sache raushalten, so wie Hazel mir geraten hat.

»Was heute Abend passiert ist ...«, setzt er an. Sein Kehlkopf hüpft, und er reibt sich den Nacken.

»Ich denke, das sollte nicht noch einmal vorkommen«, platze ich heraus.

Sein Blick huscht zu mir. Erkenne ich Enttäuschung oder Erleichterung darin? Ich kann es nicht einordnen.

»Du hast deine Mom, und ich habe ...« Kopfschüttelnd breche ich ab. Ich kann ihm nicht die Wahrheit sagen.

Mein Herz ist überaus zerbrechlich, und ich bin wahnsinnig in ihn verknallt.

»Alles klar.« Er betrachtet mich eingehend, studiert mich und beißt die Zähne wieder zusammen. »Tut mir leid, wenn ich dich in eine unangenehme Situation gebracht habe.«

»Nein.« Ich schüttele erneut den Kopf. »Das hast du nicht. Es war toll. Also … *richtig* toll.« O nein, ich werde rot. »Ich arbeite für dich, und es läuft wirklich gut.«

Er nickt, lässt mich jedoch nach wie vor nicht aus den Augen. »Ja. Das tut es.«

Meine Kehle fühlt sich eng an, als ich schlucke. »Super.« Ich schaue zur Treppe. Durch die riesigen Fenster des Wohnzimmers sehe ich, wie die Lichter der Skipisten in den Bergen funkeln, und ahne, dass ich sie noch mehrere Stunden anstarren werde, während ich den gesamten Abend Revue passieren lasse. »Ich sollte ins Bett gehen.«

»Gute Nacht, Pippa.« Seine Stimme ist leise, und in seinen Augen liegt etwas, das in mir den Wunsch weckt, ihn zu umarmen.

»Gute Nacht.«

In meinem Zimmer lehne ich mich von innen gegen die Tür und ordne meine Gedanken. In Jamies Leben gibt es keinen Platz für mich – das hat sich heute Abend deutlich gezeigt. Es war nicht seine Schuld; es war nur schlechtes Timing, aber ich weiß, dass er unten ist und sich Vorwürfe macht. So etwas wird immer wieder vorkommen, und er wird mich niemals über seine Mom stellen. Das kann er nicht. Sie braucht ihn zu sehr.

Die gesamte Situation hat ein blinkendes Neonschild mit der Aufschrift *GEFAHR*. Wenn ich die Sache weiterlaufen lasse, weiß ich ganz genau, wie es für mich enden wird.

KAPITEL 39

JAMIE

Ein paar Abende später spielen wir wieder gegen Calgary. Alexei Volkov hat den Puck und wird nach seinem Schuss von Miller gerammt. Der Puck trifft den Torpfosten, woraufhin die Fans auf der anderen Seite des Stadions aufspringen und laut schreiend nach einem Penalty verlangen. Doch das Spiel geht weiter, und das Ausbuhen beginnt.

Als der gegnerische Goalie den nächsten Torversuch blocken kann, wird gepfiffen, und die Schieds- und Linienrichter besprechen sich einen Moment, bevor sie auseinandergehen.

»Kein Penalty«, ertönt die Durchsage, und wieder buht das halbe Stadion.

Miller gleitet feixend, die Arme weit ausgebreitet, an den Fans vorbei über das Eis.

Unsere Fans rasten aus, schlagen mit den Fäusten gegen das Glas, und er genießt es in vollen Zügen. Schließlich zieht er seinen Handschuh aus und zeigt ihnen den Mittelfinger, was die Menge noch mehr zum Toben bringt.

Jetzt ertönt ein Pfiff. Penalty.

Verdammt. Ich erkenne ihn kaum wieder. Früher war er immer diszipliniert und fokussiert, genau wie ich. Er hat Eishockey geliebt, obwohl sein Dad ihn stets mit Adleraugen beobachtet und ihm nach den Spielen all seine Fehler vorgehalten hat.

Ich greife nach meiner Wasserflasche und suche Pippas Blick. Als sie lächelt, nicke ich ihr zu.

Heute Abend ist sie in Begleitung von Hazel, die ein Bier in der Hand hält und gelangweilt aussieht. Die wenigen Male, in denen das Spiel in der Nähe meines Tores unterbrochen worden ist, ist Rorys Blick sofort zu den beiden hinaufgewandert.

Pippa lacht über etwas, das Hazel gesagt hat. Als sie mir zuzwinkert und mich erneut anlächelt, zuckt mein Schwanz. Ich dachte, der Morgen danach würde komisch werden, aber Pippa hat sich vollkommen normal verhalten. Fast so, als wäre nichts passiert. Eigentlich sollte mich das erleichtern, doch stattdessen kann ich nicht aufhören, an den Abend mit ihr zu denken.

Sie hatte recht: Wir sollten nichts miteinander anfangen. Was mit meiner Mom passiert ist, war ein Warnsignal, eine Erinnerung daran, was schiefgehen kann, wenn ich nicht für sie da bin.

Was allerdings nicht bedeutet, dass ich glücklich darüber bin.

Ich will Pippa unbedingt wieder zum Orgasmus bringen, aber wenn wir einmal anfangen, miteinander rumzumachen, werden wir nicht mehr aufhören. Ich werde es immer wieder tun wollen, jeden Morgen, Mittag und Abend. Und wahrscheinlich in der Nacht. Sie ist viel zu süß, zu weich, zu besonders, als dass ich genug von ihr bekommen könnte. Sie ist so viel mehr als das hübsche Mädchen aus der Highschool, und je näher wir uns kommen, desto schwerer fällt es mir, mich zurückzuhalten.

Aber sie hat ohnehin etwas Besseres verdient als mich. Jemanden, der fähig ist, sie in den Mittelpunkt zu stellen, der ihr alles geben kann. Mir widerstrebt der Gedanke, dass ein anderer Mann in ihr Leben treten könnte, aber ich möchte, dass sie glücklich ist.

Als das Spiel weitergeht, reiße ich meinen Blick von ihr los und konzentriere mich wieder.

Nach der Partie gehe ich hoch in die Loge. Pippa entdeckt mich sofort und winkt mir entgegen.

»Hi.« Ich räuspere mich und schaue mich um. »Wo ist Hazel?«

»Sie ist zur Toilette gegangen und müsste gleich wieder hier sein.« Sie strahlt mich an. »Tolles Spiel.«

»Danke.«

Unsere Blicke treffen sich, dann fällt meiner auf ihre Lippen. Mein Blut ist vom Spiel immer noch in Wallung, und Adrenalin rauscht durch meine Adern. Das Einzige, was ich gerade tun will, ist, mit ihr nach Hause zu fahren und dort weiterzumachen, wo wir gestern Abend aufgehört haben.

»Da ist sie ja«, ruft Miller, als er sich Pippa nähert. Er umarmt sie fest und hebt sie hoch, woraufhin sie losquietscht.

Meine Nasenflügel blähen sich, ich verschränke die Arme vor der Brust und funkele die beiden wütend an. »Was tust du hier?«

Er setzt sie ab und zieht leicht an ihrem Zopf.

Meine Hand ballt sich zur Faust.

»Wollte nur meiner alten Freundin Pippa Hallo sagen.«

Sie grinst ihn an. »Hi.«

Er wackelt mit den Augenbrauen. »Hi«, flötet er zurück.

Wieder lachen sie.

Ich hasse es.

»Spieler aus der anderen Mannschaft haben hier nichts verloren.« Mein Tonfall klingt scharf, mein Brustkorb fühlt sich eng an. Die beiden sollten einander nicht so anlächeln. Sie gehört mir, nicht ihm.

Er verdreht die Augen und deutet mit dem Kinn hinüber zu einer Stelle, wo sich der Goalie von Calgary mit einem unserer Stürmer unterhält. »Thurston verbrüdert sich dort drüben gerade mit eurem Mann. Und es kümmert niemanden.« Er strahlt Pippa wieder an und legt einen Arm um ihre Schulter.

Wut kocht in mir hoch.

»Wie geht's dir, Kleine?«, fragt er.

Sie verpasst ihm einen Stoß mit dem Ellenbogen. »Du bist nur zwei Jahre älter als ich.«

»Ja, aber du bist klein.«

»Gar nicht wahr.«

Mir missfällt es, wie sie sich an seine Seite schmiegt. Sie sollte sich an *meine* Seite schmiegen.

»Du bist einfach nur lächerlich groß«, neckt sie ihn.

Mein Kiefer schmerzt, weil ich so fest mit den Zähnen knirsche. Ich schlucke gegen das brennende Gefühl in meiner Kehle und das Hämmern in meinen Ohren an. Warum rege ich mich so unfassbar auf?

Hazel erscheint an Pippas Seite und bedenkt mich mit einem kühlen Nicken. »Hi.«

»Hazel.« Ich nicke ihr ebenfalls zu.

Ihr Blick wandert zu Miller, der seinen Arm immer noch um Pippa schlingt, und sie verzieht angewidert das Gesicht.

Ich wusste, dass ich Hazel mag.

»Hi, Hartley«, begrüßt er sie. Er lächelt selbstbewusst, aber in seinen Augen blitzt etwas Raubtierhaftes auf. »Erinnerst du dich noch an mich?«

Will er mich verdammt noch mal verarschen?

Hazels Gesicht verzieht sich noch mehr. »Nope.«

»Doch, tust du.«

Pippa schaut zwischen ihnen hin und her. »Ihr kennt euch? Ihr wart doch in unterschiedlichen Jahrgängen.«

Miller beäugt Hazel, als wäre sie ein Dessert. »Wir hatten ein paar Kurse zusammen. Hartley ist ein echter Intelligenzbolzen.«

»Ah, stimmt.« Pippa nickt ihrer Schwester zu. »Deine Sommerkurse. Die hatte ich ganz vergessen.«

Miller lässt Pippa los und macht einen Schritt auf Hazel zu, nach wie vor mit diesem selbstbewussten Grinsen, das ich ihm am liebsten vom Gesicht wischen würde. Wenigstens ist es nun nicht mehr für Pippa bestimmt. »Wie geht's dir, Hartley? Pippa hat erzählt, du arbeitest für die Mannschaft.«

Hazel betrachtet ihn über den Rand ihres Getränkebechers hinweg, während sie einen Schluck trinkt. »Jepp.«

»Du standest schon immer auf Eishockeyspieler.«

Pippa windet sich unbehaglich. Als ich fragend meine Augenbrauen hochziehe, formt sie mit den Lippen: *Erzähle ich dir später.*

Hazel starrt Miller an, als wäre er ein zerdrückter Käfer auf dem Boden, und wenn er nicht eben gerade Pippa angebaggert hätte, hätte ich laut losgeprustet. Ich kenne den Hockey-Tratsch. Für gewöhnlich sehen Frauen ihn auf eine andere Weise an, als Hazel es gerade tut.

Aber so wie seine Augen leuchten, scheint es ihm nichts auszumachen. »Du siehst gut aus«, sagt er zu ihr.

Als sie nichts erwidert, zeigt er auf sich selbst. »Willst du mir nicht auch ein Kompliment machen?« Seine Augen funkeln amüsiert.

»Herzlichen Glückwunsch. Du siehst aus wie ein Typ, der eine megateure Sexpuppe besitzt.«

»Ihr Name ist Diane.« Er schenkt ihr ein breites Grinsen, das verrät, wie sehr er den Schlagabtausch genießt.

Pippa und Hazel geben Würgelaute von sich. »Du solltest ihnen keine Namen geben, Rory«, tadelt Pippa, woraufhin er in schallendes Gelächter ausbricht.

»Hat deine Sexpuppe einen Kopf?«, fragt Hazel.

Er wendet den Blick nicht von ihrem Gesicht. »Hatte sie, aber den habe ich abgetrennt.« Er tippt sich mit der Zungenspitze an die Oberlippe.

»Das ist ja noch schlimmer.«

Er grinst Hazel nur an, als wollte er nie wieder von ihrer Seite weichen.

Pippa schmunzelt mir belustigt zu. Es fühlt sich derart intim an, dass mir unwillkürlich der Atem stockt.

Hazel sagt etwas zu Pippa, und sie neigt den Kopf zu ihr hinüber. Dabei streift ihr Zopf meinen Arm, und plötzlich befinde ich mich wieder in ihrem Bett, spüre sie zwischen meinen Beinen sitzen und in meinen Armen bebend zum Orgasmus kommen. Ich erinnere mich noch genau daran, wie sich ihr Haar an meiner Brust anfühlte, als sie sich wand. Ich kann nicht aufhören, es zu fühlen.

»Du solltest mitkommen, wenn Pippa mir die Stadt zeigt«, schlägt Miller Hazel vor.

Hazel starrt ihre Schwester an. »Wovon redet er?«

Pippa verdreht die Augen. »Rory braucht jemanden, der ihm Vancouver zeigt, obwohl er hier aufgewachsen ist und nur nicht mehr hier wohnt.«

Rory versucht, sie hinter sich zu schieben, woraufhin sie loskichert. »Hör nicht auf sie, Babe.« Er lächelt Hazel erneut an. »Du solltest mitkommen.«

»Ich hab zu tun.« Hazel sieht ihn finster an. »Und nenn mich nicht Babe.«

»Sorry.« Er legt sich reumütig eine Hand aufs Herz. »Ba-*by*.«

Sie funkelt ihn an, dann sagt sie zu Pippa: »Dir ist klar, dass er versuchen wird, dich zu einem Dreier zu überreden, oder?«

Pippa lacht. »Ich hatte noch nie einen Dreier.«

»Den wirst du auch nicht haben«, versetze ich, woraufhin mich alle anschauen, als wäre mir ein zweiter Kopf gewachsen. »Und du wirst auch nicht mit Miller schlafen.« Obwohl es in meinen eigenen Ohren lächerlich klingt, kann ich mich nicht zurückhalten.

Sie stößt mich mit dem Ellbogen an. »Wir albern doch nur rum.« Dann wendet sie sich wieder Miller zu. »Wann bist du das nächste Mal in der Stadt?«

»Ich bin noch zwei Tage lang hier. Morgen hätte ich Zeit.« Er zwinkert ihr zu.

Rory Miller zwinkert verdammt noch mal meiner Pippa zu. Alles daran ist falsch.

Der Gedanke daran, dass er etwas bei ihr versuchen könnte, ruft Übelkeit in mir hervor. Ich schaue sie nur wütend an und wünsche, ich könnte sie von hier wegzerren, irgendwohin, wo wir allein sind.

»Morgen passt super«, antwortet Pippa.

Miller sieht mich triumphierend an. Er fordert mich heraus, aber ich bin wie gelähmt. Ich habe in Bezug auf Pippa längst eine Grenze gezogen, die ich ein paarmal überschritten habe.

Fuck. Fuck. Fuck. Ich hasse ihn dafür, dass er Spielchen mit mir spielt. Ich hasse mich selbst dafür, dass ich wegen einer Frau eifersüchtig werde, die ich nicht haben kann.

»Super.« Er schenkt mir ein breites Grinsen. »Dann haben wir also ein Date.«

KAPITEL 40
PIPPA

Als ich am nächsten Morgen mein Zimmer verlasse, tigert Jamie mit grimmiger Miene in der Wohnung auf und ab. Ich betrete das Wohnzimmer, woraufhin er abrupt stehen bleibt und mein Outfit in Augenschein nimmt.

Funken sprühen in meinem Inneren herum, und ich frage mich, ob die Verabredung eine schlechte Idee war.

Ich weiß, dass Rory kein Interesse an mir hat, auch wenn wir Witze über einen Dreier gemacht haben. Wir sind nur Freunde. Aber ich war seit der *zehnten* Klasse mit demselben Typen zusammen, und seitdem mich Jamie mit diesem Sextoy vollkommen um den Verstand gebracht hat, ist mir bewusst geworden, wie viel ich verpasst habe.

Ich will rausgehen und Spaß haben. Ich will neue Leute kennenlernen und neue Erfahrungen sammeln. Zwei Jahre lang habe ich Zach auf seiner Tour begleitet, habe mich abgerackert, und davor bin ich ihm an die Uni gefolgt. All meine Freunde waren in Wahrheit *seine* Freunde.

Und trotz seines arroganten Getues will Rory wieder mit Jamie befreundet sein. Er hat nur keinen Schimmer, wie er es anstellen soll, also geht er ihm stattdessen auf die Nerven.

»Das willst du anziehen?« Eine steile Falte entsteht auf Jamies Stirn, und seine grünen Augen blitzen.

Ich inspiziere meinen Woll-Minirock und das Band-T-Shirt, das ich vor ein paar Jahren auf einem Konzert mit Hazel gekauft habe. Der Cardigan darüber reicht kaum bis zum Bund meines Rockes. »Was stimmt damit nicht?«

Mit verschränkten Armen taxiert er meine Beine. »Du wirst frieren.«

Angesichts seines scharfen Tonfalls läuft mir ein Schauer über den Rücken. Ich wende mich ab und schaue auf mein Handy, um meine Röte zu verbergen. Rory wird jeden Moment hier sein.

»Ich ziehe Stiefel an.« Ich krame sie aus dem Schrank und schlüpfe hinein.

Obwohl ich diese Stiefel liebe, trage ich sie nicht oft genug. Sie reichen mir bis zu den Oberschenkeln und bringen meine Beine toll zur Geltung. Als ich mich wieder umdrehe, ruht Jamies Blick auf der nackten Haut zwischen meinen Stiefeln und meinem Rock, die Zähne hat er fest zusammengebissen.

»Jamie.« Ich seufze und lache leise. »Rory und ich sind nur Freunde. Du bist nur sauer, weil er beim Spiel ein Tor geschossen hat.«

Sein Blick verfinstert sich noch weiter, und ich kann ihn förmlich auf meinen Oberschenkeln prickeln spüren. »Wenn er den Rock sieht, wird er nicht mehr nur mit dir befreundet sein wollen.« Frust spiegelt sich in seinen Augen. »Was, wenn jemand Fotos macht? Wir haben auf der Abschlussparty allen erzählt, dass wir zusammen sind.«

»Niemand wird Fotos von uns machen. Wir gehen in diese dunkle Bar in der Main Street, wo es unfassbar gute Cocktails gibt. Die Leute, die in dieser Gegend wohnen, sind zu cool, um Fotos von einem Eishockeyspieler zu machen.«

In dem Moment vibriert mein Handy, und das Wort *Türklingel* erscheint auf dem Display. Ich drücke Rory auf und lege das Handy weg.

Als ich mich umdrehe, stoße ich mit Jamie zusammen, sodass ich meine Hände an seine Brust legen muss, um mich abzufangen. Ich begegne seinem Blick, was meinen Puls zum Rasen bringt.

In seinen Augen sehe ich etwas lodern.

»Was ist los?«, frage ich verwirrt.

Er schaut erst zur Tür und dann wieder zu mir.

Mit einem Mal liegt sein Mund auf meinem.

Ich keuche, als seine Zunge zwischen meine Lippen gleitet. Er schiebt mich nach hinten, bis mein Rücken gegen die Wand prallt. Er drängt mir seine Hüften entgegen.

Obwohl ich meine Augen aufreiße, sehe ich nichts. Ich kann nur fühlen, dass er sich an mich drückt und er hart ist.

Zwischen meinen Beinen beginnt es zu pochen, und mir entfährt ein leises Stöhnen.

»Wir hatten doch eine Vereinbarung.« Meine Worte sind nur ein Flüstern an seinen Lippen.

Dennoch unterbricht er den Kuss und legt schwer atmend seine Stirn an meine. »Das ist mir egal.«

Mir auch. Ich kann mich nicht mal mehr erinnern, warum wir uns darauf geeinigt hatten, es nicht zu wiederholen. Es ist viel zu gut.

Wieder landen seine Lippen auf meinen, und er küsst mich so grob, dass es fast wehtut. Ich verliere mich in seinem Kuss, dem Gefühl seiner Lippen auf meinen, seiner Hände auf meinem Körper, in meinen Haaren.

Als ich sanft an seinen Haaren ziehe, sendet sein leises Ächzen einen Blitz zwischen meine Beine. Ich kann spüren, wie ich feucht werde.

O Gott. Jede Sekunde wird Rory auftauchen, und ich schere mich nicht mal darum. Ich will, dass er weitermacht.

»Ich kann nicht aufhören, an das hier zu denken«, stößt Jamie hervor, genauso wütend wie zuvor, aber die Hitze in seinen Augen steigert meine Begierde.

Er will mich. Alles, was ich tun kann, ist zu nicken.

»Sag mir, dass ich aufhören soll, Pippa«, haucht er an meinem Mund.

Auf gar keinen Fall. Ich stöhne, als er an meiner Zunge saugt.

Ein Klopfen an der Tür lässt mich zusammenfahren, doch Jamie stützt den Arm über meinem Kopf an der Wand ab, als wollte er mich einkesseln.

Meine Nerven kribbeln vor Erregung.

»Das ist Rory«, flüstere ich.

Jamie legt seine freie Hand in meinen Nacken und hält mich sanft fest.

»Er kann warten«, murmelt er.

Seine Hand wandert zu meinem Oberschenkel, wo er mit seinen Fingerknöcheln über die nackte Haut zwischen meinem Rock und meinem Stiefel fährt. Ich kann kaum atmen, so schnell rast mein Herz. Meine Brüste fühlen sich schwer und fest an, und als sich Jamies Hand zum Saum meines Rockes vortastet, um ihn hochzuschieben, wölbe ich ihm unwillkürlich meine Hüften entgegen.

Er stößt ein heiseres Lachen aus. Als Rory erneut klopft, beugt sich Jamie so weit herunter, dass seine Lippen mein Ohr streifen. »Sag ihm, du brauchst noch eine Minute.«

Er kann doch nicht ernsthaft …

Zwischen meinen Beinen beginnt es zu pochen.

Er sieht mich nachdrücklich an, herrisch. Was er will, ist deutlich.

»Nur eine Sekunde«, rufe ich mit zittriger Stimme, ohne meinen Blick von Jamie abzuwenden.

Seine Hand wandert noch höher. Die Luft zwischen uns knistert, aber ich kann nicht wegsehen. Mit dem Finger beschreibt er eine sanfte Linie an der Innenseite meines Oberschenkels, der Griff seiner Hand in meinen Nacken wird fester.

Langsam schließe ich die Augen, während er über meinen Slip streicht. Ein Blitz zuckt durch meine Mitte, als er Druck auf meine Klitoris ausübt. Mein Mund öffnet sich, und mir entfährt ein Stöhnen. »Fuck«, flüstere ich.

»Schhh.« Sein Mundwinkel hebt sich, aber seine Augen sind so dunkel, als würde es ihm Freude bereiten, mich zu quälen. »Fühlt sich das gut an?«

Ich nicke.

»Willst du, dass ich dich fingere?«

Nickend stemme ich meine Hände gegen seine breite Brust. Ich will es unbedingt.

Er zieht eine Augenbraue hoch. »Sag ›bitte‹.«

»Bitte«, flüstere ich.

Den Blick unverwandt auf mich gerichtet, schiebt er meinen Slip zur Seite und streichelt mich mit seinen langen Fingern, umkreist die kleine Knospe.

Um ein Stöhnen zurückzuhalten, presse ich die Lippen zusammen. Ich atme schwer und winsele leise, als er einen Finger in mich hineingleiten lässt.

»Fuck«, murmelt er. »Du bist so feucht, Pippa.«

Ich nicke und lege den Kopf an seine Brust.

»Nein, nein, nein«, flüstert er. »Sieh mich an.«

Ich unterdrücke ein weiteres Stöhnen, indem ich mir auf die Lippe beiße, und hebe den Kopf. Sein Haar ist ihm vor die Augen gefallen, und trotz meines benebelten Blickes finde ich das unheimlich heiß. Er dringt mit einem weiteren Finger in mich ein, liebkost mich ohne Eile in einem Rhythmus, der mich in den Wahnsinn treibt.

Ich klammere mich an seinem Hals fest, hänge förmlich an ihm.

Rory klopft wieder an die Tür, sodass ich zusammenzucke und mich um Jamies Finger herum verenge. Ich habe ganz vergessen, dass er hier ist. Jamie schenkt mir ein düsteres, zufriedenes Grinsen.

»Pippa«, ruft Rory. »Mir wird langsam langweilig. Lass uns gehen.«

Jamie beugt sich hinunter. »Du gehörst mir«, murmelt er an meinem Ohr und krümmt die Finger an meinem G-Punkt.

Ich stoße ein leises Wimmern aus. »Nur noch einen Augenblick«, rufe ich, doch meine Stimme bricht, als Jamie seinen Daumen an meinen Kitzler presst.

Hitze und Druck bauen sich in meinem Unterleib auf, genauso wie an dem Abend, als Jamie das Sexspielzeug zwischen meine Beine gedrückt hat.

Ich spüre, dass ich kurz vor dem Orgasmus stehe.

»Willst du kommen?«, fragt er mit gesenkter Stimme.

Ich nicke eifrig, und meine Augen verdrehen sich, als er mich weiter liebkost.

»Ich bin gleich so weit«, hauche ich und schaue ungläubig zu ihm auf. Wie kann er nur so gut darin sein?

»Ich weiß.«

Sein Tonfall klingt leicht selbstzufrieden und entschlossen, was noch mehr Hitze zwischen meine Beine schießen lässt. Meine Atmung ist nur noch ein Hecheln, und ich halte seinen Blick fest, während sich der Druck in meiner Mitte verstärkt.

»Jetzt«, formt er mit den Lippen und sieht mich eindringlich an, wobei er seine Hand schneller bewegt. Sein Daumen reibt weiter über meine Klitoris. »Leise«, flüstert er, als ich zu beben beginne.

Ich presse die Lippen aufeinander, winde mich und ziehe mich um seine Finger herum zusammen. Ein helles Licht durchflutet meinen Körper, schießt durch jeden Zentimeter meiner Existenz, breitet sich von der Stelle aus, an der Jamie mich mit seinen langen Fingern streichelt. Dabei kann ich förmlich *hören*, wie feucht ich bin. Ich lasse meine Hüften kreisen, bis mein Orgasmus abebbt, und lehne den Kopf an seine Brust.

»Du bist perfekt«, flüstert er mir ins Ohr.

Ich bin immer noch außer Atem, als er sich seine Finger in den Mund steckt und daran saugt. Eine weitere warme Welle fließt durch mich hindurch, und meine Klitoris pulsiert. Jamie beugt sich runter und drückt mir einen sanften Kuss auf den Mund, sodass ich mich selbst an seinen Lippen schmecken kann.

Beim nächsten Klopfen liegt Jamies Hand bereits an der Klinke. Eilig rücke ich meinen Rock zurecht, als er die Tür öffnet.

»Das wurde aber auch Zeit …« Rory hält inne, als er Jamie entdeckt, und beginnt dann, frech zu grinsen. »Crashst du etwa unser Date, Streicher?«

»Ja. Das tue ich.«

KAPITEL 41
PIPPA

Das war wirklich das merkwürdigste Abendessen aller Zeiten. Wir sitzen in einer dunklen Bar in der Main Street, fußläufig von der Wohnung aus zu erreichen. Der Laden ist getarnt durch einen Eingang, der eher an das Büro eines Buchhalters aus den Siebzigern erinnert, das Innere ist jedoch gefüllt mit plüschigem kastanienbraunem Samt, bizarren und faszinierenden Kunstwerken und einem bunten Deckengemälde mit Menschen, die nackt in der Natur liegen.

Ich nippe an meinem Chai Whiskey Sour und schiele heimlich zum Gang hinüber, der zu den Toiletten führt. Wahrscheinlich gibt es eine Hintertür, durch die ich mich hinausschleichen könnte. Ich bin immer noch ganz kribbelig nach dem, was Jamie und ich vorhin zu Hause getan haben, und jedes Mal, wenn ich daran denke, wird mein Gesicht warm.

Nun sitzt er mit seiner üblichen verdrießlichen Miene neben mir. Ich weiß, dass wir so etwas nicht noch einmal hätten tun sollen, aber sobald er mich berührt, kann ich keinen klaren Gedanken mehr fassen. Es knistert zu sehr zwischen uns. Das Gefühl ist zu intensiv, zu gut.

Gott, seine Finger in mir … Ein wohliger Schauer durchfährt mich.

»Pippa.« Rory lehnt sich in seinem Sessel zurück. »Ich habe gehört, du spielst Gitarre?«

Ich verdrehe meine Augen. »Nur zum Spaß.«

Jamie stößt neben mir einen leisen missbilligenden Laut aus.

»Wirklich«, versichere ich, ernte aber nur ein Stirnrunzeln von ihm.

»Sie ist gut«, sagt er zu Rory. Es ist das erste Mal, seit wir hier sind, dass er das Wort an ihn richtet. »Wenn sie wollte, könnte sie in der Musikbranche arbeiten.«

Auf einmal habe ich einen Eisklotz in meinem Magen. »Es geht nicht nur um Talent.«

»Nein, das stimmt.« Jamie beugt sich vor. »Es geht außerdem um harte Arbeit, und man muss an sich glauben. Dir fehlt nur noch Letzteres.«

Ich lasse die Hände in den Schoß sinken, knete sie unbehaglich. Mit einem Mal sträubt sich alles in mir. Ich will gerade das Thema wechseln, als Rory sich einmischt.

»Klingt, als hättest du einen Fan«, bemerkt er und lächelt Jamie an. Keine Ironie. Kein übertrieben selbstbewusstes Grinsen. Nur ein Lächeln.

»Ich bin ihr *größter* Fan.« Jamies Worten fehlt die Bissigkeit, die ich sonst heraushöre, wenn er mit Rory spricht.

Eine gefühlte Ewigkeit schauen sich die beiden einander abschätzend an.

Okay, das genügt.

»Warum seid ihr zwei nicht mehr miteinander befreundet?«, platze ich heraus.

Jamie funkelt Rory an, der unbehaglich auf seinem Sessel herumrutscht. In seinen Augen blitzt ein Anflug von Verletzlichkeit auf, bevor er die Gefühlsregung wegblinzelt.

»Er ist der Typ, der meine Schüsse nicht abwehren kann.« Rory dreht beide Handflächen nach oben. »Warum sollte er mit mir befreundet sein wollen?«

Jamie lehnt sich zurück. »Klingt wie eine Lektion aus Rick Millers Eishockeyschule.«

»Jepp.« Rory zieht kurz die Augenbrauen hoch; ein ernster Zug umspielt seine Lippen, während er sich in der Bar umschaut.

Kurz habe ich den Eindruck, dass beide gern noch mehr sagen würden.

»Dein Dad ist Rick Miller?«, frage ich Rory mit weit aufgerissenen Augen.

Rick Miller ist eine der Größen des kanadischen Eishockeysports. Er wäre einer der Lieblingsspieler meines Dads, wenn er nicht den Ruf hätte, gegenüber Fans und Presse respektlos zu sein.

Rory sieht mich ungerührt an. »Genau der.«

»Wow.«

Er zuckt mit den Schultern. »Kein Grund, beeindruckt zu sein, Pippa. Er ist ein ganz normaler Typ.«

Ich denke daran, wie eingeschüchtert ich in der Highschool von Jamie war, und sogar noch vor ein paar Monaten. Und wie fürsorglich, lieb und beschützend er hinter seiner mürrischen Fassade ist. Irgendetwas sagt mir jedoch, dass Rick Miller nicht fürsorglich und lieb ist.

»Wir sollten langsam aufbrechen.« Jamie schlägt leicht mit der Hand auf die Tischfläche. »Ich hab morgen früh Training, und du hast dein Vorstellungsgespräch.«

In meinem Magen bildet sich ein Knoten. Stimmt. Das Vorstellungsgespräch für den Marketingjob. Seit zwei Wochen bereite ich mich darauf vor, indem ich meine alten Uninotizen durchgehe, mit Hazel übe und meine Eltern am Telefon abwimmele, wenn sie sich aufgeregt danach erkundigen, ob ich bereit bin.

»Songbird.« Jamie spricht mit der Stimme, die er nur benutzt, wenn wir zusammen sind – als hätte er vergessen, dass Rory auf der anderen Seite des Tisches sitzt. »Du wirst das Ding rocken, wenn es wirklich das ist, was du willst.«

Das ist es nicht, worüber ich mir Sorgen mache, aber ich sehe keinen anderen Weg. Alle anderen Optionen sind …

Nein. Einfach nein.

Ich zwinge mich zu einem Lächeln in Rorys Richtung.

Er beäugt uns längst neugierig.

Als die Kellnerin vorbeikommt, hebt Jamie die Hand. »Können wir bitte zahlen?«

Sie lächelt. »Die Rechnung wurde schon beglichen. Schönen Abend noch.«

Nachdem sie verschwunden ist, schauen wir Rory an, der mir zuzwinkert.

»Danke«, sage ich. »Das wäre nicht nötig gewesen.«

Er winkt ab und steht dann auf. »Es war das Mindeste, was ich tun konnte.«

Ich bin mir nicht ganz sicher, was er damit meint, und überlege, ob es etwas damit zu tun hat, was zwischen ihm und Jamie vorgefallen ist.

Jamie räuspert sich; ihm ist es eindeutig unangenehm, dass Rory für ihn bezahlt hat. »Danke«, murmelt er, und ich verberge ein Schmunzeln.

Vor der Bar deutet Rory mit dem Kopf die Straße runter. »Mein Hotel ist dort entlang.«

»Okay.« Ich schenke ihm ein Lächeln. »Danke für den schönen Abend.«

Er zieht mich in eine warme Umarmung und drückt mir einen schnellen Kuss auf die Wange.

Ich habe zwar keinen Bruder, aber wenn ich einen hätte, bin ich mir ziemlich sicher, dass ich genau die gleichen Gefühle für ihn hätte wie für Rory.

»Lass es uns bald wiederholen, okay?« Er löst sich von mir und grinst mich an.

Ich nicke. »Auf jeden Fall.«

Dann wendet er sich Jamie zu, der ihn verärgert anschaut. »Und Streicher, du warst ja auch dabei.«

Jamies Nasenflügel beben.

Ich verdrehe die Augen, verabschiede mich von Rory und ziehe Jamie mit. Eine Weile laufen wir schweigend durch die Straßen, doch schließlich durchbricht er die Stille.

»Danke, dass ich zu eurem Treffen mitkommen durfte«, sagt er.

Ich lächele ihn spöttisch an. »Du hast nicht gefragt.«

Er schnaubt, was mir verrät, dass er meine Anspielung auf seinen »Vorschlag«, bei ihm einzuziehen, verstanden hat.

»Und es war kein Treffen, sondern ein Date.« Ich drehe den Kopf zur Seite, um mein Grinsen zu verbergen.

Er stößt einen verächtlichen Laut aus. »Es war kein Date.«

Ich kichere. Es macht einfach zu großen Spaß, ihn zu ärgern.

Als wir am Musikladen vorbeikommen und mein Blick auf meine Traumgitarre fällt, entfährt mir ein Seufzen. Ich bleibe stehen, um sie zu bewundern.

Jamie tritt an meine Seite und mustert das Instrument durch die Scheibe. »Du liebst diese Gitarre.«

»Ja.« Ich studiere jedes Detail des Holzes und präge es mir ein. Ich kann mir vorstellen, wie sich die Saiten unter meinen Fingern anfühlen würden.

»Wenn wir das nächste Mal hier vorbeikommen, sollten wir reingehen, damit du sie austesten kannst.«

Wieder seufze ich. »Dann will ich sie nur noch mehr.«

»Wäre das so schlimm?«

Ja, weil ich dann andere Dinge sogar noch mehr will. Ich würde damit beginnen, Hoffnung zu schöpfen. Ich würde wieder anfangen zu träumen, und das hat beim letzten Mal kein gutes Ende genommen.

»Vielleicht in einem anderen Leben. Komm schon. Lass uns nach Hause gehen.«

Als wir die Tür aufschließen, kommt Daisy herbeigerannt, und Jamie bückt sich, um sie zu streicheln.

»Ich geh noch kurz mit ihr raus«, verkündet er und hebt sie hoch.

Als sich unsere Blicke treffen, muss ich daran denken, was wir vor ein paar Stunden neben dieser Tür getan haben. Seine Augen verdunkeln sich, denn vermutlich schießt ihm das Gleiche durch den Kopf. Verlangen durchzuckt meinen Unterleib.

Es ist verlockend. So verdammt verlockend.

Am Abend von Donnas Panikattacke war er kurz davor gewesen, die Sache zwischen uns im Keim zu ersticken, und ich bin schnell dazwischengegangen, weil ich eine weitere Zurückweisung nicht hätte ertragen können.

Und irgendwann wird er mir erneut mitteilen, dass die Sache zwischen uns nicht weiterlaufen kann. Es ist nur eine Frage der Zeit. Allerdings würde er mich nicht auf die gleiche Weise sitzen lassen, wie es Zach getan hat. Er würde es auf die richtige Art tun, es mir respektvoll ins Gesicht sagen.

Bei der Vorstellung zucke ich zusammen. Warum fühlt es sich sogar noch schlimmer an?

Weil genau das der Grund ist, aus dem ich ihn mag. Er ist liebenswürdig, und er würde niemals jemanden absichtlich verletzen, was aber nicht bedeutet, dass er mich nicht *unabsichtlich* verletzen würde.

»Unverfängliche Affären sind nichts für mich«, platzt es aus mir heraus. Meine Worte hängen in der Luft, auch wenn die Botschaft klar ist. Wir *müssen* damit aufhören. Selbst wenn es Spaß macht. Selbst wenn ich mit ihm die besten Orgasmen habe. Selbst wenn wir die Hände nicht voneinander lassen können.

Er starrt mich einen Moment lang an, dann hüpft sein Adamsapfel. »Verstehe.«

Etwas in meinem Brustkorb zieht sich schmerzhaft zusammen. »Gute Nacht.«

Er nickt ernst. »Gute Nacht, Pippa.«

Vielleicht in einem anderen Leben, habe ich vor dem Musikgeschäft zu ihm gesagt. Möglicherweise trifft das auch auf uns zu.

KAPITEL 42
PIPPA

Vor dem Gebäude, in dem sich das Marketingbüro von Vancouver Storm befindet, schaue ich auf mein Handy, um die Uhrzeit zu checken. Auf dem Display wird ein verpasster Anruf meiner Eltern angezeigt, und da ich noch ein paar Minuten Zeit habe, rufe ich zurück.

»Hallo, Schatz«, meldet sich meine Mutter. »Danke für den Rückruf! Wir wollten dir nur viel Glück für das Vorstellungsgespräch wünschen.«

Mein Magen hüpft. Sie klingt so hoffnungsvoll und aufgeregt.

»Warte kurz. Ken!«, ruft sie meinen Vater. »Geh ans andere Telefon. Pippa ist dran.«

Im nächsten Moment ist mein Dad in der Leitung. »Hi, Schatz. Viel Glück für heute. Wir wissen, dass du großartig sein wirst.«

Ich zwinge mich zu einem matten Lächeln, obwohl sie mich nicht sehen können. »Danke.«

»Wir sind so stolz auf dich«, fährt er fort, und ich stelle mir sein breites Grinsen und seine leuchtenden Augen vor.

»*Richtig* stolz«, fügt meine Mom hinzu. »Wenn du den Job erst mal hast, wird sich der Rest auch fügen. Warte nur ab.« Sie klingt so sicher. »In ein paar Jahren kannst du dir vielleicht eine Wohnung ein wenig außerhalb leisten.«

Ich will nicht außerhalb wohnen. Im Moment will ich nicht einmal an eine eigene Wohnung denken.

»Erkundige dich nach den Betriebszulagen«, rät mir Dad. »Du solltest auch genau nachfragen, welche Optionen sie für die Rente anbieten.«

»Oh, und Kieferorthopädie.« Das ist Mom.

»Auf jeden Fall«, stimmt Dad zu. »Frage, ob kieferorthopädische Behandlungen von der Versicherung abgedeckt sind. Das ist nicht bei allen Arbeitgebern so.«

Ich runzele die Stirn. »Ich hatte doch schon eine Zahnspange.«

»Nicht für dich«, erwidert Mom. »Für deine Kinder.«

Meine Kinder? Ich krümme mich innerlich, als meine Gedanken zu rasen beginnen. Im Moment kann ich mir kaum vorstellen, diesen Job noch in ein paar Jahren zu haben, geschweige denn in fünfzehn. Lieber Gott. Diese Unterhaltung macht alles nur noch schlimmer. In ein paar Wochen werde ich sie über Weihnachten besuchen, und ich beginne zu ahnen, dass dieses Vorstellungsgespräch das Hauptthema sein wird.

»Ich muss Schluss machen. Wir hören uns später.«

»Okay, tschüss, Süße! Viel Glück!«, flötet Mom.

»Vergiss nicht, zu erwähnen, wie verlässlich du bist«, fügt Dad hinzu, anstatt sich zu verabschieden.

Seufzend starre ich die Tür des Gebäudes an. Ich will das nicht tun, doch mir bleibt keine andere Wahl.

KAPITEL 43

JAMIE

Ward pfeift, als ich am nächsten Morgen das Eis verlasse.

»Heute hat man dir ordentlich in den Hintern getreten«, merkt er an, und ich brumme eine Zustimmung.

Es fällt mir schwer, mich zu konzentrieren. Meine Muskeln schmerzen, und meine Glieder fühlen sich an wie Blei. Die ganze Nacht habe ich mich hin und her gewälzt und an Pippa gedacht – an ihr leises Stöhnen, das sie versucht hat zu dämpfen, indem sie ihr Gesicht an meinem T-Shirt vergraben hat, als sie kam.

Ich war nie ein eifersüchtiger Typ, aber bei dem Gedanken an Pippa mit anderen Männern drehe ich fast durch. Mir hat es überhaupt nicht gefallen, dass sie mit Miller ausgegangen ist.

Ich habe es verdammt noch mal gehasst.

Ein beunruhigender Gedanke schleicht sich mir in den Sinn. Erin hat ständig mit Typen rumgehangen, aber es hat nie solche Emotionen in mir ausgelöst.

Das erschreckt mich. Ich muss die Sache diesmal wirklich beenden.

Als ich mich an ihr Outfit von gestern Abend erinnere, unterdrücke ich ein Ächzen. Diese verdammten Stiefel.

Pippa Hartley hat keine Ahnung, wie wunderschön sie ist.

»Streicher, hörst du zu?«

»Hmm?« Mit einem Mal bin ich wieder im Hier und Jetzt.

Ward bedenkt mich mit einem merkwürdigen Blick.

»Sorry, wie bitte?«

»Die Charity-Gala. Du hast noch nicht zugesagt.«

Ich muss mich zusammenreißen, um nicht die Augen zu verdrehen. Vancouver Storm zählt zu den Hauptspendern für das örtliche Kinderkrankenhaus, und Ende Januar richtet der Verein eine Gala in Whistler aus, einem Skiresort zwei Stunden entfernt von Vancouver. Die Mannschaft wird zusammen mit den anderen Sponsorinnen und Sponsoren an der Gala teilnehmen. Dort wird sich ein Haufen berühmter Leute tummeln, die ich nicht sehen will. Ich unterstütze die gemeinnützige Organisation, besuche Events im Krankenhaus und spende sogar anonym, aber ich hasse Galas.

Meine Gedanken müssen mir anzusehen sein, denn Wards Blick wird auf einmal streng.

»Anwesenheitspflicht, Streicher.«

Fuck.

Ich beherrsche mich, denn Ward bei Laune zu halten, ist Teil der Abmachung, um in Vancouver zu bleiben. Bisher habe ich gut gespielt – sogar noch besser, wenn Pippa hinter dem Tor saß, auch wenn ich mir das nur ungern eingestehe –, und ich werde dem Mann bestimmt keinen Grund liefern, mich auszuwechseln.

»Okay«, erwidere ich. »Ich werde da sein.«

»Bringst du ein Date mit?«

Ich bin im Begriff, Nein zu sagen. Ich *sollte* Nein sagen. Pippa kann bei Daisy in Vancouver bleiben, und, falls etwas passiert, schnell zu meiner Mom fahren.

Mit Pippa gemeinsam auf die Gala zu gehen, ist allerdings verlockend. Ich stelle mir sie in einem Abendkleid vor, ihre Hand an meinem Arm, wie sie Champagner trinkt und lacht.

»Ja. Ich bringe jemanden mit.«

Er betrachtet mich forschend, dann zeichnet sich ein winziges Lächeln auf seinen Lippen ab. »Gut. Das freut mich.«

Den Rest des Nachmittags verbringe ich im Fitnessstudio in einem Versuch, meine Gedanken an sie und ihre Worte zu vertreiben. *Unverfängliche Affären sind nichts für mich.*

Da habe ich sie – die Bestätigung dessen, was ich schon zuvor vermutet habe. Pippa will mehr, als ich ihr geben kann, genau wie Erin. Mittlerweile bin ich älter und reif genug, um zu wissen, dass man nicht mit den Gefühlen anderer spielen sollte. Ein schlechtes Gewissen überkommt mich, als ich daran denke, dass ich Erins Karriere ruiniert habe. Aktuell arbeitet sie bei einer Low-Budget-Show für einen Lokalsender, obwohl sie eigentlich als Model erfolgreich werden wollte, und das ist meine Schuld.

Diesen Fehler werde ich bei Pippa nicht begehen.

In dem Moment fällt mir das Vorstellungsgespräch wieder ein, das mittlerweile vorbei sein müsste. Ich schreibe ihr eine Nachricht.

Wie ist es gelaufen?

Drei Punkte, die anzeigen, dass sie tippt, erscheinen, ehe ihre Antwort eingeht.

Super. Ich hab das Ding gerockt.

Meine Augen verengen sich. Ich glaube ihr zwar, aber diese Begeisterung kaufe ich ihr nicht ganz ab. Auch wenn sie nie erwähnt hat, dass sie den Job nicht will, schwebte immer etwas zwischen den Zeilen, wenn sie darüber gesprochen hat.

Wenn sie Gitarre spielt und singt, strahlt aus ihr ein Licht heraus, das den Raum erfüllt und ihn erhellt. Es ist ein starker Kontrast zu der verhaltenen Version von Pippa, wenn sie über den Marketingjob spricht.

Lass uns heute Abend essen gehen, schlage ich mit einer weiteren Nachricht vor, ehe ich mir den Kopf darüber zerbrechen kann. Ich möchte alles über das Interview wissen und Zeit mit ihr verbringen.

Wir werden nicht mehr miteinander intim werden, aber dennoch kann ich mich nicht von ihr fernhalten.

KAPITEL 44

PIPPA

Am Abend sitzen wir in einem mexikanischen Restaurant ein paar Blocks von der Wohnung entfernt und teilen uns Nachos mit Guacamole. In ein paar Wochen ist Weihnachten, und überall hängt knallige Dekoration.

»Wir sollten rausfinden, wann Daisys Geburtstag ist«, verkünde ich zwischen zwei Schlucken Margarita.

»Sie ist eine Streunerin, deshalb wird das schwer werden.«

Ich ziehe einen Schmollmund. »Jeder sollte einen Geburtstag haben.«

Sein Blick wandert über mein Gesicht, so sanft und zärtlich, dass ich ihn fast spüren kann.

»Du hast recht. Das geht gar nicht.« Er holt sein Handy hervor und öffnet den Kalender. »Mitte Januar? Wir können eine Party feiern.«

»Eine Party? *Du* willst eine Party schmeißen?«

Seine Augen funkeln. »Nur wenn du kommst.«

»Oh, ich bin dabei. Du weißt aber, dass du ein Hundekostüm tragen musst, oder?«

Er verdreht die Augen, was mich zum Lachen bringt.

»Ich wollte dich etwas fragen.« Er zögert leicht. »Ende Januar findet eine Benefizveranstaltung statt. In Whistler.«

Ich *liebe* Whistler, und ich war seit Jahren nicht mehr dort, vermutlich seitdem Hazel und ich Teenager waren.

»Okay.« Ich lecke das Salz vom Rand meines Glases, bevor ich wieder daran nippe. »Ich kann übers Wochenende auf Daisy aufpassen.« Der Marketingjob beginnt ohnehin erst frühestens im Februar. Wenn ich ihn überhaupt bekomme.

Sein Blick huscht zu meinem Mund, und in seinen Augen lodert etwas auf. Ich denke wieder an gestern Abend – wie heiß es war, als er vor mir aufragte, während Rory vor der Tür wartete. Wie sich seine Augen verdunkelten, als er mit seinen Fingern in mich eindrang.

Es darf sich nicht wiederholen, aber das bedeutet nicht, dass ich nicht daran denken kann.

»Nein, äh …« Er reißt seinen Blick von meinem Mund los und blinzelt. »Ich will, dass du mich begleitest. Als meine Assistentin.«

»Kein Problem.« Meine Stimme klingt heiter, aber innerlich sinke ich ein wenig in mich zusammen. Was nicht der Fall sein sollte, da wir beide wissen, dass ich nicht mehr sein kann als das. Dennoch versetzen mir die Worte »als meine Assistentin« einen Stich.

»Ich buche uns eine Suite und kümmere mich um ein Kleid für dich.«

»Super.« Ich leere mein Glas, und als der Kellner hinter Jamie vorbeigeht, bedeute ich ihm, mir noch einen Drink zu bringen.

Danach unterhalten wir uns über die bevorstehenden Feiertage. In der Woche zwischen Weihnachten und Silvester werde ich meine Eltern in Silver Falls besuchen, dem kleinen Ort in British Columbia, wo sie leben, seit sie in Rente gegangen sind.

Seit einer Weile schon grübele ich über ein Weihnachtsgeschenk für Jamie nach, tue mich allerdings schwer, etwas für ihn zu finden.

»Möchtest du über das Interview reden?«, fragt er und unterbricht damit meine Gedanken.

Ich ziehe scharf die Luft ein, denn mein Magen zieht sich zusammen. »Es war in Ordnung.«

Er hebt die Augenbrauen, und ich spüre das Gewicht seines Blickes auch noch, als ich mich wegdrehe und im Restaurant umschaue. Ich betrachte die bunten Flaschen hinter der Bar, die kleinen Kacheln an der Wand hinter der Theke, die anderen Tische, sehe überallhin, nur nicht in seine Augen.

Ich bin endlich bereit, mir einzugestehen, dass ein kleiner Teil von mir stirbt bei der Vorstellung, tatsächlich im Marketingbereich zu arbeiten.

»Pippa.«

»Es lief gut.« Mein Mund ist trocken.

Jamie wartet geduldig.

»Ich werde die Stelle wahrscheinlich bekommen«, sage ich zu dem Eis in meinem Glas.

»Bei dir klingt es, als wäre das etwas Schlechtes.«

Ich presse die Lippen zusammen, atme ein und schweige, da ich nicht weiß, was ich sagen soll. Es fühlt sich auch *an* wie etwas Schlechtes.

»Songbird.«

Ich wünschte, er würde mich nicht so nennen, denn es lässt mich weich werden. Es ist schwer, so zu tun, als wollte ich ihn nicht, wenn er mich so anredet.

Er schüttelt den Kopf. »Du willst den Job nicht, Pippa. Gib es zu.«

»Na schön«, platze ich heraus. »Ich will den Job nicht. Meine Eltern reden ständig von Sicherheit, aber …« Ich beiße mir auf die Unterlippe. Was mir auf der Zunge liegt, klingt albern.

Jamies Augen funkeln. »Sicherheit ist langweilig.«

Mir weicht alle Luft aus der Lunge. »Genau.«

Einen langen Moment sieht er mich forschend an, dann werden seine Züge weich. »Gut.«

»Gut?« Ich beuge mich vor und sehe ihn verwirrt an. »Hast du mir zugehört? Es ist ein verdammtes Desaster, Jamie.«

Sein Blick ruht fest auf meinem Gesicht. »Ist es nicht.«

Alles, worauf meine Eltern so hart hingearbeitet haben, ist dahin. All die Dinge, die sie sich nicht gegönnt haben, damit ich an die Uni gehen konnte, all die Hoffnung, die sie in mich gelegt haben … Alles umsonst. Ich denke an die Tatsache, dass meine Mutter Ballett unterrichtet hat, eine tägliche Erinnerung daran, dass es mit der Karriere als professionelle Tänzerin nicht geklappt hat.

Versagen schmerzt, hat sie einmal zu mir gesagt.

Jamie lehnt sich nach vorne, und ich verspüre den Drang, auf seinen Schoß zu klettern und mich an ihn zu klammern wie ein Koalabär, mein Gesicht an seinem Hals zu vergraben und seinen Duft einzuatmen. Das ist das Einzige, wodurch ich mich im Moment besser fühlen würde.

»Was ist mit der Musik?«, fragt er leise.

»Was soll damit sein?« Mein Herz hämmert, denn allein die Worte auszusprechen, schmerzt. Sie fühlen sich nicht aufrichtig an. Sie fühlen sich an, als würde ich mich selbst betrügen, was keinen Sinn ergibt, denn es war ohnehin niemals eine Option.

Zach hat behauptet, ich hätte nicht das Zeug zur Musikerin.

Mit einem Mal wallt so viel Wut in mir auf, dass ich die Hände zu Fäusten balle. Was, wenn ich es doch habe? Mich überkommt der Drang, die Kontrolle zu übernehmen, aufzuhören, die Frau zu sein, der Dinge *widerfahren*.

»Du hast den Ehrgeiz, Pippa.« Sein Ton klingt frustriert, und sein Blick nagelt mich fest. »Du hast so viel Talent, aber die einzige Person, die das nicht erkennt, bist du selbst.«

Ich verdrehe die Augen und lache verbittert auf. »Zach hat es auch nicht erkannt.«

»Doch, hat er. Er hat es definitiv erkannt.«

Unsere Umgebung scheint sich in Luft aufzulösen, als sich unsere Blicke treffen. Ich sehe alles in seinen dunkelgrünen Augen; ich sehe, dass er es sich aufrichtig für mich wünscht, dass er Zach dafür hasst, was er mir angetan hat, und dass er wütend ist, weil meine Eltern Einfluss auf mich haben.

»Was ist mit meinen Eltern?«

Sein Kiefer mahlt. »Was ist mit *dir*?«

Meine Augen schließen sich für einen kurzen Moment. Ich male mir aus, wie enttäuscht sie wären, und fühle mich, als könnte ich jeden Moment zusammenbrechen. »Das würde sie umbringen.«

Seine Augen funkeln, sein Blick wirkt fokussiert und unnachgiebig. Es ist der gleiche Ausdruck, den die Kameras in Nahaufnahmen von ihm auffangen, wenn er mitten im Spiel ist. »Sie lieben dich, also werden sie schon darüber hinwegkommen.« Das sagt er, als wäre es eine Drohung, als würde er dafür sorgen, dass er recht behält. »Weißt du, wie viele Leute mir erzählt haben, dass ich es nicht schaffen würde?« Er legt den Kopf schief. »Du kannst Owens oder Miller fragen, oder jeden anderen Profisportler. Jeder, der schon mal eine mutige Entscheidung getroffen hat, ist auf Widerstand gestoßen. Diese Stimmen musst du ausblenden. Die einzige Meinung, die zählt, ist deine eigene.«

»Deine Meinung zählt für mich.«

»Nun, ich weiß, dass du es schaffen kannst, also warum hörst du mir nicht zu?«

Ich will ihm glauben. Und vielleicht werde ich das auch tun. Auch wenn ich mir nicht sicher bin, ob ich eine Niederlage in etwas, das mir so wichtig ist, verkraften könnte, ist ein kleiner starrsinniger Teil von mir noch nicht bereit aufzugeben.

Wenn Jamie mir versichert, dass er an mich glaubt, erwacht dieser starrsinnige Teil von mir zum Leben. Nun studiert er mich mit ernster Miene, und mein Herz zieht sich zusammen.

Jamie ist so lieb. Ich wünschte, jeder würde diese Seite von ihm kennen. Ob seine Ex-Freundin sie je gesehen hat?

»Was ist zwischen dir und Erin passiert?«, frage ich vorsichtig. Obwohl es mich nichts angeht, bin ich neugierig. Er hat gesagt, dass er keine festen Beziehungen eingeht, und ich frage mich, ob es etwas mit ihr zu tun hat. Es muss etwas mit ihr zu tun haben.

Er blinzelt und wendet den Blick ab.

»Du musst es mir nicht erzählen«, füge ich eilig hinzu. »Wenn es zu persönlich ist.«

»Nein.« Er runzelt die Stirn. »Schon in Ordnung. Es ist persönlich, aber …« Er schaut mich über den Tisch hinweg an, sieht mich *richtig* an, und in dem Moment wird mir klar, dass wir so viel mehr füreinander sind, als es von außen scheint. »Ich will es dir erzählen. Ich will es dir schon lange erzählen, aber ich wusste nicht wie.« Er verschränkt die Arme vor der Brust. »Sie hat geglaubt, sie wäre schwanger.«

Mein Herz setzt einen Schlag aus. »Du warst erst neunzehn.«

»Ja.« Er schluckt. »Es war mein Rookie-Jahr, und ihre Karriere hatte gerade erst begonnen.« Nach einer kurzen Pause schiebt er nach: »Sie war Model.«

Ich nicke nur, denn ich will nicht preisgeben, wie viel ich gegoogelt habe.

»Ihre Periode war zwei Wochen überfällig, und als sie mir offenbart hat, womöglich schwanger zu sein, war sie so glücklich.« Er atmet tief ein, wirkt schuldbewusst. »Ich hab Panik bekommen.«

»Natürlich.« Ich kann mir nicht einmal vorstellen, wie es gewesen wäre, mit neunzehn schwanger zu sein. Auch ich wäre in Panik geraten.

»Immer wenn ich freihatte, bin ich nach Hause geflogen, um meine Mom zu besuchen.« Sein Blick verliert sich irgendwo in der Ferne, als würde er nur noch die alten Erinnerungen sehen. »Ich dachte, die Sache zwischen Erin und mir wäre nicht ernst, aber sie sah das anders.«

»Was ist dann passiert?«

Er stößt ein langes Seufzen aus. »Sie war letztendlich doch nicht schwanger, aber mein Gesichtsausdruck hatte wohl Bände gesprochen, und danach war auf einmal alles anders. Wir haben uns schließlich getrennt.« Er schaut mich wieder an, sein Blick ist voller Reue und Sorge. »Und eine Woche später habe ich im Internet gelesen, dass sie das Modeln aufgegeben hat. Sie hatte einige

Aufträge für die Fashion Week, aber sie hat alles hingeschmissen, hat eine vielversprechende Karriere aufgegeben. Ich weiß, dass es meinetwegen war.« Er schüttelt den Kopf. »Ich habe sie gebrochen, Pippa.«

Mitgefühl überrollt mich, denn ich erkenne, wie sehr es ihm immer noch zu schaffen macht. »Jamie.« Ich schenke ihm ein sanftes Lächeln. »Das ist eine Menge Schuld, die du da auf dich lädst. Paare trennen sich andauernd.«

»Zach hat auch dein Selbstvertrauen zerstört, als er mit dir Schluss gemacht hat.«

Ich klappe den Mund auf und blinzele, versuche, Gegenargumente zu finden, aber er hat recht.

»So was darf nicht noch einmal passieren«, verkündet er.

Das ist also der Grund, weshalb er keine Beziehungen führt. Die Erkenntnis macht mich unendlich traurig. Jamie hat seit Jahren mit Schuldgefühlen zu kämpfen.

»Zach mag sich von mir getrennt und behauptet haben, ich sei nicht gut genug fürs Musikbusiness, aber das heißt nicht, dass ich ihm glaube. Früher habe ich das zwar, aber ich bin mir nicht sicher, ob das noch der Fall ist.« Ich lächele ihn erneut an. »Und dazu hast du zu großen Teilen beigetragen. Hast du je mit Erin darüber gesprochen, was zwischen euch passiert ist?«

Er schweigt eine Weile. »Nein.«

Im Restaurant beginnt gerade ein neues Lied, und meine Gedanken stehen mit einem Mal still, als ich registriere, dass das Zach ist, der da singt. Mein Magen krampft sich zusammen.

»Was ist los?« Jamies Stimme klingt weit entfernt.

Die Liedzeilen hüllen mich ein, und meine Lippen bewegen sich mit, als Zach zum Refrain übergeht. Am Rande nehme ich wahr, dass Jamie seine Hand auf meine legt, aber ich kann mich nur noch darauf konzentrieren, dass Zach mein Lied singt. *Mein* Lied. Das ich ihm und seinem Manager vorgespielt habe. Und über das sie gelacht haben.

Sie haben behauptet, es sei nicht gut genug – ehe sie es mir gestohlen haben.

KAPITEL 45
PIPPA

Übelkeit steigt in mir auf.

»Pippa.« Jamie sitzt nun neben mir, einen Arm um meine Schulter gelegt, Sorge auf seinen Zügen. »Was ist los?«

»Das ist mein Lied«, wispere ich tonlos. »Das ist mein Lied.«

Der Text ist ein wenig abgewandelt, die Strophen haben eine andere Melodie, aber der Refrain ist meine Komposition.

Jamie winkt die Bedienung heran, holt einen Schein aus seinem Portemonnaie und reicht ihn ihr. »Können Sie ein anderes Lied spielen, bitte? Sofort.«

Einen Moment später bricht Zachs Stimme abrupt ab, und ein neues Lied beginnt.

Er hat mich ausgelacht. Und ich habe die ganze Zeit geglaubt, ich wäre nicht gut genug.

Zach hat es erkannt, er hat es definitiv erkannt, waren Jamies Worte.

»Pippa«, murmelt Jamie, seine Hand in meinem Nacken, warm und fest und tröstend.

Die Berührung katapultiert mich in die Realität zurück. Blinzelnd schaue ich zu ihm auf. Er wirkt aufgebracht und gleichzeitig besorgt mit seinem angespannten Kiefer und dem funkelnden Blick.

Ich bin verwirrt, schockiert und unglaublich wütend, aber Jamie an meiner Seite zu haben, macht die Sache irgendwie erträglicher. Jamie, der an mich glaubt und stellvertretend für mich wütend ist.

Vor einigen Monaten habe ich am Flughafen geweint und wollte einfach verschwinden, doch heute brennt eine kleine Flamme in mir. Etwas, das Trotz und Zorn in mir hervorruft.

Zach hat so viel ruiniert, aber diesen Abend wird er mir nicht ruinieren. Das lasse ich nicht zu.

»Mir geht es gut«, versichere ich Jamie, und ich glaube, das ist sogar die Wahrheit.

»Komm her.« Er schließt mich in seine Arme.

Ich lasse mich gegen ihn sinken, wodurch sich mein Puls langsam wieder beruhigt. Während ich meine Wange an seine Brust lege und seinen warmen, würzigen Duft einatme, streicht er mir über den Rücken.

»Ich hasse ihn für das, was er dir angetan hat.« Die Worte vibrieren in seiner Brust.

»Ich auch«, flüstere ich.

»Willst du nach Hause?«

Vehement schüttele ich den Kopf. »Ich will hierbleiben.«

Ich bin fertig mit Zach, und ich bin fertig damit, mich von der Vergangenheit runterziehen zu lassen.

Ein paar Minuten später, bei der nächsten Portion Nachos, die Jamie für uns bestellt hat, leuchtet eine Nachricht auf seinem Handy auf. Das Hintergrundbild lässt mir das Herz bis zum Hals schlagen. Es ist eins der Bilder von Daisy und mir im Park, das ich ihm geschickt habe. Ich hatte jemanden gebeten, das Foto von uns zu machen.

Nun ist es sein Hintergrundbild. Mein Herz rast, doch ich darf mir keine Hoffnung machen. Er bemerkt meinen Blick, lässt das Handy wieder in seine Tasche gleiten und stützt die Ellbogen auf den Tisch.

»Versprich mir, dass du dich davon nicht entmutigen lässt. Versprich mir, dass du wieder auf die Bühne zurückkehrst.«

Ich blinzele, denn die vertraute Unschlüssigkeit keimt wieder in mir auf.

»Versprich es mir«, drängt Jamie mit flehendem Blick.

Was habe ich mir vorhin noch mal vorgenommen? Ich lasse mich von der Vergangenheit nicht mehr runterziehen.

»Okay«, erwidere ich. »Ich verspreche es.«

KAPITEL 46
PIPPA

Ein paar Tage bevor ich zu meinen Eltern aufbreche, um Weihnachten mit ihnen zu verbringen, sitze ich mit meiner Gitarre auf der Couch und denke an das, was ich Jamie versprochen habe. Mein Notizbuch liegt offen auf dem Tisch vor mir, ein Stift in der Mitte. Immer wieder denke ich an den Song, den ich in der Bar gehört habe, an Zachs abfälliges Lachen, und daran, wie er auf der Abschlussparty fragt: *Kennst du Layla schon?*

Durch das Fenster betrachte ich grimmig den düsteren grauen Himmel. Was für ein Arschloch.

Wut formt sich in meinem Magen zu einem Knoten, und sofort beginne ich, ein Lied über Zorn zu schreiben. Der Text stockt und fließt im Wechsel, aber innerhalb von ein paar Minuten habe ich eine halbe Seite mit Text und Akkorden beschrieben.

»Betcha thought you'd get away with it«, singe ich leise, aber schneide dann eine Grimasse. So sanft klingt es nicht richtig.

Beim nächsten Versuch singe ich laut. Unter meiner Haut beginnt es zu prickeln, und auf meinem Gesicht breitet sich ein Grinsen aus.

Schon viel besser. Das ist der richtige Vibe.

Mein eigener lauter Gesang versetzt mich in die perfekte Stimmung, sodass die Worte nun schneller aus mir herausfließen, als ich schreiben kann. Ich bin zwar wütend, aber der Song handelt nicht davon, auf sich herumtrampeln zu lassen, sondern davon, wieder aufzustehen. Es geht um Rache, aber auf meine Art – indem ich ihn loslasse. Mich von dem Mann zu verabschieden, der mich verletzt hat, aber gleichzeitig zu schwören, ihm das Gegenteil zu beweisen. Es geht darum, dass sich all der Schmerz gelohnt hat, weil ich am Ende besser und stärker aus der Sache hervorgehen werde.

Das Lied zu schreiben, fühlt sich fantastisch an. Meine Augen füllen sich mit Tränen, als ich den Refrain noch einmal durchgehe und ihn mit der nächsten Strophe verbinde. Als ich zufrieden bin, positioniere ich mein Handy auf dem Tisch und filme mich in einer ersten Rohversion, damit ich die Melodie nicht vergesse. Ich fühle mich wie ein Kind, das vollkommen sorgenfrei und ausgelassen einen Hügel hinuntersprintet. Es fühlt sich richtig an, als sei dies meine Bestimmung.

Ich liebe den Song, und ich bin stolz auf mich. Wahrscheinlich wäre auch Jamie stolz auf mich.

In einem Impuls sende ich ihm die Aufnahme. Mein Herz hämmert wie wild in der Brust, und ich ziehe scharf die Luft ein. War das merkwürdig? Vermutlich ist er gerade im Training. Einen Moment starre ich das Handy an, dann werfe ich es zur Seite und springe auf, um mit Daisy Gassi zu gehen.

Nach dem Spaziergang entdecke ich eine Nachricht von ihm.

Wow, hat er geschrieben, was ein warmes Flattern in mir hervorruft. *Das solltest du spielen, wenn wir das nächste Mal im Filthy Flamingo sind.*

Vielleicht, schreibe ich schmunzelnd zurück.

Auf jeden Fall, antwortet er, und ich lache.

Bossy.

Er antwortet mit einem Zwinker-Smiley, und ich rufe mich innerlich zur Ordnung. Ich muss mich zusammenreißen. Was habe ich mir vor ein paar Wochen eingebläut, nachdem er mich an der Tür zum Orgasmus gebracht hat? Ich darf mich auf keinen Fall in Jamie Streicher verlieben. Er ist fast perfekt, und ich kann den Gedanken daran, dass er sich in ein Arschloch verwandeln könnte wie Zach, nicht ertragen. Wenn wir nur Freunde sind, kann er mich nicht verletzen.

Mein Training beginnt gleich, schreibt er. *Wir reden später, Songbird.*

Jedes Mal, wenn er mich so nennt, rauscht dieses Glücksgefühl durch mich hindurch. Ich stell mir vor, wie er mich anlächelt, dieses seltene, breite, strahlende Grinsen, das den Wunsch in mir weckt, sein Gesicht für immer anschauen zu können.

Es ist nicht fair, dass er so heiß ist. Es ist nicht fair, dass ich ihn jeden Tag sehen muss.

Als mir eine Melodie durch den Kopf geht, muss ich kichern.

»*It's not fair that you're so hot*«, singe ich, spiele ein paar Akkorde dazu und kichere noch einmal.

Ich schreibe tatsächlich ein Lied darüber, dass Jamie heiß ist. Dabei lache ich die ganze Zeit, notiere die Strophen und probiere unterschiedliche Kombinationen aus, bis der Song nach einer Stunde in seinen Grundzügen fertig ist. Am späten Nachmittag habe ich eine Handvoll Lieder verfasst. Eins handelt davon, jemanden zu begehren, aber zu wissen, dass es die falsche Person ist. Ein anderes davon, ständig mit den eigenen und den Erwartungen anderer Menschen zu ringen, sich jedoch am Ende für das zu entscheiden, was einen selbst glücklich macht. Ein weiteres thematisiert richtig, richtig guten Sex. Es gefällt mir – es ist verführerisch und frech, und während des Schreibens habe ich an Jamies Hand zwischen meinen Beinen gedacht.

Ich schüre das Feuer, das in meiner Brust brennt. Das ist das Album, von dem ich immer auf den Flügen von einem Ort zum nächsten geträumt habe, wenn wir auf Tour waren, oder wenn Zach im Studio war. Ein Lied handelt davon, dass Jamie sich um alle kümmert, außer um sich selbst, und wirft die Frage auf, wer sich um ihn kümmert. Eine Zeile ist mir einfach so über die Lippen gekommen, und ich bin mir nicht sicher, was ich von ihr halte.

I'd do it forever if it wouldn't break my heart.

Meine Kehle verengt sich, und ich muss dagegen anschlucken, als ich die Worte noch einmal lese. Die besten Lieder sind ehrlich.

Daisy beäugt mich mit wedelndem Schwanz, also breche ich auf eine weitere lange Runde mit ihr auf. Dabei denke ich die ganze Zeit an Jamie und meine Songs.

Es ist schon dunkel, daher bleiben wir auf den erleuchteten Straßen. Die Bäume auf den Gehsteigen sind mit Lichterketten geschmückt, und angesichts der weihnachtlichen Atmosphäre fällt mir siedend heiß ein, dass ich Jamie noch kein Geschenk gekauft habe.

Doch alles, was er sich wünscht, kann er sich selbst kaufen. Er hat eine tolle Wohnung, braucht keine Kleidung und kein Eishockey-Equipment. Er scheint zwar gern zu kochen, aber was soll ich ihm schenken – einen Schneebesen? Ich verziehe das Gesicht. Das wäre zu langweilig und passt nicht zu unserer Beziehung. Ich arbeite für ihn, aber wir sind auch miteinander befreundet.

Wenn ich ihn fragen würde, würde er mir versichern, dass er nichts braucht, was aber lediglich daran liegt, dass er nicht erkennt, dass er es wert ist.

Als wir am Musikgeschäft vorbeikommen, ziehe ich plötzlich die Augenbrauen zusammen. Meine Traumgitarre ist verschwunden, an ihrer Stelle steht nun eine Fender E-Gitarre im Schaufenster.

Mein Herz wird schwer, auch wenn ich sie mir ohnehin nicht hätte leisten können.

Jamies strahlende Augen und seine entschlossene Miene kommen mir in den Sinn. Wenn ich erst einmal herausgefunden habe, was ich mit meinem Leben anfange, werde ich für eine neue Gitarre sparen. Für etwas Besonderes, das nur mir gehört. Jamie wird sich freuen, das zu hören. Er wäre stolz auf mich, weil ich den ganzen Nachmittag komponiert habe.

Auf einmal trifft mich die Erkenntnis.

Ich habe das Album für Jamie geschrieben. Meine Gedanken waren die ganze Zeit bei ihm, und immer dann, wenn Zweifel in mir aufsteigen wollten, habe ich mich an seine ermutigenden Worte und seinen warmen, zärtlichen Blick erinnert, was mir neuen Antrieb verschaffte. Bisher habe ich noch nie ein Lied für eine Person geschrieben, geschweige denn ein ganzes Album, und bisher hat mich auch niemand so ermutigt, wie es Jamie tut.

Es ist, als wäre er davon überzeugt, dass ich alles schaffen könnte.

Die Wahrheit ist offensichtlich, und ganz egal, wie hartnäckig ich es verdränge oder wie oft ich mir einrede, dass es mit ihm am Ende genauso laufen wird wie mit Zach, sie verschwindet nicht.

Ich habe Gefühle für Jamie Streicher.

Jetzt muss ich mir nur noch überlegen, was ich mit dieser Erkenntnis anfange.

KAPITEL 47
JAMIE

Vor vier Tagen war Weihnachten. Ich hocke im Haus meiner Mom mit Daisy auf der Couch und schaue mir schon wieder das Video von Pippa an. Ein freches Grinsen liegt auf ihren Lippen, während sie singt, ihr Fuß wippt im Takt mit, und ihre Augen funkeln schelmisch, als sollte sie kein Lied darüber singen, dass sie wütend auf ihren Ex-Freund ist und sich auf ihr neues Leben konzentriert, es aber genau deshalb trotzdem tut. Sie sieht in dem Video so wunderschön aus. Natürlich ist sie immer schön, aber besonders, wenn sie singt und so glücklich wirkt.

Mittlerweile ist es fünf Tage her, seit ich Pippa zuletzt gesehen habe, was mich langsam in den Wahnsinn treibt. Obwohl wir uns andauernd schreiben, ist es etwas anderes, als sie direkt vor mir zu haben, so nahe, dass ich sie jederzeit in die Arme nehmen könnte.

Nach fünf Tagen lässt es sich nicht mehr leugnen. Ich habe Gefühle für sie, und ich habe es satt, mir das Gegenteil einzureden. Allein an sie zu denken, erfüllt mich mit Glück.

Als ich gerade im Begriff bin, wieder einmal meine alten Ausreden herauszukramen, halte ich abrupt inne. Was, wenn es einen Weg gibt, mit ihr zusammen zu sein?

Sie und Hazel sind letzte Woche nach Silver Falls geflogen, und da mein Flug von Minnesota nach Vancouver aufgrund schlechter

Wetterverhältnisse Verspätung hatte, war sie bereits weg, als ich nach Hause kam. Ich konnte mich weder von ihr verabschieden noch ihr die Weihnachtsgeschenke überreichen, die ich ihr gekauft habe. Zwar hätte ich diese auch nach Silver Falls schicken können, aber ich möchte ihr Gesicht sehen, wenn sie sie auspackt.

Was, wenn ich sie besuche? Was, wenn ich ausnahmsweise mal eine impulsive Entscheidung treffe und zu ihr fliege?

Kurz verspüre ich erlösende Erleichterung, doch dann fällt mir wieder das eine Mal ein, als ich lauter verpasste Anrufe von meiner Mom auf meinem Handy hatte, nachdem ich mit Pippa aus ihrem Bett geklettert war. Meine Mutter hatte mich gebraucht, aber ich war nicht für sie da gewesen. Ich hatte mich ablenken lassen. Ergeben reibe ich mir mit einer Hand über das Gesicht und verdränge die Tagträume. Ich werde nicht nach Silver Falls fliegen. Ich werde Pippa nächste Woche nach ihrer Rückkehr sehen.

Kurz stimmt mich das schwermütig.

Meine Mom lehnt sich über die Rückenlehne der Couch, auf der ich sitze und von Pippa träume. Ich pfriemele meine Kopfhörer heraus.

»Ist das Pippa?«, fragt sie, bevor ich mein Handy wegstecken kann.

Ich nicke.

Sie deutet auf die Kopfhörer. »Spiel es laut ab.«

Nachdem ich die Verbindung zu den Kopfhörern getrennt habe, drücke ich auf Play, und Pippas Stimme erfüllt den Raum. Gemeinsam schauen wir uns den Clip an.

Daisy bewegt sich auf dem Sofa und legt ihren Kopf auf meinen Arm, ehe sie einen langen Seufzer ausstößt.

Meine Mom krault sie. »Sie vermisst Pippa.«

Daisy und ich schauen einander an. *Ich vermisse sie auch.*

Meine Mom wirft mir einen Seitenblick zu und betrachtet mich neugierig. »Ich kann auf Daisy aufpassen, wenn du an Silvester weggehen willst.«

Die einzige Person, die ich an Silvester sehen möchte, ist Pippa. »Schon in Ordnung.«

»Jamie.« Sie beäugt mich immer noch, und kurz glaube ich, einen Anflug von Traurigkeit über ihr Gesicht huschen zu sehen. Aber da ist noch etwas, das ich nicht recht zu deuten weiß. Scham vielleicht?

»Schon in Ordnung«, wiederhole ich. »Mir ist nicht sonderlich nach Feiern zumute.« Und außerdem werde ich hier gebraucht.

»Ich habe begonnen, mich nach einem Therapeuten umzusehen.«

Abrupt hebe ich den Kopf. »Was?«

Sie nickt und dreht einen Ring an ihrem Finger. »Pippa hat es vorgeschlagen, als ihr zwei an jenem Abend zusammen hier wart. Aus ihrem Mund klang es irgendwie normal.«

Mein Herz explodiert fast vor Stolz und vor Zärtlichkeit für Pippa. »Es ist auch normal. Viele Leute machen eine Therapie.«

»Ich habe noch niemanden gefunden, aber ich bin aktiv auf der Suche.«

»Das ist toll.« Die Schwere in meiner Magengrube verschwindet ein wenig. »Ich freue mich wirklich.«

»Das habe ich mir schon gedacht.« Sie nimmt neben Daisy Platz und streicht ihr mit den Fingern durch das Fell. »Was unternimmt Pippa denn an Silvester?«

»Sie und ihre Schwester gehen in eine Bar.«

Ich stelle mir Pippa in dem überfüllten Laden vor, ihr Haar offen und gewellt wie auf der Tourparty. Vielleicht zieht sie ein Kleid an, aber wahrscheinlicher ist, dass sie etwas Legeres trägt, weil es eine schäbige Bar in einem kleinen Ort ist und sie nicht auffallen will. Als sie mir das erzählt hat, musste ich lachen, denn es gibt keinen Ort, an dem Pippa nicht auffallen würde.

Ein unerwünschtes Bild von einem Typen, der neben ihr an der Bar steht und sie anquatscht, taucht vor mir auf. Er lächelt sie an, sein Blick huscht zu ihren Lippen, zu ihren Brüsten. Vielleicht streckt er die Hand aus, um ihr eine Strähne hinters Ohr zu streichen, und sagt etwas Zweideutiges zu ihr. Ich kralle die Finger in meinen Oberschenkel.

Diese Vorstellung gefällt mir gar nicht. Ich starre in die Leere und wippe mit dem Knie.

»Jamie?«

Ich zucke zusammen. »Hmm?«

Meine Mom hebt unbekümmert die Schultern. »Warum besuchst du Pippa nicht? Silver Falls ist wunderschön, Schatz, und ich wette, sie würde dir gern die Stadt zeigen.«

Mein Knie wippt weiter auf und ab, während ich darüber nachdenke. Ohne sie zu sein, treibt mich in den Wahnsinn.

In den letzten Wochen schien es meiner Mom tatsächlich besser zu gehen. Sie wirkt weniger verkrampft, weniger ängstlich, als hätte sie mehr Kontrolle. Vielleicht würde sie allein zurechtkommen. Millers Mom wohnt nicht weit von hier entfernt, und ich bin mir sicher, dass er die Feiertage bei ihr verbringt. Wenn ich ihn darum bitten würde, wäre er sicherlich innerhalb von ein paar Minuten hier.

Und sie ist auf der Suche nach einem Therapeuten. Das ist ein großer Schritt.

»Okay.« Ich nicke. »Ich fliege nach Silver Falls.«

KAPITEL 48
PIPPA

Es war die längste Woche meines Lebens.

»Pippa.« Hazel öffnet ein Auge. Sie sitzt im Schlafanzug in dem Sessel neben dem Fenster mit Sicht auf den Garten. Ihr Haar steht wild vom Kopf ab.

Ich liege, ebenfalls im Pyjama, auf der Couch und starre aus dem gleichen Fenster auf die schneebedeckten Bäume hinaus. Der Anblick ist hübsch, aber das interessiert mich nicht einmal. »Was?«

»Ich versuche, zu meditieren, aber du seufzt andauernd.« Sie bedenkt mich mit einem Blick, der genervt und amüsiert wirkt.

Ich rümpfe die Nase. »Sorry.«

Sie hebt eine Augenbraue.

Morgen ist Silvester, und übermorgen fliegen wir nach Hause. Ich habe absolut keine Ahnung, was ich gegen meine Schwärmerei für den Typen aus der Highschool tun soll. Ich mag ihn. Vielleicht sogar mehr als das, aber darüber will ich gerade nicht nachdenken. Im Moment will ich einfach nur herausfinden, was ich tun soll.

Mein Bauchgefühl sagt mir, dass er das Gleiche empfindet, aber nach dem, was er mir über seine Beziehung mit Erin erzählt hat, ist er vielleicht nicht bereit, sich das einzugestehen. Das wäre mein absolutes Horrorszenario – wenn ich ihm meine Gefühle gestehe und von ihm nichts zurückkommt.

Ich bin zerrissen, also sitze ich hier, starre aus dem Fenster und gehe Hazel auf die Nerven.

Mein Handy leuchtet auf, als eine Nachricht eintrifft.

Hey.

Sofort galoppiert mein Herz los, ich kann nichts dagegen tun. So reagiert mein Körper jedes Mal, wenn er sich meldet. Über die Feiertage haben wir uns oft geschrieben, und ein Teil von mir hofft, dass er genauso gelangweilt und unglücklich ohne mich ist.

Hi, tippe ich zurück, den Blick auf das Display geheftet, auf dem die drei Punkte zu sehen sind.

Ich denke darüber nach, einen kleinen Trip zu unternehmen.

Ach ja? Irgendwohin, wo es warm ist?

Nein, wo es kalt ist.

Ein naiver Hoffnungsschimmer keimt in mir auf und setzt sich in meiner Brust fest. Die Punkte tauchen wieder auf, verschwinden und erscheinen wieder.

Ich war noch nie in Silver Falls, schreibt er.

Mein Herz schlägt mir bis zum Hals, und ich grinse von einem Ohr bis zum anderen.

»Was ist los?« Hazel schmunzelt.

»Nichts.«

Es ist wunderschön hier zu dieser Jahreszeit, texte ich zurück. *Du wirst dir den Arsch abfrieren.*

Perfekt. Kann ich vorbeikommen?

Ja, bitte.

Super. Mein Flug landet in zwei Stunden.

Mir fällt die Kinnlade herunter. *Was?!*

Ich bin am Flughafen. Ist das okay?

Natürlich. Wieder grinse ich.

Hazel lässt sich neben mich auf die Couch plumpsen und versucht, einen Blick auf mein Handy zu erhaschen. »Was ist los?«, fragt sie noch einmal.

Mir ist es völlig egal, dass mir meine Gefühle deutlich an der Nasenspitze abzulesen sind. »Jamie kommt uns besuchen.«

Sie seufzt, aber lächelt. »Natürlich.«

Als es klingelt, springe ich von der Couch auf, atme tief durch und gehe zur Tür.

Hazel, die in der Küche an ihrem Laptop sitzt, schnaubt.

Ich öffne die Tür, und er steht vor mir – mit einem kaum merklichen Lächeln, das mir verrät, dass er genauso aufgeregt ist wie ich. Gott, er ist so groß. Ich bin sprachlos, schaue nur mit einem dümmlichen Grinsen zu ihm auf.

»Hi«, sage ich einfallslos.

Seine Wangen sind von der Kälte gerötet, und er trägt eine grüne Mütze, die die Farbe seiner Augen zur Geltung bringt. Es mag reines Wunschdenken sein, aber er sieht mich an, als sei ich das Beste, was ihm je passiert ist.

»Hi«, erwidert er, und seine tiefe Stimme lässt ein Prickeln über meine Wirbelsäule laufen.

Sofort ist das Knistern zwischen uns wieder da.

Sein Blick fällt auf meine Lippen. Er sieht aus, als wollte er mich küssen, was Schmetterlinge in meinem Bauch tanzen lässt.

»Wir sind zu Hause«, ruft mein Dad hinter Jamie, woraufhin wir hastig einen Schritt auseinandertreten.

Meine Eltern kommen plaudernd die Stufen herauf und bleiben wie angewurzelt stehen, als sie Jamie entdecken. Sie waren bei Freunden zu Besuch, und eigentlich habe ich nicht damit gerechnet, dass sie so früh zurückkommen würden.

Die Augen meines Vaters weiten sich, als hätte er einen Geist gesehen. »O mein Gott.« Er streckt seine Hand mit einem breiten, freundlichen Grinsen aus. »Was zum Henker treibt Jamie Streicher auf unserer Veranda? Ken Hartley.«

Jamie schüttelt ihm die Hand. »Schön, Sie kennenzulernen, Sir.«

Hazel, die immer noch am Küchentisch sitzt, hebt verwirrt den Kopf. »Sir?«, formt sie mit den Lippen in meine Richtung.

»Ach, Sie sind der Eishockeyspieler!« Meine Mom klatscht in die Hände. »Wir haben ja schon so viel über Sie gehört.«

Jamie schmunzelt, und mein Gesicht brennt. *So* viel haben sie nun auch wieder nicht über ihn gehört. Ich habe ihn vielleicht ein paarmal erwähnt. Na und?

»Hallo, Mrs Hartley.« Jamie schüttelt auch ihr die Hand.

Sie zieht ihn in eine Umarmung. Ihr Kopf reicht kaum bis an seine Schulter. »Bitte nenn mich Maureen. Und nun lasst uns reingehen, sonst erkältet ihr euch noch.«

Wir drängen uns ins Haus, wobei mein Dad erneut anmerkt, was für eine Überraschung es sei, *den* Jamie Streicher zu Besuch zu haben, was sowohl niedlich als auch total peinlich ist, aber Jamie scheint es nichts auszumachen. Er lächelt nur und beantwortet alle Fragen, die mein Dad ihm stellt.

Als meine Schwester den Flur betritt, nickt Jamie ihr zu. »Hazel.«

Überraschenderweise funkelt sie ihn nicht an. »Hi. Du hast es also hierhergeschafft.«

Er nickt. »Hab ich.«

Hazel hebt die Augenbrauen, offenbar zufrieden. »Gut.«

»Lasst uns alle Platz nehmen.« Mein Dad gestikuliert zum Wohnzimmer. »Ich bringe ein paar Snacks. Jamie, willst du ein Bier?«

Jamie nickt. »Ein Bier wäre klasse.«

»Welche Marke trinkst du am liebsten?«

Es würde mich nicht wundern, wenn mein Dad, je nachdem, was Jamie nennt, zur Not auch zum Laden rennen würde, um ihm das richtige Bier zu kaufen.

»Was immer Sie im Kühlschrank haben, Sir«, erwidert Jamie. »Ich bin nicht wählerisch.«

»Miller Lite? Und bitte nenn mich Ken.«

»Perfekt.«

»Gut.« Mein Dad verschwindet, und merkwürdigerweise lächelt Jamie schon wieder.

Im Wohnzimmer huscht mein Blick zu den altmodischen Möbeln, zu dem Schnickschnack in den Regalen und den peinlichen Kinderfotos von Hazel und mir. Jamie bleibt auf dem Weg zur Couch vor dem Bild stehen, das mich als Zweitklässlerin zeigt. Darauf habe ich Zöpfe und grinse von einem Ohr bis zum anderen, sodass man die große Zahnlücke vorne sieht.

Jamie legt den Kopf schief. »Bist du von einem Puck getroffen worden, Hartley?«

Ich ächze, und meine Mom lacht.

»Damals hatte ich vergessen, dass an dem Tag die Fotos gemacht werden würden«, erklärt sie ihm. »Du hättest mein Gesicht sehen sollen, als Pippa nach Hause gekommen ist und es mir erzählt hat.«

Jamies Blick verweilt noch einen Moment auf dem Bild, und ich glaube, er lächelt schon wieder. »Echt süß.«

Mein Dad kommt ins Zimmer gerauscht, in den Händen ein Tablett mit Getränken, und besteht darauf, dass Jamie in dem gemütlichen Sessel Platz nimmt, in dem er selbst normalerweise sitzt, wenn er Eishockey schaut. Obwohl mir das übertriebene Verhalten meines Vaters unangenehm ist, bleibt Jamie höflich und freundlich und plaudert mit ihm über Eishockey.

Eine halbe Stunde später sieht meine Mom auf die Uhr. »Ich sollte das Hähnchen in den Ofen schieben.« Sie wendet sich an Jamie. »Isst du Hähnchen?«

»Äh …« Er sieht mich fragend an. »Ja?«

Ich schmunzele. »Ich hoffe, du hast nicht gedacht, dass du vor dem Abendessen wieder verschwinden kannst.«

»Du *musst* zum Essen bleiben, Jamie«, pflichtet mein Dad mir bei.

Jamie lacht. »Liebend gern. Danke.«

»Wo übernachtest du?«, fragt meine Mom.

Jamie fährt sich mit der Hand durchs Haar. »Ich weiß es noch nicht. Ich habe ein Hotel in der Main Street gesehen. Dort werde ich es als Erstes versuchen.«

Mein Dad macht große Augen. Er kann so dramatisch sein. »Du hast kein Zimmer gebucht?« Er wackelt bestürzt mit dem Kopf. »Da wirst du jetzt nichts mehr finden. Um diese Jahreszeit sind immer alle Hotels voll ausgelastet.«

Meine Mom nickt. »Du musst wohl bei uns übernachten.«

»Was?« Ich huste.

Jamie ist daran gewöhnt, in Fünf-Sterne-Hotels mit King-Size-Betten und HBO im Fernsehen zu übernachten, nicht in Häusern mit Möbeln, die älter sind als ich. Hazel und ich schlafen immer noch in den Betten aus unserer Teenagerzeit, und das Gästebett ist sogar noch älter. »Jamie will bestimmt nicht bei uns übernachten. Wir können ein Airbnb oder so was für ihn finden.«

»So spät noch?« Mein Dad schaut mich an, als wäre ich übergeschnappt. »Pippa, es ist fast fünf Uhr. Ich weiß, wir können dir nicht viel bieten«, sagt er zu Jamie, »aber wir haben ein Gästezimmer.«

Ich klappe den Mund auf, um Einwände zu erheben, aber Jamie kommt mir zuvor. »Ich würde sehr gern hier übernachten.«

Als ich ihn anstarre, wirft er mir einen amüsierten Blick zu. »Wenn das okay für Pippa ist.«

»Ja.« Ich blinzele ihn an. »Klar.«

»Klasse.« Mein Dad springt auf. »Ich helfe Maureen mit dem Hähnchen und bin gleich wieder da. Noch ein Bier?«

Jamie nickt. »Gerne. Vielen Dank, Ken.«

Mein Dad strahlt ihn an, und ich weiß, dass es daran liegt, dass Jamie ihn mit seinem Vornamen angeredet hat.

Obwohl ich ein bisschen schockiert bin, tanzt mein Herz.

Was ist mit meinem mürrischen Goalie passiert?

KAPITEL 49
PIPPA

Am Abend lockt meine Mom irgendwann meinen Dad weg, um Jamie eine Pause zu gönnen. Hazel ist oben in ihrem Zimmer, sodass nur Jamie und ich im Wohnzimmer sitzen und *Buddy – Der Weihnachtself* schauen. Wir trinken heißen Apfelcidre, eine Weihnachtstradition in unserer Familie, und eine Mischung aus Zimt, Muskatnuss und Anis erfüllt das Haus mit einem köstlichen Duft.

»Lass uns das zu Hause auch mal machen«, sagt Jamie, und ich schmelze dahin.

Mir gefällt es, wie er *zu Hause* sagt.

Mir gefällt, dass er nach Silver Falls geflogen ist.

Mir gefällt es, einfach mit ihm im Wohnzimmer zu sitzen, obwohl ich nur eine Jogginghose trage. Er wirkt entspannter als jemals zuvor.

»Ist das okay?«, frage ich und schließe mit einer Handgeste das alte Wohnzimmer ein. »Wir können auch in eine Bar gehen oder so.«

Jamie stupst mich an. »Genau hier möchte ich sein.«

Auf dem Fernsehbildschirm hüpft Will Ferrell gerade im Elfenkostüm auf und ab und verkündet lautstark, wie sehr er sich darauf freut, Santa kennenzulernen, was mich zum Lachen bringt.

»Meine Mom schaut sich nach einem Therapeuten um«, verkündet Jamie.

»Wirklich? Das ist großartig.«

Er nickt erleichtert. »Ja.« Er reibt sich den Nacken. »Das ist dir zu verdanken, weißt du?«

»Das wissen wir nicht.«

»Doch, sie hat mir erzählt, dass der Auslöser dafür eure Unterhaltung war.«

Auf einmal habe ich einen Kloß im Hals. »Echt?«

Wieder nickt er und lässt seinen Blick zärtlich über mein Gesicht wandern. »Danke.«

Am liebsten würde ich auf seinen Schoß klettern und ihn umarmen. »Das freut mich, Jamie. Wirklich.«

»Mich auch.«

Er tastet nach meiner Hand und drückt sie. Sofort entsteht ein Prickeln in meinem Bauch, und ich schaue auf seinen Mund. Ich kann seine Lippen förmlich auf meinen spüren, fordernd und unnachgiebig. Als sich sein Blick verdunkelt, spüre ich ein warmes Pochen zwischen meinen Beinen.

»Ich möchte dir jetzt dein Weihnachtsgeschenk geben«, sagt er plötzlich und entzieht mir seine Hand. Plötzlich wirkt er nervös. »Ist das okay?«

»Natürlich.« Ich blinzele. »Deins ist noch nicht fertig.«

»Kein Problem.«

»Ich meine, es ist fast fertig. Aber ich kann es dir heute Abend schon mal zeigen.« Ich beiße mir auf die Unterlippe, und auf einmal bin ich diejenige, die verunsichert ist.

Was, wenn es ihm nicht gefällt? Was, wenn es zu viel ist? In meinem Bauch flattern die Schmetterlinge herum, als würden sie versuchen zu fliehen.

Jamie schenkt mir ein kurzes Lächeln, schlüpft in seine Schuhe und geht nach draußen zu seinem Mietwagen. Kurz darauf kehrt er mit zwei Kisten zurück – einer großen und einer kleinen im

Schuhkartonformat. Das große Geschenk muss er seitlich drehen, um eintreten zu können. Beide Boxen sind in hübsches buntes Papier eingepackt und mit glänzenden roten Schleifen umwickelt.

»O Gott.« Erschrocken starre ich die Geschenke an. Meins ist nichts dagegen. »Darf ich dir dein Geschenk zuerst geben?«, bitte ich dennoch.

Er schüttelt lachend den Kopf, während er Platz auf dem Couchtisch macht und das Paket darauf abstellt. »Nein. Ich bin nervös.« Sein Mundwinkel hebt sich, als er mir den kleineren Karton überreicht. »Du packst zuerst aus.«

Langsam stoße ich die Luft aus und beäuge das Geschenk, während meine Nerven einen Stepptanz vollführen.

Jamie zieht die Augenbrauen hoch und schaut mit übertrieben ungeduldigem Blick auf seine Uhr, was mich zum Lachen bringt.

»Schon kapiert«, sage ich und ziehe an der Schleife. Sein Knie wippt, und als ich den Deckel von der Box hebe, breitet sich ein Grinsen auf meinem Gesicht aus. »Du hast mir ein eigenes Trikot besorgt?«

Er schluckt. »Gefällt es dir?«

Ich hole das dunkelblau-weiße Trikot aus dem Karton und drehe es um, um die Aufschrift auf der Rückseite zu lesen. *STREICHER* steht in fetten weißen Buchstaben auf dem Stoff. In mir regt sich eine merkwürdige Mischung aus Stolz, Freude und Besitzanspruch.

»Du musst meinen Namen nicht auf deinem Rücken tragen«, sagt er leise, ohne die Augen von mir abzuwenden. »Den können wir entfernen.«

»Wage es bloß nicht.« Ich halte seinen Blick fest, obwohl ich innerlich dahinschmelze. »Ich will deinen Namen auf meinem Rücken tragen.«

»Okay.« Seine Mundwinkel heben sich, seine Augen sind warm. »Das fände ich schön.«

Die Wahrheit kann ich ihm nicht erzählen – sein Trikot mit seinem Namen darauf zu tragen, gibt mir das Gefühl, als seien wir mehr als Freunde, und das gefällt mir. Ich liebe es.

Nun deutet er mit dem Kinn auf das große Geschenk. »Und jetzt das nächste.«

Neugierig und vorsichtig packe ich es aus. Der Größe nach könnte es fast …

Nein. Ich will mir keine Hoffnung machen. »Ich hoffe, es ist ein Motorrad.« Ich wackele mit den Augenbrauen.

Seine Augen funkeln auf eine Art, die mir zeigt, wie sehr er es genießt, mir zuzusehen. Ich weiß nicht, was ich davon halten soll, aber ich fühle mich dadurch als etwas Besonderes, als wäre ich ihm wichtig, was mein Herz schneller schlagen lässt. Nachdem ich das Papier vollkommen entfernt habe, stockt mir der Atem.

»Jamie«, flüstere ich. Mit einem Mal fühlt sich meine Kehle eng an.

Er streichelt meinen Handrücken. »Nun mach schon«, neckt er.

Ich presse meine Lippen zu einem schmalen Strich zusammen und zögere kurz, bevor ich den Koffer öffne.

Jepp. Da ist sie. Aber statt im Schaufenster des Musikladens thront sie nun auf unserem Couchtisch. Sie ist wunderschön, aber sie ist noch mehr als das. Die Gitarre ist etwas, von dem ich geglaubt habe, ich könnte es niemals haben, und nun liegt sie vor mir. Eilig blinzele ich meine Tränen weg.

»Das ist zu viel.« Ich kann ihn nicht einmal ansehen. Wenn ich ihn ansehe, weine ich. Oder küsse ihn.

»Nein, ist es nicht.«

»Sie ist viel zu teuer.« Auf einmal ist mir, als würden meine Gefühle für ihn mit jeder Sekunde stärker werden und sich ausdehnen wie ein Ballon.

»Pippa.« Seine Stimme klingt entschlossen. »Ich würde dir jede Gitarre der Stadt kaufen, wenn ich wüsste, dass du es zulässt.«

Mist. Dieser Typ wird mir noch das Herz brechen.

Als ich ihn endlich anschaue, zeichnet sich Stolz auf seinen Zügen ab, und ich weiß, dass er es ernst meint.

Mist.

»Ich weiß nicht, wie ich dir dafür danken soll. Du verwöhnst mich viel zu sehr.« Ich fahre mit den Fingern über seinen Namen auf dem Trikot.

Er zuckt mit seinen breiten Schultern. »Lass mich dich verwöhnen.«

»Danke«, sage ich und beuge mich vor, um ihn zu umarmen. Dabei schmiege ich mich an seine Schulter und inhaliere seinen warmen, würzigen Duft. Mit einer Hand fährt er mir durch das Haar, mit der anderen drückt er mich fest an sich.

»Ich habe es wirklich gern getan, Songbird.« Ich spüre seine tiefe Stimme an meiner Brust und wünsche mir, wir könnten für immer so verharren. »Aber jetzt solltest du sie endlich ausprobieren.«

Ich löse mich von ihm und betrachte die Gitarre. »Sie ist zu schön, um darauf zu spielen.«

»Auf keinen Fall. Muss man Gitarren nicht einspielen?« Er schmunzelt.

Ich lache auf. »Das dauert Jahre.«

Er deutet auf das Instrument. »Dann wird es höchste Zeit loszulegen.«

Mit einem Mal überkommt mich wieder Nervosität. Ich zögere, aber sage mir *jetzt oder nie*. »Zuerst möchte ich dir dein Geschenk überreichen.« Ich greife nach meinem Handy, das auf dem kleinen Tisch neben der Armlehne liegt, öffne einen Ordner und teile ihn mit ihm.

Er streicht über meinen unteren Rücken. »Du hättest mir nichts schenken müssen, Pippa.«

»Ich wusste, dass du das sagen würdest.« Das Handy in seiner Hosentasche piept, und ich nicke ihm schmunzelnd zu. »Die E-Mail ist von mir. Sieh sie dir an.«

Kurz darauf lacht er überrascht und erfreut auf. Der Klang dringt in mein Herz ein. Seine Miene erhellt sich, während er durch die professionellen Fotos scrollt, die ich von Daisy am Hundestrand habe machen lassen. Seine Augen leuchten.

»Ich lasse sie auch entwickeln«, erkläre ich. »Eigentlich hatte ich vor, eins davon einzurahmen und in der Wohnung aufzuhängen.«

Mit einem breiten Grinsen inspiziert er das Foto, auf dem Daisy mit heraushängender Zunge und wildem Blick in die Luft springt. »Die sind unglaublich toll. Ich liebe sie.«

Auf einmal kommt mir ein beschämender Gedanke, und meine Wangen röten sich. »Natürlich hatte ich nicht vor, die Fotos auszudrucken, auf denen ich abgebildet bin. Ich habe dir den ganzen Ordner geschickt, deshalb siehst du alle.«

Er betrachtet gerade ein Bild von mir und Daisy. »Ich liebe es.«

Aufgewühlt wegen des nächsten Geschenks beiße ich mir auf die Lippe. »Ich habe noch etwas«, verkünde ich und hole erneut mit zittrigen Fingern mein Handy hervor. So etwas habe ich noch nie getan.

Jamie legt mir eine Hand aufs Knie, sodass ich die Wärme seiner Haut durch den Stoff spüre, was mich wieder ins Hier und Jetzt zurückholt. Er schenkt mir dieses sanfte, schöne Lächeln, das in mir den Wunsch weckt, ihn zu küssen.

»Ich habe ein Album geschrieben«, platze ich heraus.

»Was?«

Ich nicke. »Ja, ich habe ein Album für dich geschrieben. Ich meine …« Ich neige den Kopf nach links und rechts. »Ich habe es auch für mich selbst geschrieben, also hoffe ich, es ist okay, dass wir uns dieses Geschenk teilen. Aber du hast mich ermutigt und mir das Gefühl vermittelt, dass ich es schaffen kann. Also habe ich einfach immer weitergeschrieben. Denn ich wollte so viele Lieder wie möglich haben, die ich dir zeigen kann.«

Seine Augen funkeln vor Stolz. »Spiel sie mir alle vor.«

Angesichts seines Tonfalls stoße ich ein Lachen aus.

»*Jetzt*, Pippa.«

Ich lache wieder und öffne einen weiteren Ordner auf meinem Handy. »Warte einen Moment. Sei nicht so ungeduldig.«

Seine Hand liegt immer noch auf meinem Knie, und sein Daumen streichelt mich weiter, während ich die Videos mit ihm teile. Normalerweise nehme ich nur Audiodateien auf, aber mir gefiel, wie das Licht der untergehenden Sonne ins Wohnzimmer schien, daher habe ich mich dabei gefilmt. Danach habe ich die Videos in einzelne Clips geschnitten.

Jamies Display leuchtet auf, und einen Moment später schallt meine Stimme durch das Wohnzimmer. Auf seinen Lippen zeichnet sich ein sanftes Lächeln ab.

»Du hast ein ganzes Album geschrieben«, flüstert er.

Mein Herz zerspringt fast vor Glück und Unglaube. »Ich habe ein Album geschrieben.«

Bewundernd sieht er mich an. »Einfach unglaublich. Ich bin so stolz auf dich.«

Den Blick auf die Hände in meinem Schoß gesenkt, lächele ich. »Danke.« In meiner Kehle bildet sich ein Knoten, als ich nach meiner neuen Gitarre greife. Mit klopfendem Herzen hebe ich sie hoch.

Das Instrument ist perfekt – sein Gewicht, die Art, wie sich das Griffbrett unter meinen Fingern anfühlt, die Wölbung des Holzes auf meinem Oberschenkel.

»Diese Gitarre ist meine Seelenverwandte«, erkläre ich Jamie.

Er grinst. »Willst du mir den Rest des Albums vorspielen?«

»Wenn du einverstanden bist.«

Er lehnt sich auf der Couch zurück, dreht mir seinen Oberkörper zu und verschränkt die Hände hinterm Kopf. Während er den Liedern lauscht, schmunzelt er immer wieder bei bestimmten Zeilen, denn er weiß genau, wovon ich singe. In den letzten paar Monaten ist Jamie einer meiner engsten Freunde geworden, und für ihn Gitarre zu spielen und zu singen, fühlt sich intim und besonders an.

Gerade beende ich das Lied über Rache, das ich ihm schon vor ein paar Wochen zugeschickt habe; nun schweben meine Finger über den Saiten.

Der einzige Song, der jetzt noch fehlt, ist das sexy Lied.

Jamie zieht eine Augenbraue hoch, als könnte er mein Zögern spüren.

An dieser Stelle sollte ich es auf sich beruhen lassen. Ich sollte ihm eine gute Nacht wünschen und ins Bett gehen. Das sollte ich wirklich. Der Song handelt von Jamie, und das wird er auf jeden Fall heraushören.

Doch auf einmal verspüre ich Lust, etwas Gewagtes zu tun, und ehe ich es mir anders überlegen kann, beginne ich zu singen. An einigen Stellen ist der Text wirklich sehr spezifisch. Diese kleinen Details sind genau das, was mir am meisten am Songwriting gefällt. Die Texte können davon handeln, dass man Kirsch-Schokoladen-Eis isst, an seiner alten Highschool vorbeigeht, und beim Hören fühlt man sich, als würde man genau das erleben.

I'll sit between your legs, while you make me shake against you. Make my body feel new things, we both want to.

Jamie, der immer noch mir zugewandt dasitzt, versteift sich mit einem Mal, und sein Blick umwölkt sich.

Ich höre auf zu spielen.

»Songbird«, warnt er.

Als ich bemerke, dass sich sein Mund zu einem genüsslichen schiefen Grinsen verzieht, wird mein Gesicht heiß.

Die Anspannung, die auf einmal im Raum zwischen uns schwebt, ist förmlich greifbar.

»An dieser Stelle sollten wir besser aufhören«, murmele ich.

»Keine verdammte Chance.« Seine Stimme klingt belegt.

Mein Blick fällt auf Jamies Schoß. Er ist vollkommen hart, und seine Erektion drückt sich gegen den Stoff seiner Jogginghose. Hitze sammelt sich in meinem Unterbauch, aber trotzdem singe ich das Lied zu Ende.

»Hast du den Song für mich geschrieben?«, fragt er danach. Seine ganze Aufmerksamkeit ruht dabei auf mir.

Ich nicke. Wir schauen einander tief in die Augen, und das Knistern zwischen uns ist deutlich zu spüren.

Jamies Blick verdunkelt sich, und sein Kiefer spannt sich an, als ich mir über die Unterlippe lecke. Zwischen meinen Beinen baut sich ein Druck auf, meine Haut fühlt sich warm an. Ich begehre ihn so sehr.

Sein Blick hält meinen entschlossen fest. »Das war das beste Weihnachtsgeschenk, das ich je bekommen habe.«

»Gleichfalls«, hauche ich.

Nach einem kurzen Moment wendet sich Jamie abrupt von mir ab. »Ich sollte schlafen gehen.«

Nein, will ich schreien, aber stattdessen nicke ich nur. »Gute Nacht.«

»Gute Nacht.« Er steht auf, rückt seine Hose zurecht und steigt ohne ein weiteres Wort die Treppe hinauf.

Ich dagegen bleibe noch ein paar Minuten auf der Couch sitzen, denn ich bin aufgewühlt und hibbelig und voller Energie, doch schließlich schalte ich die Lichter aus und gehe nach oben in mein altes Zimmer, meine Weihnachtsgeschenke unter dem Arm. Nachdem ich die Tür hinter mir geschlossen habe, halte ich das Trikot hoch und grinse.

Ich liebe es. Ich werde es voller Stolz zu jedem Spiel tragen und kann mir jetzt schon Jamies Lächeln vorstellen, wenn er sich umdreht und mich auf der Tribüne darin sieht.

KAPITEL 50
PIPPA

»Wo bist du heute mit Jamie gewesen?«, fragt Hazel am nächsten Abend.

Wir sitzen einander gegenüber am Tisch in der Nische der überfüllten Kneipe.

Dass es hier voll sein würde, ist am heutigen Silvesterabend keine große Überraschung, denn schließlich ist es die einzige Bar im Ort. Ich lasse meinen Blick durch den Raum schweifen, über all die Leute, den Weihnachtsschmuck, der immer noch hängt, bis hin zu Jamie, der an der Bar steht, um uns die nächste Runde zu bestellen.

Als er mir zuzwinkert, lächele ich automatisch.

»Ich habe ihm die Stadt gezeigt, und danach sind wir in die Berge gefahren.« Als ich an sein verblüfftes Gesicht denke, nachdem ich ihn mit einem Schneeball beworfen habe, muss ich ein Lachen unterdrücken.

»Er hat sich heute Abend ganz schön für dich eingesetzt«, merkt sie mit einem Blick zu ihm an. Eine Gruppe von Typen hat ihn angequatscht, nach den ehrfürchtigen Mienen zu urteilen, sind es offenbar Fans.

»Das stimmt.« Mein Herz macht einen kleinen Satz.

Beim Abendessen kamen meine Eltern auf den Marketingjob zu sprechen, und Jamie hat ihnen sofort erzählt, was für eine talentierte Sängerin und Songwriterin ich sei. Sie haben nur gelacht und ihm beigepflichtet, wie wichtig es sei, Hobbys zu haben.

»Pippa hat genau das, was man braucht, um eine Musikkarriere zu starten«, hat er erwidert, woraufhin sie so verständnislos wirkten, dass ich eilig das Thema gewechselt habe.

Nun lehnt sich Hazel mit einem schelmischen Glitzern in den Augen vor und senkt die Stimme. »Versucht nur, heute Nacht, leise zu sein, okay? Die Wände sind ziemlich dünn.«

Meine Augen weiten sich, und ich schnappe nach Luft. »Es wird nichts passieren.« Wenn alle im Haus sind? Auf keinen Fall.

Sie klimpert übertrieben mit den Wimpern. »Oh, Jamie«, stöhnt sie.

Lachend greife ich über den Tisch hinweg, um ihr den Mund zuzuhalten. »Halt die Klappe.«

»Ja, ja, stoß härter zu mit deinem Eishockeyschläger.« Da sie wie ein Pornostar klingt, drehen sich bereits einige Leute zu uns um.

Ich bekomme kaum noch Luft vor Lachen. »Das ergibt nicht mal Sinn.«

Sie schlägt grinsend meine Hand weg.

Zwei große männliche Gestalten plumpsen auf je einer Seite des Tisches auf die Sitzbank und beenden damit unser Gespräch.

»Frohes neues Jahr, Ladys!« Hayden rempelt mich von der Seite aus leicht an und legt mir seinen Arm um die Schulter.

Ein überraschter Laut purzelt aus mir heraus.

Auf der anderen Seite der Nische grinst Rory Hazel an, die ihn anstarrt, als wäre er eine Kakerlake, die gerade auf den Tisch gekrabbelt ist.

»Was machst du denn hier?«, fragt sie ihn.

»Streicher hat erzählt, dass er einen Last-Minute-Trip hierher unternimmt«, klärt uns Hayden auf. »Und wir dachten, wir könnten ihm einen Besuch abstatten.« Durch die Tür drängt inzwischen das halbe Team hinein. »Wir haben den Verein angefleht, den Bus benutzen zu dürfen.«

Angesichts Jamies Verwirrung, als ihn die Jungs an der Bar umzingeln, muss ich lachen. Sie ziehen eine Menge Aufmerksamkeit auf sich.

Hayden bewirft Rory mit einem Bierdeckel. »Und dieser verdammte Typ mag uns lieber als seine eigene Mannschaft.«

Rory wendet den Blick nicht von Hazel ab, und irgendetwas sagt mir, dass er wusste, dass sie hier sein würde.

In dem Moment kehrt Jamie mit den Getränken zur Sitznische zurück. Er grummelt zwar missmutig vor sich hin, als würde er sich über den überfallartigen Besuch seiner Teamkollegen ärgern, trotzdem strahlt er auch eine gewisse Genugtuung aus, denn offensichtlich betrachten sie ihn als Freund.

»Wir haben Gesellschaft«, sage ich zu ihm.

»Das hab ich bemerkt.« Er verdreht die Augen und gibt Hayden mit einer Geste zu verstehen, den Platz freizumachen.

Nachdem Jamie neben mir in die Nische gerutscht ist und mich einkeilt, legt er seinen Arm über die Rückenlehne. Dabei streifen seine Finger meine Schulter. Mit einem Mal flattern so viele Schmetterlinge in meinem Bauch herum, dass ich ein Lächeln unterdrücken muss. Beinahe sämtliche Blicke in der Bar sind neugierig auf uns gerichtet.

»Ich verstehe nicht, warum du so oft mit diesen Typen rumhängst«, sagt Hazel zu Rory. Sie gibt vor, genervt zu sein, aber in Wahrheit leuchten ihre Augen, und sie hat Schwierigkeiten, ihn anzusehen.

Er dagegen schaut sie an, als wäre sie die einzige Person im Raum. »Ich mag die Typen. Es gibt keine Regel, die verbietet, dass wir mit unseren Freunden abhängen, selbst wenn sie in der gegnerischen Mannschaft spielen. Ich spreche einfach nicht über Spielstrategien.« Er nickt Jamie mit herausforderndem Blick zu. »Nicht dass das Streicher helfen würde. Selbst wenn dieser Kerl alle meine Strategien im Vorfeld kennen würde, würde ich den Puck in seinem Netz versenken.«

Jamie umfasst sein Glas so fest, dass seine Fingerknöchel weiß hervortreten, und funkelt Rory wütend an. Es ist völlig eindeutig, dass Rory versucht, ihn zu provozieren, um eine Reaktion aus ihm herauszukitzeln.

Ein Teil von mir wünscht sich, dass sie sich einfach aussprechen würden. Oder sich prügeln. Hauptsache, sie lassen die Sache hinter sich. Auch wenn ich bezweifele, dass das gut für ihre Karrieren wäre. Innerhalb von Sekunden hätten alle in der Bar ihre Handys gezückt, um den Streit zu filmen und an diverse Nachrichtenkanäle zu senden.

Als meine Hand auf Jamies Oberschenkel landet, wendet er sich zu mir. Sein Kiefer mahlt, und ich schenke ihm ein sanftes Lächeln.

»Ignorier ihn einfach«, rate ich ihm.

Er erwidert mein Lächeln, fährt mit den Fingern durch mein Haar und spielt mit den Spitzen.

Wenn man bedenkt, dass heute Silvester ist, ich in einer Kleinstadtbar sitze und bei billigem Bier der Hausband lausche, könnte man meinen, dass heute ein mittelmäßiger Abend ist, doch da ich ihn eng an Jamies Seite geschmiegt verbringe, ist es für mich das beste Silvester aller Zeiten.

KAPITEL 51
PIPPA

Zwei Stunden später bin ich angenehm beschwipst und umgeben von lauten, ausgelassenen Eishockeyspielern. Jamie, der auch schon ein paar Drinks intus hat, klebt förmlich an meiner Seite. Seine Wangen sind leicht gerötet, genauso wie wenn er aus der Dusche kommt, und er lächelt sogar ab und zu.

Ein paar der Spieler trinken immer wieder vom Shot-Ski – dabei handelt es sich um einen Ski, an dem mit Klebeband eine Reihe von Schnapsgläsern befestigt wurde, damit mehrere Personen gleichzeitig trinken können. Hayden hat einen Spezial-Shot bestellt, was dazu geführt hat, dass ihm in diesem Moment, unter dem Gejohle aller Anwesenden, vom Barkeeper mit einem Paddel auf den Hintern geschlagen wird. In der Ecke spielt eine Band, und die Party in der Bar ist in vollem Gange, während Mitternacht immer näher rückt.

»Küsst du mich um zwölf?«, fragt Rory Hazel.

Mit einem selbstzufriedenen Grinsen hält sie seinen Blick fest. »Du kannst deine Sexpuppe küssen.«

»Die hab ich aber zu Hause gelassen.«

Ich muss ein Glucksen unterdrücken, Hazel offenbar ebenso.

Nun wendet er sich an mich. »Was ist mit dir, Pippa? Hast du noch einen freien Platz auf deiner Tanzkarte?«

Jamie versteift sich neben mir. »Nein.«

Ich schiele zu ihm hoch. Sein Arm ruht entspannt auf der Rückenlehne, aber ich spüre, dass es in ihm brodelt.

»Meine Tanzkarte ist heute Abend schon voll, aber danke für das Angebot.«

Jamie funkelt Rory an, doch ehe irgendetwas passieren kann, taucht Hayden neben ihm auf. »Streicher, du spielst Billard mit uns.«

Jamies Blick huscht zwischen mir und Rory hin und her. Er zögert.

»Geh nur.« Ich deute mit dem Kopf zu den Billardtischen. »Hazel wird mich mit ihren scharfen Fängen beschützen.«

Hazel fletscht ihre Zähne, was mich zum Lachen bringt.

Rorys Blick hingegen ist beinahe lüstern.

»Bin gleich wieder da.« Jamies Hand streift meinen Rücken, bevor er Hayden folgt.

»Also«, sagt Rory über den Tisch hinweg, »ihr zwei.«

Ich sehe ihn mit einem angespannten Lächeln an und zucke mit den Schultern. »Was soll mit uns sein?«

Sein Blick wirkt neugierig und neckend. »Er steht auf dich.«

Ich lache leise in mich hinein, doch mein Gesicht wird heiß.

»Es stimmt«, fährt er fort und nickt beharrlich. »So wie mit dir habe ich ihn noch nie erlebt.«

Seine Worte sorgen dafür, dass mich ein Prickeln durchfährt und sich ein Strahlen auf meinem Gesicht ausbreitet, das ich vehement versuche zu verbergen. Es mag sein, dass ich Gefühle für Jamie habe, aber ich bin noch nicht bereit, anderen Leuten davon zu erzählen. Nicht einmal Hazel weiß offiziell davon. »Ich bin nur seine Assistentin«, lüge ich.

Er gibt einen ungläubigen Laut von sich. »*Irgendetwas* bist du definitiv für ihn, so viel steht fest.«

Zum Glück kommen in dem Moment ein paar weitere Spieler mit Drinks an unseren Tisch und unterbrechen unser Gespräch.

Ich unterhalte mich mit einigen von ihnen, während ich aus den Augenwinkeln Jamies Billardspiel mit Hayden und Alexei verfolge.

»Alles klar, Leute«, sagt der Sänger der Band ein paar Minuten später in sein Mikrofon. »Wir machen kurz vor Mitternacht eine kleine Pause, aber vorher gibt es noch eine besondere Überraschung für euch.«

Jamie und Hayden bahnen sich ihren Weg durch die Menge zurück zu uns, wobei Jamies Blick die ganze Zeit auf mir ruht.

»Wir haben heute eine weitere Musikerin unter den Gästen, und sie wird gleich ein Lied für uns singen«, fährt der Sänger der Band fort.

Auf Jamies Gesicht macht sich ein Grinsen breit.

Mein Herz bleibt stehen.

»Einen großen Applaus für Pippa Hartley!«

Vollkommen schockiert nehme ich wahr, wie die Menge in der Bar jubelt und klatscht und sich die Hälfte der Gäste umdreht, um mich anzuschauen. Ich bin wie erstarrt. »Was?«, frage ich an Jamie gewandt, als mein Herz einen kleinen Kickstart hinlegt und ein Rauschen in meinen Ohren einsetzt.

Er beugt sich runter, um mir ins Ohr zu flüstern. »Na los, auf die Bühne mit dir, Songbird. Ich möchte mein Weihnachtsgeschenk gerne live hören.«

Ich starre ihn perplex an, blinzele hektisch.

Bei meinem kleinen Auftritt in Vancouver im Filthy Flamingo waren dreißig Leute anwesend, die meisten davon aus der Mannschaft. In dieser Bar müssen mindestens zweihundert Personen versammelt sein; jeder Stuhl ist besetzt, und in der Mitte des Raumes tummeln sich weitere Leute.

Panik durchflutet mich. »Ich kann nicht«, flüstere ich kopfschüttelnd.

Alle starren mich an.

Er hält meinen Blick fest, entschlossen, beharrlich und voller Zärtlichkeit. »Doch, du kannst. Das weiß ich.«

Ich schaue mich in der Bar um und begegne dabei auch den Blicken von mir bekannten Menschen, die mich beobachten und warten. Jamie glaubt immer an mich, und bisher hatte er jedes Mal recht.

Ein merkwürdiges Gefühl durchbricht meine Panik und mein Lampenfieber: Entschlossenheit. Wenn ich es nicht tue, bedeutet das, dass ich für das Musikbusiness nicht geschaffen bin – dass ich nichts weiter als das Mädchen bin, das mit einem berühmten Sänger zusammen war. Ich will allen das Gegenteil beweisen, und mehr als alles andere will ich Jamie beweisen, dass er recht hat. »Okay«, wispere ich. »Okay.«

Als sich seine Lippen zu einem Lächeln verziehen, gerät mein Herzschlag erneut ins Stolpern. »Du schaffst das.«

Gott, ich liebe es, ihn so stolz zu machen. Ich mache mich auf den Weg zur Bühne und genieße die Berührung seiner Finger, die mich am Rücken streifen, während ich an ihm vorbeigehe.

Die Menge applaudiert, als ich die Gitarre entgegennehme, die mir auf der Bühne gereicht wird, das Band über meine Schulter lege, mich vor das Mikrofon stelle und ins Publikum schaue.

Es fühlt sich genauso an wie beim ersten Mal, als ich vor das Mikro getreten bin, nachdem ich in Jordans Bar mit Jamie den Deal gemacht hatte. Mein Herz hämmert wie wild, denn ich bin mir jedes einzelnen erwartungsvollen Blickes bewusst.

»Ich bin Pippa Hartley«, stelle ich mich mit erstaunlich fester und klarer Stimme vor. »Und jetzt hört ihr einen Song über Rache.«

Die betrunkene, ausgelassene Menge jubelt.

Mein Blick huscht zu Jamie, der mir, immer noch lächelnd, zunickt. Dann lege ich los, singe das Lied, das davon handelt, wieder aufzustehen, nachdem auf einem herumgetrampelt wurde. Die Textzeilen bewirken jedes Mal, dass ich mich stark und mächtig fühle. Meine Stimme erfüllt die Bar, und ich fühle mich richtig in den Song hinein, lege all meine Emotionen in die Musik. Beim letzten Refrain höre ich auf, Gitarre zu spielen, und singe nur noch. Die Gäste klatschen im Takt mit, und ich strahle sie glücklich an.

Ich zwinkere einer Frau zu, die in der Nähe der kleinen Bühne steht und mir ermutigend zujubelt. Meine Brust schwillt vor Energie und Stolz an, und ich fühle mich, als würde ich fliegen. Als ich den letzten Akkord des Liedes gespielt habe, bricht Lärm in der Bar aus.

So fühlt sich Euphorie an. Ich schwebe, höher und höher. Mein Herz rast, meine Haut prickelt. Noch nie zuvor habe ich dieses Gefühl verspürt, aber ich weiß jetzt schon, dass ich süchtig danach bin.

KAPITEL 52
JAMIE

Die angetrunkene Menge applaudiert Pippa und grölt vor Begeisterung. Ich verfolge wie gebannt, wie sie dem Publikum ein schüchternes Lächeln schenkt, die Gitarre zurückgibt und ihren Weg von der Bühne antritt.

Sie dort oben performen zu sehen, hat es mir wieder einmal deutlich vor Augen geführt: Ich bin dieser Frau hoffnungslos verfallen, und zwar schon seit einer Weile – viel länger, als mir bisher bewusst war.

Pippa Hartley hat mich um den Finger gewickelt. Ich würde alles für sie tun, und das stört mich nicht einmal. Ich möchte schmutzige Dinge mit ihr anstellen, möchte sie mit meinem Mund, meinen Händen und meinem Schwanz zum Orgasmus bringen, sie dazu bringen, meinen Namen zu schreien, und ihr zeigen, wie unglaublich toll Sex sein kann. Ich weiß, dass es für mich eine lebensverändernde Erfahrung sein würde, mit ihr zu schlafen.

Es geht allerdings nicht nur um Sex. Ich möchte neben ihr aufwachen, meine freien Abende mit ihr bei einem Film auf der Couch verbringen und mit ihr und Daisy durch den Wald spazieren. Ich weiß zwar nicht, wie das alles funktionieren soll, aber wir werden einen Weg finden. Mit den Problemen meiner Mom, meiner Sorge darüber, Pippa genauso wie Erin wehzutun, muss ich mich also bald auseinandersetzen. Ich will mich nicht mehr davon runterziehen lassen. Ich will einfach nur Pippa.

Als sie unsere Gruppe erreicht, schließe ich sie in meine Arme und vergrabe mein Gesicht in ihrem Haar, um ihren warmen Duft einzuatmen. »Du hast mich vollkommen umgehauen«, sage ich ihr ins Ohr, und als sie sich aus meiner Umarmung löst, um mich anzulächeln, leuchten ihre Augen.

»Danke, dass du mich ermutigt hast. Das war …« Ihre Stimme verliert sich, und sie schüttelt den Kopf, ehe sie fortfährt. »Unglaublich. Ich habe mich gefühlt, als würde ich fliegen.«

Meine Gefühle scheinen von innen gegen meinen Brustkorb zu hämmern und hinauszuwollen. Nervosität überkommt mich, als ich ihr suchend in die Augen blicke. Gott, sie ist so hübsch und perfekt. Sie ist in einer überfüllten Bar einfach auf die Bühne gegangen, obwohl sie Angst hatte, obwohl ihr Ex-Freund sie ständig niedergemacht hat. Ich werde niemals damit aufhören, ihr Mut zu machen.

Und nun wird es Zeit, dass *ich* derjenige bin, der mutig ist.

»Ich habe Gefühle für dich, Songbird.« Mein Herz hämmert so laut, dass der Lärm der Bar um mich herum zu verschwinden scheint. »Du bedeutest mir verdammt viel. Und ich will nicht länger so tun, als wäre es anders. Aber vielleicht kannst du dir das ohnehin denken, schließlich bin ich extra für dich hergeflogen.« In meiner Brust breitet sich Wärme aus und füllt jeden Winkel meines Körpers. Unsere Blicke sind miteinander verschränkt, meine Arme sind immer noch um sie geschlossen. »Ich will mich nicht länger dagegen wehren.«

Ihre Augen leuchten, und Verletzlichkeit zeichnet sich darin ab. »Ich auch nicht.«

»Wirklich?«

Sie nickt lachend, als sei sie erleichtert.

Ich weiß nicht, was ich mit diesem Gefühl machen soll, das durch mich hindurchschießt. Es fühlt sich an, als wäre ein Feuerwerk in meinem Blut entfacht worden. Endlich kann ich aufhören, dagegen anzukämpfen.

»Gemeinsam werden wir einen Weg finden.«

Angesichts ihres strahlenden Lächelns verliebe ich mich noch ein Stück mehr in sie. »Ich weiß.«

Beinahe hätte ich mir all das entgehen lassen, nur weil ich viel zu lange versucht habe, es im Keim zu ersticken. Unfassbar.

»Zehn, neun, acht«, beginnt die Menge um uns herum zu zählen.

Erst jetzt wird mir bewusst, dass es nur noch wenige Sekunden bis Mitternacht sind.

Pippa blinzelt und schaut sich um, bevor sie wieder mich ansieht. »Frohes neues Jahr, Jamie«, flüstert sie.

Ich ziehe sie näher zu mir heran, und etwas in meiner Brust verändert sich, scheint einzurasten. Das hier ist richtig. Genauso sollte es sein. All die Jahre habe ich an sie gedacht, und nun haben wir einen Weg zueinandergefunden.

»Drei, zwei, eins«, zählt die Menge weiter, und dann bricht lautes Chaos in der Bar aus.

»Frohes neues Jahr, Pippa«, murmele ich, ehe ich meine Hand in ihrem Haar vergrabe und meinen Mund auf ihren lege.

KAPITEL 53
PIPPA

»Hast du alles, was du brauchst?«, frage ich Hayden später an diesem Abend im Wohnzimmer meiner Eltern.

Die Jungs hatten weder ein Hotel noch sonst irgendeine andere Unterkunft gebucht, weil sich ein gewisser dreiundzwanzigjähriger Rookie namens Hayden als fürchterlich schlecht in Sachen Planung entpuppte. Im Bus konnten wir sie nicht schlafen lassen, weil sie sonst erfroren wären, also übernachten sie ebenfalls im Haus meiner Eltern. Die betrunkensten Spieler schnarchen bereits – in Decken eingehüllt, die ich über sie geworfen habe – auf dem Fußboden. Mein Dad wird morgen vor Freude ganz aus dem Häuschen sein. Ich wette, er wird allen Pancakes machen.

Hayden winkt ab. »Wir kommen schon klar.« Sein Blick huscht über meine Schulter zu Jamie, der hinter mir steht und wartet.

In meinem Bauch kribbelt es. Alle haben gesehen, dass wir uns um Mitternacht geküsst haben. Rory hat mir daraufhin einen *Ich hab's dir ja gesagt*-Blick zugeworfen.

»Okay.« Ich winke Hayden und Rory, der auf der Couch liegt, zu. »Gute Nacht.«

Rory zwinkert. »Nacht, Pips. Lass dich nicht die ganze Nacht von Streicher wach halten.«

Meine Wangen glühen, als wir die Treppe hinaufgehen, und mein Körper vibriert vor aufgestauter Energie. Schon seit Stunden freue ich mich darauf, mit ihm nach Hause zurückzukehren.

Ich unterdrücke ein Grinsen, als wir in der ersten Etage ankommen und er meine Hand nimmt. Vor meiner Schlafzimmertür bleiben wir stehen, und das Knistern zwischen uns verstärkt sich, als er mit brennendem Blick zu mir runterschaut.

»Hi«, flüstere ich.

Seine Augen sind voller Wärme, und er drückt mir einen Kuss auf den Mund. Mit der Zunge teilt er meine Lippen, und ich lasse mich an ihn sinken, während er mich vorsichtig streichelt. Er schiebt mich sanft zurück, bis ich mit dem Rücken gegen meine Schlafzimmertür stoße. Dann greift er mir in die Haare und zieht behutsam meinen Kopf nach hinten, damit er mich tiefer küssen kann.

Verlangen pulsiert zwischen meinen Beinen.

Mit einem leisen frustrierten Ächzen unterbricht er den Kuss und lehnt seine Stirn gegen meine. »Das geht nicht«, murmelt er. »Nicht hier. Deine Eltern schlafen nebenan.«

»Wir können leise sein.« Ich beiße mir auf die Unterlippe, die von seinen Küssen bereits geschwollen ist, und schaue ihn verschwörerisch an.

»Das kannst *du* vielleicht, aber ich weiß nicht, ob *mir* das gelingt.« Er nimmt einen tiefen Atemzug, und einen Moment lang wirkt es, als ob er einknickt, doch schließlich schüttelt er den Kopf. »Es geht wirklich nicht, Songbird. Dabei will ich dich so sehr.« Er nimmt meine Hand und legt sie auf seinen Schritt.

Er ist hart, und als ich ihn über dem Stoff seiner Hose streichele, schließt er die Augen. »Fuck«, haucht er, ehe er sich von mir löst. »Nein.« Er küsst mich. »Gute Nacht.«

Ich ziehe eine Augenbraue hoch.

Jamie zeigt auf meine Schlafzimmertür. »Sofort«, sagt er entschlossen, obwohl seine Augen belustigt funkeln.

Ich stoße ein leises Lachen aus. »Gute Nacht, Bossy.«

Eine Minute später bin ich entkleidet und im Begriff, meinen Schlafanzug anzuziehen, als mein Blick auf das Trikot fällt. Kurzerhand beschließe ich, statt des alten Schlafshirts in mein neues Geschenk zu schlüpfen. Die leichte Erregung, die sich dauerhaft unter meiner Haut eingenistet zu haben scheint, erwacht zu neuem Leben, als das Trikot meine Nippel streift und sie sich aufrichten. Ich ignoriere das Ziehen zwischen meinen Beinen und klettere ins Bett.

Durch die Wand höre ich das Quietschen des Bettes im Gästezimmer und muss lachen, als ich mir vorstelle, wie seine Füße über der Kante hängen.

Was ist denn so witzig?, textet er.

Grinsend betrachte ich das Display meines Handys. *Sorry, dass du im kleinsten Bett der Welt schlafen musst.*

Schon in Ordnung.

Danke noch mal für das Trikot. Ich liebe es.

Ich schieße ein Foto von mir und schicke es ihm. Auf dem Bild sind nur meine Schultern zu sehen, weil ich zugedeckt bin.

Durch die Wand tönt ein leises Ächzen. *Du trägst das Trikot zum Schlafen? Verdammt, Songbird. Ich hatte mir eigentlich vorgenommen, im Haus deiner Eltern nicht geil zu werden.*

Lust überkommt mich, als mein Blick auf die Wand fällt, die uns trennt, und ich mir in Gedanken ausmale, wie er die Augen schließt und tief einatmet, so wie er es immer tut, wenn er versucht, sich zu kontrollieren. Hitze sammelt sich in meinem Unterbauch, sodass ich meine Oberschenkel zusammenpressen muss. Nachdem ich heute Abend auf der Bühne gesungen habe und Jamie und ich uns unsere Gefühle gestanden haben, fühle ich mich mutig und stark.

Ich trage nur *dein Trikot*, schreibe ich zurück.

Gott, das ist so verdammt heiß. Das ist zwar nicht der Grund, warum ich es dir gekauft habe, aber jetzt kann ich an nichts anderes mehr denken.

Meine Lippen verziehen sich zu einem zufriedenen Schmunzeln.

Es entsteht eine lange Pause, bevor eine weitere Nachricht aufploppt. *Bist du dir sicher, dass du leise sein kannst?*

Ja. Mein Herz hämmert wie wild in meiner Brust.

Ich höre, wie das Bett erneut quietscht, als er aufsteht und leise durch den Flur tapst. Schließlich öffnet sich meine Zimmertür, er tritt ein und lehnt sich von innen gegen die geschlossene Tür. Er betrachtet mich – auf dem Bett liegend, in dem Trikot mit seinem Namen darauf – und lässt den Blick tiefer wandern, ehe er wieder zu meinem Gesicht zurückkehrt.

Der Anblick seines harten Schwanzes, der sich unter seiner Jogginghose abzeichnet, lässt meinen Körper kribbeln.

»Hi«, murmelt er.

»Hi.« Ich beiße mir auf die Lippe.

Sein Blick zuckt hinunter zu meinem Mund und verdunkelt sich. Schließlich nähert er sich mit wenigen, schnellen Schritten dem Bett, bleibt vor mir stehen, umfasst mein Gesicht mit seinen Händen. Leidenschaft lodert in seinen Augen.

Nicht in der Lage, meinen Blick von ihm abzuwenden, spüre ich, wie sich das Ziehen zwischen meinen Beinen verstärkt.

»Du musst ganz leise sein, Songbird. Kein einziger Laut.« Sein Atem kitzelt mein Gesicht. »Verstanden?«

Ich nicke und seufze leise. Ich würde ihm alles versprechen, nur um wieder seine Lippen auf meiner Haut zu spüren.

»Gut.« Endlich beugt er sich runter, um mich zu küssen.

KAPITEL 54
JAMIE

Ihr entweicht ein leises, erleichtertes Seufzen, als ich mit der Zunge in ihren Mund gleite und meine Knie so platziere, dass sie sich links und rechts von ihr befinden. »Fuck«, flüstere ich in ihren Mund, der warm und bereit für mich ist. Sie schmeckt so süß, so richtig, dass ich mich kaum beherrschen kann.

Ich zerre die Decke beiseite, und als ich bemerke, dass Pippa tatsächlich nichts trägt außer meinem Eishockeytrikot, kann ich keinen klaren Gedanken mehr fassen. Ein warmes Gefühl rauscht durch meine Brust. Pippa gehört mir, ich werde sie niemals aufgeben.

Wortlos lasse ich meinen Blick über ihren Körper wandern. Der Anblick von Pippas weichen Oberschenkeln, ihrer glatten Haut und ihrem Brustansatz über dem Ausschnitt des Trikots, die Ansammlung von Sommersprossen an ihrem Schlüsselbein – all das brennt sich in mein Gedächtnis.

Ich fahre mit der Hand über die Innenseite ihres Oberschenkels. »Gott, du siehst so verdammt gut aus.«

Sie hebt die Hände, streicht über meine Brust bis hinauf zu meinem Hals, und ich erschaudere unter ihrer sanften Berührung. Obwohl ich sie ermahnt habe, leise zu sein, bin ich derjenige, der ein Ächzen unterdrücken muss, als sie mit den Fingern in mein Haar gleitet. Sanft zieht sie daran, was mich noch härter werden lässt. Mein Herz setzt einen Schlag aus, als ich das Trikot hochschiebe, unter dem sie nichts trägt.

Keinen Slip.

Ich starre sie an.

»Du machst mich fertig«, sage ich, während ich zwischen ihre Beine greife und meine Finger von ihrem Eingang bis zu ihrer Klitoris gleiten lasse. Ihre Hüften beben, ihre Lippen teilen sich, und als ich spüre, wie feucht sie ist, stoße ich einen weiteren Fluch aus. »Du bist so verdammt feucht, Pippa.«

Sie beißt sich auf die Lippe, verfolgt jede meiner Bewegungen. Ich streichele sie und umkreise ihren Kitzler. Sie versteift sich, und ein dunkles Grinsen huscht über mein Gesicht. Ich liebe, wie empfindsam sie ist, ich liebe die Tatsache, dass ich diese Reaktionen bei ihr hervorrufen kann.

Ich halte meinen Blick fest auf sie gerichtet und senke die Stimme. »Warst du gerade im Begriff, dich selbst zu berühren?« Ihr Nicken belohne ich, indem ich mit einem Finger in sie eindringe und ihn an ihrem G-Punkt krümme. Sie drückt den Rücken durch, doch der Blick aus ihren geweiteten Augen verharrt auf mir.

»Verdammt, Jamie«, flüstert sie atemlos.

»Schh.« Ich liebkose und beobachte sie weiter.

Sie presst sich eine Hand vor den Mund und zieht die Augenbrauen zusammen. Als ich meinen Kopf zwischen ihre Beine sinken lasse, reißt sie die Augen auf.

»Hat er das je für dich getan?«, frage ich.

Sie schüttelt den Kopf. »Er hat es versucht, aber mir hat es nicht gefallen.«

Mit einem Mal ist mein Kampfgeist geweckt. Langsam bewege ich meine Finger weiter, lasse sie immer wieder hinein- und herausgleiten. »Möchtest du es noch mal versuchen?«

Während sie zögert, krümme ich wieder meine Finger in ihr und registriere zufrieden, wie ihre Lider flattern.

Sie stöhnt, als ich in sie hineinstoße. »Wenn du willst«, erwidert sie schließlich.

»Ich will.« Wie gebannt sehe ich den Bewegungen meiner eigenen Finger zu. »Das will ich wirklich. Ich denke die ganze Zeit daran.«

Sie nickt benommen. »Okay.«

Ich küsse jede Sommersprosse an der Innenseite ihrer Oberschenkel, langsam und sanft, um sie an meine Berührungen zu gewöhnen, ehe ich meinen Kopf senke und ihre Klitoris küsse. Als meine Zunge über sie gleitet, muss ich ein Keuchen zurückhalten. Wieder drückt sie den Rücken durch, verspannt sich und bedeckt ihren Mund mit der Hand. Sie muss sich so sehr anstrengen, leise zu bleiben, und das gefällt mir.

Während ich immer wieder mit der Zunge über ihre Klitoris fahre und Pippas leisem Stöhnen lausche, lasse ich meine freie Hand zu ihrem Hintern wandern, umfasse ihn und ziehe sie näher zu mir heran, um an ihrer geschwollenen Knospe zu saugen. Ihre Oberschenkel zittern, und im nächsten Moment zerrt sie an meinen Haaren.

»Das gefällt dir?«, flüstere ich, und sie nickt ruckartig. »Soll ich es noch mal tun?«

»Bitte«, haucht sie.

Verzweifelte Begierde durchfährt mich. Mich törnt es an, wie sehr sie es will. »Schhh.« Das Blut rauscht mir in den Ohren. »Du musst leise sein.«

Sie nickt, doch als mein Finger erneut in sie eintaucht, teilen sich ihre Lippen, und sie wispert meinen Namen.

Ich fühle mich wie ein König.

Nun schiebe ich das Trikot hoch, damit ich ihre Brüste sehen kann. Gottverdammt, Pippa sieht atemberaubend aus, wie sie so daliegt. Ihr Brustkorb hebt und senkt sich schnell, ihre Haut ist so weich, ihre Nippel sind aufgerichtet und hart, und ich stütze mich auf die Hände, um einen davon in meinen Mund zu saugen. Wieder landen ihre Hände in meinem Haar, als ich die Spitze mit meiner Zunge umkreise.

Pippa zu gestehen, was ich für sie empfinde, war die beste Idee, die ich jemals hatte – und zu ihr zu fliegen, war die zweitbeste.

Ihre Atmung ähnelt inzwischen eher einem Keuchen.

Grinsend drücke ich einen Kuss zwischen ihre Brüste. »Willst du etwas Neues lernen, Songbird?«

»Das hier ist schon neu für mich.« Ihre Stimme klingt dünn, und als ich wieder mit einem Finger in sie eindringe, haucht sie ein »O Gott«.

Ich lache leise und fahre mit meiner stoppeligen Wange über die weiche Haut an ihrem Bauch, um mir wieder einen Weg zwischen ihre Beine zu bahnen. »Du wirst mir sagen, was du willst.« Ich beschreibe einen Pfad aus Küssen auf ihrer Haut, über ihre Oberschenkel, überall, nur nicht dort, wo sie mich will.

»Bitte, Jamie«, flüstert sie.

»Was, bitte?«

»Tu das, was du gerade gemacht hast.«

»Und das wäre?«, necke ich sie leise. »Sprich es aus, Songbird. Du kannst es.«

»Ich will, dass du meine Pussy leckst«, stößt sie frustriert aus.

Ich grinse sie an. »Es geht doch, Baby.« Als ich ihre Klitoris zwischen meine Lippen ziehe und daran sauge, stöhnt sie. »Du musst leise sein.«

Langsam verengt sie sich um meinen Finger herum, und ich kann spüren, wie sehr sie es braucht. Ich will derjenige sein, der ihr dieses Vergnügen bereitet, der zusieht, wie sie meinetwegen die Kontrolle verliert.

»Ich kann nicht«, flüstert sie und atmet scharf ein, als ich meine Zunge wieder über ihre Klitoris schnellen lasse.

In dem Moment erstarre ich. Bin ich zu schnell? »Sag mir, was du fühlst.« Ich lasse meine Lippen wieder zu ihrem Oberschenkel wandern. Sie ist so feucht …

»Nein.« Sie vergräbt ihre Hände in meinem Haar und zieht mich zurück zu ihrer Mitte. »Ich kann nicht leise sein, aber ich will auch nicht, dass du aufhörst. Ich muss unbedingt kommen. Bitte, Jamie.«

Selbstgefällige, primitive Genugtuung überrollt mich. Ich war doch nicht zu schnell. Sie sehnt ihren Orgasmus herbei. »Okay, ich höre nicht mehr auf«, versichere ich ihr und widme mich wieder ihrer Klitoris, indem ich lecke, sauge und ihre Feuchtigkeit auf ihrer empfindsamen, geschwollenen Haut verteile.

»Oh, fuck.« Sie wirft den Kopf zurück. »Jamie, ich halte es nicht mehr aus.«

Ich vergrabe mein Gesicht zwischen ihren Beinen. Ihre inneren Muskeln zittern um meine Finger herum, als ich ihren G-Punkt massiere. Gleich ist sie so weit. Ich greife nach oben, um ihren Mund zu bedecken.

Eine Hand lässt sie in meinem Haar, aber mit der anderen krallt sie sich an meinem Arm fest.

»Ich komme«, stöhnt sie in meine Hand, und ich sauge hart an ihrer Klitoris. Sie umklammert meinen Kopf mit den Oberschenkeln und bebt unter mir. Dabei wölbt sie ihren Rücken, drängt sich meinem Gesicht entgegen und stößt ein gedämpftes Wimmern aus. Während sie schwer atmet und mein Gesicht mit ihrer Feuchte benetzt, wird mein Schwanz so hart, dass es wehtut.

Schließlich lässt sie sich auf die Matratze zurücksinken und ringt nach Atem. Danach starrt sie mich ein wenig ungläubig an. »Gute Arbeit«, flüstert sie.

Ich lache und drücke ihr einen Kuss auf die Innenseite ihres Oberschenkels, bevor ich mich aufrichte und mich über ihr abstütze. Meine Pippa. So verdammt heiß. Sie wirkt absolut perfekt, wie sie daliegt, erhitzt von ihrem Orgasmus. Ich fahre mit dem Daumen über ihre Unterlippe.

Ihr Blick fällt auf die Beule in meiner Jogginghose, wo sich mein Schwanz von innen gegen den Stoff drückt. Ein Funkeln tritt in ihre Augen.

»Nicht heute Nacht«, warne ich, obwohl ich weiß, dass ich es bereuen werde. »Wenn du mich anfasst, Pippa, werde ich dein Bett ruinieren.« Sie öffnet den Mund, um zu protestieren, aber ich bedecke ihn mit einem Kuss und dringe mit der Zunge so in ihren Mund ein, wie ich es am liebsten mit meinem Schwanz tun würde. Ich gönne mir ein paar Sekunden, ehe ich mich von ihr löse, mich vom Bett erhebe und ihren Kopf mit den Händen umfasse. »Du bist so perfekt«, sage ich zu ihr. »So verdammt perfekt.«

Ihre Antwort besteht aus diesem süßen, benommenen Lächeln. Es fühlt sich bedeutungsvoll an, Sex auf diese Art mit Pippa zu entdecken. Als würden wir beide erkunden, wie es sein kann, denn auch für mich war es bisher noch nie so gut.

Ich ziehe die Decke über sie und lächele, als sie es sich auf den Kissen bequem macht, nach wie vor in meinem Trikot, die Haare auf dem Bett ausgebreitet und zerzaust von meinen Händen.

Ich liebe sie. Die Worte liegen mir auf der Zunge, aber ich halte sie zurück, denn das Ganze ist noch neu für uns beide. Sie pulsieren durch mein Blut, schlängeln sich durch mein Herz und stehen mir zweifellos ins Gesicht geschrieben.

»Gute Nacht, Songbird«, sage ich stattdessen.

KAPITEL 55
PIPPA

Können wir reden?

Zehn Tage nach Silvester stehe ich in der Küche und starre auf die Nachricht, die ich gerade von Zach erhalten habe. Mein Mund wird trocken, als ich sie wieder und wieder lese. Ich kann es kaum glauben, aber es ist eindeutig seine Nummer. Zuletzt haben wir uns im August geschrieben, ein paar Tage bevor er mit mir Schluss gemacht hat. Ich war losgegangen, um mir einen Kaffee zu holen, und hatte ihn gefragt, ob er auch etwas wollte.

Empörung regt sich in mir. Er besitzt die Dreistigkeit, mein Lied zu klauen, und jetzt will er reden? Ich blockiere seine Nummer und lösche unseren Chatverlauf.

Als Jamie die Wohnungstür aufschließt, zucke ich zusammen. Er begrüßt mich mit seinem schönen, entwaffnenden Lächeln, nach dem ich so süchtig bin, was alle Gedanken an Zach vertreibt.

Nach seinem Besuch in Silver Falls musste er direkt auf eine zehntägige Auswärtsspiel-Reise aufbrechen, doch nun ist er endlich zurück. Ich eile auf ihn zu, um ihn zu umarmen. Zu unseren Füßen hüpft Daisy aufgeregt und mit wedelndem Schwanz auf und ab.

»Du bist zu Hause«, sage ich an Jamies Hals, während er mir einen Kuss aufs Haar drückt. Ich genieße das Gefühl seiner Arme um mich herum, mit denen er mich an seine harte Brust zieht.

»Endlich.« Er haucht mir einen weiteren Kuss auf die Schläfe, und als ich den Kopf in den Nacken lege, um ihn anzusehen, wird sein Blick weich. »Darauf habe ich zehn Tage lang gewartet.« Als er mich küsst, entfährt mir ein Seufzen.

Erleichterung durchströmt mich, als ich seinen Mund wieder auf meinem spüre, zunächst zärtlich und vorsichtig, ehe er mit einem leisen Stöhnen die Zunge zwischen meine Lippen gleiten lässt, wobei ich das leichte Kratzen seines Dreitagebarts spüre. Sofort wird ein Feuer in mir entfacht.

»Ich hab dich vermisst«, murmelt er zwischen zwei Küssen an meinen Lippen. »Es ist schön, zu dir nach Hause zu kommen.«

Mein Herz flattert genauso wie an Silvester, als ich auf der Bühne gesungen habe. Genau wie in dem Moment, als wir einander unsere Gefühle gestanden haben. Es kann nicht gesund sein, ständig diese Herzrhythmusstörungen zu haben, aber das ist mir egal.

Jamie löst sich von mir, bückt sich zu Daisy hinab und hebt sie hoch. »Dich habe ich auch vermisst«, versichert er ihr, was sie dazu veranlasst, sein Ohr zu lecken und aufgeregt in seinen Armen zu zappeln. Er schneidet eine Grimasse, während ich lache.

Dieser Mann mit Hund ist fast zu niedlich, um real zu sein. »Ich wollte gerade mit ihr Gassi gehen.«

Als Daisy das Wort Gassi hört, fährt ihr Kopf zu mir herum.

Jamie lächelt und krault sie noch einmal. »Ich begleite euch.«

Zwanzig Minuten später spazieren wir durch den Stanley Park. In Vancouver ist es derzeit kalt – Schnee rieselt leise um uns herum vom Himmel und bedeckt die hohen Nadelbäume. Die Leute in der Stadt hassen es, bei diesem Wetter Auto zu fahren, daher ist es im Zentrum und im Park so ruhig, dass wir nur das Knirschen des Schnees unter unseren Stiefeln hören.

»Deiner Mom schien es neulich richtig gut zu gehen.« Hazel und ich sind vor zwei Tagen zusammen mit Donna und Daisy spazieren gewesen, bevor es angefangen hat zu schneien.

Er stößt einen zufriedenen Laut aus und schaut im Gehen auf die Erde. »Sie hat am Dienstag einen Arzttermin.«

Ich lächele ihn erfreut an. »Wirklich? Um sich Medikamente verschreiben zu lassen?«

Er nickt, und Erleichterung zeichnet sich auf seinen Zügen ab. »Jepp.«

»Das ist toll.« Gott, ich freue mich so sehr, das zu hören. Nicht nur weil Jamie sich so lange um sie gekümmert hat, sondern auch weil Donna ein wirklich guter Mensch ist, der so viel durchmachen musste. Sie hat es verdient, sich besser zu fühlen und die nötige Hilfe zu bekommen, um mit ihren Panikattacken besser umgehen zu können.

Eine Weile gehen wir schweigend weiter, ehe Jamie mich anstupst. »Das Video hat mehr als drei Millionen Klicks.«

Meine Handflächen werden feucht. »Ich weiß. Erinnere mich nicht daran.«

Hayden hat mich an Silvester gefilmt und das Video nach Rücksprache mit mir auf TikTok gepostet, wo es viral gegangen ist. Dennoch tue ich weiterhin so, als würde es nicht existieren, denn allein der Gedanke daran, dass so viele Menschen mein Lied hören, bereitet mir Übelkeit. Ich habe den schrecklichen Fehler gemacht, mir die Kommentare unter dem Clip durchzulesen, denn auch wenn die meisten davon positiv waren, kann ich die paar negativen nicht vergessen. *Sie ist nichts Besonderes. Wie langweilig. Sie spielt nicht mal Gitarre, sondern tut nur so. Das Lied ist scheiße. Die haben sie nur auf die Bühne gelassen, weil sie heiß ist.*

Nach Zachs vernichtendem Urteil konnte ich monatelang keine neuen Songs mehr schreiben. Wie soll ich jemals Karriere machen, wenn es dort draußen Tausende Zachs gibt, die noch schlimmere Dinge von sich geben?

»Hey.« Jamie bleibt stehen und legt einen Arm um meine Schulter, um mich zu sich heranzuziehen. »Ich bin stolz auf dich. Es war echt mutig, dort hinaufzugehen.«

Obwohl ich nicke, durchschaut er mich sofort. Er betrachtet mich einen Moment lang schweigend. »Eine Sportpsychologin aus unserem Team macht mit uns oft Visualisierungsübungen«, sagt er schließlich. »Sie bringt mich dazu, mir das Spiel vor Augen zu führen, und ich stelle mir vor, wie der Stürmer des anderen Teams auf mein Tor schießt und wie sich der Puck in meinem Handschuh oder an meiner Kufe anfühlt. Dann stelle ich mir jeden einzelnen Gegner und jede Möglichkeit vor, wie sie punkten könnten. Je detaillierter mir das gelingt, desto besser.« Er zieht eine Augenbraue hoch. »Ich glaube, das solltest du auch mal mit deiner Musik versuchen.«

Ich runzele die Stirn, als ich mir ausmale, für den Rest meines Lebens gemeine Kommentare ertragen zu müssen. »Ich will mir nicht wirklich vorstellen, wie es wäre, wenn mich Leute ausbuhen.« Ich zwinge mich zu einem Lachen, um zu verbergen, wie unbehaglich mir bei diesem Gedanken zumute ist.

»Das meine ich nicht. Stell dir die Karriere vor, die du willst. Stell dir deinen Traum vor, Songbird.« Er lässt den Arm von meiner Schulter gleiten, umfasst meine behandschuhte Hand und drückt sie leicht. »Hinter deiner Stirn wird seit Monaten immer wieder der gleiche Film abgespult. Es ist an der Zeit, diesen Kreis zu durchbrechen.«

Er hat recht. Ständig springe ich in die Vergangenheit zurück, womit ich mich selbst ausbremse. Jedes Mal, wenn ich an Musik denke, denke ich automatisch auch daran, was passiert ist – um mich selbst zu warnen. Damit lege ich mir Steine in den Weg.

Ich muss gegen den Kloß in meinem Hals anschlucken, als ich zögernd den Kopf hebe. Der warme, entschlossene Ausdruck in Jamies Augen verleiht mir Mut, und ich nicke.

»Okay. Schließ deine Augen.«

Unsicher sehe ich mich um, doch außer uns und Daisy, die am Wegesrand herumschnüffelt, ist niemand hier. Ich atme tief durch und gehorche. Nun höre ich nur noch Daisys Schnüffeln. Kalte

Schneeflocken landen auf meinen Wangen und meiner Nase, die Luft riecht klar und frisch.

Ich stelle mir vor, auf der Bühne zu stehen. Es ist ein kleines Konzert, und ich eröffne die Show für einen größeren Künstler. Die Menge besteht aus zweihundert Leuten. Nein. Ich blinzele und schaue zu Jamie auf, der mich immer noch lächelnd beobachtet. Ich will nicht nur die Show eröffnen. Ich mache die Augen wieder zu und versuche es erneut.

Nun befinde ich mich auf der Bühne eines Stadions. Ich bin Headlinerin, und meine Traumgitarre hängt um meinen Hals. Ich bin auf Tour, um mein neues Album zu promoten, das ich mit meiner Traumproduzentin Ivy Matthews aufgenommen habe. In der Musikbranche ist sie bekannt dafür, exzentrisch und verdammt wählerisch zu sein, aber sie hat ein Gespür dafür, wie man einzigartige und authentische Künstlerinnen und Künstler fördert. Hinter mir steht eine Band aus sorgfältig ausgewählten, netten, talentierten Musikerinnen und Musikern bereit. Ich trage ein Outfit, in dem ich mich schön und stark fühle, und das Haar fällt mir offen über die Schultern. *»Ich bin Pippa Hartley«*, sage ich ins Mikrofon, und die Menge jubelt. Jede einzelne Person im Stadion hat ein Ticket gekauft, um mich zu sehen, aber ich stelle mich trotzdem zu Beginn jedes Konzerts vor. Das ist mein Ding.

Ich blicke zum Bühnenrand hinüber. Dort steht Jamie mit stolzer Miene, und ich lächele ihn an.

»Das nächste Lied handelt von Liebe.«

In meiner Fantasie beginne ich, den Song zu singen, begleitet von der Band. Das Stadion wird von Musik und Licht erfüllt, was sich spektakulär anfühlt.

Schließlich schlage ich die Augen auf und strahle Jamie an. Tränen steigen in mir hoch, denn das, was ich mir vorgestellt habe, ist mein absoluter Traum. Neue Sehnsucht erwacht in mir zum Leben.

»Ich will den Marketingjob nicht.« Meine Stimme klingt leise.

Er nickt ernst. »Ich weiß.«

Ein Klumpen formt sich in meinem Magen. Als ich meinen Eltern davon berichtet habe, dass ich auch das zweite Vorstellungsgespräch mit Bravour gemeistert habe, hätte ihnen meine aufgesetzte Freude eigentlich gar nicht entgehen können. Ich wünschte, sie könnten stolz auf mich sein. Ich wünschte, ich müsste mich nicht zu irgendeinem Job zwingen, um ihre Anerkennung zu bekommen.

Meine Kehle verengt sich angesichts dieser schlimmen Erkenntnis. Ich weiß, dass sie es gut meinen; für sie ist Glück gleichbedeutend mit finanzieller Sicherheit, denn das ist es, was ihnen in ihrer Kindheit gefehlt hat. Bei mir lagen die Dinge allerdings anders. Mich macht es nicht glücklich, in einem Beruf zu arbeiten, der mir keinen Spaß macht, selbst wenn ich dadurch all meine Rechnungen bezahlen kann. Mein Herz zieht sich zusammen, und als könnte Jamie es spüren, beschreibt er mit seiner Hand langsame Kreise auf meinem Rücken.

Ich habe mich vollkommen in dem verloren, was *sie* wollten – genau wie bei Zach.

Jamie sieht mich nun genauso an wie in den Sekunden, ehe ich die Bühne betreten habe – so, als könnte ich alles schaffen. In meiner Brust flammt ein Feuer auf, angefacht von den Erinnerungen an meinen Auftritt an Silvester und an den Nachmittag, an dem ich im Wohnzimmer Lieder komponiert habe. Das Feuer steht für meine Liebe zur Musik, für den Rausch, der mich durchfährt, wenn ich singe. Das ist der Grund, warum ich die Musik nicht aufgeben kann, obwohl ich es versucht habe.

Ich werde einen Weg finden, es meinen Eltern zu erklären. Der Gedanke daran, sie zu enttäuschen, lässt mein Herz schwer werden, aber dennoch muss ich es tun.

»Verrätst du mir, was du dir vorgestellt hast?« Jamies Mundwinkel heben sich. »Natürlich nur, wenn du möchtest.«

Jamie ist nicht Zach. Er würde mich niemals auslachen, niemals behaupten, meine Träume seien albern, oder mir raten, mich nicht zu weit aus dem Fenster zu lehnen.

»Ich möchte.«

Als ich geendet habe, liegen Zärtlichkeit und Freude in seinem Blick. »Würdest du dich trauen, sie zu kontaktieren?«

Ich werde blass. »Wen? Ivy Matthews?«

Er nickt.

»Äh.« Ich blinzele. Mein erster Impuls ist, Nein zu sagen, aber dann überlege ich es mir anders. Ich werde mir keine Steine mehr in den Weg legen. Ich werde mich nicht mehr von Zachs Worten runterziehen lassen. Wenn ich das erreichen möchte, was ich mir soeben ausgemalt habe, werde ich Dinge tun müssen, die mir Angst machen – zum Beispiel meine Musik an Menschen senden, die mich zurückweisen könnten. »Ich schätze, das könnte ich.« Plötzlich nicke ich entschlossen. »Ja, ich werde es tun.«

Sein Grinsen ist so breit, dass mir das Herz aufgeht. »Das ist die richtige Einstellung.«

Ich lache, als er seinen Arm um meine Schulter legt und wir weitergehen.

Als Jamie an diesem Nachmittag im Fitnessstudio ist, studiere ich Ivy Matthews' Website. Dort gibt es zwar eine E-Mail-Adresse, aber keine Informationen darüber, ob sie Bewerbungen annimmt. Wahrscheinlich würde sie eine Zusammenarbeit sowieso erst in Erwägung ziehen, wenn ich bei einem Plattenlabel unter Vertrag stehe. Sie wollte nicht einmal mit Zach arbeiten. Sein Manager hat versucht, ein Treffen mit ihr zu arrangieren, doch sie hat abgelehnt. Ich weiß noch, wie wütend er damals war.

Es ist zwar ziemlich aussichtslos, aber ich habe Jamie versprochen, es zu tun. Also verfasse ich eine kurze formelle Nachricht, in der ich meine Erfahrungen in der Musikindustrie beschreibe, und hänge den Link zu meinem viralen Video sowie zu den Songs an, die ich an Weihnachten für Jamie geschrieben habe.

Wieder drohen die Zweifel, mich zu überwältigen, aber es fällt mir langsam leichter, sie zu verdrängen. Nachdem ich auf *Senden* geklickt habe, stoße ich langsam die Luft aus. Selbst wenn nichts dabei herauskommt – was ganz sicher der Fall sein wird –, habe ich es wenigstens versucht. Es war ein Schritt in die richtige Richtung.

Als ich an diesem Abend gerade Daisy ihr Futter geben will, klingelt mein Handy. Obwohl mir eine unbekannte Nummer angezeigt wird, gehe ich ran.

»Spreche ich mit Pippa Hartley?«, fragt eine Frau.

»Ja, das bin ich.« Ich fülle das Futter in Daisys Schale, auf die sie sofort zustürmt.

»Mein Name ist Marissa Strong. Ich bin Ivy Matthews' Assistentin.«

Mein Gehirn hört auf zu funktionieren.

Eine Pause entsteht.

»Bist du noch dran?«

»Ja«, erwidere ich eilig. »Bin ich. Ich hab mich nur gerade gefragt, ob ich halluziniere.«

Sie lacht. »Ja, diese Reaktion habe ich schon häufiger erlebt. Ich hab deine E-Mail entdeckt und sie an Ivy weitergeleitet. Sie befindet sich gerade für Aufnahmen in der Stadt, und die Band ist früher fertig geworden, also hätte sie morgen Zeit. Wenn es bei dir auch passt, würde sie gerne ein paar Demo-Tracks mit dir aufnehmen.«

Ich starre ins Leere. Vermutlich habe ich keinen Puls mehr.

»Es gibt zwar keine Garantie dafür, dass irgendetwas daraus wird«, fährt Marissa geschäftsmäßig fort, doch dann wird ihr Tonfall nachdenklich, »aber du hast irgendetwas Interessantes an dir, das sie neugierig gemacht hat.«

Etwas Interessantes an *mir*. Mein Herz nimmt seine Arbeit wieder auf, und ich versuche, Luft zu kriegen.

»Ich habe Zeit«, erwidere ich atemlos und ungläubig.

KAPITEL 56

PIPPA

Ivy Matthews fixiert mich mit ihrem Blick in der Lobby ihres Studios in East Vancouver.

Innerlich winde ich mich vor Unsicherheit. Warum habe ich mich für Sneakers entschieden? Ich sehe aus wie ein Babysitter. Mir ist übel, und ich widerstehe dem Drang, auf meiner Lippe herumzukauen. Ivy Matthews ist dafür bekannt, nur wenige Leute in ihr Studio zu lassen, deshalb sind wir allein. Keine Rezeptionistin, keine Assistentin Marissa.

Im Moment wünsche ich mir allerdings andere Menschen herbei, um nicht ihre ungeteilte Aufmerksamkeit zu haben. Ihr einziger Fokus zu sein, ist fast zu viel für mich. Doch das ist meine große Chance, ich darf es also nicht vermasseln. Ich wünschte, Jamie wäre hier, aber er ist beim Training.

»Hast du gegessen?« Ihre Stimme klingt scharf und ruppig, was in einem starken Kontrast zu ihren niedlichen Sommersprossen steht. Ihr Haar mit den grauen Strähnen ist zu einem strengen Dutt zurückgebunden, und abgesehen von ihrer Brille mit dem leuchtend orangefarbenen Gestell ist sie von Kopf bis Fuß in Schwarz gekleidet. Sie wirkt wie eine strenge Kunstlehrerin.

Eilig nicke ich. »Avocado-Toast mit pochiertem Ei.« Jamie hat mir heute Morgen Frühstück gemacht, da er darauf bestanden hat, dass ich etwas esse, obwohl mein Magen dagegen rebelliert hat. »Und Kaffee.«

Sie studiert mich für einen langen Moment. »Gut.« Als sie ihre Arme vor der Brust verschränkt, unterdrücke ich ein Schmunzeln, denn es erinnert mich an Jamies Pose heute Morgen.

Ivy erkundigt sich nach meiner musikalischen Erfahrung, und ich fasse ihr kurz zusammen, was ich bisher in meinem Leben gemacht habe. Dass ich mit Zach auf Tour war, erwähne ich nur, damit sie erkennt, was für eine große Tournee ich hinter mir habe, aber ich lasse nichts über unsere Beziehung verlauten.

Bei seinem Namen rümpft sie die Nase. »Bei diesem Typen hatte ich noch nie ein gutes Gefühl. Wenn er singt, kommt es nicht aufrichtig rüber.« Sie taxiert mich durch ihre Brillengläser, ehe sich ein adlerartiges Lächeln auf ihre Lippen legt. »Du dagegen wirkst total authentisch. Du meinst jede Zeile, die du singst, ernst. Das spüre ich.«

Obwohl ich Angst habe, obwohl ich den Druck spüre, der auf meinen Schultern lastet, möchte ich ihr beweisen, dass sie sich in mir nicht getäuscht hat. Ich will beweisen, dass ich ganz anders bin als er. Auf einmal trifft es mich wie der Schlag. Dieser Moment ist nicht für ihn, sondern er gehört *mir*. Ich möchte ihr zeigen, wer ich bin und was ich draufhabe, und dazu muss ich nur das tun, was ich am besten kann. Ich bin genug, und wenn sie das nicht erkennt, dann war es eben nicht der richtige Zeitpunkt. Dann werde ich es trotzdem weiter versuchen. Das, was ich Jamie vor ein paar Tagen gesagt habe, meinte ich ernst – ich bin bereit für eine Musikkarriere. Total verängstigt, aber bereit.

Ich straffe meine Schultern, schenke ihr ein warmes Lächeln, genauso wie ich es an dem Tag bei Jamie getan habe, als ich bei ihm zu Hause aufgetaucht bin, und schon fühle ich mich besser. Nur weil sie mich einschüchtert, bedeutet das noch lange nicht, dass ich mich vor Angst zusammenkauern werde.

»Sollen wir loslegen?«, frage ich fröhlich.

Zunächst blinzelt sie mich verwirrt an, doch dann stößt sie ein perlendes Lachen aus und deutet in Richtung Studio.

»Hereinspaziert, Schätzchen.« Sie klingt leicht überrascht, aber dennoch geht sie, ohne zu zögern, durch die Tür in die Soundbooth und bedeutet mir, auf die andere Seite der Glasscheibe zu treten.

»Gut«, sagt Ivy zwei Stunden später in das Mikrofon, das mit meinen Kopfhörern verbunden ist. »Noch einmal.«

Ich trinke einen Schluck Wasser, ehe ich das Lied von vorn anstimme. Leider habe ich keine Ahnung, wie es läuft – ich spiele einfach meine Songs und gebe mein Bestes, alles andere entzieht sich meiner Kontrolle. Ich versuche, mir nicht anmerken zu lassen, wie beeindruckt ich von dem professionellen Tonstudio bin. Alles, von den Mikros über die Beleuchtung bis hin zur Akustik, ist von höchster Qualität. Ich kann verstehen, warum Ivy es so liebt, hier aufzunehmen. Der Blick, den sie mir durch die Glasscheibe zuwirft, während ihr Tontechniker mich aufnimmt, verrät mir nichts. Manchmal bewegen sich ihre Lippen, wenn sie ihm Anweisungen gibt, aber die meiste Zeit über sieht sie mir einfach nur zu.

Meine Traumgitarre fühlt sich mittlerweile wie ein erweiterter Teil meines Körpers an. Die Tatsache, dass Jamie sie mir geschenkt hat, macht diesen Moment noch spezieller – als würde sich der Kreis schließen. Es ist, als ob ich mich in einer Standbildaufnahme der Imaginationsübung befände, die Jamie mich gestern im Park hat machen lassen. Es ist fast zu gut, um wahr zu sein.

»Gut«, sagt sie, nachdem der letzte Ton verklungen ist. »Nächster Song.«

Ich atme ein und überlege, den Blick auf den Teppich gesenkt, was ich als Nächstes spielen soll. Ich entscheide mich für das Lied, das davon handelt, dass sich Jamie um alle kümmert, außer um sich selbst. Diesmal fühlt sich der Song allerdings anders an, denn Jamies Mom ist auf dem Weg der Besserung, und jetzt, wo sie ihr

Leben wieder unter Kontrolle hat, kann er sich auf seines konzentrieren.

»I'd do it forever, if it wouldn't break my heart«, singe ich. Meine Kehle verengt sich, was meine Stimme kratzig klingen lässt.

Auch diese Zeile fühlt sich anders an, denn mittlerweile habe ich erkannt, dass Jamie nicht wie Zach ist. Die Dinge zwischen uns haben sich verändert. Alles ist noch so neu, dass ich fast Angst davor habe, mir eine Zukunft mit ihm auszumalen, aber das bedeutet noch lange nicht, dass ich keine Hoffnung haben darf. Ich schließe die Augen, um Ivys Miene nicht sehen zu müssen. Es wäre unprofessionell, im Studio zu weinen. Mit geschlossenen Augen gestatte ich mir während des gesamten Liedes, alle Gefühle zuzulassen. Ich denke an Jamie, und ein Lächeln schleicht sich auf mein Gesicht, denn seine Ermutigungen sind der Grund dafür, dass ich hier bin. Dafür werde ich immer dankbar sein.

»Wunderschön.« Als Ivys Stimme durch die Kopfhörer dringt, schlage ich die Augen auf.

Jamie steht mit verschränkten Armen neben ihr und beobachtet mich eindringlich und mit funkelnden Augen. Sein Mundwinkel biegt sich nach oben. Er wirkt so ernst, selbst wenn er lächelt.

Ich bin derart erstaunt und erfreut darüber, dass er hier ist, dass mir das Herz aus der Brust zu springen droht.

Er ist hier. Und in diesem Moment verliebe ich mich noch ein bisschen mehr in Jamie Streicher.

»Interessant«, sagt Ivy später am Abend in der Lobby, nachdem sie beschlossen hat, dass es für heute genügt. Es ist schon acht Uhr, und ich bin vollkommen ausgehungert, aber ich würde auch noch tagelang hierbleiben, wenn sie mich darum bitten würde. Sie studiert mich für einen langen Moment; Jamie hingegen beachtet sie kaum. »Sehr interessant. Danke, wir sind fertig für heute.«

Und dann ist sie verschwunden, zurück im Kontrollraum. Ihrer Reaktion konnte ich nicht entnehmen, ob sie beeindruckt oder enttäuscht ist, aber ich weiß, dass ich es nicht hätte besser machen können.

»Songbird.« Ich spüre Jamies Blick auf meinem Gesicht wie eine sanfte Berührung seiner Finger. Seine Miene ist so weich, dass sich mein Herz zusammenzieht, als ich ihn anlächele. »Du hast es tatsächlich geschafft.«

Mein Grinsen wird breiter. »Sieht ganz danach aus.«

Mit einem Mal schwebt etwas zwischen uns. All die Gefühle, die ich für diesen Mann habe, der mittlerweile so viel mehr für mich ist als *Jamie Streicher*, schweben durch die Luft und verlangen Aufmerksamkeit. Sein Blick fällt auf meine Lippen, doch ich sehe mehr als nur Begierde darin. Er schaut mir in die Augen und schenkt mir ein stolzes Lächeln.

»Lass uns was essen gehen«, schlägt er vor, und ich nicke. »Und dann nach Hause.«

KAPITEL 57

JAMIE

Als wir an diesem Abend nach dem Essen nach Hause kommen und noch eine Runde mit Daisy drehen, bin ich verliebter als jemals zuvor in Pippa. Sie ist so mutig. Im Tonstudio hat sie all ihre Gefühle in jeden einzelnen Song gelegt, sich einfach geöffnet und allen einen direkten Zugang zu ihrem Herzen gewährt, obwohl sie Angst hatte. Sie ist zurück aufs Eis gegangen, so wie ich es ihr Monate zuvor geraten habe.

»Danke, dass du heute gekommen bist«, sagt sie, während sie ihre Sneakers von den Füßen schüttelt.

»Als hätte ich mir das entgehen lassen.« Fast hätte ich das Training sausen lassen. Stattdessen bin ich ins Studio gerast, sobald der Coach abgepfiffen hatte. »Ich bin so stolz auf dich, Songbird.«

Sie blinzelt mehrmals, ohne den Blick von meinem Gesicht abzuwenden.

Ihre Lippen sind so hübsch geschwungen und voll, am liebsten würde ich sie mit meinen Fingern nachfahren.

»Ich liebe es, wenn du mich so nennst.«

Mein Herz beginnt zu rasen und dehnt sich in meiner Brust aus. Der Kosename ist meine Art, ihr mitzuteilen, dass ich sie liebe, wie mir in diesem Moment bewusst wird. Ich nenne sie schon seit Monaten so, lange bevor ich mir meine Gefühle für sie eingestanden habe. Die Worte liegen mir auf der Zunge, doch ich halte sie zurück. Unsere Beziehung ist noch frisch, und ich will sie nicht verschrecken. Ein reumütiges Lächeln legt sich auf meine Lippen. »Und ich liebe es, dich so zu nennen.«

Ich versinke in ihren betörenden blaugrauen Augen. Nie wieder werde ich eine Frau wie Pippa Hartley finden. Sie ist einzigartig, und nach dem, was ich heute gesehen habe, beginnt sie es offenbar auch selbst langsam zu begreifen. »Ich wollte dich etwas fragen.« Ich streiche ihr eine Strähne hinters Ohr. Schon seit Silvester spiele ich mit dem Gedanken – an dem Abend, an dem mir schlagartig klar wurde, was ich für Pippa empfinde. »Ich möchte Erin kontaktieren.« Erins völlig fertiger Gesichtsausdruck taucht vor meinem inneren Auge auf, und wieder überkommen mich Schuldgefühle. »Weil ich mit der Vergangenheit abschließen möchte und …« Ich breche ab und schaue Pippa an, die mich offen und neugierig ansieht. Gott, ich liebe sie. Mit allen Mitteln werde ich verhindern, dass ich sie so enttäusche, wie ich meine Ex-Freundin enttäuscht habe. »Ich möchte die Sache wieder geradebiegen.«

Sie lächelt ein wenig traurig. »Du willst immer alles geradebiegen.«

Ich nicke. »Es ist mir wichtig. Ist das okay für dich?«

»Natürlich.«

Mit dieser Reaktion habe ich zwar schon gerechnet, aber jetzt, wo wir zusammen sind, eine Beziehung führen, daten – all die Bezeichnungen, die nicht tiefgründig genug für das klingen, was ich für Pippa empfinde –, möchte ich so ehrlich zu ihr sein wie möglich.

Als ich ihr einen Kuss auf die Schläfe hauche, schließt sie die Augen. Ihre Haut ist warm und weich, und ich fahre mit den Lippen über ihre Wange, über ihre Ohrmuschel. Ihr Duft ist berauschend, tröstlich und verdammt erregend.

»Wir sollten etwas Neues ausprobieren«, schlage ich vor, denn ich war seit Silvester nicht mehr richtig intim mit ihr. Erst war ich eine Weile unterwegs, und als ich gestern Abend nach Hause gekommen bin, hat sie bis nach Mitternacht in ihrem Zimmer die neuen Songs geübt.

Sie hält den Atem an, als ich sanft an ihrem Ohrläppchen knabbere. »Und was?«

Ich vergrabe meine Finger in ihrem Haar und ziehe sanft ihren Kopf zurück, sodass sie mich ansehen muss. »Ich will dich zweimal nacheinander zum Orgasmus bringen.«

»Das habe ich noch nie …«

»Ich weiß.«

»Ich glaube, das kann ich nicht.«

Selbstgefällig ziehe ich die Augenbrauen hoch. Oh doch, das kann sie. Ich kann sie dazu bringen, das weiß ich. Und ich werde alles dafür tun, damit es klappt. »Das sagst du immer wieder, aber ich kann mich nicht erinnern, dass du damit auch ein einziges Mal recht behalten hättest.«

Kurz blitzt Sorge in ihren Augen auf. »Ich will dich nicht enttäuschen.«

Eilig schüttele ich den Kopf, denn sie könnte sich nicht mehr irren. »So funktioniert das nicht. Dich zu berühren, ist ein Traum für mich – ich wäre nur enttäuscht von mir selbst, wenn du es nicht genießen würdest. Nicht von dir, Baby. Niemals von dir.«

Die Sorge verschwindet aus ihren Augen, sodass nur noch Lust und Begierde darin zu sehen sind.

Auch meine eigene Erregung wird intensiver.

»Okay«, flüstert sie schließlich, und im nächsten Moment liegen meine Lippen auf ihren.

KAPITEL 58
JAMIE

Wir küssen uns leidenschaftlich, während ich sie die Treppe hinauftrage. Sie hat die Beine um meine Hüften geschlungen, ich umfasse ihren Hintern und verpasse ihr einen harten Klaps.

Ihr Stöhnen vibriert in meinem Mund.

Als sie an meiner Zunge saugt, keuche ich auf und drücke sie, oben angekommen, gegen die Wand.

»O mein Gott«, wimmert sie, als ich meine Hüften gegen ihre empfindsamste Stelle presse. »O mein Gott.«

»Genau da, hm?«

Sie nickt mit geschlossenen Augen und geteilten Lippen, was in mir den primitiven Drang weckt, sie zu befriedigen. »Jamie.« Sie öffnet die Augen und sieht mich benommen an, während ich meine Hüften an ihrem Unterleib kreisen lasse. »Ich muss dich berühren.«

Ich will sie in ihr Schlafzimmer tragen, doch sie hält mich zurück.

»Nein«, protestiert sie, und ich bleibe stehen. Sie schenkt mir ein schüchternes Lächeln. »Dein Bett.«

Gott, das gefällt mir. Einen Moment später lege ich sie auf meinem Bett ab, ziehe mir eilig Shirt und Hose aus und stütze mich dann mit den Ellbogen links und rechts von ihrem Kopf auf der

Matratze ab, um sie zu küssen. Meine Begierde wächst, als sich unsere Zungen berühren, fordernd und drängend.

Die Wahrheit bringt mein Blut in Wallung. Pippa gehört mir. »Gefällt es dir in meinem Bett?«, murmele ich und lasse die Finger unter ihr Oberteil gleiten, um ihren Bauch zu streicheln. Ihre Haut ist so weich.

»Ja.« Ihr stockt der Atem, als ich die Hand unter ihren BH schiebe, ihren Nippel aber nicht berühre, obwohl ich weiß, dass sie sich danach sehnt. »Mir gefällt es auch, dich in meinem Bett zu haben.« Sie drängt sich meiner Berührung entgegen, doch ich ziehe mich zurück, woraufhin sie knurrt und mich am Arm packt.

»Stimmt was nicht?«, necke ich grinsend. Ich drehe mich auf die Seite und beobachte sie.

»Jamie.« Die Art, wie sie meinen Namen sagt – wütend und gleichzeitig erregt –, lässt mein Grinsen noch breiter werden.

Schließlich setzt sie sich auf, zieht sich das Oberteil über den Kopf und enthüllt ihre perfekten Brüste. Heute trägt sie einen weißen, mit Blumen bestickten Spitzen-BH.

Lust durchfährt mich. »Das ist nicht fair«, murmele ich und streiche mit den Fingern über den Spitzenstoff, umkreise ihren Nippel, der sich prompt verhärtet.

Ein glasiger Ausdruck tritt in ihre Augen, und ihre Lippen teilen sich, während ich mich ihrer anderen Brust widme.

Mittlerweile bin ich vollkommen hart. Ich liebe es, mit Pippa hier zu liegen, sie zu liebkosen und ihre Lust mit jeder Berührung zu steigern. Es fühlt sich himmlisch an.

»Wir sollten uns eine Strategie überlegen, Songbird«, sage ich mit leiser Stimme, während ich damit fortfahre, ihre empfindsamen Nippel durch den Spitzenstoff zu streicheln. »Wie gehen wir die Sache an?«

Ihre Wangen sind gerötet. »Ich glaube, du solltest mich lecken.«

Ich ziehe eine Augenbraue hoch. »Ach, wirklich?«

Sie nickt.

Wir denken beide an unsere gemeinsame Nacht im Haus ihrer Eltern zurück, als sie mein Trikot anhatte. »Das hat dir also gefallen, was?«

Wieder nickt sie, und mit einem Mal scheint die Luft um uns herum zu knistern.

»Mir auch.«

Überraschung blitzt in ihren Augen auf, was mein Herz schneller schlagen lässt.

»Hast du das bezweifelt, Pippa?« Mit den Fingern streiche ich über die Rundungen ihrer Brüste, direkt über ihrem BH. »Dachtest du wirklich, dass es mir nicht gefallen hat, zwischen deinen Beinen zu sein?« Ich lasse meinen Finger unter ihren BH gleiten und lasse ihn über ihre harte Knospe schnellen.

Sie stößt ein Seufzen aus.

»Ich habe es genauso genossen wie du. Jedes Mal, wenn ich mir einen runterhole, denke ich daran. Wie feucht du warst, wie dein Stöhnen klang, während ich dich geleckt habe.«

Sie drängt sich meinen Berührungen entgegen und öffnet ihren BH.

Ich senke den Kopf und umkreise ihren Nippel mit meiner Zunge.

Der Laut, der aus ihrer Kehle dringt – verzweifelt und erleichtert zugleich –, lässt meinen Schwanz zucken.

»Benutzen wir heute das Spielzeug, Pippa?«

Sie schüttelt den Kopf.

»Nein?« Ich beginne zu saugen, und ihr stockt der Atem.

»Ich möchte es ohne versuchen«, flüstert sie und beißt sich auf die Lippe. Sie sieht mich an, als glaube sie daran, dass ich es schaffen kann, sie ohne das Spielzeug zum Orgasmus zu bringen.

Mein Schwanz schwillt weiter an, drückt gegen den Stoff meiner Boxershorts.

»Du treibst mich in den Wahnsinn«, sagt sie, als ich ihr in die andere Brustwarze zwicke. »Berühr mich endlich.«

Ich grinse sie an. »Ich berühre dich doch.«

»Mehr«, fordert sie.

»Willst du mir nicht erst fünf Dinge nennen, die du spürst?«

Das frustrierte Schnauben, das sie daraufhin ausstößt, bringt mich zum Lachen. Früher habe ich nie beim Sex gelacht. Pippa ist erregt und wütend, und ich schwebe im siebten Himmel. In diesem Moment fühlt es sich an, als sei sie meine beste Freundin, und dennoch begehre ich sie und sehne mich danach, sie zu befriedigen. Sex war für mich noch nie so verspielt – noch nie habe ich mich mit einer anderen Person derart wohlgefühlt. So sollte es vermutlich immer sein.

»Hör auf, mich so zu quälen.« Sie presst die Zähne aufeinander, als ich ihren Nippel so sanft streife, wie ich kann, und ihre Reaktion beobachte.

»Du musst schon betteln.«

Als ich das Verlangen in ihrem Blick sehe und sie aufstöhnt, beginnt das Blut in meinen Adern zu kochen.

»Bitte, Jamie«, flüstert sie. »Bitte lass mich kommen.«

Hitze rast durch meinen Körper, und ich muss einen tiefen Atemzug nehmen. Meine Selbstbeherrschung hängt nur noch an einem dünnen Faden. »Wenn du mich so anbettelst, verliere ich den Verstand.«

Ihr Blick ist vor Lust umwölkt, aber entschlossen. »Dann lass los.«

Innerhalb von Sekunden habe ich sie vollständig entkleidet. Mit den Händen drücke ich sanft ihre Oberschenkel auseinander und platziere meinen Kopf zwischen ihren Beinen. Sie ist so feucht, dass sogar ihre Oberschenkel benetzt sind, was mich mit Stolz erfüllt. Ich bin dafür verantwortlich. Ich habe diese Empfindungen in ihr hervorgerufen. Niemand sonst. Als ich meine Zunge über ihre feuchte Mitte gleiten lasse, drückt Pippa den Rücken durch. Sie zu schmecken, stachelt meine Begierde nur noch mehr an, lässt meinen Körper brennen. Ich vergrabe mein Gesicht zwischen ihren Beinen, um zu lecken, zu knabbern und zu saugen.

Die Laute, die Pippa über die Lippen kommen, sind heiser und unkontrolliert, was den Drang in mir auslöst, meinen Schwanz tief in ihr zu vergraben. Als ich mit einem Finger in sie eindringe und über die raue Stelle reibe, umklammert sie mit ihren Oberschenkeln beinahe meinen Kopf.

»Jamie«, stößt sie hervor, und wieder schwillt meine Brust vor Stolz.

»Du sahst so verdammt heiß aus in meinem Trikot«, sage ich, ehe ich erneut an ihrer Klitoris sauge.

Ihre Oberschenkel beben, und sie ist so feucht, dass ich es hören kann, wenn ich meine Finger in ihr bewege.

»Weißt du, warum ich es so heiß finde, meinen Namen auf deinem Rücken zu lesen, Pippa?« Wieder sauge ich, und sie fährt mit den Händen in mein Haar, um sich festzukrallen und daran zu ziehen. Ein Prickeln läuft an meiner Wirbelsäule hinab. Mein Schwanz zieht, und ein erster Tropfen tritt aus der Spitze aus. »Weil es mir das Gefühl gibt, dass du mir gehörst.«

Ihr Blick verschleiert sich. »So fühle ich mich auch.«

Das Blut pulsiert in meinen Adern, noch nie habe ich diese Art von animalischer, unkontrollierter Begierde verspürt. Pippa zu sehen, wie sie unter mir liegt, mit gespreizten Beinen, das Haar auf meinem Bett ausgebreitet, die Hände in mein Haar gekrallt, lässt jeden Zweifel in mir verschwinden.

»O Gott, Jamie«, stöhnt sie, als ich einen weiteren Finger hinzunehme, um ihren G-Punkt zu stimulieren.

Ich kenne diesen Tonfall, denn ich habe ihn mir eingeprägt, immer und immer wieder daran gedacht, während ich allein war und mir einen runtergeholt habe.

»Du bist gleich so weit«, stelle ich fest und lasse meine Zunge um ihre Klitoris kreisen.

Sie nickt mit fest geschlossenen Augen. »Mhm.«

Mit einem selbstgefälligen Brummen schließe ich meine Lippen um die empfindliche Nervenknospe, um daran zu saugen und zu lecken, während ich gleichzeitig mit meinen Fingern in sie hineinstoße.

Sie verengt sich um mich – ihre Bauchmuskeln spannen sich an, ihre Schenkel schließen sich fest um meinen Kopf.

»Sag meinen Namen, wenn du kommst.«

»Fuck«, presst sie hervor, und ich spüre, wie sie explodiert. Sie zieht so fest an meinen Haaren, dass es wehtut, was mich jedoch nur noch weiter anheizt. »Jamie.«

Ihr ganzer Körper bebt, als sie meinen Namen schreit.

Ich lasse nicht von ihr ab, bis ihr Höhepunkt abgeklungen ist. Und selbst dann drücke ich immer noch saugende Küsse auf ihr Zentrum. Ich kann mich nicht von ihr losreißen.

Ihre Knie fallen zur Seite, während sie versucht, wieder zu Atem zu kommen. Mit den Fingern streicht sie mir das Haar aus dem Gesicht und starrt zur Decke. »Jamie«, flüstert sie. »Das war unglaublich.«

Lachend küsse ich die Innenseite ihres Oberschenkels, der von ihrer Feuchtigkeit benetzt ist. Mit der Zunge fahre ich über ihre weiche, sensible Haut, doch sie stößt einen gequälten Laut aus und schnappt nach Luft, als ich wieder ihre Klitoris erreiche.

»Zu empfindlich«, haucht sie.

»Sorry, Baby.« Ich bewege mich nach oben und stütze mich mit den Ellbogen links und rechts von ihrem Kopf ab. Dann hebe ich ihr Kinn und küsse sie, wobei mich ihr Atem kitzelt. »Ich kann mich einfach nicht zurückhalten.« Nun bedecke ich ihr Gesicht mit Küssen – ihre Wangenknochen, ihre Stirn, ihre Nase, ihre Augen und ihren weichen, einladenden Mund. Pippa ist perfekt.

Mit den Händen streicht sie über meine Arme und meine Brust, mit den Nägeln kratzt sie sanft über die Stoppeln an meinen Wangen, gleitet hinunter zu meinem Hals, über mein Brusthaar, meine Bauchmuskeln, dann wieder hinauf zu meinen Schulterblättern. Ich bin so hart, dass es wehtut, aber ich will diesen Moment auf keinen Fall unterbrechen. So gefällt sie mir – befriedigt und glücklich und ruhig. In diesem Augenblick gibt es nur uns beide in diesem Universum. Nichts anderes ist wichtig. Keine Familiendramen, keine Ex-Partner, keine Sorgen über Karriere oder die Zukunft oder gebrochene Herzen.

Nur wir zwei.

»Songbird«, flüstere ich, weil ich sie liebe.

Als sie meinem Blick begegnet und ihre Augen voller Zuneigung sind, glaube ich für einen Moment, dass sie mich auch lieben könnte. Ich küsse sie leidenschaftlich, verliere mich in ihr, vergöttere sie.

Plötzlich greift sie nach unten und befreit meinen Schwanz aus meinen Boxershorts, um ihre Hand daran hinaufgleiten zu lassen.

»Oh, fuck«, ächze ich an ihrem Mund und ziehe eilig meine Boxershorts aus. »Gib mir einen Moment, Baby.« Ich bin jetzt schon viel zu erregt, aber ich will noch nicht, dass es endet. Ich möchte es so lange genießen wie möglich.

Vorsichtig führe ich meinen Schwanz zwischen ihre Schenkel. Als ich spüre, dass sie immer noch nass und warm ist, zuckt ein Stromstoß durch meinen Unterleib, der mein Gehirn völlig lahmlegt und dafür sorgt, dass ich mich nur noch von meinen Instinkten treiben lasse. Ich gleite mit meiner Härte durch ihre Feuchtigkeit, und der Drang, zu kommen, lässt jeden klaren Gedanken aus meinem Kopf verschwinden.

Nirvana. Ich habe es gefunden. Direkt zwischen Pippas Beinen.

»Mach das noch mal«, presst sie hervor und drängt mir ihre Hüften entgegen.

Oh, fuck. Das ist zu gut. Das Ziehen in meinem Schwanz wird unerträglich, und wie von selbst komme ich ihrer Bitte nach. Sie ist nass und warm und benetzt mich mit ihrer Feuchtigkeit.

»O mein Gott«, stöhnt sie und schaut ehrfürchtig zu mir auf. »Das fühlt sich gut an. So gut.«

Ein Gefühl von Macht erfüllt mich, als ich meinen Schwanz noch einmal an ihrer Mitte reibe.

Sie verdreht lustvoll die Augen, und ich höre den Pulsschlag in meinen Ohren.

»So?«, frage ich. Meine Stimme klingt heiser. Ich weiß nicht, wie lange ich es noch aushalten kann, denn es ist so intensiv.

»Ja«, haucht sie und windet sich unter mir. »Jamie. Genau so. Fuck.« Das letzte Wort klingt überrascht, als könne sie es nicht glauben.

»Wenn ich dich endlich vögele, Pippa, werde ich so verdammt hart in dir kommen.« Ich habe nun den perfekten Rhythmus gefunden und reibe mich weiter an ihr.

Dabei erwähne ich nicht, dass es mich zerstören wird, wenn ich sie endlich vögele. Ich glaube, es ist längst geschehen.

»Worauf wartest du noch?«, stößt sie hervor und hebt ihre Hüften wieder an.

»Du hast keine Ahnung, wie lange ich schon darauf gewartet habe.«

Sie gräbt ihre Nägel in meinen Rücken, was mich noch weiter antreibt. Ihr Stöhnen wird lauter, abgehackter, und ihre Augen weiten sich.

»Oh verdammt, Jamie, bitte.«

»Bitte was?« Mittlerweile muss ich mich wirklich zusammennehmen.

»Nimm mich«, haucht sie. »Ich muss dich in mir spüren, Jamie.« Ihr Blick ist flehend und voller Zuneigung und Liebe.

Ich liebe diese Frau, auch wenn ich noch nicht bereit bin, ihr das zu sagen, weil es sich gefährlich und riskant anfühlt, und ich will, dass das zwischen uns hält. Ich kann ihr nicht sagen, dass ich sie liebe, aber ich kann es ihr zeigen. Mit angespanntem Kiefer nicke ich. »Okay«, stoße ich mit rauer Stimme hervor. »Ja.«

Endlich, *endlich*, werde ich Pippa zeigen, zu wem sie gehört.

KAPITEL 59
PIPPA

Mein Herz hämmert so laut, dass ich es hören kann. Jamie nimmt ein Kondom vom Nachttisch, zieht es über und positioniert sich zwischen meinen Beinen. Er zögert und wartet meine Reaktion ab, was mich lächeln lässt, denn Jamie ist so lieb und fürsorglich. Ich dränge ihm ermutigend meine Hüften entgegen. Mit vor Anstrengung gerunzelter Stirn dringt er in mich ein, wobei er in meinem Gesicht nach irgendwelchen Anzeichen von Unbehagen forscht.

O *Gott*. Ein Stöhnen entweicht mir, als er vorsichtig und langsam weiter in mich vorstößt. Der leichte Schmerz zwischen meinen Beinen fühlt sich so gut an, dass ich ein lautes Fluchen unterdrücken muss.

»Du bist so eng«, presst Jamie hervor. Er ist erst halb in mir.

»Es ist eine Weile her.« Der Druck wird stärker, und ich schnappe nach Luft, als er jeden Nerv in mir stimuliert.

»Wir haben keine Eile.« Seine Stimme ist ein leises, beruhigendes Murmeln, aber seine Augen brennen sich in meine, als er sich weiter in mich hineinschiebt und eine Hand hebt, um mit meinem Nippel zu spielen.

Das Gefühl, ihn in mir zu spüren, treibt mich in den Wahnsinn, verändert meine DNA.

Wir zittern beide. Als er mich schließlich vollkommen ausfüllt, kann ich keinen klaren Gedanken mehr fassen. Ich bin so empfindsam, dass sich von dem Punkt, an dem wir miteinander verbunden sind, Wellen der Lust in meinen gesamten Körper ausbreiten. Unsere Hüften sind eng aneinandergepresst, meine Beine um seine Hüften geschlungen, und ein weiteres Stöhnen kommt mir über die Lippen. Gott, er riecht so gut.

Er streicht mir eine Strähne aus dem Gesicht. »Alles in Ordnung?«, presst er mit geröteten Wangen hervor.

Ich nicke und schaue in seine Augen. Sein Blick wirkt brennend, verzweifelt und bewundernd zugleich.

Ich bin jetzt schon süchtig danach.

»Fühlt es sich gut an?«

»Ja«, antworte ich, begleitet von einem Stöhnen. »Es ist wirklich eng.«

»Mhm. Ich weiß.« Sein Schwanz pulsiert in mir, und ich schnappe nach Luft.

»Ich hatte recht«, flüstere ich, worauf er eine Augenbraue hochzieht. »Du bist ein bisschen zu groß für mich.«

Sein Mund verzieht sich zu einem Grinsen, und ich muss mir auf die Lippe beißen.

»Ich habe so verdammt lange von diesem Augenblick geträumt, Pippa.« Er drückt mir einen sanften, intimen Kuss auf die Lippen, wobei sein Haar meine Stirn streift. »Meinst du, es ist okay, wenn ich mich bewege? Wir können aber auch so lange so verharren, wie du willst.«

Er hält über mir inne, und so hart, wie er ist, weiß ich, dass er sich beherrschen muss. Aber selbst jetzt noch ist er kontrolliert und vorsichtig.

Ich schiebe ihm meine Hüften entgegen, bewege mich langsam vor und zurück, und allein diese kleine Bewegung erregt mich so sehr, dass mir schwindelig wird.

»Ich bin bereit.«

Er zieht sich qualvoll langsam aus mir zurück, ehe er seine Hüften wieder vorschiebt.

Unter dem angenehmen Schmerz stöhne ich erneut, und als er wieder bis zum Anschlag – so unglaublich tief – in mich eingedrungen ist, ziehe ich scharf die Luft ein.

»Okay?«, presst er hervor, und ich nicke eifrig.

»Mehr als okay. Gut. So gut. Noch mal.« Ich kann nicht einmal mehr ganze Sätze bilden. Das ist es, was Jamie Streichers Schwanz mit mir anstellt.

Als er wieder in mich hineinstößt, stöhnen wir beide.

»Verdammt, Pippa.«

Er bewegt sich vorsichtig weiter vor und zurück, bis ich mich an seine Größe gewöhnt habe, dann findet er ein schnelleres Tempo.

Ihn auf diese Weise über mir zu sehen, wie er sich über mir bewegt – mit angespanntem Kiefer, die schönen Lippen fest aufeinandergepresst, sein brennender Blick –, weckt den Wunsch in mir, nie wieder zu blinzeln. Sex mit Jamie Streicher zu haben, ist eine religiöse Erfahrung. Meine Erregung wächst, reicht diesmal aber tiefer und baut sich langsamer auf als vorhin, als Jamie mich mit seinem Mund befriedigt hat. Jetzt breitet sich das Gefühl gleichmäßig in meinem gesamten Körper aus – und mein Körper gehört in diesem Moment nicht einmal mehr mir, sondern ganz allein ihm.

»Ich kann nicht glauben, wie gut es sich anfühlt«, stoße ich hervor, woraufhin er zu einem noch schnelleren, gnadenloseren Rhythmus übergeht.

Die Hitze in meiner Mitte nimmt zu, und bald gibt es nur noch mich und Jamie, hier in diesem Bett, miteinander verbunden.

Heute im Tonstudio war er für mich da. Er war schon die ganze Zeit für mich da. Ich muss schlucken, als Emotionen in mir aufwallen, vermischt mit der Wärme und dem zunehmenden Druck zwischen meinen Beinen. So hat es sich vorher noch nie angefühlt.

»Pippa«, stößt Jamie hervor, der mittlerweile aussieht, als sei er kurz davor, die Kontrolle zu verlieren. »Ich brauche dich so sehr. Ich habe dich immer gebraucht.«

Der Druck in mir wird so intensiv, dass ich kurz vor dem Orgasmus stehe.

Seine Augen verdunkeln sich. »Meinst du, du kannst noch mal kommen?«, fragt er.

Da ich nicht mehr in der Lage bin zu sprechen, nicke ich nur hastig, worauf er eine Hand zwischen unsere Körper gleiten lässt, um meinen Kitzler zu streicheln, ohne mich dabei aus den Augen zu lassen. Er ist so aufmerksam und geht so vorsichtig mit mir um.

Eine neue Welle der Erregung baut sich zwischen uns auf, und während er meine Klitoris auf die gleiche perfekte Art wie immer massiert – so sanft und geschickt –, verenge ich mich um seinen großen Schwanz herum.

»Ich bin fast so weit.« Mein Rücken drückt sich durch.

»Ja«, treibt Jamie mich an, die Stirn konzentriert in Falten gelegt. Seine Stöße werden immer schneller. »Du bist gleich so weit, das weiß ich. Zeig es mir. Ich will dich kommen sehen.«

Mein Körper spannt sich an, als die ersten Wellen mich durchströmen und sich von der Stelle ausbreiten, an der Jamie in mich hineinpumpt. Meine inneren Muskeln ziehen sich um ihn herum zusammen, ich halte ihn in mir fest, während meine Beine um seine Hüften beben. Ich höre ein lautes Stöhnen, ein scharfes Einatmen und stelle fest, dass ich diejenige bin, die da gerade Jamies Namen schreit. Verzweifelt halte ich mich an seiner Brust und an seinen Schultern fest, rufe wieder und wieder seinen Namen, bevor ich mich auflöse. Am Rande nehme ich das Feuer in seinen Augen wahr, als er mir dabei zusieht, wie ich den Verstand verliere – wie er mich mit zufriedenem, düsterem Blick beobachtet, während ich um ihn herum explodiere.

Über diesen Moment werde ich später einen Song schreiben – darüber, sich so stark mit jemandem verbunden zu fühlen, dass außer einem selbst und dieser anderen Person nichts mehr existiert. Seine Miene wird gequält, ungläubig, und ich spüre, dass er sich in mir ausdehnt.

»Fuuuuck.« Er vergräbt sein Gesicht an meinem Hals. »Ich werde so verdammt heftig kommen.«

Ich hebe die Arme und kratze sanft mit den Nägeln über seinen Rücken. Auch wenn ich meinen Höhepunkt bereits erreicht habe, zittere ich immer noch, genieße die Nachbeben, während er sich in mir bewegt.

»Ich komme.«

Seine Stimme klingt tief und heiser, und ich präge mir den Augenblick ein, in dem Jamie Streicher sich mir vollkommen hingibt.

Er keucht und pumpt so unkontrolliert in mich, dass meine Brüste wippen. Schließlich werden seine Stöße langsamer, und seine Atmung wird gleichmäßiger.

Nichts hat sich jemals so echt und richtig angefühlt.

»Verflucht, Pippa«, haucht er an meinem Hals und atmet tief meinen Geruch ein.

Ich streichele über seine Brust, seine Arme, seinen Rücken.

Als er mir einen Kuss auf den Wangenknochen gibt, schwebe ich. Schließlich trifft sein Mund auf meinen, und wir lächeln, ohne die Lippen voneinander zu lösen.

Ich kann nicht fassen, dass ich jemals geglaubt habe, dass ich so etwas nicht haben könnte.

KAPITEL 60
JAMIE

Zwei Tage, nachdem Pippa mein gesamtes Bewusstsein auf den Kopf gestellt hat, nähere ich mich dem Restaurant, in dem ich mich mit Erin treffe.

»Mr Streicher«, empfängt mich ein Angestellter und hält mir die Tür auf. Ich nicke ihm grüßend zu.

Zu meinem großen Erstaunen war Erin tatsächlich bereit, mit mir zu reden. Zum Glück ist sie, dank einer Drehpause bei ihrer Show, gerade in der Stadt. Das Restaurant, in dem ich einen Tisch reserviert habe, ist bekannt dafür, diskret zu sein und die Privatsphäre zu achten, sodass man uns nicht belästigen wird, selbst wenn uns jemand erkennt.

Das Letzte, was ich derzeit gebrauchen kann, sind Fotos und Gerüchte im Internet. Pippa und ich stehen gerade am Anfang unserer Beziehung, und ich will nicht, dass wir jetzt schon Probleme bekommen.

Pippa. Der Druck in meiner Brust löst sich in der Sekunde auf, in der ich an sie denke. Meine starke, schöne, mutige Pippa, die auf die Bühne steigt und singt, selbst wenn sie Angst hat, und sich wieder zurück aufs Eis wagt.

Ich will sie auf keinen Fall verlieren, daher darf ich nicht die gleichen Fehler machen wie in meiner letzten Beziehung.

Eine Kellnerin führt mich zu dem Tisch, an dem Erin bereits sitzt und auf ihrem Handy herumtippt. Ihr Gesicht ist etwas fülliger, ihr Haar kürzer, und ihre Haut strahlt. Mein Herz zieht sich zusammen. Ich liebe Erin nicht, aber es ist schön, eine alte Freundin zu sehen, auch wenn ich sie verletzt habe. Mit einem Mal überrollen mich wieder die alten Schuldgefühle.

»Erin.«

Sie hebt den Kopf, grinst breit, als sie mich entdeckt, und steht auf. Mein Blick fällt auf ihren Bauch – sie ist schwanger.

»Hey du.« Sie streckt die Arme nach mir aus, und ich umarme sie.

Sie riecht immer noch genauso wie früher, nach fruchtigem Shampoo. Schließlich lösen wir uns voneinander und nehmen Platz.

Nervös räuspere ich mich. »Hast du gut hergefunden?«, frage ich sie.

Sie winkt lässig ab. »Aber klar, ich war schon mal mit meinem Agenten hier.«

Nachdem wir unsere Getränke bestellt haben, beginnt mein Puls zu rasen. Anstatt Erins Zeit zu verschwenden, werde ich direkt zur Sache kommen. Ich atme tief durch und habe den Eindruck, dass sie das Gleiche tut.

»Es tut mir leid …«, setze ich an.

»Ich möchte dir danken«, sagt sie zeitgleich.

Kurz schauen wir uns gleichermaßen verwirrt an.

Sie deutet auf mich. »Du zuerst.«

»Okay.« Ein weiterer tiefer Atemzug. All meine Schuldgefühle und Reue bündeln sich zu einem Knoten in meinem Magen zusammen. »Ich möchte mich dafür entschuldigen, was zwischen uns passiert ist. Ich weiß, dass es lange her ist und wir noch jung waren, aber …« Ich verflechte meine Finger miteinander. »Solche Dinge können einem lange nachhängen. Ich habe nicht deutlich kommuniziert, was ich mir in einer Beziehung wünsche, und das war meine Schuld.«

Sie zieht verwirrt die Augenbrauen zusammen. »Wie bitte?«

»Ich spreche davon, wie ich reagiert habe, als du dachtest, du seist vielleicht …« Mein Blick fällt wieder auf ihren Bauch. Im Internet hieß es, sie sei verheiratet, und mir ist aufgefallen, dass sie an der linken Hand einen Ring trägt. Ich wette, ihr Mann hat sie nicht schockiert angeschaut, als sie ihm verkündet hat, schwanger zu sein. »So hätte ich nicht reagieren dürfen. Ich hätte dich nicht in dem Glauben lassen dürfen, dass unsere Beziehung ernster ist, als sie in Wahrheit war. Ich habe damals dein ganzes Leben ruiniert. Ich habe gesehen, was man über dich geschrieben hat.« Mein Herz wird schwer. »Du warst auf dem besten Weg, Topmodel zu werden, bis ich dir das Herz gebrochen habe.«

Wie festgefroren sitzt sie da und starrt mich an.

Hinter meiner Stirn beginnt es merkwürdig zu pochen. Mit einem Mal bin ich unsicher. »Richtig?«

Da beginnt Erin zu lachen.

Ich schaue sie mit großen Augen an, als ihr herzliches, überraschtes Gelächter durch den Raum schallt.

»Jamie.« Mit Lachtränen in den Augen schüttelt sie den Kopf. »Du hast *nichts* ruiniert.«

Stirnrunzelnd krame ich die alten Erinnerungen hervor. Ihre Freude über die mögliche Schwangerschaft, ihre Enttäuschung über meine Reaktion. Die Absage bevorstehender Fashion-Shows, ihr jahrelanges Abtauchen. Eine Liste mit Low-Budget-Produktionen auf ihrem IMDb-Profil.

»Erstens hat mich das Modeln unglücklich gemacht. Du magst gelesen haben, dass ich das Zeug zum Topmodel hatte, aber ich habe nur gelesen, dass ich zu füllig, zu dünn, zu hässlich, zu groß, zu klein sei.« Sie schluckt und senkt mit schmerzerfülltem Blick den Kopf. »Ich war nie genug.« Ihr Mundwinkel hebt sich zu einem humorlosen Lächeln. »Als mir aufgefallen ist, wie lange meine Periode überfällig war, war mein erster Gedanke, dass ich nun endlich das Modeln hinter mir lassen kann. Das klingt abgedreht, oder? Nicht gerade ein guter Grund, ein Kind zu bekommen.«

Mir fällt wieder ein, dass Erin einmal das Abendessen hat ausfallen lassen, weil sie sich am nächsten Tag mit einem Designer traf.

Sie legt sich eine Hand auf den Bauch und lächelt. »Ich liebe dieses Baby schon jetzt mehr als mein eigenes Leben, aber mit neunzehn ein Kind zu bekommen, wäre echt hart gewesen.«

Meine Gedanken rasen. »Du bist vollkommen von der Bildfläche verschwunden.«

Sie zuckt mit den Schultern. »Ich wollte einfach nur weg. Ich war ein Teenager mit einem total verrückten Leben und mehr Geld, als ich hätte ausgeben können. Die meisten meiner Freundinnen und Freunde mochte ich nicht mal sonderlich. Andauernd hatte ich Hunger, und ich hab mein Leben gehasst. Also habe ich mir ein Strandhaus in einem kleinen Ort gekauft und für ein paar Jahre Yoga gemacht. Kein Internet, kein Fernsehen. Ich habe hauptsächlich gelesen, gemalt und mit den Rentnerinnen aus meiner Straße abgehangen.« Wieder lächelt sie. »Irgendwann war ich wieder bereit, ins richtige Leben zurückzukehren, aber ich wollte es nach meinen eigenen Regeln tun.«

Eine lange Pause entsteht, denn ich muss die neuen Informationen erst verdauen. Ich stelle mir ihr Leben in dem Strandhaus vor, und mein Herz zieht sich zusammen. Sie war damals unglücklich, und ich habe es nicht bemerkt.

»Hör zu«, fährt sie fort und schiebt ihr Wasserglas auf dem Tisch zurecht. »Du bist nicht der Erste, der Mitleid mit mir hat, weil ich bei einer schlechten Fernsehshow mitwirke.« Sie grinst schelmisch. »Mir gefällt sie aber. Josh und ich wohnen supergerne in Vancouver, und die Arbeitszeiten sind wirklich gut. Zum Abendessen bin ich jeden Tag zu Hause, und an den Wochenenden habe ich frei. Meine Kolleginnen und Kollegen sind cool drauf und haben mir während meiner Schwangerschaft vieles erleichtert.«

Ich schlucke gegen den Kloß in meinem Hals an. »Es tut mir leid, dass ich nicht erkannt habe, wie unglücklich du warst.«

Sie lächelt traurig. »In dem Jahr hattest du selbst viel um die Ohren. Und außerdem – wenn es dir aufgefallen wäre, hättest du versucht, mir zu helfen, aber die einzige Person, die mir helfen konnte, war ich selbst.«

Als mir die Bedeutung ihrer Worte klar wird, nicke ich. Sie hat recht: Ich hätte tatsächlich versucht, ihr zu helfen, ohne zu wissen, wie.

»Wie geht es deiner Mom?«, fragt sie.

»Besser. Sie ist seit ein paar Wochen in Therapie, möchte aber nicht darüber reden, was in Ordnung für mich ist. Ich gebe ihr den nötigen Abstand. Wenn sie bereit dazu ist, wird sie mir schon davon erzählen.«

»Gut.« Erin lächelt. »Das freut mich.«

Eine Zeitlang schweigen wir, und als ich noch einmal in mich hineinhorche, stelle ich zu meiner Erleichterung fest, dass die Schuldgefühle verschwunden sind. Es ist, als wäre mir auf einmal ein gewaltiges Gewicht von den Schultern genommen worden. Ich habe Erins Leben nicht ruiniert und ihr nicht einmal das Herz gebrochen. Die Frau, die mir am Tisch gegenübersitzt, ist eine viel glücklichere Version von dem Mädchen, das ich damals glaubte, verletzt zu haben.

Erin ist viel widerstandsfähiger, als ich gedacht hatte. Sie hat gegen ihre Probleme angekämpft und ist mittlerweile stärker als jemals zuvor. Auch Pippa hat sich in den letzten paar Monaten immer wieder ihren Ängsten gestellt. Ich denke daran zurück, wie sie an Silvester auf der Bühne gesungen hat. In dem Moment ist mir bewusst geworden, dass ich sie liebe. Bei der Erinnerung daran erfüllt Wärme meine Brust.

»Wow.« Erin blinzelt übertrieben schockiert. »Jamie Streicher lächelt? Heute muss mein Glückstag sein.«

Ich schnaube und grinse noch breiter. »Sehr witzig.«

»Und nun genug von der Vergangenheit.« Sie lehnt sich neugierig vor. »Was gibt's Neues bei dir?«

»Ich hab jemanden kennengelernt.« Die Worte kommen mir über die Lippen, ohne dass ich darüber nachgedacht hätte. Pippa ist das Beste, was mir seit Langem passiert ist – es Erin zu erzählen, fühlt sich richtig an.

Ihre Gesichtszüge werden weich. »Ist das die Frau, die ich in den Sportnachrichten gesehen habe?«

Mir entfährt ein Lachen. Nach dem letzten Spiel war in mehreren Berichten zu sehen, wie ich Pippa hinter der Glasscheibe anlächele.

Shutout-Streicher mit Knockout-Lächeln.

Es war das erste Mal, dass man mich in der Öffentlichkeit hatte lächeln sehen, haben die Reporter gescherzt. »Ja.« Ich nicke und schmunzele. »Das ist sie.«

Wieder studiert sie mich mit diesem warmen, zärtlichen Lächeln, das mir verrät, dass sie sich für mich freut. »Erzähl mir von ihr.«

Den Rest des Mittagessens unterhalten wir uns lebhaft. Ich zeige Erin das Video von Silvester, berichte ihr von der Gitarre, die ich für Pippa gekauft habe, meinem Trip nach Silver Falls, und zeige ihr jedes Foto von Pippa und Daisy auf meinem Handy.

Sie wiederum zeigt mir Bilder von ihrer Hochzeit auf Bali im letzten Jahr. Als ich die bevorstehende Charity-Gala erwähne und dass ich Pippa ein Kleid dafür kaufen möchte, holt sie erneut ihr Handy hervor und schickt mir eine Liste mit Empfehlungen. Eins der Geschäfte liegt sogar in der Nähe meiner Wohnung.

»Dort gehe ich oft hin, wenn ich ein Kleid brauche«, erklärt sie mir. »Wenn du die Ladenbesitzerin vorher anrufst, könnt ihr einen Termin zum Privatshopping buchen.« Ihre Augen funkeln. »Falls du möchtest, dass es für Pippa ein besonderes Erlebnis wird.«

»Perfekt.« Als ich an die Gala denke, kribbelt es plötzlich in meinem Bauch. Wenn wir dort zusammen auftauchen, werden alle wissen, dass Pippa und ich zusammen sind, worauf ich mich mehr freue, als ich erwartet habe.

Nachdem ich mich mit einer Umarmung von Erin verabschiedet habe, gehe ich mit viel besserer Laune nach Hause als zuvor.

Die Sache zwischen Pippa und mir wird von Dauer sein. Das spüre ich.

KAPITEL 61
PIPPA

Morgens ist Jamie Streicher warm, verschlafen und höllisch sexy. Er weckt mich mit den Lippen an meinem Hals auf, verteilt sanfte Küsse auf meiner Haut, während er seine Hände über meinen Körper wandern lässt.

Als ich mich von ihm löse, sehe ich, dass er lächelt, vollkommen entspannt und zufrieden. Ich liebe es, ihn so zu erleben. Sobald sein Blick auf meinen Mund fällt, steigt Verlangen in mir auf.

Auch in seinen Augen flammt Lust auf. Sein Haar ist vom Schlafen zerzaust, seine Augen sind geschwollen, und an seinem Kiefer haben sich dunkle Stoppeln gebildet.

Ich kann mir genau vorstellen, wie sich seine rauen Wangen an den Innenseiten meiner Oberschenkel anfühlen würden.

Nun fährt er mit der Hand in mein Haar, zieht meinen Mund an seinen und stößt ein leises Brummen aus, als sei er erleichtert. »Lass uns duschen«, flüstert er.

Wenige Minuten später bringt mich Jamie unter dem heißen Wasserstrahl mit seinen Fingern zum Orgasmus.

Anschließend greift er nach dem Kondom, das auf dem Fensterbrett neben der Dusche bereitliegt, dreht mich um, platziert meine Hände an den Kacheln und dringt von hinten in mich ein.

Er ist ein wenig zu groß für mich, aber dennoch jagt sofort ein Schauer der Lust durch meinen Körper.

Nachdem wir beide gekommen sind, schlingt er zärtlich die Arme um mich. »Ich kann nicht genug von dir bekommen«, flüstert er mir ins Ohr.

In meinem Inneren beginnt es angenehm zu flattern, denn ich empfinde genauso.

Jamie besteht darauf, mir die Haare zu waschen, und massiert meine Kopfhaut mit langsamen, festen Bewegungen. »Wie ist das?«

»Traumhaft.« Ich schließe die Augen, als er dazu übergeht, die Muskeln an meinem Nacken zu kneten.

Sein leises Lachen bringt mich zum Schmunzeln. »Gut.«

Daran könnte ich mich gewöhnen.

»Warum muss ich noch mal auf deinem Schoß sitzen, während wir frühstücken?«, frage ich und wende mich zwischen zwei Schlucken Kaffee zu Jamie um.

Daisy macht sich ebenfalls über ihr Frühstück her, ich lese Nachrichten aus dem Musikbusiness, und Jamie schaut sich alte Spiele gegen Calgary an. Heute Abend findet eine weitere Partie statt, weshalb er heute Morgen freihat. Ich weiß, dass er wegen Rory nervös ist.

»Es ist gut für dich«, behauptet er und drückt leicht meine Hüfte.

»Gut für *dich*, meinst du.« Ich grinse, und Jamie haucht mir einen sanften Kuss auf die Schläfe.

Einige Minuten lang essen wir schweigend, bis er mit einer Hand über meinen Rücken fährt. »Hast du was von Ivy gehört?«

»Nope.« In den ersten paar Tagen habe ich andauernd meine Mails gecheckt, aber ständig unruhig zu sein, war erschöpfend, sodass ich mittlerweile nur noch ein paarmal am Tag nachschaue. »Aber das ist okay«, füge ich hinzu und meine es auch so. »Ich bin einfach glücklich, dass ich die Chance hatte. Was als Nächstes passiert, kann ich nicht beeinflussen. Aber wenn sie Interesse hatte, könnten mich auch andere gut finden.«

Jamie sieht mich aufmerksam an, während ich spreche.

Ich zucke mit den Schultern und lächele. »Ich bin jedenfalls stolz, dass ich es getan habe. Es war angsteinflößend, aber ich habe mich trotzdem getraut.«

»Ja, das hast du.« Jamie streicht mir eine Strähne hinter das Ohr. »Ich bin auch stolz auf dich.« Er wirft einen Blick auf sein Handy. »Wir sollten jetzt gehen.«

Ich schaue ihn überrascht an. »Wohin?«

Er grinst. »Wir müssen dir ein Kleid für die Gala kaufen.«

Der Laden ist bei unserer Ankunft verwaist, abgesehen von einer Frau in ihren Vierzigern mit dunklem Pixie-Haarschnitt und einem breiten Lächeln.

Von außen wirkt das Geschäft schlicht, und im Schaufenster ist lediglich ein einziges Kleid kunstvoll drapiert, aber im Inneren hängen überall atemberaubende Kleider mit Federn, Pailletten und Perlen von der Decke herab. Manche davon sind einfach, aus fließendem, glattem Stoff, andere sind regelrechte Kunstwerke, mit Tausenden winzigen, auf die Röcke gestickten Blüten.

Ich entdecke ein Kleid, dessen Ausschnitt bis zum Bauchnabel reicht, was mir irgendwie ein wenig Angst einjagt.

»Herzlich willkommen«, begrüßt uns die Frau und kommt auf uns zu. »Du musst Pippa sein.« Sie stellt sich als Miranda, die Inhaberin, vor. »Jamie, kannst du bitte die Tür abschließen?« Auf meinen verwirrten Blick hin erklärt sie: »Dieser Gentleman hat darum gebeten, dass ihr den Laden heute Morgen ganz für euch habt.«

Jamie zwinkert mir zu.

Als er mir verkündet hat, ein Kleid für mich kaufen zu wollen, bin ich davon ausgegangen, allein mit seiner Kreditkarte loszuziehen und mir eins auszusuchen. Hiermit habe ich nicht gerechnet.

»Jedes Kleid ist ein Unikat.« Mirandas Augen funkeln, und ihre Stimme klingt angenehm ruhig, wie bei Hazel, wenn sie Yoga unterrichtet, sodass ich mich sofort wohlfühle. »Sollen wir ein Kleid finden, das genauso schön ist wie du?«

Ich erröte und nicke schnell.

Nun führt sie mich in den hinteren Teil des Geschäfts in einen Bereich mit Spiegelwänden, der mit einem dicken roten Samtvorhang abgegrenzt ist. Vor der Umkleidekabine steht eine braune Ledercouch. Ein paar Kleider hängen schon für mich bereit.

Besonders eines springt mir ins Auge – es ist blaugrau, ein paar Nuancen dunkler als meine Augenfarbe. Dunkle Blumen sind auf den Rock gestickt, sodass die Illusion entsteht, sie würden aus dem Oberteil herausfließen. Auf dem Bügel ist der Schnitt des Kleides schwer auszumachen, aber die kräftigen Töne kommen in der warmen Beleuchtung des Ladens gut zur Geltung.

Miranda hat bereits ein paar Kleider ausgesucht, von denen sie glaubt, sie könnten sowohl zu mir als auch zu dem Event passen.

Also betrete ich die Umkleidekabine, während sich Jamie auf der Couch niederlässt, und schlüpfe aus meinen Klamotten.

Immer wieder kommt Miranda herein, steckt hier und da den Saum oder ein Stück Stoff ab, hilft mir mit einem Reißverschluss oder dabei, mich aus einem Kleid zu schälen.

Bisher war das richtige noch nicht dabei.

Das blaue Kleid spare ich mir bis zum Schluss auf.

In der Sekunde, in der ich es mir über den Kopf ziehe, weiß ich es. Der Stoff schmiegt sich weich an meine Haut, und das Gewicht des Kleides hat etwas Edles an sich. Ich betrachte mich im Spiegel, konzentriere mich auf die Details, die kräftigen Töne, den eleganten Schnitt. O Gott, dieses Kleid! Das Mieder besteht aus Samt, und als Miranda den Reißverschluss zuzieht, stelle ich fest, dass es perfekt passt. Dieses Kleid ist eine optimierte Version dessen, was ich auf der Tourabschlussparty getragen habe.

Miranda verlässt die Umkleidekabine, und mein Puls beschleunigt sich auf einmal bei dem Gedanken, in diesem Kleid gemeinsam mit Jamie bei der Gala aufzuschlagen.

»Pippa?«, höre ich Jamies leise Stimme von draußen. »Zeig dich doch mal.«

Ich husche hinaus, und seine Augen weiten sich. Mit einem Mal fühle ich mich ein wenig schüchtern, aber ich kann die Funken, die über meine Haut tanzen, als er mich betrachtet, nicht ignorieren. Miranda scheint sich mit Absicht entfernt zu haben, um uns ein wenig Privatsphäre zu geben.

»Dieses Kleid gefällt mir«, sage ich leichtherzig.

Für einen langen Moment schaut er mich einfach nur weiter an, ehe er die Augen schließt, als müsste er sich zur Räson rufen. »Fuck«, murmelt er und rutscht auf der Couch herum. »Pippa.« Er spricht meinen Namen aus wie einen Fluch.

Ich kichere. »Was?«

Ohne mich aus den Augen zu lassen, erhebt er sich, die Zähne fest aufeinandergepresst.

Mein Herz beginnt zu flattern, als er sich mir nähert, wobei er die ganze Zeit über Blickkontakt hält und schließlich einen sanften, liebevollen Kuss auf meine Lippen drückt, bei dem mir schwindelig wird. »Du bist so wunderschön«, sagt er leise.

Ich lächele. »Dank dir fühle ich mich auch so.«

Er sieht mich an, als wollte er tausend liebevolle Dinge zu mir sagen, doch stattdessen lächelt er nur. »Gut.« Er wirft einen bedeutsamen Blick auf das Kleid. »Willst du es haben?«

»Wie viel kostet es?«, frage ich.

Er schnaubt belustigt.

»Sag schon«, dränge ich.

»Nein.« Seine Augen funkeln amüsiert, und an seinen Lippen zupft ein Lächeln, das ich einst für grausam gehalten habe. »Willst du das Kleid nun?«

Er hat schon so viel Geld für die Gitarre ausgegeben, und jetzt das? Ich bin hin- und hergerissen.

»Pippa.« Jamie beugt sich ein wenig zu mir hinunter und hebt dann mein Kinn mit einem Finger an, damit ich ihm nicht ausweichen kann. Der Ausdruck in seinen Augen ist entschlossen, warm, gütig und ernst. »Es ist dein Kleid, wenn du es willst, Songbird. Der Preis spielt keine Rolle, solange ich dich glücklich machen kann.«

Ich weiß nicht, warum ich bei diesen Worten geradezu dahinschmelze. Eigentlich bin ich kein materieller Mensch, und Geld ist für mich nicht wichtig. Dennoch finde ich es rührend, dass Jamie so großzügig ist und mir jeden Wunsch erfüllen möchte.

»Ich werde dir das Kleid kaufen und lasse nicht mit mir diskutieren. Und ich werde dir noch mehr Dinge kaufen, und dabei lasse ich auch nicht mit mir diskutieren.« Er hält meinen Blick fest. »Okay?«

Ich nicke schweigend, muss mir jedoch angesichts seiner selbstzufriedenen Miene ein Grinsen verkneifen.

Glückseligkeit – ich glaube, das ist die richtige Bezeichnung für das Gefühl, das ich gerade empfinde.

»Gut.« Er gibt mir einen Kuss, ehe er sich wieder auf die Couch setzt und ich zum tausendsten Mal das Selbstvertrauen und die Anmut, mit der er sich bewegt, bewundere. Daran werde ich mich wohl nie sattsehen können. Mit dem Kinn deutet er zur Umkleide. »Und jetzt zieh dich wieder um, damit ich dich zum Lunch ausführen kann.«

Ich lächele.

Miranda kehrt zurück, um mein Kleid für die nötigen Änderungen abzustecken, und dann meinen Reißverschluss zu öffnen.

Gerade als ich meine Sneakers schnüre, verkündet ein Pling das Eintreffen einer neuen E-Mail. Da sie von Ivy Matthews sein könnte, krame ich rasch mein Handy hervor. Beim Anblick des Absenders rutscht mir allerdings das Herz in die Hose.

Können wir reden? Ich hab dir eine Nachricht geschrieben, aber ich glaube, du hast eine neue Nummer.

Meine Hände zittern, während ich das Handy umklammere und die beiden Sätze wieder und wieder lese.

»Pippa?« Jamies leise Stimme dringt durch den Vorhang. »Alles okay?«

Mir wird bewusst, dass ich schon eine Weile hier drin bin. Wie lange starre ich bereits wie hypnotisiert auf die Nachricht? Als ich schlucke, fühlt sich meine Kehle zu eng an, und noch immer zittere ich. Vor Wut.

»Kann ich reinkommen?« Er scheint zu spüren, dass irgendetwas nicht stimmt.

»Ja«, erwidere ich leise.

Er tritt in die kleine Umkleidekabine. »Was ist los?« Seine Stimme klingt so zärtlich und besorgt, dass ich sofort in Tränen ausbreche.

»Zach hat mir eine E-Mail geschickt.« Ich halte ihm mein Handy hin. Um meinen Ärger und Groll zu vertreiben, stoße ich zischend die Luft aus. »Er hat mir an dem Tag geschrieben, an dem du von deiner Reise zurückgekehrt bist, und daraufhin habe ich ihn blockiert.« Mit hämmerndem Herzen beobachte ich, wie Jamie mit gefurchter Stirn die Nachricht liest. »Ich will nicht mit ihm reden, und ich will auch nicht, dass er mir schreibt.« Vehement schüttele ich den Kopf. »Ich will das alles nicht.«

»Warum hast du mir nichts davon erzählt?«

»Ich habe ihn doch ohnehin blockiert, also habe ich mir keine Gedanken mehr darüber gemacht.« Ich atme tief ein, in dem Versuch, den Zorn auf Zach in meinem Kopf einfach beiseitezuschieben, doch es gelingt mir nicht. »Es war am Tag, bevor ich bei Ivy im Studio war. Ich wollte es einfach vergessen, damit ich mich konzentrieren kann.«

Er seufzt. »Ja, das verstehe ich gut.« Er lässt mein Handy sinken. »Du kannst mir solche Dinge erzählen, wir können immer zusammen eine Lösung finden.«

Als ich zu ihm aufschaue, begegne ich seinem forschenden und besorgten Blick. »Das weiß ich.« Ich greife nach meinem Handy und blockiere Zachs E-Mail-Adresse. »So.« Ich nicke entschlossen.

»Ab jetzt müssen wir die Fenster geschlossen halten, falls er es als Nächstes mit einer Brieftaube versucht.«

Ein scharfes Lachen dringt ihm aus der Kehle, und er gibt mir einen schnellen Kuss auf die Wange.

Schließlich verlassen wir die Garderobe, um uns auf die Suche nach Miranda zu machen. Weder sie noch Jamie wollen mir verraten, wie viel das Kleid kostet. Nach dem Bezahlen mache ich einen Termin aus, um das Kleid nach den Änderungen noch einmal anzuprobieren und mitzunehmen.

Als Jamie und ich uns bei ihr bedanken und von ihr verabschieden, beugt sich Miranda zu mir vor. »Unterwäsche ist übrigens auch im Preis enthalten.« Sie zwinkert mir verschwörerisch zu, woraufhin ich sie angrinse.

Miranda ist wirklich bezaubernd, aber ich bin mir nicht sicher, ob ich möchte, dass sie mir Unterwäsche aussucht.

Nach dem Mittagessen fahren wir nach Hause, damit sich Jamie vor dem Spiel noch ein wenig hinlegen kann.

Ich schreibe Hazel wegen der Gala in Whistler. Als Teil des Teams ist sie natürlich ebenfalls eingeladen.

Äh. Wir haben ein Problem, schreibt sie. *Ich hab gerade die Gästeliste gecheckt.*

Ich antworte mit drei Fragezeichen. Das letzte Mal, als ich nachgesehen habe, war die Liste noch nicht fertig.

Hab dir die E-Mail weitergeleitet. Sie versuchen immer noch, Tickets für die letzten Tische zu verkaufen. Tisch 16 könnte ein Problem darstellen.

Wenige Sekunden später trifft die E-Mail ein. Und schon wieder überkommt mich das vertraute Gefühl der Übelkeit, als ich sehe, wer an Tisch 16 sitzt.

Zach Hanson.

KAPITEL 62
JAMIE

An dem Abend ist die Stimmung in der Arena angespannt. Wir Spieler, die Trainer, die Fans – alle sind nervös, auch ich.

Er hat ihr geschrieben. Wieder kommt mir die Erinnerung an Pippas Miene heute Morgen in der Umkleidekabine in den Sinn, was erneut Wut in mir aufkeimen lässt. Ich kann nicht fassen, dass der Typ die Frechheit besitzt, sie zu kontaktieren. Vor dem Spiel hat sie mir widerwillig die Gästeliste gezeigt, sodass ich nun weiß, dass er auch zur Gala kommen wird. Höchstwahrscheinlich ihretwegen. »Du musst nicht mitkommen«, hab ich ihr versichert. Meine Anwesenheit dort mag verpflichtend sein, ihre nicht.

»Ich begleite dich«, lautete ihre entschlossene Antwort. »Von ihm lasse ich mich ganz sicher nicht davon abhalten.«

Und dafür bewundere ich sie. Pippa hat wirklich mein Herz erobert.

Der Goalie der anderen Mannschaft fängt den Puck mit der Hand auf, dann ertönt ein Pfiff. Meine Schultern verspannen sich, als ich sehe, wie Miller und Volkov wütend diskutieren.

Ich weiß nicht, was der Coach von Calgary im Schilde führt, aber heute Abend spielen sie nicht fair. Die Schiedsrichter scheinen das offenbar nicht zu bemerken, was meine Teamkollegen und die Fans nur noch wütender macht.

Und Miller strahlt seine übliche provokative Arroganz aus.

Die schlechte Stimmung hängt in der Luft wie Nebel. Ich ahne, dass es jeden Moment eskalieren wird.

Einer von Calgarys Verteidigern verpasst unserem Stürmer einen Crosscheck, obwohl der Puck längst woanders ist. Es wird trotzdem nicht abgepfiffen.

Volkov brüllt dem gegnerischen Spieler etwas zu, woraufhin die beiden heftig aneinandergeraten. Miller skatet zwischen sie und grinst gefährlich. Heute Abend wirkt er anders. Kälter. Unglücklich. Angepisst.

Heute ähnelt er sehr seinem Dad, der ein reiches, verbittertes Arschloch ist. Während ich Miller dabei beobachte, wie er Volkov angeht, frage ich mich, wie viel er davon wohl geerbt hat.

Als das Spiel weitergeht und unser Team zum Angriff übergeht, schiebt Miller Owens seinen Schläger zwischen die Beine.

Die Fans springen auf, buhen und verlangen lautstark nach einem Penalty. Der Pfiff ertönt, als der Torhüter von Calgary den Puck hält, woraufhin ich die Gelegenheit nutze, um einen Schluck Wasser zu trinken und Pippas Blick hinter dem Glas zu suchen. Sie winkt fröhlich, und ich nicke ihr zu. Während ich mir Wasser durch meinen Helm ins Gesicht spritze, denke ich darüber nach, wie gut sie in diesem Trikot aussieht. In *meinem* Trikot. Dankbarkeit durchflutet mich, weil sie hier ist, um mich zu unterstützen, und weil sie meinen Namen voller Stolz auf dem Rücken trägt. Diese Frau bedeutet mir so unendlich viel.

Als sich alle wieder auf ihre Positionen begeben, mache ich mich bereit. Die Pfeife schrillt, doch sofort bringt Miller einen unserer Leute zum Stolpern. Es erweckt fast den Anschein, als ob ihm Eishockey egal wäre. Wenn er alles gibt, ist er nicht zu stoppen, was wahrscheinlich der Grund ist, warum er immer noch Teil der Mannschaft ist. Die Leidenschaft, die er einst für diesen Sport empfunden hat, scheint jedoch verschwunden.

Nun wird er endlich auf die Strafbank verbannt, und das ganze Stadion bricht in Jubel und Gebrüll aus. Manche hämmern mit den Fäusten gegen die Scheibe, woraufhin er einen Handschuh auszieht und ihnen den Mittelfinger entgegenreckt.

Ich atme scharf ein, denn auf einmal erkenne ich dieses Muster: So hat sich Rory oft aufgeführt, als wir noch Teenager waren. Wenn sein Dad etwas gesagt hatte, das ihn aufgeregt hat, und er anschließend wütend aufs Eis musste. Er reizt andere Spieler, beleidigt die Fans, degradiert sich selbst zum meistgehassten Mann, damit alle ihn so sehen, wie er sich selbst sieht. Da er mit sich selbst nicht im Reinen ist, provoziert er alle in der Hoffnung, das zu bekommen, was er seiner Meinung nach verdient.

Als er nach zwei Minuten wieder aufs Eis darf, gelingt es ihm sofort, den Puck zu ergattern und sich zum Tor durchzukämpfen. Zum Glück trifft er nur den Pfosten, aber im nächsten Moment verpasst er mir einen Crosscheck.

Zorn rast durch meine Adern. Der Pfiff ist durch den Lärm der Menge kaum zu hören. Die Fans bringen beinahe das Glas zum Beben.

»Was zur Hölle?«, stößt Owens hervor und baut sich vor Miller auf.

Der sieht mich herausfordernd an. »Was ist los, Streicher?«

»Du bist heute echt zum Kotzen.« Ich tippe Owens an, um ihm zu signalisieren, dass ich die Sache allein klären kann.

Mein Teamkollege gleitet sofort ein Stück nach hinten, ohne uns jedoch dabei aus den Augen zu lassen.

Auch die anderen Spieler stehen in der Nähe und halten sich bereit.

»Kämpfen, kämpfen, kämpfen«, rufen die Fans.

Die Anspannung, die ich in der Luft gespürt habe, geht offenbar von mir und Miller aus.

Wir haben uns nur einmal geprügelt, mit sechzehn. Damals ist er schlecht gelaunt nach einem Streit mit seinem Dad zum Spiel gekommen und hat genauso gefoult wie heute Abend.

»Was?« Er grinst mich überheblich an. »Willst du mich etwa schlagen? Jamie Streicher, der vernünftigste Typ der Welt?«

Der Lärm um uns herum tritt in den Hintergrund, als ich ihn mit zusammengebissenen Zähnen anfunkele.

»Komm schon«, stichelt er. »Ich hab's verdient, oder nicht?«

Meine Hände ballen sich zu Fäusten. Er war derjenige, der sich verändert hat, er war derjenige, der zu einem Arschloch mutiert ist. Früher hat er Eishockey geliebt, heute nimmt er es nicht mehr ernst.

»Na los«, heizt er mich weiter an.

Das Blut rauscht in meinen Ohren.

In der NHL müssen sich beide Spieler zu einem Kampf bereit erklären, sonst bekommt der Spieler, der die treibende Kraft war, einen Penalty.

All die jahrelang unterdrückte Wut auf den Typen, der früher mein bester Freund war, drängt nun an die Oberfläche und sprudelt aus mir heraus. Wütend zerre ich mir die Handschuhe von den Fingern.

Die Menge brüllt. Es kommt nur sehr selten vor, dass ein Torhüter in eine Schlägerei verwickelt ist.

Als ich die Maske abnehme, bebt das Glas hinter mir.

Die Schiedsrichter skaten um uns herum, bereit, den Kampf zu unterbrechen, wenn wir zu weit gehen. Bis dahin mischen sie sich nicht ein.

Ich traue mich nicht, mich nach Pippa umzusehen. Obwohl ich mir um mich selbst keine Sorgen mache, ahne ich, dass sie Angst um mich hat.

»Na endlich, verdammt«, ruft Miller, als ich meine Schoner ablege und zur Seite werfe.

Sobald ich vor ihm stehe, stürzt er sich auf mich. Ich kann seinen Schlag blocken und ramme ihm meine Faust gegen den Kiefer. Im nächsten Moment trifft er mich am Augenwinkel. Es tut weh, aber gleichzeitig fühlt es sich gut an.

Um uns herum bricht Chaos aus, als auch die anderen Spieler ihrer Wut freien Lauf lassen, indem sie einander an den Trikots packen und die Fäuste fliegen lassen. Die Anspannung im Stadion entlädt sich mit einem Mal. Einen derartigen Lärm habe ich hier noch nie erlebt.

Adrenalin pumpt durch meine Adern, während Miller und ich weiter aufeinander einprügeln. Es kommt mir vor, als hätte mich eine primitive Wut gepackt, die mich fest im Griff hat.

Wir krallen uns am Trikot des anderen fest und schlagen immer wieder zu. Der Schmerz hat etwas Heilsames an sich. Mein Gesicht ist schweißnass, in meinem Mund schmecke ich Blut, und auch von Millers Augenbraue läuft ein Rinnsal hinab.

Überall um uns herum erklingen Pfiffe, doch alles, was ich wahrnehme, sind miteinander ringende Körper und auf dem Eis rollende Helme. Die Fans rasten vollkommen aus. Ich verpasse Miller einen weiteren Hieb und warte darauf, dass er sich wieder sammelt.

Die Linienrichter haben Mühe, uns auseinanderzureißen.

Auf einmal erlischt jeglicher Kampfgeist in Millers Augen. »Bist du fertig?«, fragt er. Er spricht vom Kampf, aber ich ahne, dass er auch auf die Anspannung anspielt, die seit sieben Jahren zwischen uns herrscht.

Ich wische mir mit der Hand über den Mund und stelle fest, dass Blut daran klebt. Angestrengt ringe ich nach Atem.

Irgendetwas hat sich zwischen uns verändert. Ich spüre, wie mein Zorn auf ihn abklingt. Ich habe keine Lust mehr, wütend zu sein, sondern will einfach nur nach vorn blicken. Als ich mich umdrehe, entdecke ich Pippa, die besorgt ihre beiden Hände vors Gesicht geschlagen hat und zwischen den Fingern hindurchspäht. Mein Herz zieht sich zusammen.

Ich will keinen Groll hegen, denn das Leben ist zu kurz. Beruhigend nicke ich Pippa zu – als Zeichen, dass es mir gut geht. Ich rechne damit, dass Ward sich darüber aufregen wird, wie viele Spieler zwei Minuten auf die Strafbank müssen, aber stattdessen stelle ich fest, dass er von einem Ohr bis zum anderen grinst.

»Ja«, antworte ich Miller und begegne seinem Blick. »Ich bin fertig.«

KAPITEL 63
PIPPA

Als ich Jamie nach dem Spiel auf einem der Flure im Stadion begegne, schnappe ich nach Luft. »Dein Auge.« Automatisch hebe ich die Hand, doch halte kurz vor seinem Wangenknochen inne, denn ich will ihm nicht wehtun.

Die Haut um sein Auge herum ist rot und geschwollen, seine Lippe ist aufgeplatzt.

»Alles in Ordnung, Songbird.« Sein unverletzter Mundwinkel hebt sich. Trotz der Verletzungen wirkt er gelöster als vor der Partie und weniger gestresst. »Ich sehe bestimmt schrecklich aus.«

»Du bist zu heiß, um schrecklich auszusehen. Das blaue Auge verstärkt die Wirkung nur noch.«

Er legt belustigt den Kopf schief. »Du findest mich heiß?«

»Das weißt du doch. Du bist zwar herrisch und fordernd, aber abartig heiß.«

Sein Lächeln wird breiter, als er mir die Hand auf den unteren Rücken legt, um mich durch den Flur zum Parkhaus zu lotsen.

Wieder schaue ich zu ihm hoch – er ist so groß, und sein Haar ist immer noch feucht vom Duschen. Mein Blick fällt auf seine Lippe, und sofort steigt wieder Sorge in mir auf. Die mir offenbar deutlich ins Gesicht geschrieben steht, denn er schmunzelt und bleibt stehen.

»Mir geht es gut, ehrlich.« Er legt meine Hand an seine Brust und bedeckt sie mit seiner, sodass ich seinen gleichmäßigen Herzschlag spüren kann. »Fühlst du das?«, fragt er halb zärtlich, halb belustigt.

Ich nicke, ohne den Blick abzuwenden.

»Es schlägt noch.« Er sieht mich an, und ich habe den Eindruck, dass er noch mehr sagen möchte.

»Was ist da auf dem Eis heute passiert?«

Er senkt den Kopf und streichelt mit dem Daumen gedankenverloren über meinen Handrücken. »Miller und ich haben etwas geklärt, das schon jahrelang zwischen uns brodelte.«

Ich habe noch nie so einen Lärm im Stadion gehört wie heute Abend. Die Fans waren völlig außer Rand und Band.

Jamie bei der Prügelei zuzusehen, war furchtbar, in gewisser Weise allerdings auch faszinierend. Er wirkte wie ein Krieger – mächtig und stark. Es war heiß.

Wieder streicht er über meine Haut, und ich denke unwillkürlich daran, wie er gestern Abend über mir war, an seine gequälte Miene, als er kam. Zwischen meinen Beinen kribbelt es.

»Lass uns nach Hause fahren«, sagt er.

Mein Blick fällt wieder auf seine aufgeplatzte Lippe. Heute Abend werde ich mich gut um meinen Goalie kümmern.

Stirnrunzelnd beäugt Jamie den Schaum in der Wanne. Sein Badezimmer duftet nach Vanille-Chai-Schaumbad. Er trägt kein Oberteil, sondern nur eine tiefsitzende Jogginghose, sodass ich Mühe habe, nicht ständig die Muskeln an seinen Hüften anzugaffen, die als v-förmige Linien in seinem Hosenbund verschwinden.

»Rein mit dir.« Ich deute auf die Wanne.

Er zieht die Augenbrauen hoch. Der Bluterguss an seinem Auge wird bereits dunkler. »Du möchtest, dass ich ein Schaumbad nehme?« Sein Tonfall klingt ungläubig.

»Mhm. Ich werde dafür sorgen, dass du dich besser fühlst.«

Auf einmal lodert etwas in seinen Augen auf, und erneut schießen mir Bilder von ihm durch den Kopf, wie er immer wieder in mich hineinstößt, wie er stöhnend sein Gesicht in meinem Haar vergräbt.

Sein Blick huscht zu meinen Lippen, und im nächsten Moment leckt er sich über die Wunde an seinem Mund.

»Nur wenn du mit reinkommst.«

Das Ziehen zwischen meinen Beinen intensiviert sich, und Hitze steigt in mir auf. »Na schön«, antworte ich, woraufhin sich sein Blick verdunkelt.

Als er seine Hose und Boxershorts auszieht, ist er bereits hart. In seinen Augen flammt etwas auf, das mir gefällt – ein bisschen Stolz, eine Menge Verlangen und ein Besitzanspruch, der meinen Körper erschauern lässt. Als er sich ins Wasser sinken lässt, bewegen sich seine Muskeln – seine mehr als kräftigen Oberschenkel, die Linien an seinem Bauch, seine runden, starken Schultern. Schließlich sitzt er und sieht mich eindringlich an. »Du bist dran.« Seine Stimme klingt verführerisch, gefährlich.

Mein Blut gerät in Wallung, als ich mich des Trikots entledige, es ans Waschbecken lege und mir den Pullover über den Kopf ziehe.

»Langsamer.« Den Ellbogen auf dem Badewannenrand abgestützt starrt er mich an. Seine Haltung wirkt lässig, doch seine Augen sind wachsam. Er beobachtet mich so eingehend, als müsste er sich jedes Detail einprägen. Genauso sieht er auf dem Eis aus, stets aufmerksam.

Langsam lege ich meine Kleidung ab, während sich Hitze zwischen meinen Beinen sammelt und sich sein Blick immer weiter verdunkelt. Als ich vollkommen nackt bin, zuckt ein Muskel in seinem Kiefer. Ich strecke einen Fuß ins Wasser und schnappe nach Luft.

»Es ist heiß«, flüstere ich.

»Komm her.« Er beugt sich vor und zieht mich rückwärts zwischen seine Beine, genauso wie in meinem Bett, als er mich mit dem Sextoy zum Orgasmus gebracht hat. Seine Erektion liegt auf seinem Bauch und drückt sich an meinen Rücken.

Ich seufze zufrieden, als er seine Arme um mich legt und über meinen Schlüsselbeinen verschränkt und mich noch enger an sich zieht.

»Schon viel besser.« Seine Stimme vibriert in seiner Brust.

Dann sitzen wir still da und sehen dem nebeligen Dunst zu, der sich im Badezimmer ausbreitet.

Mit den Fingern beschreibe ich einen langsamen Pfad an seinen Oberschenkeln hinab und spüre, wie er sich immer mehr entspannt und seine Atmung gleichmäßig wird.

Schließlich lässt er die Hände zu meinen Schultern gleiten und massiert mich mit seinen Daumen.

»Wie geht es deinem Gesicht?«, frage ich.

Er lacht leise. »Im Moment merke ich es kaum.« Er drückt mir einen Kuss auf die Schulter, und ich lächele. »Du bist die beste Ablenkung.« Er streicht über die Haut zwischen meinen Brüsten, nur ganz leicht, doch meine Nerven tanzen unter seiner Berührung so sehr, dass ich es überall spüre.

Noch nie habe ich mit einem Mann einfach in der Badewanne gesessen und unsere Körper erkundet. Seine Finger gleiten zu meinem Nippel und umkreisen ihn.

Mir weicht alle Luft aus der Lunge, als das Ziehen zwischen meinen Schenkeln stärker wird.

Sein Schwanz zuckt an meinem unteren Rücken, und er küsst noch einmal meine Schulter.

»Du sollst dich doch entspannen«, flüstere ich, aber im nächsten Moment kann ich nicht mehr klar denken, denn er zwickt mir in den Nippel und wendet sich dann dem anderen zu.

»Wie fühlt sich das an?«, fragt er leise, ohne auf meine Worte einzugehen.

»Gut.« Ich schließe die Augen, als er mich noch einmal zwickt und es zwischen meinen Beinen wieder zuckt. Das Wasser ist so warm, und sein harter Körper fühlt sich so gut an meinem an. Mein Kopf schmiegt sich perfekt an seine Schulter.

Nun spüre ich seinen Mund an meiner Schläfe. »Wo spürst du das?«

»In meiner Brust.« Ich seufze, als er mich weiter liebkost und meine Erregung wächst.

»Mhm. Und wo noch?«

Gott, seine Stimme ist so verdammt sexy, wenn er mir Worte ins Ohr raunt. »Zwischen meinen Beinen.«

»Wirklich.« Es klingt wie eine Feststellung.

Ich nicke mit geschlossenen Augen und stöhne erneut, als er mit einer großen Hand meine Brust umschließt und sie massiert.

»Ich kann nicht aufhören, an gestern Abend zu denken.« Seine Lippen streifen mein Ohr, und ich erzittere.

»Ich auch nicht«, hauche ich. »Und an heute Morgen.«

»Dich kommen zu sehen, ist ein Traum. Ich bin süchtig danach.« Seine Hand gleitet an meinem Bauch hinab. »Ich habe mir schon tausend unterschiedliche Stellungen überlegt, in denen ich dich zum Orgasmus bringe. Über die Arbeitsplatte in der Küche gebeugt, auf dem Rücksitz meines Autos, in meinem Bett, in deinem Bett.« Als er über meine Klitoris streicht, zucke ich und spanne meine inneren Muskeln an.

Er legt die Hand auf meinen Venushügel, woraufhin ich instinktiv meine Hüften nach vorn schiebe, um mehr Reibung zu erzeugen. Meine Klitoris pulsiert, als ich versuche, meine Beine weiter zu spreizen.

»Du bist so erregt.« Ohne seine Hand zu bewegen, knabbert er an meiner Schulter.

»Hör auf, mit mir zu spielen.«

Sein Lachen ist heiser und selbstzufrieden. »Was brauchst du?«

»Berühr mich. Fick mich. Füll mich aus, Jamie.« Ich kann nicht glauben, dass mir diese Worte über die Lippen kommen – so etwas habe ich noch nie zuvor ausgesprochen, allerdings habe ich mich auch noch nie so gefühlt.

Er stößt ein heiseres Keuchen aus. »Ich liebe es, wenn du schmutzige Dinge sagst.« Seine Lippen fahren meine Ohrmuschel nach.

Mittlerweile bin ich derart erregt, dass ich weiß, dass ich nicht lange brauchen werde, um zu kommen, ganz egal, was er tut.

»Zeig mir, was du willst.«

Ich bedecke seine Hand mit meiner und schiebe sie nach unten, drücke zwei seiner dicken Finger in die Nähe meiner Öffnung.

Sofort lässt er seine Finger in mich hineingleiten, und ich schnappe nach Luft, als er mich dehnt.

»So?«, fragt er gespielt ahnungslos.

»Ja, und das weißt du genau.« Ich stöhne, als er seine Finger vor- und zurückbewegt.

»Was noch? Was brauchst du noch, um zu kommen?«

»Klitoris«, stoße ich aus, klammere mich an seinen Oberschenkeln fest und versuche zu atmen.

Er drückt seine Handfläche an meine Klitoris und reibt darüber, während er seine Finger weiter in mir bewegt. Meine Augen verdrehen sich, und mir wird schwindelig angesichts der Intensität.

»Das gefällt dir, hm?«, murmelt er an meiner Schläfe, und sein selbstbewusster Tonfall lässt mich erröten. »Bist du bereit zu kommen?«

Ich nicke energisch.

»Sag es.«

»Bitte.« Das Wort gleicht einem Stöhnen. »Ich muss kommen.«

Sein Ächzen vibriert an meinem Rücken, und sein Schwanz drängt sich fester gegen mich. »Ich liebe es, wenn du mich anbettelst.« Nun krümmt er seine Finger in mir und findet die Stelle, die mich um den Verstand bringt.

Seine Finger sind ein wenig zu dick, aber der leichte Schmerz erregt mich nur noch mehr.

Die andere Hand legt er an meinen Hals, eine besitzergreifende Geste, die mir gefällt.

Als die erste Welle heranrollt, schreie ich auf.

»Ja«, raunt er zufrieden, und ich wünschte, ich könnte sein Gesicht sehen. »Du bist so weit, oder?«

Ich bebe unter dem sich aufbauenden Druck. Er berührt diese eine Stelle, und ein Feuer strömt durch meine Adern. »Jamie«, wimmere ich. Es ist so überwältigend, dass es fast zu viel ist. Die Reibung an meiner Klitoris, sein Arm um meine Taille, der mich hält. Seine Lippen an meiner Schläfe, seine langen Finger, mit denen er mich reizt. Elektrische Funken strömen durch meinen Körper, als die Welle höher schwappt und schließlich bricht.

»Ich komme«, presse ich hervor. Ich verenge mich um seine Finger herum, bebend, pulsierend, und drücke mich an ihn, verliere mich in der puren Ekstase, in die mich nur Jamie versetzen kann.

»Ja, genau so«, murmelt er. »Perfekt. Einfach perfekt. Gott, du bist so eng.«

Langsam klingt der Höhepunkt ab, und während ich wieder zu Atem komme, streicht Jamie an meinem Oberschenkel hoch und runter.

Er stößt ein zittriges Seufzen aus. »Ich liebe es, das zu tun.«

»Und du bist sehr, sehr gut darin«, necke ich, zucke aber kurz zusammen, als er wieder über meine Klitoris streicht. »Zu sensibel.«

Als er leise an meinem Haar lacht, macht sich ein albernes Grinsen auf meinem Gesicht breit, und ich kuschele mich an ihn.

Später besteht Jamie darauf, mich abzutrocknen. Dann wickelt er mich in das Handtuch und lächelt mich an.

Weil er immer noch hart ist, umfasse ich seinen Schwanz, was ihm ein Keuchen entlockt. Lächelnd streiche ich mit dem Daumen über die Spitze, auf der sich bereits ein Tropfen gebildet hat. Ich lasse den Daumen in meinen Mund gleiten und sauge daran. Mit geschlossenen Augen genieße ich seinen Geschmack. Als ich sie wieder aufschlage, wirkt seine Miene gequält, sein Kiefer mahlt.

Ich liebe diese Momente, in denen ich die Macht über ihn habe.

Plötzlich kommt mir eine Idee. Ich beiße mir auf die Lippe und greife nach dem Trikot neben dem Waschbecken. Das wird ihm gefallen. Mit dem Trikot in einer Hand führe ich ihn ins Schlafzimmer.

»Was …« Weiter kommt er nicht, denn während ich das Handtuch auf den Boden fallen lasse und mir das Trikot über den Kopf ziehe, lässt er gierig den Blick an meinem Körper hinabwandern. »Fuck.«

Als ich vor ihm auf die Knie sinke, verdunkelt sich sein Blick.

KAPITEL 64
PIPPA

»Fuck«, murmelt Jamie noch einmal und presst die Zähne aufeinander.

Erregung und zärtliche Zuneigung schlängeln sich zeitgleich durch meine Brust, als ich ihn liebkose und zusehe, wie er konzentriert die Stirn runzelt. Jamie ist ein besonderer Mensch, und er verdient es, dass man sich genauso um ihn kümmert, wie er sich um alle anderen kümmert. Wenn er mich so anschaut, voller Vertrauen und Verlangen, wird mir wieder einmal bewusst, wie sehr ich ihn liebe.

Während ich mit seiner Länge spiele, greift er sich in die Haare. Sein Schwanz ist absolut perfekt – dick, lang, glatt und hart. Jedes Mal, wenn ich die Flüssigkeit an der Spitze ablecke, bildet sich ein neuer Tropfen.

»Du trägst mein Trikot, während du mir einen bläst«, stößt er aus, als könnte er es nicht glauben.

Ich lächele. »Jepp.« Nun schließe ich meine Lippen um ihn, und seine Augen weiten sich. Als er meinen Mund ausfüllt, spüre ich, dass es zwischen meinen Schenkeln wieder pocht, und ich nehme ihn so weit auf, wie ich kann. Dann beginne ich zu saugen, woraufhin sein Kopf in den Nacken fällt und er gequält ächzt. Ohne meinen Mund von ihm zu lösen, grinse ich, ehe ich es noch einmal tue. Ganz langsam nehme ich ihn tief in mich auf. Ich weiß, dass es nicht das erste Mal ist, dass ihm eine Frau einen bläst, doch in den letzten Monaten bin ich experimentierfreudiger geworden, und auf einmal bin ich fest entschlossen, dass dies der beste Blowjob in Jamie Streichers Leben wird.

Quälend langsam gleiten meine Lippen vor und zurück, denn ich will, dass er noch lange an diesen Moment zurückdenken wird.

»Songbird, du treibst mich in den Wahnsinn.« Seine Stimme klingt erstickt und heiser, was mich wieder feucht werden lässt.

»Vorhin hast du mir befohlen, langsamer zu sein.«

Er zischt. »Fuck.«

In einem gleichmäßigen Tempo bewege ich meine Lippen an ihm herauf und hinunter und schnelle mit der Zunge über seine Spitze, ehe ich ihn wieder weit in mich aufnehme.

Keuchend greift er mir ins Haar und zieht jedes Mal, wenn ich kräftiger sauge, sanft daran. »Verdammt, ich werde so hart kommen.« Sein Blick fällt auf mein Trikot. »Dass du mein Trikot trägst, während du mir einen bläst, ist das Heißeste, was ich je gesehen habe.«

Wieder grinse ich. Ich liebe es, diese Empfindungen in ihm hervorzurufen. Ich liebe es, wenn er mir ausgeliefert ist. Er stöhnt leise und zuckt in meinem Mund.

Dennoch bewege ich mich nicht schneller, sondern behalte mein Tempo bei, sauge ihn immer wieder tief in meine Kehle hinein und umkreise seine Spitze mit der Zunge.

Die Laute, die er ausstößt, törnen mich an – immer wieder kommt ihm ein gequältes Stöhnen über die Lippen, als wäre er verletzt und würde sich nie wieder davon erholen.

»Ja«, stößt er plötzlich hervor und keucht lauter, während er mich fasziniert beobachtet. »Ja. Jetzt. Ich komme, Pippa.«

Ich schaue ihn ermutigend an und ächze zustimmend, als er seine Bauchmuskeln anspannt.

»Fuck, Baby. Fuck. Ja«, presst er hervor und kommt in meinem Mund, wobei er die Finger in meine Kopfhaut gräbt. »Verdammt,

Pippa, das ist so gut.« Sein salziger Samen füllt meinen Mundraum, und ich schlucke. Er starrt mich an, als hätte ich seine Seele gestohlen und als wäre ihm das völlig egal.

Schließlich zieht er sich schweratmend zurück, ohne den Blick von mir zu lösen, und ich fahre mit dem Finger über meine Lippen.

Eilig zieht er mich auf die Füße, küsst mich, dringt mit der Zunge zwischen meine Lippen und vergräbt die Hände in meinen Haaren. »Das war so verdammt gut«, knurrt er an meinem Mund. »So heftig bin ich noch nie gekommen. Meine Beine zittern. Zieh das aus.« Er zerrt mir das Trikot über den Kopf, lässt sich mit mir zusammen seitlich auf das Bett fallen und zieht mich an seine Brust, einen Arm unter mir, den anderen um mich geschlungen.

Eine Zeitlang sehen wir uns einfach nur an. Ich will es aussprechen, aber mittlerweile jagt mir der Gedanke, ihn verlieren zu können, zu große Angst ein. Ich weiß, dass er mir niemals das Gleiche antun würde wie Zach, aber nichtsdestotrotz gibt es keine Garantie dafür, dass das, was wir im Moment miteinander teilen, für immer halten wird. Und eine Trennung wäre nur noch schlimmer, wenn ich ihm bereits meine Liebe gestanden hätte. Mit einem Mal bin ich so verkrampft, als würde ich an einer bröckelnden Klippe stehen, und jede Bewegung könnte das Gestein um mich herum zum Einstürzen bringen.

Morgen werden wir zu der Wohltätigkeitsgala nach Whistler fahren. Schon jetzt kann ich es mir bildlich vorstellen – seine Hand auf meinem Rücken, das intime Lächeln, das er nur mir schenkt. Mein Herz zieht sich zusammen. Ich will, dass es echt ist und für immer hält.

Auch in Jamies Augen blitzt eine Emotion auf, die ich nicht zu deuten weiß. »Ich will dir etwas sagen«, murmelt er.

Mein Herz setzt einen Schlag aus.

»Ich …« Er hält inne und sieht mir suchend in die Augen.

Während ich warte, fühlt es sich wieder so an, als würde ich vor dem Abgrund stehen und mich verzweifelt an der Kante der Klippe festklammern. Ich bin genauso gespannt auf seine Worte, wie ich mich vor ihnen fürchte.

Schließlich blinzelt er, als hätte er es sich anders überlegt und müsste sich zurückhalten. »Ich freue mich wirklich darauf, mit dir zur Gala zu gehen.«

Obwohl das Arschloch dort sein wird, fügen wir beide stumm hinzu.

»Ich mich auch«, flüstere ich.

Er drückt die Lippen an meine Stirn, und so schlafen wir ein.

KAPITEL 65
PIPPA

Als Jamie am nächsten Tag vor dem Hotel vorfährt, schaue ich mit offenem Mund zu dem eleganten Gebäude hoch, das an ein Château erinnert. Es ist das am besten bewertete Luxushotel der Stadt, in dem viele Stars absteigen, was mich nicht wundert, denn inmitten der Lichter und schneebedeckten Berge erweckt es den Eindruck, als wäre es einem Märchen entsprungen.

Beim Gedanken daran, dass Zach heute Abend ebenfalls hier sein wird, packt mich erneut die Angst. Vielleicht übernachtet er sogar in dem Hotel. Mir wird übel. Heute Morgen habe ich einen Anruf von einer unbekannten Nummer erhalten, bin jedoch nicht drangegangen. Obwohl der Anrufer keine Nachricht hinterlassen hat, habe ich irgendwie im Gefühl, dass es Zach war.

Ich will ihm heute Abend wirklich, wirklich nicht begegnen, aber noch weniger will ich Jamie im Stich lassen. Er hat mir ein wunderschönes Kleid gekauft, Donna passt auf Daisy auf, und dieses Wochenende ist in gewisser Weise unser erster gemeinsamer Trip. Ich möchte nicht, dass mein Ex-Freund uns dabei in die Quere kommt.

»Herzlich willkommen, Mr Streicher«, sagt der Mann vom Parkservice und nimmt Jamies Schlüssel entgegen, nachdem dieser ausgestiegen ist.

Jamie bedankt sich bei ihm und schüttelt den Kopf, als der Mann Anstalten macht, um den Wagen herumzugehen und meine Tür zu öffnen. »Das übernehme ich, danke.«

Mit hochgezogenen Augenbrauen und einem schiefen Schmunzeln zieht er die Beifahrertür auf.

Schüchtern lächelnd steige ich aus. »Danke.«

Sein Blick ist weich. »Aber gerne doch.«

»Wir bringen Ihr Gepäck aufs Zimmer«, verkündet der Hotelangestellte. »Ich hoffe, Sie und Ihre Frau haben einen angenehmen Aufenthalt.«

Ich klappe den Mund auf, um ihn zu korrigieren.

»Danke«, erwidert Jamie und geleitet mich zum Eingang.

Als ich ihn überrascht anblinzele, zwinkert er mir nur zu.

Frau?

Darüber habe ich noch nie nachgedacht. Ich bin erst vierundzwanzig, aber das Wort im Zusammenhang mit Jamie zu hören, lässt mein Herz wild losgaloppieren. Frau. Jamies Frau. Meine Lippen biegen sich leicht nach oben, doch eilig zwinge ich sie wieder runter. Die unausgesprochene Warnung in meinem Hinterkopf verlangt energisch nach Aufmerksamkeit, aber ich tue so, als würde ich sie nicht bemerken.

Nach dem Einchecken führt Jamie mich in die oberste Etage, wo er die Tür zu unserer Suite aufschließt.

Mir fällt die Kinnlade herunter. »Wow«, sage ich einfallslos und schaue mich in der geräumigen Suite im Lodge-Stil um. Die Einrichtung wirkt gemütlich, und die vom Boden bis zur Decke reichenden Fenster bieten einen traumhaften Ausblick auf die verschneiten Berge. Das im Kamin knisternde Feuer verleiht der Suite eine noch wärmere Atmosphäre, und das Kingsize-Bett, das im angrenzenden Schlafzimmer thront, lockt mich mit seinen fluffigen weißen Daunen.

Jamies Mundwinkel zuckt, und in seinen Augen blitzt Belustigung auf.

»Übernachtest du immer in solchen Hotels, wenn du mit der Mannschaft unterwegs bist?«, frage ich.

Er schnaubt. »Nein. Normalerweise teile ich mir ein Zimmer mit einem anderen Spieler, aber als du dich bereit erklärt hast, mich zu begleiten, habe ich um ein Upgrade gebeten.«

In meiner Brust macht sich Wärme breit. »Hier gibt es nur ein Bett.«

Sein Blick brennt sich in meinen. Er macht einen Schritt auf mich zu und legt die Hände an meine Oberarme. »Ist das okay?«

Unsere Blicke verschränken sich, und er sieht mich so intensiv aus seinen grünen Augen an, dass ich kaum atmen kann.

»Vollkommen okay.« Ein Grinsen unterdrückend, gestikuliere ich zu der L-förmigen Couch hinüber. »Die sieht groß genug für dich aus.«

Er prustet los und schenkt mir sein seltenes berauschendes Jamie-Streicher-Lächeln. Wir schlafen schon seit dem Tag im Studio im selben Bett.

In dem Moment vibriert sein Handy.

»Hallo?«, meldet er sich und schweigt kurz, um zuzuhören. »Jederzeit bereit, ja. Danke.« Er beendet das Gespräch und schiebt das Handy zurück in seine Tasche. »Die Masseurin wird jede Minute hier sein.«

Oh. Ich wusste nicht, dass er eine Massage für sich gebucht hat. Irgendwie fühle ich mich komisch bei dem Gedanken. »Eine Frau?«

Sein Schnauben klingt spöttisch, als wäre die Antwort offensichtlich. »Ja.«

Mir gefällt es ganz und gar nicht, dass eine Frau ihn berühren wird. Natürlich ist mir bewusst, dass es sich bei ihr vermutlich um eine ausgebildete Therapeutin handelt und dass seine Muskeln nach dem gestrigen Spiel schmerzen. Eine Massage wird ihm sicherlich helfen. Dennoch gefällt es mir nicht. Jamie ist wahnsinnig attraktiv und durchtrainiert. Von Kopf bis Fuß sieht er aus wie ein Gott. Mich stört es sogar, wenn eine Frau bloß unanständige Dinge über ihn *denkt*.

Er schaut mich an, bevor sein Blick zu meiner Brust huscht. Ich trage einen seiner Hoodies, der mir viel zu groß ist; aber dennoch sieht er meinen Körper genauso an wie heute Morgen in der Dusche. »Ich bin ein toleranter Mann, Pippa, aber ich möchte nicht, dass ein anderer Typ das berührt, was mir gehört.«

Verwirrt furche ich die Stirn. Was ihm gehört? Meint er damit etwa … seinen Penis? Wir befinden uns im edelsten Hotel von Whistler, daher bezweifele ich doch stark, dass hier diese Art von Massage angeboten wird.

»Jamie, eine professionell ausgebildete Masseurin würde dir wohl kaum eine Behandlung mit Happy End anbieten.«

Er starrt mich genauso verwirrt an. »Das will ich auch nicht hoffen.« Er zieht die Augenbrauen zusammen. »Die Massage ist für dich.«

»Oh.« Ich stoße ein schrilles Lachen aus und erröte. »Sorry.«

Er legt den Kopf schief und verengt die Augen.

»Was?«, frage ich und wende mich ab, um zu verbergen, wie rot ich bin, doch seine Hände landen auf meinen Schultern und drehen mich wieder zu ihm um.

»Du bist eifersüchtig«, stellt er fest und studiert mein Gesicht. Seine Mundwinkel zucken.

Ich verdrehe die Augen. »Quatsch.«

»Doch, bist du.« Seine Augen glänzen. Selbstzufrieden. So verdammt selbstzufrieden. »Du bist eifersüchtig, weil du geglaubt hast, dass eine Frau mich massieren würde.«

Ich zucke abwehrend mit den Schultern, und er zieht mich wieder in seine Arme.

»So verdammt niedlich«, murmelt er. »Als hätte ich Augen für irgendeine andere.«

Im nächsten Moment ertönt ein Klopfen an der Tür, und Jamie öffnet der Masseurin. »Die Frau für Haar und Make-up kommt um vier«, erklärt er mir, während sie aufbaut, und drückt mir einen Kuss auf den Kopf. Angesichts meiner verblüfften Miene grinst er und packt seine Sachen für ein kleines Work-out im Fitnessstudio zusammen. »Ich wollte nur, dass du dich besonders fühlst.«

»Das tue ich«, erwidere ich aufrichtig. »Danke.«

»Nicht der Rede wert.« Er ist schon an der Tür, doch er kommt noch einmal zu mir zurück, um mich zu küssen, als könnte er nicht anders. »Wenn ich jetzt nicht gehe, werde ich es nie tun.«

Ich lächele an seinem Mund und schiebe ihn sanft von mir. Ich bin so glücklich, dass ich nicht aufhören kann zu grinsen.

Als er fort ist und die Masseurin mich durchknetet, gehe ich in Gedanken die letzten Wochen mit Jamie durch. Plötzlich reift eine Erkenntnis in mir, drängt verzweifelt danach, nach außen zu gelangen. Was, wenn ich ihm erzähle, was ich empfinde? An meinen Gefühlen würde das ohnehin nichts ändern – ich bin in ihn verliebt. Bisher habe ich mir eingeredet, dass es mich schützen würde, wenn ich es für mich behalte. Dass es dann weniger wehtun würde, falls es endet. Aber stimmt das überhaupt? Oder würde ich es ewig bereuen, es ihm nicht gesagt zu haben? Ich denke darüber nach, wie er mich in den letzten Monaten immer wieder ermutigt hat. Was hätte es gebracht, endlich gelernt zu haben, mich aus meiner Komfortzone herauszuwagen, wenn ich dies nicht auch bei den Dingen tun könnte, die wirklich wichtig sind?

Jamie ist wichtig. Ich glaube, er ist mir wichtiger als jeder andere Mensch. *Das berühren, was mir gehört.* Etwas regt sich in meiner Brust, als ich an seine Worte zurückdenke. Mich in dieser verklärten, glücklichen, aber undefinierten Grauzone zu bewegen, genügt mir langsam nicht mehr. Ich muss Jamie gestehen, was ich für ihn empfinde.

Jamie kehrt zurück, als ich gerade in die Unterwäsche geschlüpft bin, die Miranda mir zum Kleid mitgegeben hat. Na ja, eigentlich würde ich es nicht Unterwäsche nennen. Es sind Dessous. Hauchdünne, teure, verdammt verführerische Spitzendessous. Das Haar fällt mir in losen, seidigen Wellen über die Schulter, und die Make-up-Artistin hat mir einen schlichten, aber sexy Look verpasst, mit dem ich aussehe wie ein Victoria's-Secret-Model.

Ich muss es einfach zugeben: Ich sehe wahnsinnig heiß aus.

»Pippa?«, ruft Jamie, während sich seine Schritte nähern.

»Im Schlafzimmer.«

Bis vor wenigen Sekunden war ich allein, daher habe ich die Tür nicht geschlossen. Nun erscheint Jamie im Türrahmen und bleibt bei meinem Anblick wie angewurzelt stehen.

»Hi.« Beschämt darüber, dass ich allein im Schlafzimmer stehe und mich in Unterwäsche im Spiegel betrachte, lächele ich ihn an. »Ich ziehe mich gerade an.«

»Verdammt, Pippa.« Sein Blick verdunkelt sich, als er ihn von meinem Gesicht aus an meinem Körper hinab- und wieder hinaufwandern lässt. »Bleib genau dort, wo du bist.«

»Was hast du …«

Er marschiert zu mir rüber, sinkt vor mir auf die Knie und zerrt den Slip runter.

»Oh …« In einer festen Linie leckt er zwischen meinen Schamlippen entlang, und die Worte in meinem Kopf lösen sich einfach in Luft auf. »Willst du … Soll ich …« Meine Augen verdrehen sich, als seine Zunge schnelle Kreise um meine Klitoris beschreibt. Wow. Es ist schwer zu denken, wenn er das tut. Ich bin jetzt schon feucht. »Soll ich mich aufs Bett legen?«

»Nein.« Mit einem Ächzen vergräbt er sein Gesicht tiefer zwischen meinen Beinen, wobei er seine große Hand um meinen Oberschenkel legt, um mein Bein über seine Schulter zu ziehen. Meine Hände fliegen in die Luft, um die Balance zu halten. »Bleib so. Wir wollen doch deine hübsche Frisur nicht ruinieren.«

»Okay.« Seufzend schließe ich die Augen, als er mit zwei Fingern in mich eindringt.

Später, nachdem ich an Jamies Mund gekommen bin, revanchiere ich mich fröhlich.

»Das musst du unbedingt noch mal für mich tragen«, stößt er etwas atemlos hervor.

»Hab nichts dagegen.« Ich küsse ihn und fahre mit den Händen durch sein dichtes Haar. »Doch jetzt sollten wir uns weiter anziehen.«

Nachdem ich ins Kleid geschlüpft bin und Jamie geduscht hat, betrete ich das Wohnzimmer. Mir stockt der Atem, als ich ihn an einem der großen Fenster stehen sehe, wo er zu den schneebedeckten Bergen hinausblickt. Die Hände hat er in die Taschen seines Smokings geschoben, in dem er unglaublich gut und stark aussieht.

Beim Klang meiner Schritte dreht er sich um. »Pippa.« Er spricht meinen Namen aus wie ein Gebet und betrachtet mich von oben bis unten. Dann blinzelt er, als würde er gerade aus einem Traum erwachen. »Du siehst umwerfend aus.« Er zieht eine Hand aus der Tasche und hält mir eine kleine schwarze Schatulle hin. »Ich hab was für dich.«

Als er den Deckel aufklappt, teilen sich meine Lippen.

Ein blaugrauer Stein an einer filigranen Silberkette funkelt im Licht. Er hat die gleiche Farbe wie mein Kleid. Wärme breitet sich in meiner Brust aus, und mit einem Mal ist es schwer, zu atmen.

»Die ist wunderschön.« Ich schaue zu Jamie auf, der mich eingehend beobachtet. »Es ist zu viel«, sage ich, denn mein Herz explodiert gerade.

»Gefällt sie dir?«

Den Blick auf die Kette gerichtet, nicke ich. »Ich liebe sie«, antworte ich lächelnd.

»Dann ist es auch nicht zu viel.« Er nimmt die Kette vorsichtig aus der Schatulle und öffnet den Verschluss. Es wirkt fast komisch, seine großen Hände an etwas so Filigranem zu sehen. Nun nickt er mir auffordernd zu. »Dreh dich um, Songbird.« Angesichts seiner leisen Stimme läuft mir ein angenehmer Schauer über den Rücken.

Ich gehorche, und Jamie legt mir die Kette um. Unter dem sanften Streifen seiner Finger bekomme ich eine Gänsehaut.

»So«, verkündet er, worauf ich mich umdrehe. Er schaut auf den Anhänger, und als er mir dieses kleine ernste Lächeln schenkt, hüpft mein Herz. »Wunderschön.«

»Danke.« Ich beiße mir auf die Lippe und schiele auf die Kette hinab. Andächtig lasse ich meine Finger darüber gleiten. »Ich liebe sie.«

»Gut.« Mit einem schüchternen Lächeln streiche ich über mein Kleid. Alles am heutigen Tag und an meinem derzeitigen Leben kommt mir vor wie ein Märchen. Die Prinzessin geht in einem herrlichen Kleid auf den Ball und tanzt mit einem gut aussehenden Prinzen. Aber es geht nicht nur um das Kleid oder die Kette oder die Unterwäsche oder das Styling. In Jamies Gegenwart fühle ich mich immer schön. Noch nie habe ich mich so besonders und hübsch gefühlt wie morgens, wenn ich auf Jamies Schoß sitze – ungeschminkt mit nassen und zerzausten Haaren und in seinem alten Eishockey-Hoodie. Das Selbstvertrauen, das ich durch ihn in den letzten Monaten entwickelt habe, ist mir in Fleisch und Blut übergegangen. Mit jedem »Du schaffst das« oder »Ich glaube an dich« oder »Du bist so talentiert, Songbird« ist es tiefer in mein Bewusstsein eingedrungen.

Ich schenke Jamie ein strahlendes Lächeln. »Lass uns gehen, Traummann.«

Er lacht überrascht auf, doch ich spüre, dass er sich über das Kompliment freut.

KAPITEL 66
PIPPA

Vor dem Ballsaal lässt Jamie seine Hand in meine gleiten und drückt sie. Mein Herz hämmert.

Da er im Aufzug mein Make-up nicht ruinieren wollte, hat er einen Pfad aus sanften Küssen an meinem Hals beschrieben, während ich uns atemlos im Spiegel betrachtet habe.

Ein Teil von mir wollte für immer in diesem Fahrstuhl bleiben, damit ich Zach nicht begegnen muss. Ein anderer Teil von mir konnte nicht glauben, dass dieser gut aussehende, hochgewachsene Typ im Smoking mir gehört. Und ein weiterer Teil von mir tobte vor Wut auf Zach, der es tatsächlich wagt, nach allem, was er mir angetan hat, wieder in mein Leben zu treten.

Jamie streichelt mit dem Daumen über meine Hand. Gleich werden wir der Person begegnen, die mir wehgetan hat, sodass er komplett in den Beschützermodus geschaltet hat, genauso wie auf der Party. Nur ist es diesmal noch ausgeprägter, denn Zach hat meinen Song gestohlen.

Ich atme tief ein, spähe zu Jamie empor und bewundere die dunklen Wimpern, die seine grünen Augen einrahmen. Darin erkenne ich es ganz deutlich: Jamie wird nicht zulassen, dass mich heute Abend irgendjemand verletzt. Wieder denke ich an Jamies Worte am Abend der Tourparty zurück – dass ich mich zurück aufs

Eis trauen soll –, und daran, wie oft ich mich in letzter Zeit durch eine mutige Tat selbst überrascht habe.

»Ich weiß, dass du niemals zulassen wirst, dass mir etwas passiert«, flüstere ich. Und plötzlich erfüllt eine Mischung aus neuer Energie, Stärke und Starrsinnigkeit meinen Körper, und ich straffe meine Schultern. »Ebenso wenig wie ich.«

Mittlerweile kann ich für mich selbst einstehen. Und das habe ich Jamie zu verdanken.

»Wir tun einfach so, als wäre er nicht hier«, schlage ich vor. Als sich sein Kiefer anspannt, lege ich ihm die Hand auf den Arm. »Ich habe mich heute extra für dich aufgestylt, und das werde ich mir bestimmt nicht von ihm ruinieren lassen.«

Kurz wirkt er, als wollte er widersprechen, doch dann wird seine Miene weich. »Okay.«

»Komm her, Traummann.«

Gehorsam beugt er sich runter, damit ich ihm einen Kuss auf die Wange drücken kann, bevor ich ihn in den Saal ziehe.

»Wow, Hartley!«, ruft Hayden, als wir eintreten. Genau wie Jamie trägt er einen Smoking und ein blaues Auge. »Bombshell-Alarm!«

Ich kichere, doch Jamie knurrt. »Sei vorsichtig, Owens«, warnt er, aber Hayden grinst nur und klopft ihm auf die Schulter.

Als uns die anderen Eishockeyspieler entdecken, sind wir mit einem Mal umzingelt. Ich fühle mich wie ein Babyelefant in einer Gruppe voller Erwachsener. Ich kann nicht anders, als mich verstohlen nach Zach umzusehen.

Dabei fällt mir auf, dass ich noch nie so viele schöne Menschen auf einem Fleck gesehen habe. Im Ballsaal tummeln sich Eishockeyspieler in Smokings. Neben Jamies Mannschaft ist auch Calgary anwesend, und ich entdecke unter beiden Teams einige vertraute Gesichter. Wobei den meisten von ihnen die Auseinandersetzung von gestern noch anzusehen ist.

Auch ein paar Berühmtheiten entdecke ich – Schauspielerinnen und Musiker. Beim Anblick einer Frau mit langem platinblondem

Haar setzt mein Herzschlag sekundenlang aus, doch als sie sich umdreht, atme ich erleichtert auf. Es ist nicht Layla, sondern jemand aus einer Realityshow.

Kurz darauf kommt Hazel auf mich zu, in einem purpurroten Kleid, und ich gebe eine Reihe verzückter Laute von mir. »Du siehst bezaubernd aus.«

Mit großen Augen deutet sie auf meine Erscheinung. »Und *du* siehst *umwerfend* aus.«

Ich stupse Jamie an. »Jemand hat mir ein Styling-Team besorgt.«

Er schaut mich an und hebt einen Mundwinkel, ehe er meiner Schwester zunickt. »Hazel.«

»Jamie.« Ihr Blick wandert zwischen uns hin und her.

Jamies Hand liegt auf meinem Rücken, beruhigend, aber auch besitzergreifend.

Sie grinst ihn anerkennend an. »Gute Arbeit, Streicher. Während der Physiobehandlung werde ich dich aber trotzdem leiden lassen.«

Er nickt. »Hab ich mir schon gedacht.«

Als sie einander daraufhin anlächeln, als seien sie Freunde, macht mein Herz einen Satz.

»Gut«, erwidert sie, doch dann wird ihre Miene ernst. »Ich hab ihn übrigens noch nicht gesehen«, sagt sie an mich gewandt.

Ich beuge mich vor und spreche mit leiser Stimme. »Wo ist denn Tisch 16?«

Sie deutet auf einen Tisch am anderen Ende des Raumes. »Wir sitzen zum Glück auf der gegenüberliegenden Seite des Saales.« Sie kneift die Augen zusammen, ihre Nasenflügel blähen sich. »Wenn ich den Typen erwische, werde ich ihm den Arsch aufreißen.«

»Da musst du dich schon hinten anstellen«, erwidert Jamie mit funkelnden Augen.

»Niemand wird hier irgendwem den Arsch aufreißen«, warne ich und gluckse leise, weil ich diese beiden Menschen so sehr liebe. »Wir werden keine Szene machen, weil wir sonst aussehen wie die

Bösen.« Ich richte mich auf und hebe das Kinn. »Wir werden ihn einfach ignorieren.«

»Aber …«, setzt Hazel an.

»Ignorieren«, wiederhole ich lächelnd, aber mit Nachdruck.

Ihre Augen verengen sich erneut, doch schließlich gibt sie nach. »Lass uns was zu trinken holen.«

Wenige Minuten später sitzen Hazel, Jamie und ich an unserem Tisch, unterhalten uns mit anderen Spielern und trinken Champagner.

In dem Moment nähert sich uns Rory. Die Haut um sein linkes Auge herum ist violett verfärbt, und an seinem Kinn verläuft ein roter Kratzer. Trotz der Verletzungen sieht er gut aus in seinem Smoking und mit den frisch geschnittenen Haaren. »Hey, Pips.« Er zieht mich in eine feste Umarmung. »Du siehst so viel besser aus, wenn du nicht dieses hässliche Vancouver-Trikot trägst.«

Ich pruste los. Ich kann einfach nicht anders.

Jamie verdreht die Augen, doch seine Mundwinkel zucken.

Rory löst sich von mir und nickt ihm zu. »Streicher.« Er schiebt die Hände in seine Taschen und nimmt den Schaden, den er in Jamies Gesicht angerichtet hat, in Augenschein. »Das Veilchen steht dir.«

Jamie hebt kurz das Kinn. »Gleichfalls.«

Mehrere Sekunden vergehen, und ich strecke die Fühler nach der vertrauten Anspannung aus, die sonst üblicherweise zwischen ihnen herrscht. Doch diesmal bleibt sie aus.

Jamie räuspert sich. »Wir besuchen sonntags immer Hazels Hot-Yoga-Kurs«, erklärt er Rory. Hazel ist nicht in Hörweite, da sie sich mit Alexei unterhält. »Vielleicht hilft dir das ja auch, besser in Form zu kommen.«

Rory lacht. »Du bist so ein Arschloch.«

Beinahe lächelt Jamie.

Fasziniert schaue ich zwischen den beiden hin und her. Männer sind total merkwürdig.

»Hartley?«, ruft Rory zu Hazel hinüber. Seine Lippen umspielt ein neckisches Grinsen, aber da liegt noch mehr in seiner Miene. Ernsthaftigkeit. Ihm scheint ihre Zustimmung wichtig zu sein. »Ist es okay für dich, wenn ich auch mal zu deinem Yogakurs komme?«

Sie studiert ihn eingehend, ehe sie lässig die Schultern zuckt, als sei es ihr egal. »Wenn du Bock hast.«

In einer Hand hält sie ihren Drink, aber die andere hängt schlaff hinab, und sie reibt Daumen und Zeigefinger in schnellen Kreisen aneinander, was sie immer dann tut, wenn sie nervös ist. Sie mag ihn. Sofort bin ich aufgeregt, denn Hazel *mag* Typen nicht. Niemals. Sie zieht es vor, sie zu benutzen und danach wegzuwerfen.

Rorys Blick ruht sanft auf ihr. Seine Miene ähnelt Jamies, wenn er mich anschaut. »Du siehst sehr hübsch aus«, sagt er vor allen anderen, ohne das kleinste bisschen Ironie in der Stimme.

Überrascht zuckt sie zurück. Diese Seite von ihm kennt sie allem Anschein nach noch nicht. »Danke.« Leichte Röte überzieht ihre Wangen, und sie schaut überallhin, nur nicht zu ihm.

Rasch verberge ich mein Grinsen, indem ich mich zu Jamie umdrehe, der mir unauffällig zuzwinkert – offenbar ist es ihm auch aufgefallen.

Wenig später bittet der Moderator alle Gäste, ihre Plätze einzunehmen, da das Abendessen beginnt. An Tisch 16, bemerke ich, ist ein Platz frei geblieben. Zach ist nicht gekommen. Ich knete die Hände in meinem Schoß. Vielleicht hat er kalte Füße bekommen.

Es folgen mehrere Reden, eine Präsentation über die diesjährige Charity-Arbeit und ein Video von Spielern und anderen berühmten Menschen im örtlichen Kinderkrankenhaus. Einmal flimmert auch Jamie über den Bildschirm. Er sitzt auf einem winzigen Stuhl und lässt sich von einem kleinen Mädchen eine Tiara aufsetzen. Es ist so verdammt niedlich, dass ich dahinschmelze.

Nach einer Weile legt er eine Hand auf mein Knie und schenkt mir dieses ruhige, intime Lächeln.

Als die Schmetterlinge in meinem Bauch daraufhin wieder lostanzen, weiß ich, dass ich ihm sagen muss, wie ich fühle. Und zwar bald. Wenn der richtige Zeitpunkt gekommen ist.

Im Anschluss an die Reden beginnt die eigentliche Party. Musik läuft, der Alkohol fließt. Ich esse alle Desserts, die Jamie mir holt, und Hayden bringt Hazel und mich so zum Lachen, bis wir beinahe keine Luft mehr bekommen.

Zachs Stuhl bleibt weiterhin leer, sodass ich mich zunehmend entspanne. Ich schaue zu Jamie hinüber, der mit Coach Ward redet. Auch der Trainer gibt in seinem Smoking eine gute Figur ab.

Jamie wirkt gelöst, umgeben von all diesen Menschen, die ihn eindeutig bewundern, was mich mit einem Anflug von Dankbarkeit erfüllt. Ich bin froh, dass er diese Leute in seinem Leben hat.

Nachdem ich mein Champagnerglas geleert habe, lenke ich Jamies Aufmerksamkeit kurz auf mich und gebe ihm zu verstehen, dass ich auf die Toilette gehe. Als ich den Waschraum wenig später verlasse, lehnt er an einem Tisch in der Nähe und wartet geduldig.

»Du hättest mich nicht begleiten müssen.«

Er zuckt mit den Schultern. »Du wirktest etwas wackelig auf den Beinen, Songbird.«

Ich kichere. »Ich bin nicht betrunken, ich fühle mich heute nur etwas berauscht.« Da Zach nicht aufgetaucht ist, fühle ich mich, als wäre eine Last von mir abgefallen. Ich bin angenehm beschwipst, aber nicht betrunken.

»Meinetwegen kannst du beides sein, mir ist es egal.« Er hebt eine Hand und streift mir das Haar von der Schulter. Seine Augen funkeln belustigt. »Ich halte dir die Haare aus dem Gesicht, wenn du kotzen musst.«

Ich lache laut auf, weil ich diese alberne Seite an ihm liebe. »Ich werde nicht kotzen.« Nun hake ich mich bei ihm ein und genieße das warme Gefühl, das meinen Körper bis in den letzten Winkel ausfüllt. Ich amüsiere mich prächtig.

In dem Moment, als wir am Eingang zum Ballsaal vorbeikommen, tritt uns jemand in den Weg. Plötzlich ist mein Glücksgefühl wie weggeblasen.

Zach.

Ich halte den Atem an, und Jamie versteift sich neben mir.

»Pippa«, begrüßt mich Zach. Er lässt den Blick über mich wandern, als würde er mich auf einmal in einem ganz anderen Licht sehen. Die neue Pippa, die statt Sneakers und Jeans ein teures Kleid trägt und deren Haar in eleganten Wellen hinabfällt. Neben der ein professioneller Eishockeyspieler steht. Zach begutachtet mich, als sei mein Wert soeben gestiegen.

Sofort flammt Wut in mir auf, denn nichts von alldem ist wichtig. Weder das Kleid noch mein Haar oder mein teurer Schmuck. Es ist nicht mal wichtig, dass Jamie ein Profisportler ist, denn er ist so viel mehr als das.

Und *ich* bin so viel mehr als das alles. Jamie empfand auch schon lange vor heute Abend etwas für mich. Ich erinnere mich noch an seinen Blick, nachdem ich ihm in seinem Wohnzimmer mitten in der Nacht den Song vorgespielt habe. *Das* ist Jamie wichtig – die realen Dinge, nicht all das, was zum äußeren Schein beiträgt.

»Kann ich mit dir reden?« Zachs Lippen kräuseln sich abfällig, als er kurz in Jamies Richtung guckt. »Allein?«

»Nein«, antworten Jamie und ich wie aus einem Mund. Ich lasse meine Hand in seine gleiten, woraufhin er sie beruhigend drückt. Sofort erwidere ich die Geste.

»Okay.« Kurz blitzt Wut in Zachs Augen auf, und dieser vertraute Anblick löst Übelkeit in mir aus.

Hektisch versuche ich, mich an den vernünftigen Plan zu erinnern, den ich vor ein paar Stunden geschmiedet habe. *Zach ignorieren. Er ist nicht wichtig. Keine Szene machen.*

Dennoch bin ich auf einmal derart in Rage, dass ich mit den Zähnen knirsche. Dieser Typ hat mir das Gefühl vermittelt, nicht genug zu sein, hat mir das Herz gebrochen und mich dann zu dieser *blöden* Tourparty eingeladen, nur um es mir auch noch unter die Nase reiben zu können. *Kennst du Layla schon?* Außerdem hat er etwas gestohlen, das ich erschaffen habe, obwohl er mich vorher dafür ausgelacht hatte.

»Die Sache mit Layla …« Zach schüttelt den Kopf. »Es hat nicht funktioniert, ich habe einen Fehler gemacht.« Er tritt von einem Fuß auf den anderen. »Sie ist nicht du.«

Ich stutze. Sie ist nicht ich? Weil sie sich ihm gegenüber behauptet hat? Wollte sie etwa gleichberechtigt behandelt werden, statt wie ein Groupie oder eine Muse, die er für seine Zwecke benutzen kann?

Diesen Moment hatte ich mir anders vorgestellt. Ich habe Genugtuung erwartet, doch stattdessen empfinde ich lediglich Mitleid für Layla.

Und ich bin unfassbar wütend.

Mit schmalen Augen betrachte ich ihn, sehe zu, wie er immer unsicherer wird. Bestimmt hat er damit gerechnet, dass ich einknicken würde. *Ich habe einen Fehler gemacht*, waren seine Worte, und ich frage mich, welcher Fehler das in seinen Augen gewesen sein soll. Es tut ihm nicht leid, dass er irgendjemanden verletzt hat, es tut ihm nicht leid, was er mir oder Layla angetan hat. Er bereut einfach nur, dass es nicht so gelaufen ist, wie er es sich vorgestellt hatte.

»Was ist hier los?« Hazel steht ein paar Meter von uns entfernt und schaut zwischen Zach, mir und Jamie hin und her.

»Pippa hat die Sache im Griff«, informiert Jamie sie, und als ich seinem Blick begegne, erkenne ich, dass er das tatsächlich glaubt. Jamie weiß, dass ich mich behaupten kann.

Mit verschränkten Armen stellt sich Hazel neben mich. Wie zwei Bodyguards schirmen sie und Jamie mich ab.

»Lass es uns noch mal miteinander versuchen.« Zach stößt die Worte eilig hervor, verzweifelt. »Diesmal wird alles anders sein.« Er schluckt schwer und schaut mir flehend in die Augen.

Verdammt, er muss echt in Schwierigkeiten stecken. Die Tour ist vorbei, und seine Plattenfirma plant vermutlich schon die nächste. In der Zwischenzeit wird er ein neues Album aufnehmen und … *oh*.

Ja, das wird es sein: Es ist niemand da, der ihm die Songs dafür liefern kann. Zu schade, dass er mich nicht mehr an seiner Seite hat.

Wieder lodert Zorn in mir auf. »Du hast meinen Song geklaut.« Meine Stimme klingt selbstbewusst. »Ich hab ihn gehört. Das Lied, das ich dir vorgespielt habe. Du hast es für deines ausgegeben.«

Zach schaut mich verwirrt an. »Was, *das*? Das war doch kein Song, Pippa, sondern bloß irgendwelche Fetzen, aus denen wir dann was gebastelt haben.«

Sprachlos starre ich ihn an.

Er winkt ab. »In Künstlerkreisen ist es üblich, dass man einander Ideen liefert. So läuft das eben.« Sein herablassender Tonfall suggeriert, dass ich offensichtlich keinen blassen Schimmer vom Business habe.

Mein Herz hämmert. Ich war noch nie derart angepisst. All der Schmerz der letzten Monate wirbelt in mir herum wie ein Wasserstrudel und braut sich zu etwas zusammen. Ich fühle mich, als könnte ich im nächsten Moment Feuer speien und das ganze Hotel niederbrennen.

Hazel knurrt. »Finish him«, flüstert sie wie in den Videospielen, die wir früher als Teenager gezockt haben.

Etwas Mächtiges strömt durch mich hindurch, und ich lasse es heraus. »Dir ging es nie um mich, Zach.« Ich stoße ein bitteres Lachen aus. »Dir geht es nur um dich selbst. Schon immer.«

Verwirrt zieht er die Augenbrauen zusammen.

»Wir haben nie eine gleichberechtigte Beziehung geführt.« Obwohl meine Hände zittern, straffe ich meine Schultern, denn ich spüre, dass die Flamme in meiner Brust immer heller und heißer wird. »Und wir sind deiner Meinung nach immer noch nicht ebenbürtig, oder? Du bist der Ansicht, dass du mir einen Gefallen tust.«

Er wird blass und schnaubt. Noch nie war er so hässlich wie in diesem Augenblick, in dem er auf mich herabschaut, als wäre ich ein Niemand. »Ich *tue* dir auch einen Gefallen. Was machst du denn momentan? Jedenfalls nichts mit Musik.«

»Sie hat gerade Demo-Tracks bei Ivy Matthews aufgenommen«, mischt sich Jamie mit scharfem Tonfall ein.

Seine Worte haben die erwünschte Wirkung, denn Zach reißt überrascht die Augen auf. Ivy ist die Person, die er schon immer von seiner Musik überzeugen wollte, und ich habe mit ihr zusammengearbeitet. Selbst wenn nichts dabei herauskommt, hat sie sich für mich und nicht für ihn entschieden.

Ich werfe Zach ein trauriges Lächeln zu, weil ich keine Lust mehr habe, länger auf ihn wütend zu sein. So energiegeladen ich mich gerade auch fühle – der Groll würde mich auf Dauer auslaugen. Ich will ihn einfach loswerden und wieder in mein neues Leben ohne ihn zurückkehren, das so viel besser ist als jemals zuvor.

»Mach's gut, Zach.«

Als ich Jamie anblicke, erkenne ich Stolz in seinen Augen.

»Lasst uns gehen«, fordere ich ihn und Hazel auf, woraufhin Jamie den Arm um meine Schulter legt und wir uns gemeinsam abwenden.

Ich drehe mich kein einziges Mal mehr um.

KAPITEL 67
JAMIE

Ich bin absolut beeindruckt von Pippa.

Dir ging es nie um mich. Dir geht es immer nur um dich selbst. Wir haben nie eine gleichberechtigte Beziehung geführt.

Ich liebe diese Frau, und ich muss es ihr schleunigst sagen. Gestern Abend im Bett wäre es mir fast rausgerutscht, aber ich habe mich zurückgehalten. Jetzt, im Aufzug nach oben zu unserer Suite, kann ich mich kaum davon abhalten, endlich damit herauszuplatzen. Ich liebe es, mich um Pippa zu kümmern, auch wenn sie mich nicht braucht. Sie kommt allein zurecht, und dafür liebe ich sie. Ich wünsche mir eine Zukunft mit ihr. Pippa ist die Person, mit der ich für immer zusammen sein möchte. Das weiß ich jetzt, und ich glaube, das wusste ich schon immer.

»Du bist unglaublich«, sage ich zu ihr.

Sie lächelt mich an. »Dank *dir*.«

»Nein.« Ich schüttele den Kopf. »Das warst ganz allein du, Songbird.« Ich dränge sie gegen die Wand und umfasse ihr Gesicht.

Verlangen knistert zwischen uns, und sie schaut mich voller Vertrauen und Zärtlichkeit an. Ich liebe diesen Blick.

»Hab ich dir eigentlich schon gesagt, wie verdammt schön du bist?«, murmele ich und streiche ihr das Haar zurück, bevor ich ihren Hals küsse.

Sie lacht leise unter meiner Berührung. »Ja.«

»Gut.« Ich knabbere an ihrer Schulter, woraufhin sie scharf die Luft einzieht.

Ich liebe diesen Laut, genauso wie alle Laute, die ihr über die Lippen kommen.

Als sich die Fahrstuhltüren öffnen, greife ich nach ihrer Hand und führe sie zu unserer Suite. Nachdem wir eingetreten sind, hält sie inne.

Im Kamin flackert ein Feuer, eine Flasche Champagner steht in einem Kühler voller Eis bereit, und durch die Fenster sind die funkelnden Lichter der Skipisten zu sehen.

Mit einem verträumten Blick legt sie sich die Hände auf die Brust. »Am liebsten würde ich nie wieder abreisen.«

In dem Augenblick beschließe ich, eine Wochenendhütte in Whistler zu kaufen, eingerichtet im Stil dieser Suite. Ein Rückzugsort für Pippa, Daisy und mich. Was bringt es mir schon, Millionen zu verdienen, wenn ich sie nicht für die Menschen ausgebe, die mir am Herzen liegen, und für die Dinge, die wirklich wichtig sind?

Im Schlafzimmer verschränke ich meine Finger mit ihren, küsse sie mit wild pochendem Herzen und sinke an ihren warmen, einladenden Mund, genieße jedes harsche Einatmen und jedes leise Stöhnen von ihr.

Langsam öffne ich ihren Reißverschluss und schiebe ihr das Kleid bis zu den Knöcheln runter. Nun steht Pippa in Unterwäsche vor mir und sieht zum Anbeißen aus. Jede Zelle meines Körpers sehnt sich nach ihr.

Ich fahre mir mit der Hand durchs Haar. »Verdammt«, hauche ich und präge mir ein, wie unwiderstehlich die Wölbungen ihrer Brüste über der Spitze aussehen, wie der Slip ihren Kurven schmeichelt. Wie sich ihre rosafarbenen Nippel unter dem dünnen Stoff abzeichnen. Ich gleite mit dem Daumen über eine der Spitzen, worauf sich ihre Lider halb schließen.

In der Nähe unserer Wohnung gibt es ein Dessous-Geschäft, an dem ich schon Hunderte Male vorbeigekommen bin. Ich beschließe, morgen dort vorbeizuschauen, um den halben Laden für Pippa leer zu kaufen. Ein Knurren steigt meine Kehle hoch, als ich mir vorstelle, dass Pippa Spitzenunterwäsche trägt, die ich für sie gekauft habe, wie sie nach Luft schnappt, wenn ich sie ihr vom Körper reiße. Verdammt, das ist heiß.

Meine hübsche Pippa löst meine Fliege, was ein warmes Gefühl der Vertrautheit in mir hervorruft. Einander zu entkleiden, fühlt sich intim an. Mir fällt wieder ein, dass der Hotelangestellte sie als meine Frau bezeichnet hat.

Das hat mir gefallen. Lächelnd beobachte ich, wie sie mein Hemd aufknöpft. Das hat mir sogar sehr gefallen. Vor meinem geistigen Auge erscheint ein Bild von ihr mit meinem Ring am Finger. Auch das gefällt mir.

Nun zieht sie mir Jackett und Hemd aus und fährt mit der Hand über meinen Schwanz.

»Ich liebe es, wie hart du bist«, haucht sie und blickt zu ihrer Hand hinab, mit der sie mich durch den Stoff meiner Hose hindurch liebkost, ehe sie mit einem neckischen Lächeln auf den Lippen zu mir aufschaut.

Oh ja. Sie wird einen Ring bekommen. Einen großen, funkelnden. Abartig übertrieben. Sie wird ihn hassen, da bin ich mir ganz sicher, aber ich möchte, dass man ihn schon aus einem Kilometer Entfernung sehen kann. Ach was, aus dem Weltall sogar. Alle sollen wissen, dass sie vergeben ist.

»Warum grinst du so?«, fragt sie schmunzelnd.

Sie ist so hübsch.

Natürlich werde ich sie nicht dazu zwingen, einen Ring zu tragen, der ihr nicht gefällt, das würde ich niemals übers Herz bringen. Sie bekommt genau den Ring, den sie sich wünscht. Ich lege meine Stirn behutsam an ihre, während sie mich weiter streichelt.

Begierde flammt in meinem Körper auf, und mein Blut gerät in Wallung. »Warte.«

Sie hält inne. »Was ist?«

Meine Nasenflügel blähen sich, als ich tief einatme. Meine Gefühle für Pippa wallen in mir auf wie sich brechende Wellen einer stürmischen See; sie drängen nach draußen. Ohne ihr zu sagen, was ich für sie empfinde, fühlt sich unsere Intimität unvollständig an.

Ich weiche zurück und suche ihren Blick. »Ich liebe dich.« Meine Worte sind nur ein leises Murmeln. Mit hämmerndem Herzen warte ich auf ihre Reaktion. Diese Worte habe ich noch nie zu einer Frau gesagt, aber ich habe auch noch nie so für jemanden empfunden. Es ist aufregend und angsteinflößend. »Ich liebe dich so sehr, Pippa. Ich bin so verdammt verliebt in dich. Ich wünsche mir alles mit dir.«

Ihre Lippen teilen sich, und ihre Brust hebt und senkt sich schnell.

Bitte empfinde genauso, flehe ich das Universum an.

»Du bist der wichtigste Mensch in meinem Leben.« Meine Pippa, meine Ablenkung, die Frau, der ich machtlos gegenüberstehe. »Ich will dich in meinem Leben haben, denn du machst mich so verdammt glücklich, Songbird. Ich hoffe, dass ich dich auch glücklich mache.«

»Das tust du«, sagt sie sofort und lässt die Hände an meinem Hinterkopf in mein Haar gleiten. »Du machst mich wirklich glücklich. Und du bedeutest mir alles. Ich liebe dich auch«, flüstert sie.

Mein Herz schwillt an. »Ich hatte gehofft, dass du das sagen würdest.«

In der nächsten Sekunde liegen meine Lippen auf ihren, und der leise Laut, der aus ihrer Kehle dringt, lässt alles in mir vibrieren. Sie liebt mich, und ich muss meine Gefühle nicht mehr länger verbergen. Sie liebt mich, und wir sind offiziell zusammen. Sie liebt mich, und es ist für immer. Ich lasse die Hände weiter nach unten gleiten und beschreibe über dem Spitzenstoff mit beiden Daumen

Kreise um ihre Nippel. Sie drängt sich an mich und gerät dabei ins Wanken.

Mit einem tiefen Lachen lasse ich eine Hand in ihren Slip gleiten.

Sie ist feucht und wimmert leise, als ich sie mit langsamen, sanften Bewegungen zu streicheln beginne.

»Verdammt«, hauche ich, »du bist so feucht.«

Nickend schaut sie zu mir hoch, als sei ich ihr Rettungsanker. Um nicht das Gleichgewicht zu verlieren, muss sie sich an mich klammern, und ich lege den Arm um ihre Schultern, um sie festzuhalten, während ich sie weiter liebkose.

Sie ist so weich, so feucht und so warm, dass ich nicht genug bekommen kann.

»Du bist heute schon zweimal gekommen«, necke ich sie. »Und trotzdem bist du schon wieder so erregt?«

Sie nickt wieder, befeuchtet ihre Lippen, und bei dieser kleinen Geste tritt ein Lusttropfen aus meiner Schwanzspitze aus.

Schließlich ziehe ich die Hand aus ihrem Slip und verfolge, wie sich ihr Blick verschleiert, als ich meine Finger ablecke. Voller Andacht genieße ich ihren Geschmack und grinse teuflisch angesichts ihrer ungläubigen und ehrfürchtigen Miene.

»Zeit, den Rest deiner Kleidung loszuwerden, Songbird.« Mit diesen Worten schnippe ich ihren BH auf und schiebe ihren Slip nach unten. »Ich will, dass du nackt bist, damit ich dich wieder zum Orgasmus bringen kann.« Ich führe sie zum Bett und drücke sie sanft auf die Matratze. Über ihr schwebend, sauge ich an einem ihrer Nippel, während ich den anderen mit meinen Fingern umkreise.

»Das fühlt sich immer so gut an.« Ihre Worte sind ein leises, angestrengtes Flüstern, und mein Schwanz zuckt beim Klang ihres lustvollen Tonfalls.

Ich liebe es, Pippa zu befriedigen. Ich liebe es, dafür zu sorgen, dass sie sich gut fühlt, und es gefällt mir, dass ich der einzige Mann bin, dem das gelungen ist.

Ihr Haar ist auf dem Kissen ausgebreitet. Der Anblick von Pippa unter mir, wie sie mich auf diese Weise anschaut – noch nie habe ich etwas Schöneres gesehen. Mein Herz zieht sich beinahe schmerzhaft zusammen.

»Spreiz deine Beine für mich, Baby«, flüstere ich an ihrer Brust. »Dann kann ich weiterhin dafür sorgen, dass du dich gut fühlst.« Als sie gehorcht, empfinde ich einen Anflug von Genugtuung, denn sie gehorcht mir stets. Sie vertraut mir und weiß, dass ich ihr niemals wehtun würde. Ihre Bauchmuskeln spannen sich an, als ich über ihre Klitoris fahre.

»Jamie«, keucht sie frustriert, und ich lache, bevor ich meinen Mund zwischen ihre Beine senke.

Bei ihrem Geschmack auf meiner Zunge entfährt mir ein Stöhnen. Ich drücke ihre Schenkel weiter auseinander, um besseren Zugang zu haben. Mit der Zunge gleite ich an ihrer Spalte hoch und runter, umkreise ihre Klitoris und dringe in ihre enge Öffnung ein. Dabei berühre ich jede sensible Stelle, bis sie ihre Hände in meinen Haaren vergräbt und daran zieht.

»Ich kann nicht genug davon bekommen.«

»Gut.« Ich sauge an ihrer Klitoris, sodass sie ihren Rücken durchdrückt und mir ihre Hüften entgegendrängt. »Ich auch nicht.« Ohne von ihr abzulassen, öffne ich meinen Gürtel und lasse meine Hand ein paarmal an meinem Schwanz auf und ab gleiten. Verdammt, ich bin nahe dran. Zu nahe dran.

»Du spielst mit mir.« Ihre Stimme klingt heiser und vorwurfsvoll. »Damit treibst du mich in den Wahnsinn.«

»O ja.« Ich beschreibe langsame, sanfte Kreise auf ihrer Klitoris, bevor ich wieder hart daran sauge. »Du liebst es, wenn ich mit dir spiele, oder nicht, Songbird?«

Als sie noch fester an meinem Haar zieht, prickelt meine Wirbelsäule. Nun beginne ich, in einem gleichmäßigen Rhythmus ihre Klitoris zu bearbeiten, was ihre Schenkel zum Zittern bringt. Ihre Muskeln um meine Finger zucken.

»Sprich es aus, Baby, ich will es hören.«

»Ja«, stöhnt sie, als ich über ihren G-Punkt reibe. »Ich liebe es, wenn du mit mir spielst. Ich gehöre dir.«

»Das wollte ich hören. Willst du kommen?«

»Ja.«

»Dann sag es.«

»Bitte«, bettelt sie. »Bitte lass mich kommen. Bitte, Baby.« Ich brumme, sauge kräftig an ihrer Klitoris und lasse gleichzeitig meine Zunge darüber gleiten, ohne aufzuhören, ihren G-Punkt in dem gleichmäßigen, festen Rhythmus zu massieren, der sie um den Verstand bringt.

Meine freie Hand wandert zwischen ihre Pobacken und liebkost sie.

Überrascht hebt sie den Kopf, um mich anzusehen.

»Hat er dich jemals hier berührt, Songbird?« Mit der Fingerkuppe fahre ich über ihren Eingang, der ebenfalls feucht von ihrer Erregung ist.

Stöhnend schüttelt sie den Kopf.

»Möchtest du, dass ich es tue?« Ich übe Druck auf die enge Öffnung aus und beschreibe kleine Kreise.

Ihre Lider schließen sich flatternd, und sie stößt ein hohes, verzweifeltes Seufzen aus, das ich noch nie von ihr gehört habe. »Ja, bitte.«

Vorsichtig dringe ich mit meinem Finger in ihren Po ein, und als ich beginne, ihn zu bewegen, verengt sie sich um mich. »Fühlt sich das gut an?«, frage ich lächelnd.

Sie nickt hektisch, keucht abgehackt und murmelt abwechselnd »Bitte« und »Ja«.

Nun lasse ich wieder meine Zunge über ihren Kitzler gleiten und sauge fest daran. Innerhalb von Sekunden drückt sie den Rücken durch und stöhnt lautstark, während sie heftig kommt.

Mein Gesicht ist feucht von ihrer Erregung, und ich bin so hart, dass es wehtut.

»Jamie.« Sie streckt die Arme nach mir aus, ihr Brustkorb hebt und senkt sich. »Ich will dich in mir spüren.«

Auf dem Bett kniend beuge ich mich über sie und küsse einen Pfad an ihrem Hals und ihrer Brust hinab. »Du bist heute schon dreimal gekommen«, gebe ich grinsend zu bedenken.

Ihre Augen funkeln, und sie erwidert mein Lächeln. »Weil *du* mich heute dreimal zum Orgasmus gebracht hast.«

Stolz flammt in mir auf. »Verdammt richtig«, stoße ich hervor, senke meine Hüften und gleite mit meinem Schwanz durch ihre feuchte Mitte.

Als ich ihre Klitoris berühre, zittert sie und spreizt die Beine weiter. Dann greift sie nach unten, um mich an ihrem Eingang zu platzieren, und ich dringe sofort in sie ein.

Mein Schwanz pulsiert, als ich spüre, wie eng, feucht und warm sie ist.

»O mein Gott.« Sie greift mir ins Haar, während sich auf ihrem Gesicht ein Ausdruck von gequälter Wonne abzeichnet. »O mein Gott«, wiederholt sie.

Auf einmal blitzt etwas durch den dichten Nebel in mein Bewusstsein. »Kondom«, ächze ich. Ich trage keins. Ich bin schon halb in ihr und bebe vor Verlangen, aber ich würde niemals gegen ihren Willen weitermachen.

»Ich nehme die Pille.« Kurz wird sie ernst und leckt sich die Lippen. »Ich hatte vorher noch nie Sex ohne Kondom.«

Meine Gedanken geraten ins Straucheln, und jeder meiner animalischen Instinkte erwacht zum Leben. Mehr als alles andere will ich in ihr kommen. Ich will, dass sie vollkommen mir gehört.

»Ich auch nicht.« Ich schlucke. Als mein Schwanz in ihr zuckt, stockt ihr der Atem.

Sie nickt, gibt mir grünes Licht, indem sie mir ihre Hüften entgegenschiebt.

Nun versenke ich mich vollständig in ihr, und jeder Gedanke in meinem Kopf verschwindet.

Mit Pippa ohne Kondom zu schlafen, fühlt sich für mich an, als wäre ich im siebten Himmel. Der Laut, der aus meiner Kehle dringt, klingt beinahe unmenschlich. Als ich mich aus ihr zurückziehe und wieder in sie hineinstoße, stöhnt sie leise.

»Müssen wir wieder unseren Trick anwenden?«, frage ich durch zusammengebissene Zähne. Ihr Duft steigt mir in die Nase, was mich noch härter werden lässt. Sie ist so feucht, dass ich meine Bewegungen in ihr hören kann, und die Tatsache, dass sie mir fast schmerzhaft ihre Nägel in den Rücken treibt, bringt mich noch näher an meinen Höhepunkt heran.

Lange kann ich mich nicht mehr zurückhalten.

»Was für einen Trick?«

»Das …« Ich suche nach Worten, doch ich kann nur daran denken, wie unglaublich es sich anfühlt, in ihr zu sein. Diese intensivierte Empfindung hätte ich niemals für möglich gehalten. Sie ist stärker als jeder Schmerz, den ich je bei einer Verletzung verspürt habe. In ihr zu kommen, wird mir den Verstand rauben. »Wenn du dir zu viele Gedanken machst«, presse ich schließlich hervor. »Und du mir fünf Dinge nennst …«

Sie schüttelt vehement den Kopf. »Ich brauche keine Hilfe, ich komme gleich, Jamie.«

Gott sei Dank, denn ich halte nicht mehr viel länger durch. Hitze schlängelt sich durch meinen Körper, sich windend und pulsierend. »Berühr dich selbst. Zeig mir, wie du es machst. Bring dich selbst zum Orgasmus, während ich dich nehme.«

Sie schiebt ihre Hand an die Stelle, an der wir miteinander verbunden sind, und ich ziehe scharf die Luft ein, als sie sich verengt. Mit den Fingern umkreist sie sanft, aber schnell ihre Klitoris, und ich kann nicht aufhören, sie anzustarren – sie wimmert vor Lust und Verzweiflung, als wir gemeinsam der Erlösung hinterherjagen.

Ihre Lippen formen ein O, als sie beinahe ungläubig zu mir hochschaut. Meine Kontrolle entgleitet mir, sodass ich schneller in sie hineinstoße. Die Kette, die ich ihr geschenkt habe, hüpft zusammen mit ihren Brüsten.

»Ich liebe dich so sehr«, stoße ich heiser aus. Der Druck am Ansatz meiner Wirbelsäule wird immer stärker. »So sehr, Pippa.«

Sie nickt wieder und wieder. »Ich liebe dich. O mein Gott.« Ihr Mund öffnet sich. »Ich komme.«

Pippa stößt einen erstickten Schrei aus und zieht sich krampfartig um meinen Schwanz zusammen.

Meine ganze Welt besteht nur noch aus ihr – ihren vollen Brüsten und Lippen, ihren wunderschönen blaugrauen Augen, die vor Lust verschleiert sind und aus denen sie mich fest ansieht.

Unkontrolliert in sie hineinstoßend, nähere ich mich unaufhaltsam dem Höhepunkt.

Als ich in ihr komme, zerspringe ich in eine Million Teile. Ich lasse meine Stirn an ihre sinken und stöhne laut auf, meine Sicht verschwimmt. Der intensivste Orgasmus meines Lebens strömt durch jede Zelle meines Körpers, während ich ihren Namen hervorpresse.

Langsam und nach Luft schnappend nehme ich meine Umgebung wieder wahr und schaue Pippa ungläubig an. »Heilige Scheiße.«

Ein Lachen bricht aus ihr heraus, was auch mich zum Lachen bringt. Das war die intensivste körperliche Erfahrung meines Lebens, und nun liegen wir hier und lachen zusammen.

Ich liebe diese Frau. Noch nie habe ich mich vollkommener gefühlt als mit Pippa. Nun habe ich alles, was ich mir insgeheim schon immer gewünscht habe.

Und ich werde sie nie wieder gehen lassen.

KAPITEL 68

PIPPA

Am nächsten Morgen wache ich in einem riesigen, bequemen Bett an Jamies Brust auf. Sonnenlicht strömt durch die Fenster herein, und mein Körper fühlt sich sowohl entspannt als auch angenehm wund an von gestern Abend … und von dem weiteren Mal mitten in der Nacht.

»Morgen«, murmelt Jamie in mein Haar.

Ich lächele an seiner Haut und lasse die Finger an seinem Brusthaar bis hinunter zu seinen Boxershorts gleiten. »Guten Morgen.« Meine Stimme klingt fast ein bisschen schüchtern nach letzter Nacht.

Er hat mir gesagt, dass er mich liebt.

Und ich habe es erwidert.

Als ich den Kopf hebe, begegne ich seinem lächelnden Blick, was mein Herz zum Flattern bringt. Ich hoffe, dass diese Aufregung, dieses Kribbeln niemals verschwindet. Mit den Fingern fahre ich vorsichtig über den Bluterguss an seinem Auge und bewundere die unterschiedlichen Grüntöne seiner Iriden.

»Wie fühlst du dich?«, erkundigt er sich und streicht über meine Hüfte.

So, wie seine Frage klingt, und weil ich weiß, dass Jamie sich stets um andere sorgt, meint er damit *alles*. Zach, der Sex und das *Ich liebe dich*.

»Ein bisschen wund«, gebe ich zu, »aber ich bereue nichts.«

»Gut.« Er studiert mein Gesicht, wie es noch kein anderer getan hat, und in dem Moment wird mir bewusst, dass er dies schon seit dem Tag tut, an dem ich vor Monaten seine Wohnung betreten habe. Mit den Fingern fahre ich an seiner Brust hinauf, woraufhin sich eine Gänsehaut auf seinen Muskeln bildet.

»Und wie fühlst *du* dich?«

Sein Adamsapfel hüpft, und ein Anflug von Verletzlichkeit huscht über seine Züge. »Ich bereue nur eines.«

Ich erstarre und halte den Atem an.

»Ich wollte dich fragen, ob du mit mir zum Abschlussball gehst«, gesteht er, ehe ich die Luft wieder ausstoßen kann. »Damals in der Highschool.«

Erstaunt ziehe ich die Augenbrauen zusammen. »Kann nicht sein.«

»Doch«, erwidert er, und ich stelle erstaunt fest, dass er sogar ein wenig verlegen zu sein scheint. »Auf Partys habe ich immer nach dir Ausschau gehalten, Pippa, und bin auf alle Bandkonzerte gegangen, nur um dich singen und spielen zu hören. Ich hab überall rumgefragt, um herauszufinden, ob du mit Zach zusammen bist, aber niemand wusste es. Also habe ich geglaubt, dass du vielleicht Single bist, habe all meinen Mut zusammengenommen, um dich zu fragen, ob du mit mir zum Ball gehst, doch dann habe ich gesehen, wie er deine Hand hielt.«

Mit einem Mal fühle ich mich wieder in den Moment in der Schulcafeteria zurückversetzt, als Zach wie aus dem Nichts seine Hand in meine gleiten ließ. Ich schlucke.

Jamie brummt leise etwas vor sich hin.

Süß. So verdammt süß.

»Also hab ich es abgehakt. Aber ich habe noch jahrelang an dich gedacht.« Seine Mundwinkel heben sich. »Als du plötzlich als meine neue Assistentin vor der Tür standest, dachte ich, ich träume.«

Nachdem es mir gelungen ist, die neuen Informationen zu verdauen, pikse ich ihn in die Seite. »Du wolltest mich also tatsächlich fragen, ob ich mit dir zum Abschlussball gehe?«

Röte breitet sich auf seinen Wangen aus, und ich grinse.

Ich liebe ihn. Ich liebe diesen Mann so sehr. Es fühlt sich an, als würde mein Herz vor Glück explodieren.

»Ich war in der Highschool total in dich verknallt«, gestehe ich ihm.

Er runzelt die Stirn. »Nein.«

»Doch.« Lächelnd schüttele ich den Kopf. »Jamie, du hast keine Ahnung, wie gut du aussiehst, oder?«

Er stößt ein fröhliches, herzliches Lachen aus, das sowohl erleichtert als auch belustigt klingt. »Komm her.« Er zieht mich rittlings auf sich.

Einen Moment lang schauen wir einander an, seine Hand in meinem Haar und meine in seinem Haar, das ich ihm nun aus der Stirn streiche.

»Weißt du noch, als ich den Slurpee verschüttet habe?«

Er lacht. »Ja. Ich wollte Servietten holen, um dir zu helfen, aber du bist einfach davongerannt.«

Wäre ich ein paar Sekunden länger geblieben, wäre vielleicht alles anders gelaufen, allerdings hätte ich dann nicht all die schweren, aber wichtigen Lektionen mit Zach gelernt. Nun beuge ich mich runter, um Jamie zu küssen, und spüre, dass er an meinen Lippen lächelt.

»Songbird?«

»Mmm?« Ich fahre mit den Lippen über seine Stoppeln und seufze angesichts der Empfindung.

»Ich liebe dich so sehr.«

Als ich meine Augen aufschlage, sehe ich, wie ernst er diese Worte meint.

»Ich liebe dich auch.« Ich drücke ihm einen Kuss auf den Mund. »Traummann«, füge ich hinzu und finde mich in der nächsten Sekunde japsend vor Lachen auf dem Rücken wieder.

KAPITEL 69

JAMIE

Pippa und ich fahren über den gewundenen Sea-to-Sky-Highway nach Hause, hören Musik, unterhalten uns und bewundern die bewaldeten Berge und klaren blauen Seen.

Ich war noch nie so glücklich, und weil ich auf einmal daran denken muss, wie sehr ich mich bemüht habe, ihr zu widerstehen, beginne ich zu lachen.

»Warum grinst du so?«, fragt mich Pippa.

Ich grinse über die Tatsache, dass ich jemals geglaubt habe, ich könnte sie vergessen. Ich grinse, weil ich aus irgendeinem Grund davon überzeugt war, es wäre besser, mich für den Rest meines Lebens nach ihr zu verzehren, als mit ihr zusammen zu sein; als ihr zu gestehen, was ich für sie empfinde.

»Ich bin einfach glücklich«, antworte ich.

Sie erwidert mein Lächeln. »Ich auch.«

Mein Handy klingelt über die Bluetooth-Lautsprecher des Autos. Auf dem Display wird die Nummer meiner Mom angezeigt.

»Hi«, melde ich mich. »Wir sind auf dem Heimweg. In anderthalb Stunden sollten wir zu Hause sein.«

»Spreche ich mit Jamie?«, erkundigt sich eine Frauenstimme.

Sofort keimt Panik in mir auf. »Ja.«

»Ich rufe aus der Notaufnahme des Lions Gate Hospital an.«

Mein Mund wird trocken. Das ist das Krankenhaus in North Vancouver. Da wir uns einem Aussichtspunkt auf dem Highway nähern, fahre ich rechts ran und stelle den Motor ab.

»Ihre Mutter hatte eine Panikattacke. Mittlerweile geht es ihr wieder gut, aber es wäre schön, wenn sie jemand abholen könnte.«

Meine Gedanken rasen, und ich umklammere das Lenkrad so fest, dass meine Fingerknöchel weiß hervortreten. Es geht ihr besser. Sie hat einen Therapeuten, und sie hat eine medikamentöse Behandlung begonnen. Sie hatte schon keine Panikattacke mehr seit dem Abend, an dem Pippa und ich zu ihr fahren mussten. Ich dachte, wir hätten es hinter uns gelassen.

Es geht ihr besser.

Pippa legt ihre Hand auf meine Schulter und drückt sie leicht.

»Okay«, sage ich, da mir nichts anderes einfällt.

»Ihr Wagen steht vor einem Laden in der Nähe«, fährt die Frau fort.

Ich reiße die Augen auf. »Sie ist Auto gefahren?« Erschrocken wirbelt mein Kopf zu Pippa herum, die besorgt an ihrer Unterlippe nagt.

»Allem Anschein nach hatte sie hinter dem Steuer eine Panikattacke und hat dann einen Polizeiwagen gerammt«, erklärt die Frau.

Mir wird schlagartig schlecht. Ich kann es nicht glauben. »Verdammt«, murmele ich und fahre mir mit der Hand durchs Haar. »Was ist mit ihren Medikamenten? Hat sie sie heute nicht genommen?«

Eine lange Pause entsteht, und plötzlich überkommt mich eine düstere Ahnung.

»Von Medikamenten weiß ich nichts«, erwidert die Frau. »Bei ihrer Einlieferung hat sie keine angegeben.«

Sie hat mich angelogen. All die ausweichenden Antworten, die ich so gedeutet habe, dass sie einfach Zeit braucht. Sie hat sich nie etwas verschreiben lassen. Hinter meinen Augen kündigen sich Kopfschmerzen an. Es ist so viel schlimmer, als ich gedacht habe.

Meine Mom ist Auto gefahren und hat einen *Polizeiwagen* gerammt. Sie hätte sich um Daisy kümmern sollen …

Mein Puls rast. »War ein Hund im Auto?«

Ich könnte es nicht ertragen, wenn Daisy etwas passiert sein sollte. Das würde ich mir nie verzeihen.

»Nein«, antwortet die Frau. »Sie hat erwähnt, dass der Hund zu Hause sei.«

Erleichtert atmen Pippa und ich auf. Wenigstens das.

»Wir kommen so schnell wie möglich«, versichere ich.

Nachdem ich aufgelegt habe, schaue ich Pippa an. Ich fühle mich verloren und verwirrt, und auf einmal bin ich wieder zehn Jahre alt, komme von der Schule nach Hause und stelle fest, dass meine Mom mit heruntergelassenen Rollos schläft, obwohl es schon drei Uhr am Nachmittag ist. Enttäuschung macht sich in meinem Magen breit.

»Ich dachte, es ginge ihr besser«, murmele ich. »Ich bin davon ausgegangen, sie hätte es unter Kontrolle.«

»Ich weiß.« Sie nickt, immer noch mit besorgter Miene. »Ich auch. Aber selbst wenn sie auf dem Weg der Besserung ist, bedeutet das noch lange nicht, dass es immer nur steil bergauf geht.«

Ich schweige, denn ich will meine Vermutung nicht aussprechen, dass sie vielleicht nie auf dem Weg der Besserung war.

Die nächsten anderthalb Stunden fahren wir schweigend weiter, während ich alles, was ich für wahr gehalten habe, noch einmal überdenke. Ich habe angenommen, dass meine Mom nicht mehr so sehr auf meine Hilfe angewiesen sei.

Zum ersten Mal habe ich geglaubt, dass ich ausnahmsweise einmal etwas für mich ganz allein haben könnte.

»Ich möchte, dass du nach Hause fährst«, sage ich zu Pippa, als wir uns dem Krankenhaus nähern. Alles in mir vibriert vor Stress, Sorge und Frustration. »Um diese Angelegenheit muss ich mich allein kümmern. Ich werde dir ein Uber bestellen.«

Pippa schaut mich ungläubig an. »Nein.«

»Doch.« Meine Anspannung wächst, denn mein Instinkt, das Ruder in die Hand zu nehmen und alles geradezubiegen, ist so ausgeprägt wie nie zuvor, auch wenn ich selbst erkenne, dass das, was ich bisher getan habe, nicht dauerhaft funktionieren kann. Ich fühle mich so verdammt verloren, dass ich nicht weiß, was ich tun soll.

»Ich werde nicht nach Hause fahren«, verkündet Pippa und verschränkt die Arme, ihre Stimme klingt trotzig.

Ich stoße langsam die Luft aus. Wenn meine Mom keine Fortschritte macht oder es nicht wenigstens versucht, weiß ich nicht, wie die Sache zwischen Pippa und mir funktionieren soll. Ein Gedanke, der mir das Herz bricht. Vielleicht wird es jetzt unserer Beziehung noch nicht schaden, aber irgendwann wird es das. Das kann ich Pippa nicht antun. Ich kann meine Mom nicht ewig über sie stellen und nicht all meine Energie darauf verwenden, mir Sorgen um sie zu machen. Mein Herz schmerzt. Alles, was wir einander gestern gestanden haben, scheint umsonst.

»In Ordnung.« Ich biege nun auf den Parkplatz vor dem Krankenhaus ein. »Dann bleib im Auto.«

Verletzt schaut sie mich an. *»Nein.«*

Mir fehlt die Kraft, um mich mit ihr zu streiten. »Na schön.«

In der Notaufnahme erklärt uns die Frau am Empfang den Weg zum Zimmer meiner Mutter.

Vor der Tür berührt Pippa mich am Arm. »Ich werde draußen warten. Wenn du mich brauchst, bin ich hier.«

Ich wappne mich für das, was auch immer mich drinnen erwartet. »Danke.«

Nach dem Eintreten bleibe ich bei dem Anblick, der sich mir bietet, wie angewurzelt stehen: Meine Mom plaudert fröhlich mit den Krankenpflegerinnen, scherzt und lacht. Wie bei einem verdammten Kaffeeklatsch.

Dann entdeckt sie mich und verdreht seufzend die Augen. »Ach, du liebe Güte.« Sie schaut eine der Krankenpflegerinnen an. »Candace, ich hab dir doch gesagt, dass du ihn nicht anrufen sollst!« Als ihr mein blaues Auge auffällt, verzieht sie das Gesicht. »Oh, nun sieh sich einer dieses Veilchen an. Wie war eure Reise?«

Während ich sie ungläubig anstarre, keimt Wut in mir auf. »Kann ich einen Moment mit ihr allein sprechen?«, bitte ich die Krankenpflegerinnen, die sich daraufhin entfernen.

Sobald wir allein sind, windet sich meine Mom unter meinem Blick. »Schatz, es geht mir gut …«

»Sag nicht, dass es dir gut geht.« Mir ist kotzübel. »Hör auf, die Sache runterzuspielen und zu behaupten, dass du keine Hilfe brauchst.«

Sie stößt ein überraschtes Lachen aus, doch es liegt kein Humor darin. »Ich brauche keine Hilfe.«

»Du hast einen Polizeiwagen gerammt.«

Kurz ist es still, und wir liefern uns ein regelrechtes Blickduell.

Irgendetwas in mir scheint sich in diesem Moment zu verschieben, denn als ich nach der endlosen Geduld suche, die ich sonst immer an den Tag lege, stelle ich fest, dass sie nicht mehr da ist. Stattdessen fühle ich mich hintergangen und frustriert.

Irgendetwas muss sich ändern, und zwar nicht ich, so wie es bisher der Fall gewesen ist. In Bezug auf meine Mom bin ich immer derjenige gewesen, der sich angepasst und verbogen hat. Pippa habe ich dazu ermutigt, für sich selbst einzustehen, sich selbst an erste Stelle zu setzen, das zu tun, was am besten für ihre Karriere und ihr Leben ist, aber meinen eigenen Ratschlag habe ich nicht befolgt.

»Ich bin für dich hierhergezogen«, sage ich zu ihr, doch eigentlich bin ich derjenige, der es hören muss.

Sie winkt ab. »Du bist hergezogen, weil du Vancouver vermisst hast.«

»Nein.« Ich verschränke meine Arme vor der Brust und spüre, wie schnell mein Herz schlägt. »Ich bin hergezogen, weil du Panikattacken hattest und eindeutig nicht allein zurechtkamst.«

Sie zuckt zusammen, als hätte ich sie geohrfeigt, und obwohl es mir in der Seele wehtut, sie derart zu verletzen, muss sie die Wahrheit hören. Viel zu lange hat sie die Augen davor verschlossen.

»Du hattest eine Panikattacke und einen Autounfall, also habe ich mein ganzes Leben wieder hierher nach Vancouver verlegt, damit ich mich um dich kümmern kann.«

Mit angespanntem Kiefer schaut sie zu Boden – eine Reaktion, die mich viel zu sehr an mich selbst erinnert.

In meiner Brust scheint sich ein Knoten zu lösen, weil ich die Wahrheit endlich ausgesprochen habe.

Mit den Fingern greift sie an ihr Armband und dreht die Perlen, ohne meinem Blick zu begegnen.

»Die Frau am Telefon meinte, dass du keine Medikamente nimmst.«

»So ein Zeug brauche ich nicht«, murmelt meine Mom. »Das hab ich doch schon ausprobiert.« Damit bezieht sie sich auf die Zeit vor vielen Jahren, als ihre Depression am schlimmsten war. »Davon bin ich nur ganz wirr geworden.«

»Das ist fünfzehn Jahre her.« Meine Stimme klingt rau. »Es gibt neue Medikamente und neue Forschungsergebnisse. Mittlerweile haben sich viele Ärztinnen und Ärzte auf Angstzustände spezialisiert.« Kurz halte ich inne und überlege, ob ich ihr die Frage stellen soll, auf die ich die Antwort schon zu kennen glaube. »Hast du einen neuen Therapeuten gefunden, so wie du behauptet hast?«

Wieder fixiert sie ihr Armband und fummelt an den Perlen herum. »Es hat nicht funktioniert.«

»Das heißt also nein.« Ich stoße zischend die Luft aus. Auf einmal sehe ich alles ganz klar: Ihr Zustand wird sich immer weiter verschlechtern, und ich werde langsam daran zugrunde gehen, um ihre Gefühle nicht zu verletzen. Derweil werde ich mir einreden, dass ich mit der Frau, die ich liebe, nicht zusammen sein kann, weil ich keine Zeit für sie habe.

Mein Herz wird schwer. Ich liebe Pippa und will sie nicht aufgeben.

Auf der anderen Seite liebe ich auch meine Mom und möchte nicht, dass es ihr schlecht geht.

»Warum bist du alleine Auto gefahren?«, frage ich sanft.

Ein Muskel in ihrem Kiefer zuckt, während sie ihren Blick weiterhin auf das Armband gesenkt hält. »Ich brauchte etwas aus dem Laden; es war nur eine kurze Strecke.«

Sie hätte sich selbst oder einer anderen Person erheblichen Schaden zufügen können. Und wenn Daisy mit im Wagen gewesen wäre … Daran will ich nicht mal denken.

»Du weißt ganz genau, dass Autofahren eine Panikattacke bei dir triggern kann, und trotzdem setzt du dich hinters Steuer. Inwiefern unterscheidet sich das von dem, was Dad getan hat?«

Abrupt ruckt ihr Kopf hoch, denn meine Worte haben offenbar einen Nerv getroffen. Gut.

»Jamie.« Ihr Tonfall klingt scharf.

Noch nie habe ich so mit ihr gesprochen, und über meinen Dad reden wir ohnehin nie.

Ich trete einen Schritt vor und balle die Hände zu Fäusten.

»Du ignorierst das Problem, obwohl es immer schlimmer wird. Du lügst mich sogar an und erzählst, du hättest dir einen Therapeuten gesucht.«

Sie presst die Lippen zusammen. »Gesucht habe ich tatsächlich.« Sie klingt kleinlaut. »Doch dann …« Sie schüttelt den Kopf. »Ich konnte einfach nicht.«

»Warum nicht?«

Sie wirft die Hände in die Luft; ihr ist eindeutig unbehaglich zumute, doch das ist mir egal. »Ich will nicht mehr darüber reden«, sagt sie schließlich.

Mein Puls rast immer noch. »Du willst nie darüber reden.«

»Es ist aber nicht dein Problem. Ich kann mich allein damit auseinandersetzen.«

Mein Kopf ist kurz davor zu explodieren. »Ich will nicht, dass du diese Last allein tragen musst, weil ich dich liebe und ich dir so viel zu verdanken habe, aber du musst mir wenigstens *irgendetwas* zurückgeben.« Ich reibe mir mit einer Hand über das Gesicht und lasse resigniert die Schultern hängen. »Ich weiß nicht mehr, was ich noch tun soll. Wenn du alleine nicht zurechtkommst, werde ich mir immer Sorgen um dich machen, was mich hemmt, ein normales Leben zu führen. Weißt du, was ich mir jahrelang eingeredet habe? Dass ich keine Frau kennenlernen oder heiraten kann, bis meine Eishockey-Karriere beendet ist. Weil es zu viel wäre, mich auf den Sport *und* auf dich zu konzentrieren.«

Schmerz blitzt in ihren Augen auf.

»Ich liebe Pippa.« Meine Stimme klingt sanfter, als ich an die Frau denke, die vor dem Zimmer auf mich wartet. »Ich will mit ihr zusammen sein, aber ich mache mir Sorgen, dass unsere Beziehung daran zerbrechen könnte, dass ich mich so oft um dich kümmern muss.« Ich reibe mir über die Brust, versuche, den Schmerz dahinter zu vertreiben. »Ich weiß einfach nicht mehr weiter.«

Mit einem Mal wirkt meine Mom vollkommen niedergeschlagen.

Ich schlucke gegen den Kloß in meinem Hals an und nehme neben ihrem Bett Platz. »Ich liebe dich so sehr, und es bringt mich um, dich leiden zu sehen.«

Sie fährt mit den Fingern über ihr Armband und atmet langsam und tief ein. »Ich habe mich so schuldig wegen dem gefühlt, was deinem Vater passiert ist«, flüstert sie und kneift gequält die Augen zu. »Wenn du mit im Wagen gesessen hättest, hätte ich mir das nie verziehen.«

»Ich weiß.« Obwohl sie es nie ausgesprochen hat, wusste ich es immer.

»Ich bin nie die Mutter gewesen, die du gebraucht hättest.« Eine Träne läuft ihr über die Wange, doch sie wischt sie weg und schüttelt den Kopf. »Ich habe gedacht, das alles würde hinter mir liegen.« Ihre Augen sind feucht, und sie schluckt schwer, als sie meinem

Blick begegnet. Ich weiß, dass sie die Depression und die Panikattacken meint. »Ich wollte unbedingt, dass es vorbei ist.«

»Du hast dich immer schuldig gefühlt, weil du Dad nie dazu gebracht hast, sich die Hilfe zu holen, die er gebraucht hätte, richtig?«, frage ich.

Sie schaut mich an und nickt.

»Inwiefern unterscheidet sich dein Verhalten von seinem?« Ich spreche mit sanfter Stimme, denn ich weiß, dass diese Wahrheit am schwersten zu akzeptieren ist. »Im Grunde ist dir klar, dass du Hilfe brauchst, doch du verschließt die Augen vor dem Problem.«

Auf ihrem Gesicht zeichnet sich alles auf einmal ab: Schuldgefühle, Sorge, Reue, Selbstverachtung und Resignation. »Ja.« Sie lässt die Schultern hängen. »Du hast recht.«

»Ich wünschte, das wäre nicht der Fall.«

Ein reumütiges Lächeln huscht über ihr Gesicht. »Es ist schwer zuzugeben, dass man ein Problem hat. Dass *ich* ein Problem habe.«

»Ich weiß.«

Sie hebt den Blick. »Ich will, dass du glücklich bist.«

»Und ich will, dass du dir einen Therapeuten suchst und die Sache in Angriff nimmst, denn ich weiß, dass du es kannst.« Wieder denke ich an Pippa und all die Dinge, die sie mit ihrem Ex durchmachen musste – dass er versucht hat, ihr Selbstvertrauen zu zerstören, aber sie dennoch stärker aus der Sache hervorgegangen ist.

»Probleme zu haben, ist kein Zeichen von Schwäche. Sie können dich sogar stärker machen.«

Einen kurzen Moment sehen wir uns einfach nur an. Die Dinge haben sich zum Besseren gewandelt, das spüre ich.

»Dann liebst du Pippa also?«, fragt sie leise und mustert mich voller Wärme.

Ich schnaube. »Das ist das Einzige, was du zu alldem zu sagen hast?«

Sie lacht herzlich und seufzt dann. »Ich suche mir einen Therapeuten, ich werde mit ihm über Medikamente sprechen, und ich werde die Sache ernsthaft angehen. Denn ich will nicht mehr in meinem Problem ertrinken, und ich will, dass du glücklich bist.« Trotz aller Traurigkeit und Scham funkeln ihre Augen neckisch. »Dann liebst du Pippa also?«

Ich grinse. Mein Herz schwillt an. »Jepp. Ich liebe Pippa.«

»Und sie liebt dich auch?«

»Jepp«, ruft Pippa aus dem Flur.

Wir beide prusten los.

Pippa steckt ihren Kopf beschämt zur Tür hinein und errötet. »Sorry.«

Meine Mom winkt sie herein. »Komm nur rein.«

Pippa betritt das Zimmer und lehnt sich gegen den Tisch in der Nähe der Tür.

»Hattet ihr beide Spaß auf der Gala?«, fragt meine Mom.

Pippa und ich lächeln uns an.

»Ja.« Ihr Grinsen wird breiter, und ich frage mich, an welchen Teil des Wochenendes sie denkt. »Jamie sah unglaublich gut aus.«

»Und Pippa war wunderschön … So wie immer.«

»Ich möchte unbedingt Fotos sehen«, fordert meine Mom und schaut mit einem kleinen Lächeln zwischen uns hin und her. »Und ihr liebt euch also?«

Ich halte Pippas Blick fest, während mein Herz Purzelbäume schlägt. »Jepp.«

Meine Mom brummt zufrieden. »Ich hatte gehofft, dass das passieren würde.«

»Ich auch«, gebe ich zu. Mein Blick huscht zu Pippas linker Hand, und ich frage mich, ob es zu früh ist, darüber nachzudenken, ihr einen Ring zu kaufen.

Wahrscheinlich.

Aber vielleicht auch nicht.

Nur wenig später verlassen wir das Krankenhaus und bringen meine Mutter nach Hause.

Als Daisy uns entdeckt, rast sie auf uns zu und springt mir in die Arme. Wie verrückt wedelt sie vor Aufregung mit dem Schwanz, Pippa und meine Mom beobachten uns lachend.

Pippa ist mir heute nicht von der Seite gewichen, selbst als ich sie in einem Anflug von Panik und Scham dazu aufgefordert habe, nach Hause zu fahren. Sie ist seit dem ersten Tag für mich da gewesen, schon bevor wir zusammen waren. Und ich weiß, dass ich die Sache nicht allein durchstehen muss, selbst wenn die Genesung meiner Mutter mehr Zeit in Anspruch nimmt als erwartet.

Pippa ist nicht nur die Liebe meines Lebens, sondern auch meine Familie.

KAPITEL 70
PIPPA

Einen Monat später befinden sich meine Eltern, Hazel, Donna und ich nach einem von Jamies Spielen auf dem Weg in den VIP-Bereich.

Wir haben hinter dem Tor gesessen, und als Jamie uns durch das Glas zugewinkt hat, hatte ich kurz die Befürchtung, dass mein Dad jeden Moment vor Begeisterung anfangen würde zu weinen.

Es war Jamie, der vorgeschlagen hatte, dass meine Eltern uns besuchen kommen, und der darauf bestand, sie in einem nahegelegenen Hotel unterzubringen. Gestern Abend hat er uns alle in ein Restaurant ausgeführt. Es kommt mir vor, als würde er sich ernsthafte Mühe geben, sie besser kennenzulernen.

An der nächsten Bewerbungsrunde für den Marketingjob habe ich nicht mehr teilgenommen, und Jamie hat beim Mannschaftsvorstand darum gebeten, meinen Vertrag zu verlängern, bis ich einen Plan habe, wie es mit meiner Musikkarriere weitergehen soll.

Von Ivy Matthews habe ich nichts mehr gehört, und auch wenn ich enttäuscht bin, hält mich das nicht davon ab, neue Songs zu komponieren. Im vergangenen Monat bin ich bei sechs Open-Mic-Abenden in der Stadt aufgetreten. Ich ziehe die Sache durch und werde mich voll und ganz darauf fokussieren, weil es mir wichtig ist.

Als wir die Loge betreten, bin ich nervös, denn ich schiebe es immer noch vor mir her, meinen Eltern die Wahrheit zu sagen, da ich weiß, dass sie nicht positiv darauf reagieren werden. Meine Mom plaudert mit Donna, Hazel und ein paar anderen. Die Spieler, die an Silvester in Silver Falls waren, begrüßen meinen Dad wie einen alten Freund und danken ihm erneut für das Frühstück, das er für alle zubereitet hat. Die Spieler, die er noch nicht kennt, stellen sich ihm sofort vor.

Als Jamie endlich auftaucht, scheint er kein bisschen überrascht darüber zu sein, dass mein Dad sich längst angeregt mit Ward über das heutige Defensivspiel unterhält.

»Hi, Baby.« Jamie drückt mir einen Kuss auf die Lippen, und ich lächele.

»Hi. Hast du alle darum gebeten, meinem Dad Hallo zu sagen?«

Seine Mundwinkel heben sich. »Ja.«

Dieser Mann. Ernsthaft. Er ist perfekt. »Danke.«

Sein Blick wirkt so zärtlich und glücklich, als er ihn über mein Gesicht und mein Haar wandern lässt.

»Für dich, Songbird, tue ich alles.«

Ich bin so glücklich mit diesem Mann.

Donna und meine Mom lachen in dem Moment gackernd.

»Die beiden verstehen sich offenbar blendend«, flüstere ich Jamie grinsend zu.

Sein Blick ist warm, als er seine Mutter anschaut.

Nach dem Autounfall hat sich Donna tatsächlich aktiv auf die Suche nach Hilfe gemacht, um ihre Angstzustände und Panikattacken in den Griff zu kriegen. Mittlerweile fährt Jamie sie zweimal pro Woche zur Therapie und wartet geduldig im Auto, um anschließend mit ihr zusammen zu Mittag zu essen. Wenn er nicht in der Stadt ist, fahre ich sie hin. Auf Bitte von Donnas Therapeuten hat er sogar ein paar Sitzungen beigewohnt, und obwohl es vieles zu besprechen gibt, scheinen sie Fortschritte zu machen. Nun fällt es Donna auch leichter, offen über ihre Probleme zu sprechen – sogar während des Spiels habe ich mitbekommen, dass sie gegenüber meiner Mutter eine Bemerkung darüber gemacht hat.

Ich lächele Jamie an. »Danke, dass du meine Eltern in einem Hotel untergebracht hast.«

»War mir ein Vergnügen.« Seine Lippen streifen mein Ohr, und er senkt seine Stimme. »Ich will schließlich nicht, dass du heute Nacht leise sein musst.«

Ein Prickeln läuft an meiner Wirbelsäule hinab, während ich ein Grinsen unterdrücke. Ich presse meine Oberschenkel zusammen, als ich an gestern Abend zurückdenke; an das, was er mit seiner Zunge zwischen meinen Beinen mit mir angestellt hat, und an den anschließenden Sex, gegen die Wand gelehnt, meine Beine um seine Hüften geschlungen. Dass Jamie nun weiß, was ich für ihn empfinde, scheint etwas in ihm losgetreten zu haben, denn seitdem zeigt er mir seine Liebe auf so viele verschiedene Arten. Und ich beschwere mich nicht.

»Wir gehen in den Pub«, unterbricht uns Hayden. Er zeigt auf unsere Eltern. »Ken? Maureen? Donna? Ihr kommt mit, oder?«

Mein Dad wird vor Freude beinahe ohnmächtig.

Das Filthy Flamingo ist erfüllt von Gelächter, Stimmengewirr und Musik. Hin und wieder ertönt das Klirren eines umfallenden Glases.

Die gesamte Mannschaft ist anwesend, sogar Ward. Er unterhält sich immer noch mit meinem Dad, aber sein Blick ruht auf Jordan hinter der Bar.

Jordans Freund mit gewissen Vorzügen steht auf der kleinen Bühne, spielt Gitarre und singt dazu.

Aufmerksam lausche ich dem neuen Song, den er heute spielt. Er handelt von einer Frau, von der man mehr möchte, die jedoch kein Interesse hat. Dabei ruht sein Blick *ebenfalls* die ganze Zeit auf Jordan.

Er muss übrigens unbedingt seine Gitarre stimmen.

»Leute, ich mache eine kurze Pause«, sagt er kurz darauf ins Mikrofon, während er Blickkontakt mit mir herstellt. »Aber ich hoffe, dass unsere Freundin Pippa in der Zwischenzeit für euch spielen kann.«

Meine Augen werden groß, als sich alle zu mir umdrehen.

Hazel nickt mir ermutigend zu.

»Yeah, Pippa!«, ruft einer von Jamies Teamkollegen.

Einer der betrunkeneren Spieler heult wie ein Wolf.

Meine Eltern schauen mich verwirrt an. Sie wissen, dass ich an Silvester aufgetreten bin, denn es hat sich in ganz Silver Falls herumgesprochen, doch sie haben keine Ahnung, dass ich es regelmäßig tue. Seit Jahren haben sie mich schon nicht mehr live spielen gehört.

Mein Puls rast, und in meinem Magen flattert es. Sie betrachten meine Musik als Hobby und glauben immer noch, dass ich eine Karriere im Marketingbereich anstrebe.

Doch wenn ich in der Musikbranche erfolgreich sein möchte, muss ich auch dann vor Menschen spielen, wenn ich Angst habe. Als ich aufstehe, bricht die Menge in Jubel aus.

Meine Eltern sehen sich verblüfft um.

Das Blut rauscht mir in den Ohren, als ich meinen Weg zur Bühne antrete. Ich weiß, welches Lied ich singen werde, denn auf einmal sehe ich alles vollkommen klar.

Als ich einen Song nach dem anderen über Jamie komponiert habe, habe ich damit meine Liebe für ihn zum Ausdruck gebracht. Als ich ein Lied darüber geschrieben habe, wie schwer es ist, den Erwartungen anderer gerecht zu werden, war das meine Art, aus dem Käfig auszubrechen, in den ich mich oft eingesperrt fühle.

»Hey«, sage ich ins Mikrofon und klimpere auf der Gitarre. »Ich bin Pippa Hartley.«

Ein paar Leute lachen, weil mich alle in dieser Kneipe kennen.

Nach den ersten Tönen hebe ich den Kopf, schaue meine Eltern an und stelle fest, dass sie aufmerksam zuhören.

Auf dem Gesicht meiner Mom zeichnet sich ein zärtliches, aber trauriges Lächeln ab, während mein Dad mich anstarrt, als wäre ich ein NHL-Spieler. Meine Brust schmerzt. Nun ergreift meine Mom die Hand meines Dads, und er flüstert ihr etwas ins Ohr, woraufhin sie nickt und wieder lächelt.

Ich singe aus tiefstem Herzen – singe darüber, dass ich mehr will, dass ich an mich glauben will, dass ich ausbrechen und einfach ich sein will. Ich singe darüber, dass ich mir das nehmen will, was ich mir wünsche, da ich keinen einzigen Moment bereuen möchte. Keine einzige Sekunde will ich mehr verschwenden, indem ich irgendetwas anderes tue, als meiner Leidenschaft und meiner Berufung nachzugehen.

Die Bühne ist genau der Ort, an den ich gehöre. Selbst wenn ich nie erfolgreich werde. Selbst wenn ich für den Rest meines Lebens in heruntergekommenen Spelunken auftrete. Bei der Strophe, die davon handelt, dass es sich manchmal lohnt, ein Risiko einzugehen, sieht mich Jamie stolz an.

Nach dem Lied bricht tosender Applaus aus.

Meine Eltern, die ganz hinten am Tisch sitzen, wirken sprachlos. Es ist das erste Mal seit der Highschool, dass sie mich auf der Bühne sehen, und damals habe ich nur Cover-Versionen gespielt, niemals meine eigenen Songs.

Als ich mich nach meinem Auftritt wieder zu ihnen geselle, wandert Jamies Blick zwischen mir und meinen Eltern hin und her. Er ist bereit, mich zu verteidigen, falls er gebraucht wird, doch ich schüttele den Kopf.

Jamie hat seiner Mom die Stirn geboten, und ich kann das Gleiche bei meinen Eltern tun. Wenn ich eine Karriere als Musikerin anstrebe, muss ich mich ohnehin daran gewöhnen.

»Ich werde den Marketingjob nicht annehmen«, platze ich heraus.

Die Miene meiner Mom wird wachsam. »War das Gehalt zu niedrig?«

»Du musst verhandeln.« Mein Dad lehnt sich vor. »Es ist vollkommen üblich, zu verhandeln, Pippa.«

»Nein.« Ich schüttele erneut den Kopf. »Bitte lasst mich zu Ende reden.«

Sorge huscht über ihre Gesichter.

Jamie sitzt geduldig neben mir und lässt mich die Sache allein klären.

»Ich musste gar nicht verhandeln, weil ich meine Bewerbung vorzeitig zurückgezogen habe.« Ich atme tief durch und warte, bis sie die neuen Informationen verarbeitet haben.

Meine Mom gerät in Panik, versucht es jedoch zu verbergen – das merke ich ihr deutlich an.

»Ich will den Job nicht.«

Mein Dad blinzelt. »Aber du hast doch gesagt, dass du ihn willst.«

»Ich glaube nicht.« Ich schneide eine Grimasse. »Ich habe nur die ganze Zeit gedacht, es wäre die richtige Entscheidung.« Ich deute über meine Schulter zur Bühne und denke an die Übung mit Jamie, bei der ich mir mein Leben als Musikerin vorgestellt habe. »Das ist es, was ich tun will. Ich will eine Karriere in der Musikbranche, ich will meine eigenen Songs schreiben, auf Tour gehen, um die Welt reisen und vor Publikum spielen. Das macht mich glücklich.« Jamie rückt ein bisschen näher an mich ran. »Und ich kann es schaffen. Ich habe Talent und arbeite hart.«

Meine Eltern schweigen.

»Ich bin unendlich dankbar für alles, was ihr für mich getan habt«, fahre ich fort. »Ihr habt so hart gespart, um meine Unigebühren zahlen zu können, und ich werde euch jeden Penny zurückzahlen.«

»Nein«, erwidert mein Dad schnell und runzelt die Stirn. »Das möchten wir nicht.«

»Da muss ich zustimmen«, wirft meine Mom ein. »Wir haben dir die Ausbildung ermöglicht, damit du im Leben die Wahl hast.«

»Exakt. Wir wollten immer, dass unseren Töchtern alle Wege offenstehen.« Mein Dad schaut zu Hazel, die ein paar Tische weiter sitzt. »Wir wollten, dass ihr alles habt, was wir nicht hatten.«

Meine Mom atmet tief durch und rutscht auf ihrem Stuhl herum. Gewiss denkt sie an ihre gescheiterte Karriere als professionelle Balletttänzerin. Und an die dreißig Jahre, die sie Tanz unterrichtete, obwohl es nicht ihre Leidenschaft war.

»Ich weiß, was du denkst«, sage ich zu ihr, worauf sie eine Augenbraue hochzieht. Mein Puls rast, weil ich Auseinandersetzungen wie diese nicht mag. »Ich gehe ein hohes Risiko ein, und mir ist bewusst, dass es vielleicht nicht klappt. Die Chancen sind tatsächlich gering.«

Einen Moment betrachtet mich meine Mom eingehend – so ernst habe ich sie noch nie erlebt. »Es wird schwer sein, Pippa.«

»Das weiß ich.«

»Es wird das Schwierigste sein, das du je getan hast, und wahrscheinlich wird es damit enden, dass du Fünfjährigen Musikunterricht erteilst.« Ihr Tonfall ist so sachlich, als würde sie mir ein Rezept erklären, doch in ihren blaugrauen Augen blitzt Schmerz auf. »Es ist schwer, in etwas zu versagen, das man liebt. Es tut unendlich weh.«

Ich empfinde Mitleid für sie und knete unsicher meine Hände im Schoß. »Das weiß ich, aber ich muss es dennoch versuchen, sonst werde ich es für immer bereuen.«

Darüber denkt sie so lange nach, dass ich schon glaube, sie möchte mir widersprechen, aber dann sieht sie meinen Dad an.

Sie scheinen zu einer stummen Übereinkunft zu kommen – ein Austausch ohne Worte, wie er nur in einer jahrzehntelangen Ehe möglich ist.

Schließlich wird ihre Miene weich. »Wir möchten nicht, dass du in einem Beruf arbeitest, der dir nicht gefällt«, räumt sie ein. »Wir möchten, dass du glücklich bist.« Ihr Blick geht zur Bühne. »Aber kein Geld zu haben, ist wirklich hart, Schatz.«

»Sie wird niemals mittellos sein«, mischt sich Jamie ein und greift nach meiner Hand.

Fast muss ich angesichts seines Beschützerinstinkts lachen.

»Mit Schwierigkeiten komme ich klar«, versichere ich meinen Eltern. »Weil es mir die Sache wert ist.«

Inmitten des Lärms der Kneipe tritt Schweigen zwischen uns.

»Du bist unglaublich talentiert, Schatz.« Stolz blitzt in den Augen meines Vaters auf. »So haben wir dich noch nie erlebt. Als du gespielt hast, hab ich zu deiner Mom gesagt, dass du da oben auf der Bühne wie ein Profi aussiehst.«

Meine Mom nickt und lächelt, als würde sie mich auf einmal mit anderen Augen sehen. »Als würdest du dort oben hingehören.«

Irgendetwas entknotet sich in meiner Brust, und plötzlich fühle ich mich befreit. »Ja, ich gehöre auf die Bühne.«

Jamie drückt meine Hand, und als er mir zuzwinkert, hüpft mein Herz.

»Sie hat Demo-Tracks mit einer Produzentin aufgenommen«, verkündet er.

»Wirklich?« Mein Dad schaut zwischen uns hin und her.

Ich schmunzele. »Jepp, wirklich.«

Meine Eltern wechseln einen Blick.

»Wahrscheinlich sagen wir es nicht oft genug.« Mit einem Mal klingt die Stimme meines Dads heiser. »Wir sind immer stolz auf dich, egal was du tust.«

»Ja, das sind wir wirklich.« Meine Mom nickt. »Wir lieben dich so sehr.«

Das ist alles, was ich hören wollte. Ich muss gegen das Brennen in meinen Augen anblinzeln. »Ich liebe euch auch«, flüstere ich erleichtert.

Mein Dad erhebt sich. »Gruppenumarmung!« Er gibt meiner Schwester ein Handzeichen. »Hazel, Schatz, du auch. Komm her!«

Ich lache, als mein Dad uns alle in eine warmherzige Umarmung zieht.

»Hey, ihr zwei!« Jordan steht hinter uns und deutet auf mich und Jamie. Sie hält eine Polaroidkamera hoch. »Schaut mal her, ich will ein Foto von euch machen.«

Jamie zieht mich an sich, und im nächsten Moment blendet uns das Blitzlicht – genau in dem Augenblick, in dem er mir einen Kuss auf die Schläfe haucht und ich grinse.

Die Kamera spuckt das Bild aus, und eine Minute später erscheinen wir darauf.

»Das gehört mir.« Jordan reißt mir das Foto aus der Hand, verschwindet wieder hinter die Bar und befestigt es an der Wand.

»Wir sehen glücklich aus«, sage ich zu Jamie, der mich anlächelt.

»Das sind wir auch, Songbird.«

Als ich mich an diesem Abend vor dem Badezimmerspiegel bettfertig mache, geht eine E-Mail auf meinem Handy ein. Während ich sie lese, springt mir das Herz fast aus der Brust.

»Pippa«, ruft Jamie aus dem Schlafzimmer, »kommst du ins Bett?«

Mit zitternden Händen lese ich die E-Mail noch einmal. Es ist wahr. Es geschieht tatsächlich.

Im nächsten Moment erscheint Jamie an meiner Seite. »Was ist passiert?«

Wie benommen strahle ich ihn an. »Etwas Tolles.« Ein Glucksen entfährt mir, weil Jamie so gut aussieht, wie er in seinen schwarzen engen Boxershorts neben mir steht, und weil Ivy Matthews mir soeben einen Plattenvertrag bei ihrem neuen Label angeboten hat.

Ich erkenne mein eigenes Leben kaum wieder.

Ich halte Jamie mein Handy hin, und Sekunden später beginnen seine Augen zu leuchten. »Songbird«, sagt er in dem gleichen Tonfall, in dem er auch *Ich liebe dich* sagt.

Tränen steigen mir in die Augen, während ich so breit grinse, dass es wehtut. »Ja.«

»Du hast es geschafft.«

»Dank dir.« Eine Träne rinnt mir über die Wange. »Weil du mich davon überzeugt hast, dass ich es schaffen kann.«

»Du hattest es schon immer in dir.« Er umfasst meinen Kopf und hebt mein Gesicht an. »Immer.«

Ich seufze, als er mich küsst. Mein Herz fühlt sich so leicht an, dass ich einen Song über diesen Moment schreiben werde. »Ich liebe dich«, sage ich zum zehnten Mal am heutigen Tag.

Er zieht sich zurück, um mir in die Augen zu schauen. Sein Blick ist voller Zärtlichkeit. »Pippa, ich liebe dich schon viel länger, als mir bewusst war.« Im nächsten Moment hebt er mich hoch, wirft mich über seine Schulter und trägt mich in Richtung Schlafzimmer.

Ich quietsche laut auf und verpasse ihm einen Klaps auf den Hintern.

Er drückt sanft meinen Oberschenkel. »Lass uns die verlorene Zeit nachholen.«

EPILOG
PIPPA

SIEBEN MONATE SPÄTER

»Alles bereit für Pippas Intro«, höre ich die Stimme des Technikers über mein Headset.

Die Energie im Stadion knistert förmlich. Trotz der blendenden Scheinwerfer kann ich die Blitzlichter von Handys im Publikum erkennen.

Eine Million unterschiedliche Emotionen wirbeln durch meinen Körper, doch ich atme tief durch, um mich zu beruhigen. Während der Tour habe ich mir für die Momente, bevor ich die Bühne betrete, ein Ritual angeeignet.

Die letzten sieben Monate waren absolut abgefahren. Ivy Matthews hat ihre eigene Plattenfirma gegründet, und wir haben zusammen ein Album aufgenommen.

Der Gurt meiner Traumgitarre hängt mir um den Hals, meine Finger ruhen auf den Saiten. Die Geräuschkulisse nimmt ein wenig ab, denn alle warten und sehen mich gespannt an.

Nachdem das Album erschienen ist, hat sich mein Leben schlagartig verändert. Zwei der Lieder haben die Charts erobert, und Ivy hat sich dafür eingesetzt, dass ich als Support Act auf dieser Tour mitreisen kann. Normalerweise dauert es Jahre, bis man an diesen Punkt kommt, doch Ivy war fest entschlossen. In diesem Stadion haben 19700 Menschen Platz, und heute Abend ist die Show komplett ausverkauft.

Natürlich sind die Leute gekommen, um den Hauptact zu sehen, aber dennoch stehe ich in einem hübschen blauen Kleid auf der Bühne, eröffne das Konzert und spiele die Musik, die ich komponiert habe. Ein breites Grinsen legt sich auf mein Gesicht, und mein Herz schwillt an. Ich lebe meinen Traum, wofür ich unendlich dankbar bin.

»Guten Abend, Vancouver«, sage ich ins Mikrofon, und die Menge jubelt. »Es ist schön, zu Hause zu sein. Ich bin Pippa Hartley.« Wieder applaudiert die Menge, und ich blicke zum Bühnenrand, wo Jamie steht. Ein VIP-Pass hängt um seinen Hals.

Die Liebe und der Stolz in seinen Augen treiben mich an. Er hat mich den ganzen Sommer auf der Tour begleitet, doch am Ende dieser Woche findet das Auftaktspiel der Saison in genau diesem Stadion statt, sodass wir bis zum Ende der Tour im November eine Fernbeziehung führen werden.

Ich lasse meine Fingerspitzen über die Kette mit dem blaugrauen Stein gleiten. Wenn ich auf der Bühne bin oder er auf dem Eis ist, ist das meine Art, meine Liebe für ihn zu bekunden. Doch ich tue es auch oft ganz unwillkürlich, wenn er nicht da ist.

»In meinem ersten Song geht es um Liebe.«

Die Leute toben, und ich lächele Jamie an.

»Pippa und Band auf fünf, vier, drei …«

Zwei, eins.

Die Band beginnt, die Melodie des Liedes zu spielen, das ich über Jamie geschrieben habe, und mein Herz ist kurz davor zu zerspringen.

Zwei Tage später sind wir wieder im gleichen Stadion, nur ist der Boden diesmal mit einer Eisschicht bedeckt statt mit einem Meer aus Musikfans.

Jamie und die anderen Spieler sind gerade mit dem Aufwärmen fertig geworden, und ich warte am Eingang zum Eis, das Mikrofon in der Hand.

Die Eishockeyfans können den Beginn des ersten Spiels kaum erwarten. Obwohl Vancouver Storm in der letzten Saison schon in der ersten Runde der Play-offs ausgeschieden ist, lief die Saison besser als sonst, und Coach Tate Ward hat das Herz der Fans erobert.

»Bereit?«, fragt mich die Frau mit dem Headset neben mir, und ich nicke ihr selbstbewusst zu.

In meinem Magen brodelt die vertraute Nervosität, die ich immer empfinde, bevor ich eine Bühne betrete, doch gleichzeitig verleiht sie mir Energie.

Die Koordinatorin murmelt etwas in ihr Headset, woraufhin alle Lichter gedimmt werden.

Die Menge jubelt, als die Spieler sich in einer Reihe aufstellen.

»Bitte erheben Sie sich für die Nationalhymne«, ertönt die Ansage.

Die Frau gibt mir ein Handzeichen. »Miss Hartley, das ist Ihr Einsatz.«

Ich blicke an mir hinab auf Jamies Trikot, das ich trage.

»Unsere heutige Sängerin ist eine waschechte Vancouverin«, verkündet der Ansager. »Bitte heißen Sie Pippa Hartley willkommen.«

Als ich den roten Teppich betrete, applaudiert die Menge. Ich stelle mich auf meine Markierung und erhasche einen kurzen Blick auf mein Gesicht auf dem riesigen Bildschirm.

Jamie, der mir am nächsten steht, bewegt seine Füße auf dem Eis, um warm zu bleiben.

Ich schenke ihm ein Lächeln und winke ihm schnell zu, ehe ich instinktiv meine Kette berühre.

Unter der Torwartmaske leuchten seine Augen. Er freut sich, wieder auf dem Eis zu sein, das spüre ich. Es war wunderschön, ihn den ganzen Sommer auf Tour mit dabeizuhaben, aber dies ist der Ort, an den er gehört.

Nachdem die Kamerafrau ihren Platz eingenommen hat, nicke ich der Frau mit dem Headset zu.

Im nächsten Moment setzt die Musik ein. Mit voller und klarer Stimme singe ich die kanadische Nationalhymne. Mein Herz klopft schneller als jemals zuvor. Es ist ein Moment, den ich nie vergessen werde – selbst wenn ich hundert bin, werde ich noch daran denken, wie ich hier auf dem Eis stand und aus voller Kehle gesungen habe, unter Jamies stolzem Blick.

Danach tobt das Stadion. Die Vancouver-Spieler johlen und grölen viel lauter, als angemessen wäre, was mich zum Lachen bringt.

Jamie und ich schauen einander innig an.

Er formt etwas mit den Lippen. *Songbird.*

»Einen großen Applaus für Pippa Hartley«, ertönt die Ansage, woraufhin ich den Zuschauern und Zuschauerinnen zuwinke und Anstalten mache, vom Eis zu gehen. »Pippa, wenn du noch einen Moment warten könntest«, hält mich der Stadionsprecher zurück.

Ich runzele die Stirn, bleibe aber stehen.

Die Frau, die am Eingang wartet, lächelt mich mit einer erhobenen Hand an. *Bleib dort*, signalisiert sie mir.

»Pippa.« Jamie steht auf einmal ohne Helm und Beinschoner neben mir, während ich verwirrt zu ihm hochschaue. Auf seinen Schlittschuhen ist er noch größer als sonst.

»Was geht hier vor?«, frage ich verunsichert.

Die Aufmerksamkeit des ganzen Stadions liegt auf uns, Gemurmel und Getuschel sind zu hören.

Jamies Adamsapfel hüpft, seine Haltung ist angespannt. Schon den ganzen Tag hat er sich merkwürdig aufgeführt und wirkte nervös. Als ich einmal zu leise das Schlafzimmer betreten habe, ist er regelrecht zusammengeschreckt.

Nun nimmt er meine Hände. In den Lichtern des Stadions sieht er noch besser aus als sonst, mit seinem breiten Kiefer, den dichten Wimpern und der markanten Nase.

Er spricht so leise, dass nur ich ihn hören kann. »Du bist das Mädchen, in das ich in der Highschool verliebt war, diejenige, die selbst nicht erkannt hat, wie hübsch, talentiert, besonders und interessant sie war.« Er schluckt schwer.

Was zur Hölle geht hier vor sich?

»Und dann warst du meine Assistentin – die Frau, die mich um den Verstand gebracht hat, die ihren Job zurückverlangt und mich Arsch genannt hat.«

Als ich schmunzele, funkeln Jamies Augen belustigt.

»Ich glaube nicht, dass ich das Wort Arsch benutzt habe«, flüstere ich.

Was hat er vor? Alle Blicke sind auf uns gerichtet.

»Doch, hast du. Definitiv. Und jetzt bist du meine Freundin.«

Ich schaue ihm fest in die Augen, nicht in der Lage wegzusehen.

»Aber ich möchte, dass du meine Frau bist, und ich will dein Mann sein. Ich will eine Familie mit dir gründen und ein langes, glückliches Leben mit dir führen.«

Auf einmal fällt es mir wie Schuppen von den Augen. Im gleichen Moment geht Jamie in die Knie, um seinen Schlittschuh zu schnüren …

Nein, nicht um seinen Schlittschuh zu schnüren. Mein Herz bleibt stehen, als er eine kleine schwarze Schatulle aus Samt hervorholt, die er nun auf seiner Handfläche platziert.

Er öffnet die kleine Box, und etwas Funkelndes kommt zum Vorschein. Mit der freien Hand ergreift er meine und drückt sie sanft.

Ich kann jetzt schon das Lied hören, das ich über diesen Augenblick schreiben werde.

In dieser Sekunde bricht um uns herum Applaus aus, und die Menge jubelt.

Ich schaue Jamie in die Augen.

Langsam wird es wieder leise, denn das gesamte Publikum sieht uns wie gebannt zu.

Tränen steigen mir in die Augen. »Das wünsche ich mir auch. All diese Dinge.«

»Ich weiß, dass wir noch jung sind.« Er sieht mich eingehend an. »Und dass wir noch nicht mal ein Jahr zusammen sind.« Sein Mundwinkel hebt sich. »Aber das ist mir egal, denn ich liebe dich, Songbird, und habe keinen Zweifel daran, dass du die Richtige für mich bist.«

Ich kann nicht einmal sprechen, sondern ihn nur anlächeln und blinzeln, während mein Puls rast. Die Situation kommt mir unwirklich vor, wie in einem Traum. Ich bin so froh, dass er all die Dinge nicht durch ein Mikrofon gesagt hat. Obwohl alle zusehen, fühlt es sich dadurch an, als würde der Moment allein uns gehören.

»Ich finde, wir sollten etwas Neues ausprobieren.« Sein Mundwinkel zuckt, und seine Augen erstrahlen in dem hellsten Grün, das ich je gesehen habe. Seine Gesichtszüge sind so weich, so zärtlich, so voller Liebe. »Wir sollten ausprobieren, wie es ist, verheiratet zu sein.« Auf einmal verschwindet der Ernst aus seiner Miene, und er stößt ein belustigtes Schnauben aus. »Du solltest dein Gesicht mal sehen.«

Nun muss ich ebenfalls lachen. Ich glaube, ich weine auch, aber ich bin mir nicht sicher. »Ich liebe dich.« Die Worte fliegen förmlich aus meinem Mund. Jamie zu sagen, dass ich ihn liebe, fühlt sich genauso natürlich an wie atmen. Eine Träne läuft mir über die Wange, und er hebt eine Hand, um sie wegzuwischen. »Ja, ich will dich heiraten«, wispere ich schließlich.

Jamie atmet erleichtert auf, und auf seiner Miene, die mit einem Mal viel entspannter wirkt, zeichnen sich Stolz und Freude ab. »Ich hatte gehofft, dass du das sagen würdest.«

Er erhebt sich in einer fließenden Bewegung, und schon treffen seine Lippen auf meine. Unser Kuss ist sanft, intim und voller Liebe.

Das Publikum brüllt, jubelt, johlt, pfeift, stampft mit den Füßen und rüttelt am Glas.

Ich schere mich nicht darum, dass Tausende Menschen uns zusehen – wahrscheinlich sogar noch mehr, wenn man bedenkt, dass das Spiel auch im Fernsehen übertragen wird. Alles hat sich gelohnt – all der Herzschmerz und die vielen angsteinflößenden Momente. Ich würde es noch tausendmal durchleben, wenn ich dafür am Ende wieder mit Jamie Streicher zusammenkomme.

»Du solltest dir wahrscheinlich den Ring ansehen«, flüstert er an meinen Lippen.

Ich blicke hinab und schmelze erneut dahin. »Er passt zu meiner Kette.« Der weißgoldene Ring hat einen blaugrauen Stein, der von winzigen Diamanten eingerahmt ist. Er ist einzigartig und perfekt.

»Ich wollte, dass du ihn jeden Tag tragen kannst.« Jamie zieht ihn vorsichtig aus der Schatulle. »Möchtest du ihn anprobieren?«

Ich kann meinen Blick nicht von dem Schmuckstück abwenden. »Ja, bitte.«

Jamies leises Lachen lässt meine Knie weich werden.

Als er mir den Ring an den Finger steckt, bricht noch größerer Lärm im Stadion aus, und ich könnte schwören, dass das Eis unter meinen Füßen bebt.

Die Spieler hämmern feixend und johlend mit ihren Schlägern aufs Eis.

»Ich liebe den Ring.« Ich beiße mir auf die Lippen, denn mein ganzes Inneres wird plötzlich von einer Million warmer, kribbelnder Emotionen überflutet.

Jamie hält meine Hand, und als ich ihm in die Augen schaue, erkenne ich es ganz deutlich: Das ist erst der Anfang, und ich kann unsere gemeinsame Zukunft kaum erwarten.

»Bereit, ganz allein mir zu gehören?«, frage ich neckisch.

»Songbird.« Er schenkt mir dieses atemberaubende Lächeln, das nur für mich bestimmt ist. »Ich habe schon immer dir gehört.«

Hazel und ich warten zusammen mit Donna oben in der Loge darauf, dass das letzte Drittel des Spiels beginnt.

Donna greift immer wieder nach meiner Hand und betrachtet ehrfurchtsvoll den Ring, ehe sie in Tränen ausbricht. Sie freut sich so sehr.

Hazels Handy vibriert, und sie entsperrt es.

Überall um uns herum plingt und piept es im selben Moment, woraufhin auch alle anderen Angestellten ihre Handys hervorholen.

Hazel betrachtet wie erstarrt das Display.

»Hallo?« Ich tippe sie an.

Als sie den Kopf hebt, sieht sie aus, als müsste sie sich jeden Moment übergeben oder würde ohnmächtig werden.

»Eine Nachricht von der Transfermarkt-Plattform«, flüstert sie.

Alle, die für die Mannschaft arbeiten, bekommen eine E-Mail, sobald ein neuer Spieler ins Team wechselt, damit sich jede Abteilung vorbereiten kann.

Hazels tonlose Stimme lässt mich stutzig werden.

»Wer ist es denn?«

Mit eiligen Bewegungen schiebt sie sich das Handy wieder in die hintere Hosentasche. »Rory Miller.«

Ihr Arm hängt seitlich herab; sie reibt Daumen und Zeigefinger aneinander.

Sie ist nervös.

Diese Saison ist gerade um einiges interessanter geworden.

ANMERKUNG DER AUTORIN

Vielen Dank, dass du *Behind the Net* gelesen hast. Wenn dir der Roman gefallen hat, würde ich mich freuen, wenn du eine Bewertung auf Amazon hinterlässt oder das Buch deinen Freund*innen weiterempfiehlst.

Jemand hat einmal angemerkt, dass meine Protagonistinnen oft dabei sind, sich eine Karriere aufzubauen. Liebe ist wichtig, aber seinen Wert zu erkennen und stolz auf sich zu sein, ist auch nicht zu unterschätzen. Dies ist etwas, das dir niemand nehmen kann.

Liebe*r Leser*in, ich hoffe, du weißt, dass es okay ist, seine Träume verwirklichen zu wollen. Deine Träume sind wichtig. Ignoriere die Menschen, die dir etwas anderes erzählen wollen, und höre lieber auf diejenigen, die an dich glauben.

Und nun ein paar Worte des Dankes! Ich hatte so viel Spaß beim Schreiben dieses Romans.

Es liegt nur an Brittany Kelley und Grace Reilly, dass das Buch nicht den Titel *Bent Over the Boards* oder *Pucked Between her Crease* trägt. Vielen Dank, dass ihr mich immer wieder ermutigt und mir geduldig zugehört habt, wenn ich Plot-Panik hatte. Ich liebe euch beide.

Tausend Dank an meine wunderbaren, verständnisvollen, witzigen Testleser*innen: Jess, Esther, Marcie, Ycelsa, Brett, Sierra und Wren. Danke, dass ihr alle dazu beigetragen habt, dass dieser Roman so viel besser geworden ist, und zugelassen habt, dass ich die chaotische Schwester aus der Handlung gestrichen habe (sorry, Esther, ich weiß, dass du sie geliebt hast – vielleicht baue ich sie irgendwann mal in ein anderes Buch ein).

Danke an Chloe Friedlein für das grandiose Cover und an Echo Grayce für die perfekte Typografie! Für eure Geduld bin ich unendlich dankbar.

Danke an meine Assistentin – und Superwoman – Ally White, die stets den Überblick behält und mich mit ihrer Begeisterung für Eishockey-Romance motiviert hat.

An meine Seelenverwandten: Helen Camisa, Bryan Hansen, Alanna Goobie, Sarah Clarke, Anthea Song und Tim, der gedacht hat, Eishockey-Romance würde *eine Frau gegen ein ganzes Team* bedeuten. Ich liebe euch alle so sehr und kann mich glücklich schätzen, euch zu haben.

Und zu guter Letzt möchte ich euch danken, liebe Leser*innen! Ihr seid der Grund dafür, dass mein Traum, Schriftstellerin zu werden, in Erfüllung gegangen ist. Eure Begeisterung für meine Charaktere, meine Cover und meine zukünftigen Romanprojekte lässt mein Herz explodieren. Ich bin euch allen unendlich dankbar.

Bis zum nächsten Mal,
Stephanie

Lauren Asher

Disney-Feeling meets sexy Romance: frisch, mitreißend, verführerisch gut

978-3-453-42739-6

978-3-453-42740-2

978-3-453-42741-9

Leseproben unter **www.heyne.de**

HEYNE

Julia Hausburg

**Romantisch, dramatisch und voller Geheimnisse:
Willkommen auf Corvina Castle,
einer der exklusivsten Universitäten der Welt!**

978-3-453-42860-7

978-3-453-42861-4

978-3-453-42867-6

Leseproben unter **www.heyne.de**

HEYNE

Josi Wismar

Wild Hearts **– Wenn wilde Herzen und atemberaubende Natur aufeinandertreffen**

978-3-453-42761-7

978-3-453-42762-4

Leseproben unter **www.heyne.de**

HEYNE

Alice Kellen

Die emotionalste New-Adult-Dilogie des Jahres! Der TikTok-Hype aus Spanien endlich auf Deutsch.

978-3-453-42950-5

978-3-453-42951-2

Leseproben unter **www.heyne.de**

HEYNE